新法学ライブラリ—27

法社会学

和田仁孝 著

新世社

編者のことば

　私たちの身のまわりに生じ，かつ，多くの人びとに利害をもたらす社会的，政治的，経済的な現象は，あまりにもたくさんある。そして，これらにかかわる認識の仕方や評価のありようは，人によってずいぶん違う。つまり，私たちにとって，ある意味で共通の利害関係がある事柄がたくさん出てきたばかりではなくて——たぶんたくさん出てきたということと関連して——，それらをめぐる議論の方もまた，大いに枝葉を出して活発に展開している。これが現代の特徴であると言えよう。

　法律学は，この特徴をいやおうなく反映している。法律学が現実に適合的であり，効果的な役割を果たすことができるためには，どうしても大胆に新分野を切り開き，それに合わせた特殊化・細分化をはかってゆかないわけにはゆかない。

　法律学の領域には，たくさんの教科書のたぐいが出まわっているが，私たちがあえて「新法学ライブラリ」の刊行に踏み切ったのは，うえに述べた状況に深いかかわりがある。このライブラリでは，ごく少数の例外を除き，年齢層の若い法律研究者，俗に言うイキのいい研究者がそれぞれの専門分野で現代に肉薄する考察を自由闊達に展開する仕組みになっている。

　えてして，現実に合わせた考察となると，樹を見て森を見ない，制度従属的・技術的な方向へと走ってしまい勝ちである。私たちは，この傾向を排斥する。

　現実を直視するが，現実に追随すべきではない。とくに法律の場合，現実がもたらす紛争を解決することを主要眼目においている以上，原理・原則を踏まえて出発し，最後にもう一度，原理・原則に立ち戻って点検することが大事である。原理・原則と矛盾した解決というのは，一時的な効果や気休めという点を別にすれば，けっして長続きしないからである。

　このライブラリは，原則として，各巻単独の書き手によって執筆される。それぞれの研究者が，包懐する哲学，原理・原則を踏まえて，その者の責任のもと，思う存分考察してもらうよう意図している。新進気鋭の執筆者たちはすべて，この期待に応える十分な力量の持ち主であることを私たちは誇りに思う。

奥平　康弘

小林　秀之

松本　恒雄

はじめに
―法社会学の多元性―

　法社会学は，法にかかわる社会現象の様々な側面について，多様な理論アプローチ，分析手法を用いて，経験的に明らかにしていく学問分野である。法にかかわる哲学的課題を検討する法哲学，法の歴史について検証する法史学などと並んで，法にかかわる基礎法学の分野に属する。実定法学が，各法分野の法規範の規範的構造や解釈について検討する規範学であるのに対し，法社会学は批判的視点を内包しつつも，法にかかわる現象や社会の変容，人々の行動・認識を経験的に検証していく点に特徴がある。

　ただし，法社会学は，哲学や歴史学に依拠する法哲学，法史学とは異なり，法の現実，実際の作動について，その機能や過程の分析を課題とすること，個々の法社会学研究で採用される分析の枠組みや方法が極めて広範であることに特徴がある。実際に，法社会学の諸研究を眺めてみれば，法と社会に関する理論，裁判の機能，司法へのアクセス，法文化と法意識，紛争の展開過程，弁護士の役割，行政過程の分析，ジェンダーや虐待の問題，逸脱行動，社会変動と法など，極めて広い問題がその研究対象となっていることがわかる。

　また，個々の課題にアプローチする視点も，社会学，人類学，政治学，心理学など様々な学問領域に基盤を置く多様な視点が採用されている。現代思想に依拠しつつ法のあり方に批判的検討を加えるような研究もあれば，具体的問題における人々の語りを丁寧に解析していく研究，大規模な質問紙調査によって法に関する意識や行動を数量的に把握しようとする研究など，まさに個々の研究者ごとに，それぞれのアプローチがあり，統一された法社会学の方法というものがあるわけではない。

　この意味では，法社会学という呼称がわが国では定着しているものの，名称としては，やや狭い感じは否めない。実質的には，社会学にとどまらない，より広範なアプローチを包摂する分野として，アメリカなどでは法と社会研究

（Law & Society Research）と呼ばれている。

　こうした法社会学の状況について，学問的自律性，凝集性を確保するために，統一的な理論枠組み，方法論を確立していこうとする発想も存在するが，実際には，広範な課題を多様なアプローチによって考察しようとする，その多元性にこそ，法社会学の活力の源が存在しているように思われる。また，独自の分野としての自律性と同時に，その枠内にとどまるのでなく，実定法学を含む隣接分野との交流のためのプラットフォームとして対話を活性化するという意義も重要である。

　このように対象・理論両面での多元性こそ，法社会学の特徴でありメリットであるが，重要な概念や，守るべき基準については，考えていく必要がある。以下の諸章では，筆者の能力がゆるす限りでの理論・方法論の紹介や法社会学の様々な研究領域の紹介を試みていく。これらの中のいずれでも，自分自身が関心をひかれたテーマについて，法社会学研究の実績をより深く探求していってほしい。

目　次

1

法社会学の生成と発展

　本章では，法社会学が，先人のどのような思索を経て生成し発展してきたの
か，また他の隣接する人文社会科学領域とどのように交錯してきているかにつ
いて確認することで，法社会学の特質について明らかにしていくことにしよう。
後続する章での様々なテーマについての検討の中でも，法社会学のこれまでの
成果，隣接科学の影響を随所で見ることができるだろう。

1.1　法社会学の源流

　法を規範の体系として検討し考察する，ローマ法以来の歴史を持つ規範学と
しての実定法学に対し，法それ自体を社会的な現象としてとらえ研究対象にし
ていこうとする視点が現れたのは，さほど古いことではない。今から1世紀ほ
ど前に，欧米や，そしてわが国でも，こうした視点を持つ新たな研究が提起さ
れ始めたのである。ここでは，その代表的な研究者の思索を源流にさかのぼっ
て紹介し，検討していくことにしよう。1世紀前といっても，その問題意識は，
現在の法社会学にも脈々と受け継がれていることがわかるだろう。

1.1.1　マックス・ウェーバー ―――――――――――

　マックス・ウェーバーの名は，すでに知っている人も多いかもしれない。
ウェーバーは，20世紀初頭を代表するドイツの知の巨人であり，56歳でなく
なるまでに，政治・経済・社会・学問・宗教など，人間活動の諸領域に関して，

人間業とは思えないほどの膨大な著作を残した人である。まず，その基本的な
問題関心から見ておくことにしよう。

　ウェーバーの根源的な知的関心は，なぜ西洋近代においてのみ**合理性**ないし
合理的な思考やそれを反映した諸制度が生成し発展したのか，その理由を探求
するというものである。この合理性は，ウェーバーの思考を貫く一つのキー概
念であり，のちに見る彼の**近代法**の理解においても重要な基礎概念となってい
る。

（1）　『プロテスタンティズムと資本主義の精神』

　有名なウェーバーの研究領域の一つは，なぜ，西洋近代においてのみ合理的
な資本主義経済が成立したのかについての探求である。その思索は，ウェー
バー初期の著作として『プロテスタンティズムと資本主義の精神』という標題
で，1904-05 年に発表されている（ウェーバー　1989）。それまでの時代，「獲得
した富はそのまま消費する」という態度が社会の各層において一般的であった
が，「獲得した富を浪費せず貯蓄し，いっそう増加させていくことに努めよう」
とする姿勢が，徐々に近代西洋の社会に定着してきた。ウェーバーは，それは
なぜか，という問いを課題として設定する。なぜなら，富を浪費せず蓄積して
いく過程こそ，資本主義の発展にとって，必須の前提にほかならないからであ
る。ウェーバーは，こうした人々の態度・姿勢の変化の根本に，プロテスタン
ティズムの宗教的倫理が作用していると考えた。同じ西洋であっても，カト
リックが支配的な諸国ではなく，カルヴァン派のプロテスタンティズムが優勢
だったイギリスやアメリカで先んじて資本主義が発展したのは，単なる偶然で
はなく，カルヴァン派の教理の中にその理由があると考えたのである。

　カルヴァン派プロテスタンティズムの教理では，神は，救済されるべきもの
とされないものを，あらかじめすでに選別している（予定説）。神は人間の行
為によって左右されない，まさに超越的な存在であり，それゆえいくら善行を
重ねても意味はなく，救済されるべき存在かそうでないのかは，あらかじめ神
によって定められているというのである。この教義のもとでは，人々は自分が
救済される側の人間か否かをめぐって強い不安にさいなまれる。そこで人々は，
「もし自分が神に救済される存在であれば，決して自堕落に浪費や贅沢にふけ

ることはしないはずだ」との信念から，神に救われる人間なら行うであろう行動，すなわち，勤勉な労働と禁欲的な生活を営むようになった。寸暇を惜しんで労働し，貯蓄に励み，世俗的な成功を収めることは，自らが神に救済を約束されていることの証と考えられ，それにより心理的な不安から解放されたのである。

　こうして成立した勤勉と禁欲を重視する精神は，投機的な金儲けとは異なり，富の蓄積と世俗的成功を神に愛されている証として理解することで資本主義の生成を促すこととなる。こうしたある意味非合理な倫理観を前提に，自身の経済活動を合理的に把握し，他者との取引関係にも予測可能性を求めていくという，資本主義の前提となる合理的精神が構成されていくことになった。カトリックの教義やその他の宗教的理念でなく，禁欲を促すプロテスタンティズムこそが，こうした心性を生み出し，イギリス，アメリカなど，プロテスタンティズムの強い地域に資本主義が生まれ，定着したとするのである。

(2)　ウェーバーによる支配の3類型と近代法概念

　この資本主義の生成，予測可能性と合理的な行動を支えるものとして，またその要請に応答する仕組みとして，近代法は成立してくることになる。この場合，近代法は，人々の社会経済行動を支える次元での，いわば水平的な法の必要性にかかわっているが，他方で，ウェーバーは，支配のあり方について，いわば垂直的な支配関係の文脈でも法と他の支配類型とを比較し議論を展開している（ウェーバー　1970）。ウェーバーは，支配の類型を，伝統的支配，カリスマ的支配，合法的支配の3つに類型化している。伝統的支配とは，伝統や習俗，身分などによって支配が正当化されているような状態を指す。カリスマ的支配とは，ある特定の支配者個人が持つ天から与えられた資質（カリスマ），たとえば英雄的要素，呪術的な有能性により人々の支持と帰依を集めることによって成立する支配の形式である。これらに対し，合法的支配とは，正当な手続によって定められた法規範に基づき秩序が合法的に構成され，非人格的な官僚制度によってそれが順守される形で，支配の正当化がなされるような支配類型ということになる。単なる身分・伝統や，個人のカリスマ的資質によってではなく，合法的手続により制定された法的秩序に正当性の根拠を置く合法的支配は，

いうまでもなく近代資本主義社会の根幹をなす支配の様式である。

　このように近代法は，水平的にも垂直的にも，近代資本主義社会の必須要件を構成することになる。ウェーバーは，合理性，とりわけ，**形式合理性**概念を近代法の根幹をなす特性として考えている。たとえば，古代の法は，形式は厳格ではあるが，一方で呪術的な要素に基づいて判断を下していた。いわゆる盟神探湯（くがたち）では，厳格な形式を踏んで神への誓いをたてたのち，熱湯の中に手を入れ，火傷するかどうか，その状態で事実を認定する。形式は厳格ではあるが判断根拠が非合理な呪術的要素であるため，当然，形式合理的とはいえない。そのほか，法預言者によるカリスマ的法啓示，法名望家による自由な法創造，支配権力による一方的な法の指示など，形式合理性を備えない法の段階を経て，形式合理的な法，すなわち，法学教育を受けた法専門家により，形式的，体系的，論理的に構成された法に到達する。

　さらに，ウェーバーは，法は，それを順守させるための強制装置を備えたものと考える。ウェーバー自身は，強制装置を国家法の独占的特性と限定して考えているのではないが，実質的に最も強力な強制装置を備えるのは国家であり，そこに強制力が集約されていくことになる。もちろん，規範はこれだけでなく，ただ慣れ親しんだ繰り返される振舞いを示す「習俗」，周囲の人々からの何らかの圧力が存在する「習律」なども，同時に存在する（ウェーバー　1974）。

(3)　ウェーバー理論の法社会学的含意

　ウェーバーが生きた時代には，形式合理的な法の成立と同時に，それと葛藤する動きも社会内に存在していた。法専門家は，「形式的に法を事実に適用すれば適正な判断が出る」という単純な考え方に反発し，創造的な価値判断の意義を強調する動きもあり，それは必然的に，形式合理的な法の不完全性を指摘するものであった。この**形式合理性**の論理と，いわば**実質合理性**（実質的正義）との拮抗という視点は，のちに見るアメリカのリアリズム法学のテーマとも重なってくる。

　さらに，ウェーバーはその学問論においても示唆的な議論を行っている。彼は，「善悪などの判断に関わる価値判断」と「事実について把握し明らかにする事実認識」を峻別し，後者こそ社会科学のあるべきアプローチであるとして

いる。まさに，法の規範的意義を論じる実定法学とは区別された法の事実認識に基づく学問，法社会学の生成にそれはかかわっている。しかも，ウェーバーの鋭い視角は，そうした事実認識に従事する際にも，学者は暗黙の裡に自身の価値観にとらわれ影響されていることを見極めている。それゆえ，学問において，自身が無意識に前提としている価値観をきちんと認識することで，価値からの自由（**価値自由**と呼ばれるウェーバーの概念）が得られるとしている。この視点は，客観性を標榜する社会科学が，実は知らず知らずに陥りがちな，暗黙の価値とのかかわりを，明確に指摘し問題視したものとして，法社会学における現代の方法論的議論とも通底する視点であるといえる。

こうしたウェーバーの巨視的な法と社会の発展の理解，規範の多元的存在や，法の歴史的発展のあり方，形式合理性と実質的正義との拮抗，さらには学問と価値の関係の再定位という諸々の視点は，のちの法社会学が取り組む研究テーマを広く内包するものであったといえよう。

1.1.2 オイゲン・エールリッヒ

(1) エールリッヒと時代背景

日本の法社会学の展開にも大きな影響を与えたいま一人の学者は，**オイゲン・エールリッヒ**である。彼は，1913 年に『法社会学の基礎づけ』という著作を著しているが，中でも大きな影響力を持ったのは，**生ける法**という概念である（エールリッヒ 1984）。この生ける法の探求は，わが国の法社会学の発展の過程で，農山漁村の入会権の研究など重要な研究テーマを構成し，その探求は今も継続されるなど，わが国の法社会学に多大な影響を与えてきている。

さて，エールリッヒは，20 世紀初頭に活躍したオーストリアの法学者である。19 世紀のドイツ・オーストリアの法学は，ローマ法大全の「学説彙纂（パンデクテン）」を踏襲し，パンデクテン法学と呼ばれていた。法典に収載された成文法のみが法であり，これに基づいて個々の事案についての判断を導き出すことが裁判の役割であると考えられ，その歴史的検証が法学者の役割であった。ローマ法以来の成文法を完璧な法の体系を有するものととらえ，形式的な論理構成，解釈により，法の適用が可能であり，あるべき判決が導かれるとする論理は，**概念法学**とも称される。いわば，成文法絶対主義である。

これに対抗して，「あらゆる判決が成文法から導かれる」とのテーゼを否定し，社会慣習などをも法源として考慮すべきとする自由法学と呼ばれる学派の主張が存在していたが，20世紀初頭に至って，裁判官の自由な法発見の不可避の重要性を主張する**自由法運動**へと展開していった。エールリッヒは，まさにその流れの中にあり，その代表的論者でもあった。

(2)　生ける法と裁判規範

この成文法のみを法と考える立場は法実証主義とも呼ばれるが，こうした立場に根源的な批判を加えたのがエールリッヒである。エールリッヒは，法を国家が制定した成文法に限定する主張を批判し，人々の「行為の規則」の中に法を見出すべきとする立場をとった。習俗，信義，慣行と法は，人々の行為の規則である点で等価であり，これらを区別せずに探求することが必要というのである。彼はそれを**生ける法**と名付けて，その探求のための学問，法社会学を確立しようとしたのである。この視点は，日本の研究者にもウェーバー以上に大きな影響力を持ち，わが国の法社会学の生成をも促進することになった。

もっとも，エールリッヒの法をめぐる議論は，そう単純ではなく，また必ずしも明快でないところもある。まず，社会の秩序にかかわる生ける法と裁判規範についての区別を見ておこう。人々の行為を規制する規範は，社会内で自生的に生成し，社会に存在する集団の内部秩序を構成しているとされる。これに対し，何らかの疑義や紛争が生じた場合には，従来の内部秩序の枠内では対処できず，二次的に秩序回復のための裁判規範が必要となる。この裁判規範は，法の運用を職業とする法曹，とりわけ裁判官が構成していくことになる。また，エールリッヒは「裁判規範安定性の法則」を指摘しており，これらの裁判規範は，個別案件を超えて一般的に同種事案に適用される必要があることから，一般的な法規に到達することになるという。ただし，法規は，概念法学が措定したように，そこから判決が論理的に導かれるようなものではなく，一般的であるがゆえに，個々の事案に応じて，裁判官の一定の法発見作用が必要になるとしている。こうした分析は，現在でも法規範と法曹の役割，さらには社会で妥当する生ける法との関連という，法社会学の重要な研究テーマを先取りしたものということができよう。

(3)　国家法の概念と生ける法

　次いで，国家法と社会の法の区別であるが，エールリッヒは，国家が規定した成文法と社会で人々の行為の規則となる習俗や慣習といった単純な二分法を採っているのではない。エールリッヒは，法実証主義における形式的な国家法概念を否定する立場から，その国家法のとらえ方もより複雑である。エールリッヒによれば，国家法とは「形式でなく，内容において国家から出発」した法とされる。形式ではない，というのは，立法手続に即して制定されたものという形式要件だけでは国家法とはいえないということである。制定法は必ずしも国家法ではなく，たとえば，裁判官が個別事案において判断を下す中で創造的に構成した裁判規範は，その後，立法手続により制定法化されたとしても，本質において法曹法であって，国家法ではないということになる。この「事案を裁断する中で発見される法曹法」に対し，国家法は本質において「発見」でなく「命令」する法ということになる。すなわち，エールリッヒは，制定法の中に，法曹の活動に淵源を持つ法曹法と，国家の命令を示す国家法の双方が含まれていると考えたのである。

　ただし，彼の議論はより複雑で，裁判規範の中にも，法曹がその活動を通じて構成してきたものと，少数ではあるが，国家がその目的のために独自に構成した裁判規範（この場合は国家法）も存在すると指摘している。さらに，国家は，官僚による干渉を命じる干渉規範を制定法の中に含めている。この干渉規範（いわば行政規範）は，ここでも制定法化されたという形式によってではなく，その命令という本質において国家法なのである。

　このようなエールリッヒの複雑で複合的な法概念を前提にすると，彼の生ける法概念も，実は複雑な要素を内包した概念であることがわかる。国家法や法曹法に対し，人々の生活や集団の関係性を秩序づけている習俗，慣習などの社会の法が生ける法だとする単純な二元論では，彼の生ける法概念は把握できない。命令としての国家の干渉規範も，法曹が発見し構成してきた裁判規範も，人々の社会生活に様々な影響を及ぼしているはずである。国家法や法曹法を，その形式だけ見て社会の生ける法と対峙するものととらえるのではなく，むしろ，国家法や法曹法をも取り込みつつ融合し，人々の生活の中で日常的に生み出されていく自生的な秩序こそ生ける法の本質にほかならないのである。この

ように形式にとらわれず，国家法，法曹法，生ける法を概念化した点も，法社会学における法のあり方をめぐる議論に今も脈打つ重要な課題を提起しており，これを先取りして示した先駆的業績といえるだろう。

　エールリッヒといえば，国家法とそれに対峙する生ける法を対比させ，二元論的に単純化する理解がしばしばなされるが，その議論の含意も射程も，実は，より深いものということができるのである。

1.1.3　リアリズム法学：カール・ルウェリン，ジェローム・フランク ──

（1）　リアリズム法学の生成

　20世紀前葉，遠く隔たったアメリカにおいても，共鳴するような動きが見られた。アメリカでも，それまでの法学は，形式主義的な法の体系性や論理性，普遍性を前提とする，いわゆる概念法学とパラレルな枠組が支配的であった。すなわち，自立した一般的・普遍的な法のルールが存在し，事実に対して，それを中立的・客観的に適用することで判決が論理的に導き出されるという考え方である。こうした法ルールにのみ着目する形式主義的思考に対して，徹底してその虚構性を指弾し，批判したのが**リアリズム法学**という動きであった。

　すでに，19世紀末には，ハーバード・ロー・スクール教授であり，連邦最高裁判所判事でもあった**オリバー・ウェンデル・ホームズ**が，プラグマティズムの思想的影響のもと，「法の生命は論理でなく，経験である」との言葉に象徴されるように，従来の形式主義的な法の論理的理解への批判を加えていた。ホームズは，法を論理の観点からでなく，事実・経験の観点から分析すべきであるとし，裁判官は，決して，法ルールを適用して論理的・機械的に判決を導き出しているのではなく，むしろ，結論を導いたのちに，適用可能な法ルールを模索しているのだと指摘した。そして，法とは，裁判官たちが法廷で実際に行っていることの予測そのものにほかならない，との見解を提示したのである。こうしたホームズの視点は，**プラグマティズム法学**とも呼ばれ，後のリアリズム法学の展開に大きな影響を与える先駆的役割を果たした。

　次いで，20世紀初頭，同じく，ハーバード・ロー・スクール教授であった**ロスコー・パウンド**は，ホームズの思想や，歴史法学に影響されつつ，形式主義的な法の見方を機械論的法学として批判し，**社会学的法学**の確立を提起した。

ホームズと同じく，裁判は法ルールの機械的適用であるとする従来の立場を批判し，むしろ，裁判官による利益調整的な法創造の場であるとの現実的理解を示し，法と現実の動態を見据えながら，社会的効用の増進を目指す法学として，プラグマティックな社会学的法学の確立を目指したのである。他方で，パウンドは，法の安定性・確実性のためには，法の機械的適用という形式も一定程度有効であり，一般ルールに依拠した個別決定が裁判官の法創造を通じて可能になるとも見ていた。形式主義的論理を批判し，社会学的視点を重視しつつも，その一定の意義は承認するという折衷的立場をとったのである。

このことが，法の機械的適用を強く否定する**カール・ルウェリン**との間で論争を巻き起こし，ルウェリンからは，「パウンドの思考はつぼみの段階にある」と批判され，逆にパウンドからは「ルウェリンの思想はルールの全否定にほかならない」とする批判が加えられることになった。しかし，この論争にもかかわらず，両者の思想の根本には共通点も多く，パウンドをリアリズム法学の先駆者とすることに異論はないと思われる。

そして，アメリカリアリズム法学のより徹底した見解，通常，リアリズム法学と呼称される動きは，1930 年代に至り，ルウェリンや**ジェローム・フランク**を中心に展開されていった。形式主義的な法学の考え方の背後にある諸前提，法の客観性，普遍性，中立性などを批判する点では同様であるが，さらに社会背景として，1929 年の大恐慌を経て，**ニュー・ディール政策**がとられたことが，大きく影響している。ニュー・ディール政策のもとでは，革新的な社会立法が社会・経済の要請に応じて採用されていくが，裁判所は，従来の形式主義的法学の思考のもとで，保守的対応をとり，新たな政策立法に批判的であった。リアリズム法学の痛烈な批判的主張は，単に学理的な次元にとどまらず，形式主義的法学に依拠しニュー・ディールの改革主義的法定立に消極的だった裁判所・法曹界への批判という側面も持っていたのである。

こうして生成したリアリズム法学については，様々な分岐や，難解な議論もあるが，ここでは，その中心にあったルウェリンとフランクの主張を見ておこう。

(2)　ルール懐疑主義

　カール・ルウェリンは，イェール大学，コロンビア大学などで教鞭をとった法学者であるが，先に述べたように，法ルールの演繹的適用，機械的適用を徹底的に批判する視点から，パウンドの社会学的法学を批判するなど，リアリズム法学を代表する論客であった（Llewellyn　1962）。ルウェリンによれば，法とは，法ルールではなく，裁判過程の中で実際に決定された判決それ自体にほかならない。一般的・抽象的な法ルールは，判決に何らかの影響を及ぼすかもしれないとしても，決して，有力な規定要因ではないとして，いわゆる**ルール懐疑主義**と呼ばれる主張を展開した。裁判官は，結論を思い浮かべつつ，事実の諸要素を取捨選択し，時に捻じ曲げさえしながら，結論に適合的なものを選びとって「事実」として認定，提示することになる。まさに，形式主義的法学が措定する法ルールを事実に適用し結論を導きだす，というのとは逆で，結論に適合するように事実を構成し，ルールを組み立てているというのである。

　ここまでは多くのリアリストに共通の見解であるが，彼の主張で重要なのはその次である。ルールが決定的な規定要因ではないにもかかわらず，判決の予測も，すべての事案でまったく不可能というわけでない。そこでルウェリンは，その理由として，法学教育やそこで培われた推論方法，判決の様式などが，裁判官の職人技として，影響力を持っているのだとする。とすれば，判決の予測や，判決の方向づけのためには，法ルールでなく，こうした判決行動の実証的検証が必要となる。

　すなわち，法ルールの不確定性を踏まえ，法ルールの機能の限界を前提としたうえで，裁判官の裁量的・創造的役割の探求の重要性を強調したのである。形式主義的法学のように，よりよい法ルールだけをいくら研究しても，よりよい判決や裁判過程は導けず，その変移の要因を検証するためには，裁判過程において実際に起こっている事実について，「べき（ought）」と「である（is）」を区分して検証することが必要であると主張した。「である」すなわち，事実とは規則性やパターンの把握によって認識されるものであり，そのために研究者は，観察・記述・要素間の関係性の理解において，個人の嗜好や願望，倫理観によって影響されないようにすべきとされた。もっとも，それは決して価値や理念から単純に距離を置くということではなく，ルウェリン自身，あるべき

法や裁判のあり方を導くという価値（べき）のためにこそ，「である」の客観的探求が必要であると考えていたのである。

　ここから，法ルールだけでなく，裁判官の判決行動や，陪審員の評決に関する社会科学的な分析が必要という理解が広がり，このことが，法と社会を経験的に検証していくという**「法と社会研究」パラダイム**，すなわち法の経験的研究としての法社会学の生成につながっていったのである。形式主義的な実定法学が中心としてきた規範的な「べき」論をめぐる研究ではなく，「である」すなわち，社会的な事実についての経験的探求を促す視点は，大きくいえば，ウェーバーの形式合理的法と実質的合理性（正義）との拮抗，さらにはエールリッヒの国家法の基盤にある生ける法への注目と通底するものということができる。

(3)　事実懐疑主義

　ルウェリン以上に過激な議論を展開したのが，ジェローム・フランクである。フランクは，連邦裁判所の判事であり，またニュー・ディール政策に関する政府要員としても貢献した。彼の主張はリアリズム法学の中でも，最も過激とされ，ルウェリンさえも微温的あるとして批判している。フランクによれば，判決を導くのは，法ルールなどでないのは当然，ルウェリンがいうような諸要素でもなく，裁判官の政治的立場や，信条，その日の気分などによって決まるのであり予測など不可能ということになる。彼は，判決過程を，R（法ルール）×F（事実）＝D（判決）とする形式主義的法学の論理に対して，心理学を援用しながら，S（刺激）×P（パーソナリティ）＝D（判決）とする関数を提示している。判決は，裁判官が朝食に何を食べたかで決まる，などと揶揄することもあった。これは，それまでの法や裁判についての形式主義的な見方を根底から覆し，いわば，「王様は裸だ」と叫ぶような主張であった。また，精神分析学なども援用して，形式主義法学が示すような「法ルールの体系性や一般性を信仰するという神話」の蔓延は，幼児期の父親の権威へのコンプレックスが，裁判官や法に投影されたものだとする説明も行っている（フランク　1983）。

　彼は，こうした過激な言葉で，既存のオーソドックスな考えを神話として破壊的に攻撃したが，その先に，心理学的・経験的な裁判過程の分析へと道を開き，法学の中に科学的アプローチが採用されていく道筋を作ったともいえる。

確かに，陪審裁判など，陪審員の偏見や，非合理な情緒的要素などが影響するプロセスの分析には，少なくとも部分的に適合する視点でもあったからである。ルールの不確定性を指弾しつつも，事実の探求による判決の予測や方向づけを目指したルウェリンの主張が，「ルール懐疑主義」と呼ばれるのに対し，事実過程についても徹底的な懐疑を示したフランクの主張は，「**事実懐疑主義**」とも呼ばれる。

(4)　リアリズム法学の示した視点

　このように，リアリズム法学は，形式主義的法学が前提とした，①法の普遍性・客観性，②法の体系性・論理性，③法の政治や価値からの自律性，といった基本観念を徹底して批判した。それゆえに，三段論法による判決の導出は神話に過ぎないこと，法の解釈は政治イデオロギーや信条から独立することはできないこと，法解釈が客観的・論理的というのも神話であること，といった結論が導かれる。こうしたリアリストたちに共通の思考は，一見，批判的で破壊的にも見えるが，当時のニュー・ディール政策期の時代背景も勘案してみれば，形式主義的な議論を超えて，司法制度の社会的機能をより社会のニーズに応答的なものにしていく前向きな価値を秘めたものであり，また社会学的な視点から司法や裁判過程の現実を分析していく視点を示したものとして評価できる。そこで開拓された課題，交わされた議論は，現在も，法社会学の基本的問題意識にかかわるものにほかならない。

1.1.4　日本における法社会学の生成：末広厳太郎 ────────

　日本は，世界的に見ても法社会学の分野が確立し，活性化している国の一つである。多くの大学で法社会学が講じられているし，日本法社会学会も戦後すぐの 1947 年（昭和 22 年）に設立されている。しかし，その源流は，さらにさかのぼることができる。わが国における法社会学の源流として**末広厳太郎**の名前を挙げることに反対するものはいないだろう（六本・吉田編　2007）。

(1)　末広の現実主義的思考

末広は，1917 年（大正 6 年）にアメリカに留学し，1921 年（大正 10 年）から，

東京帝国大学教授として，主として民法学の研究に従事した学者である。1917
年といえば，リアリズム法学の思考が生成し始める時期にあたり，そうした影
響もあったのか，末広の民法学も，社会学的発想を前提に，概念法学批判を基
調とするものであった。また，エールリッヒの「生ける法」概念にも触発され，
国家法の概念や論理を議論するだけにとどまらず，「生ける法」を内包した判
例について，そこに含まれる事実を踏まえて分析していく判例研究の重要性を
説いた。

　こうした発想は，『嘘の効用』と題された小論の中にも明確に読み取ること
ができる（末広　1988）。概念法学的な三段論法を形式的に適用し判断すると，
現実の事件の処理においては様々な矛盾，社会的正義感覚との乖離が生じてく
る。そこで，この乖離を埋め合わせて現実に適切な判断を示そうとすれば，法
律の柔軟な解釈とか，法的擬制という名のもとに「嘘」ないし「虚構」が生じ
てくる。法律学は，社会の現実と付き合わされるときに，必然的にこうしたズ
レと，それを補うための「嘘」の仕組みを内包せざるを得ない。『嘘の効用』
の中で，末広は，大岡越前守を例に挙げて説明していく。少し長くなるが引用
してみよう。

　「今日われわれの世の中に行われている裁判がとかく人情に適しないとか，人間
　味を欠いているとか，または裁判官が没常識だとか，化石しているとかいうよ
　うな小言を耳にするたびに，われわれは大岡裁判を思い起こします。そうして
　ああいう人間味のある裁判がほしいと考えます。しからば，大岡越前守がかく
　のごとくに賞賛され，否，少なくとも講談や口碑にまで伝えられるほど，その
　昔において人気があったのは，はたしてなぜでしょうか。（中略）大岡越前守の
　裁判は，なにゆえに人情の機微をうがった名裁判だといわれるのであろうか。
　ひと言にしていうと，それは「嘘」を上手につきえたためだ，と私は答えたい
　と思います。嘘は善いことだとか，悪いことだとかいう論はしばらく別として，
　大岡越前守が嘘つきの名人であったことは事実です。そうして上手に嘘をつき
　えてほめられた人です。大岡政談を読んでごらんなさい。当時の法律は，いか
　にも厳格な動きのとれないやかましいものであった。それをピシピシ厳格に適
　用すれば，万人を戦慄せしめるに足るだけの法律であった。しかも当時の裁判
　官はお上の命令であるところの法律をみだりに伸縮して取り扱うことはできぬ。

　法律は動くべからざるもの，動かすべからざるものであった。この法律のもと
で，人情に合致した人間味のある裁判をやることはきわめて困難な事柄です。
しかも大岡越前守はそれをあえてしたのです。しかも免職にもならず，世の中
の人々にも賞められながら，それをやりえたのです。（中略）しからばどうして
それをやりえたか。その方法は「嘘」です。当時の「法律」は厳格で動かすこ
とができなかった。法を動かして人情に適合することは不可能であった。そこ
で大岡越前守は「事実」を動かすことを考えたのです。ある「事実」があった
ということになれば「法律上」必ずこれを罰せねばならぬ。さらばといって罰
すれば人情にはずれる。その際裁判官の採りうべき唯一の手段は「嘘」です。
あった「事実」をなかったといい，なかった「事実」をあったというよりほか
に方法はないのです。そうして大岡越前守は実にそれを上手にやりえた人で
す。」（末広　1988，29-30頁）

　しかも，これは大岡越前守に限られるわけでなく，西洋の歴史からも例が挙
げられている。そして法の側も，柔軟な解釈や擬制という形での「嘘」を内包
しているというわけである。そして末広は，法というものの本質についても次
のように論じている。

　「ここに一つの「法」があるとする。ところが世の中がだんだんに変わって，そ
の「法」に当てはまらない新事実が生まれたとする。その際，採らるべき最も
合理的な手段は，その新事実のために一つの例外を設けることであらねばなら
ぬ。それはきわめて明らかな理屈である。しかし人間は多くの場合その合理的
な途をとろうとしない。なんとかしてその新事実を古い「法」の中に押し込も
うと努力する。それがため事実をまげること――すなわち「嘘」をつくこ
と――すらあえて辞さないのである。ですから法律発達の歴史を見ると，「嘘」
は実に法律進化の仲介者たる役目を勤めているものであることがわかります。」
（末広　1988，40-41頁）

　「われわれは「尺度」を欲する。しかも同時に「伸縮する尺度」を要求する。実
をいえば矛盾した要求です。しかも人間がかくのごときものである以上，「法」
はその矛盾した要求を充たしうるものでなければなりませぬ。そこで私は，今
後創造せらるべき「法」は各々具体的の場合について「規則的に伸縮する尺度」

でなければならず，「法学」はまたその「伸縮の法則」を求めるものでなければ
ならぬと信じます。」（末広　1988，55頁）

　こうした法の理解が，形式主義的な概念法学から離れ，判例に現れた社会的
事実や，「生ける法」規範を読み取っていくことを媒介として，法の社会学的
探究，すなわち法社会学を，法学の不可欠の構成要素として組み込んでいく必
要性につながっていくことはいうまでもない。

(2)　「生ける法」と慣行調査

　こうして末広は，判例研究や判例を通じた法学教育を推進したが，また他方
で，「生ける法」理解のための慣行調査にもかかわっていくことになる。1939
年（昭和14年）から1944年（昭和19年）まで実施された**中国農村慣行調査**は，理
論的部分を担当する東亜研究所と，実際に調査にあたる南満州鉄道調査部に
よって行われたが，末広は，この理論部門の指導者であった。南満州鉄道は，
いうまでもなく満州支配のための国策会社であり，この調査の目的も，中国農
村の占領統治の容易化のための資料収集という点にあったことは否めないが，
末広自身は，中国農村の社会生活の中に生きている慣行を明らかにするという，
その法社会学的探究をこそ目的と考えていたと思われる。時代の制約の中で行
われた調査であったが，末広が取り組んだ慣行調査の方法や理論的前提は，そ
の後の法社会学にも大きな影響を持つものであった，末広は，国家法に対し，
慣行の持つ「生ける法」としての意義を強調し，国家法により社会を統制しよ
うとする視点の限界を，現実の問題として示すことを試みたといえる。またこ
の調査を通じて社会秩序の動態的メカニズムについて，伝統的・固定的秩序と
新たに生成する社会的力との接触面で「不連続線的渦流」の形で動態的に動く
ものこそ法的慣行にほかならないとしている。このような社会秩序の動態的理
解と，そこに見られる諸力の葛藤・抵抗の指摘は，そのまま現代の法社会学の
認識としても有益である。
　末広が示した，これらの社会学的視点や従来の法律学への批判は，戦後の法
社会学の確立と発展に大きな影響を与えた先駆的業績といってよい。末広自身
は，中国農村慣行調査への参画の影響か，戦後，GHQにより教職追放の処分

を受けているが，その思考は，そのまま戦後法社会学の成立へと継承されていく。

(3)　戦後法社会学の発展

　戦後の法社会学は，それまでの日本の前近代的支配原理や社会構造からの脱却と，新たな民主的制度の確立という強い批判理念を新たな原動力として，末広の社会学的発想を引き継ぐ形で確立されていくことになった。**川島武宜**によるアメリカ社会学の積極的導入による経験科学としての法社会学の確立や入会権の研究は，まさに末広の社会学的発想の継承・精錬であるともいえるし，他方で，マルクス主義的理念を基盤に日本各地の農村慣行調査やセツルメント活動を通じて社会秩序を検証していく研究も，末広の慣行調査の影響を引き継ぐものである。また，1947年（昭和22年）に設立された日本法社会学会には，日本の様々な分野の実定法学者が参加し，法律系学会でも最大に近い学会となり，こうした社会改革，法律学改革への問題意識が熱く共有されていた。その後，法社会学が一つの分野として確立し，法社会学そのものを専門とする研究者が増加するにつれて専門化が進行し，次第に実定法学との連携が希薄化していくに至っているのは残念であるが，発展の代価としてやむを得ないのかもしれない。しかし，法社会学の源流である末広の問題意識に立ち返り，法律学との連携を模索していくことも，今後の法社会学の課題ということができる。

1.2　法社会学と隣接領域

　先に法社会学が多様な理論や方法論を動員して法について研究する多元的で動態的な学問であることを指摘した。実際，法社会学自体は，開かれた学問領域として隣接する社会科学の諸領域との間で，相互に交錯する研究の積み重ねとして発展してきている。とりわけ，アメリカでは，「法と社会（Law and Society）」研究と呼ばれるのが一般的であるように，むしろ，様々な学問領域の理論・方法論による研究の集合体と考えてもよいくらいである。以下では，隣接する学問領域の理論と法社会学研究の交錯や影響について，部分的にではあるが，検討していくことにしよう。取り上げるのは，実質的に大きな影響力を

持った社会学，人類学，心理学である。

1.2.1 法社会学と社会学 ──────────

　社会学は社会の様々な現象を対象とする学問分野であり，その対象領域に応
じて，家族社会学，コミュニティ社会学，環境社会学，教育社会学等々，広範
な領域がそこに含まれている。法社会学も，その意味では，法制度やその機能
を扱う分野として，社会学の一分野として，そこに包摂されているという見方
もありうる。ただ，学問は各国ごとにその成立にかかわって固有の特性を有し
ているため，単純に，法社会学は社会学の一分野であるといえない事情も存在
する。

　わが国の場合，法社会学は，主に法学研究の分野で生成してきており，法社
会学者のほとんども法学部出身者で占められていて，必ずしも社会学の一領域
とはいえない事情がある。逆にアメリカでは，法と法制度について研究を行う
領域，「法と社会」研究は，社会学のみならず，心理学，人類学，政治学，法
学と多分野の研究者とそのアプローチが交錯する広範囲の学際的分野として成
立している。

　社会学自体も，上述のように多領域に分化しているが，他方で，いずれの領
域であっても共通してその根幹をなす，社会の概念，社会の構造や個人の社会
的行為についての理論的探究が不断になされてきている。理論社会学とも呼べ
るこの分野は，それゆえ，個々の個別領域を統合し，あるいはそれに参照点を
与える重要な役割を果たしている。法社会学の領域も，法と社会のあり方を考
える際に，これら理論社会学の様々なアプローチや思索を参照し，応用しつつ
展開されており，その意味で，法社会学の隣接領域としての社会学との交錯を
考えるうえで重要な意義を有しているといえよう。もちろん，家族法社会学が，
家族社会学の影響を受け交錯してきたように個別対象領域次元での交錯がある
ことはいうまでもないが，ここでは，理論社会学の流れに焦点を合わせて，法
社会学とのかかわりを見ていくことにしよう。

（1）　構造=機能主義パラダイムとその批判

（a）　構造=機能主義

　まず，法社会学が次第に隆盛となっていった20世紀半ば以降のアメリカの理論社会学の動きから見ていこう。この時期，最も大きな影響力を持っていたのは，**タルコット・パーソンズ**の構造=機能主義と呼ばれる社会理論である。パーソンズは，社会の様々な領域に対する調査研究が盛んに行われてきた中で，それらを統括し，統一的に説明できる社会の一般理論，すなわち，**グランド・セオリー**の構築を目指した。パーソンズ理論の基本前提は，人間の行為を，自身の身体，パーソナリティ，社会，文化といった4つの下位要素によって構成されるシステムと考える点にある。これらの下位要素はそれぞれがシステムとして成立している。わかりやすい比喩を用いれば，システムは，ちょうど生物の身体のようなものと考えることができる。生物の身体は，比較的安定した骨格や筋肉組織でその構造を維持しているが，その内部では，消化器系，呼吸器系，循環器系，免疫系などの各内臓が，不断に，その機能を果たし続けている。各部分の機能が協働しつつ貢献することで生物の生命・身体は，構造的に安定的に維持されている。社会システムも同様にこのアナロジーで考えることができる。社会の構造は，一定期間にわたって安定的に維持されているが，その内部では，個々の社会的機能を担った部分，たとえば法，経済，教育などの諸制度が不断に機能を果たすことで，その構造が維持されているというのである。パーソンズは，この構造と機能の作用や関連について分析することを課題とし，それゆえ，そのアプローチは構造=機能主義と称されるのである（パーソンズ 1976）。

　パーソンズは，この社会の構造を維持する機能を分析するための枠組として，AGIL 図式というものを提起している。AGIL とは，「適応（Adaptation）」，「目標達成（Goal attainment）」，「統合（Integration）」，「潜在的パターン維持（Latent pattern maintenance）」の4つの必須の社会的機能を指す。このうち，「適応」と「目標達成」は，社会システムとその外部との関係に関する機能であり，「統合」と「潜在的パターン維持」は社会システム内部の調整的機能である。誤解を恐れず単純化した例を挙げれば，「適応」は外的状況と調整しつつ材料・素材等を調達し働きかける経済活動であり，「目標達成」は，目標へ向けてそ

れらを調節・処理していく政治的活動にあたる。「統合」は，これら対外的機能が適切に作動するために，内部の構成要素を統合していく機能で法の機能は主にここに含まれる。「潜在的パターン維持」は，その背景で安定性を支える文化や教育にあたる作用ということになる。これらが順次機能することを通して，社会構造は安定的に維持されるというのである。

パーソンズの理論社会学上の貢献は，これにとどまらず多岐にわたるが，システムとして社会をとらえるその基本的視点は，アメリカ社会学はもちろん，その後，ドイツのニコラス・ルーマンのシステム論，フランスのピエール・ブルデューの社会構造論にも大きな影響を与えることとなり，法社会学の領域でも，陰に陽にその影響が見られるし，現在もその理論の含意についての研究が継続されている（久保 2016）。他方で，このパーソンズの理論は，様々な点で激しい批判を浴びることにもなった。逆に，そのことが，その後の社会学の多様化や展開につながっていったということもできる。

（b） 構造=機能主義への批判

構造=機能主義批判の第1の論点は，それが暗黙に保有する現状維持的な価値志向をめぐってである。パーソンズと同時代に活躍した**ライト・ミルズ**は，パーソンズのグランド・セオリーと，いまひとつは，やはり同時代に盛んだった統計調査に基づく「**抽象化された経験主義**」とに対し，「**社会学的想像力**」という概念に依拠して，激しい批判を展開した（ミルズ 1985）。ミルズは，われわれが生きる日常，そこでかかわる問題と社会・歴史の次元を架橋する想像力を持つことが社会学にとって重要であり，それに依拠した批判的知性こそが社会学者にとって重要であると主張している。パーソンズのあらゆる社会的行為は構造の維持に貢献する機能を持っているという構造=機能主義の思考は，現状の構造を正当化し保持する保守的な価値を暗黙に有するものであり，社会学的想像力に欠けるものとして批判されるのである。ミルズの批判は，構造=機能主義のみならず，統計調査とそのデータを社会理解のために尊重する「抽象化された経験主義」にも向けられているが，こうした論争は，現在の法社会学の中でも実証主義的データを重視する立場と，批判的想像力を重視する立場との間で見られるものでもある。

構造=機能主義批判の第2の論点は，構造=機能主義が，社会の下位単位が，

すべからく構造維持・安定に貢献するという認識をとることに伴う欠落を指摘する点である。これらの批判は，構造＝機能主義の内部からの改良的批判と見ることもできる。**ロバート・マートン**は，社会的機能の中には，確かに構造の維持・安定・均衡に貢献する結果を生み出す順機能を持つものも多いが，他方で，構造の維持にとってはマイナスの阻害的結果を生み出す逆機能も存在していること，また，機能の成果が明確に認識可能な**顕在的機能**と，目には見えない形での効果を有する**潜在的機能**があることなど，社会的機能の理解を精緻化させた（マートン　1961）。

たとえば，社会保障政策として，貧困層にいっそうの多大な経済支援を提供する政策を採ったとしよう。その結果，貧困はかなりの程度解消されるという政策目的に即した効果が生まれたとする。この場合，貧困層の解消は，政策目的通りに，すなわち「顕在的」に社会を安定させる一定の順機能を持ったということができるが，同時にそれによって，貧困層の就労意欲が減退し，財政支出が大きなまま固定してしまうという，意図せず予測していなかった，すなわち「潜在的」な，社会にとってマイナスの逆機能も生み出されているということになる。マートンは，このように，機能の現実を理解するためには，パーソンズが目指したような誇大な一般理論，グランド・セオリーについては放棄し，経験的に検証可能な範囲に限定した理論化を試みるという「**中範囲の理論**」を提唱した。

構造＝機能主義批判の第3の論点は，構造＝機能主義が，社会構造の安定・均衡を目的的に前提としたため，社会内に現実に生成する様々なコンフリクト（葛藤・紛争）を見る視点が，限定されてしまうことをめぐってである。**ルイス・コーザー**は，マートンの指導を受けた社会学者であるが，コンフリクトを単純に社会構造の安定・均衡への阻害要因として位置づけるのではなく，機能分析の視点からその持つ意義を指摘している（コーザー　1978）。それはとりもなおさず，パーソンズの構造＝機能主義に欠落していたコンフリクト分析の領域を解明する作業であった。コーザーは，たとえば戦時のような対外的コンフリクトが激化している場合，外敵の存在が，集団の生成・アイデンティティの強化・凝集性を促進していくことを指摘している。他方，内部的コンフリクトについても，一定程度のコンフリクトの生成・表出は，不満解消の効果を持つ

こと，過度に敵対的なメンバーの場合は集団から排除することで，集団として
の凝集性が維持・強化されることなどを指摘した。このように，社会における
コンフリクトという現象を研究対象として措定することで，その後のコンフリ
クト理論の展開に大きな影響を与えることになった。とりわけ，法の紛争解決
機能などが研究テーマとなる法社会学の領域では，コーザーの視点は，意識せ
ずとも消化され，重要な影響を及ぼしてきているといえる。

　コーザーの視点に対し，パーソンズ流の社会の安定・均衡・維持の理念がい
まだ残存しているとして批判を加えたのが，**ラルフ・ダーレンドルフ**である。
ダーレンドルフは，ドイツ連邦議会の議員をも務めた学者で，マルクス主義の
強い影響のもと，産業社会における階級対立という紛争状況の克服のための理
論的基盤を整備しようと試みた（ダーレンドルフ　1964）。彼は，コーザーが依
拠した社会の安定や均衡維持といった視点を徹底して批判しつつ，わかりやす
くいえば，「権力をめぐるたえざる不協和の存在」は，社会にとって不可避の
宿命であり，その紛争の先には，既存の集団の安定などではなく，新たな秩序
が再構成されていくというのである。そこにはいうまでもなくマルクス主義理
論の背景にあるヘーゲル的弁証法の強い影響を読み取ることができる。すなわ
ち，秩序と均衡が目的的に設定されていたパーソンズの構造=機能主義への全
面的批判が展開されたということができよう。現在の法社会学における法と社
会理論のあり方にも，ダーレンドルフの視点は大きな影響を及ぼしているとい
える。

　構造=機能主義批判の第4の論点は，パーソンズの構造=機能主義においては，
社会構造が第一義的に重要な対象であり，個人は，その枠組の中で社会的地位
や役割として理解されるに過ぎない点，それゆえ，個々の人間の主観的意味解
釈や創発性がほとんど顧みられていない点についてである。個人は，パーソン
ズ理論から導き出されるように，社会の構造やシステムに拘束され，行為を構
成しているのではなく，むしろ個人が意味を生み出し相互作用する中で社会が
構成されているのだという視点からの批判である。この論点は，その後の社会
学の多様な分析アプローチを生み出してきたため，次節でまとめて扱うことに
しよう。

（2）　日常世界の分析

（a）　シンボリック相互作用論

　こうした視点は，ハーバート・ブルーマーのシンボリック相互作用論と称される理論に的確に示されている（ブルーマー　1991）。ブルーマーは，構造＝機能主義が措定したような，安定した社会構造やシステムと，それに規定された人間というとらえ方を批判し，個人こそが，相互作用の中で生み出される意味を主体的に事象に付与し，行為していること，その結果，社会が構成され，かつ不断に変動していくのだという動態的な社会像も示したのである。構造＝機能主義に欠落している社会の動態性や変動という現象が，ブルーマーの理論では把握可能となっているといえよう。ブルーマーのシンボリック相互作用論が採用する基本的前提は次の3つのテーゼに集約される。

　第1に，個人は，自らを取り巻く様々な事物や事象（thing）に，自ら意味を付与しつつ行為していることである。たとえば，われわれは歯ブラシを目にしたとき，歯を磨くのに用いる道具として意味づけ，そのように用いようとする。しかし，歯を磨く習慣のない文化に生きる個人なら，歯ブラシを見ても，土を掘るのに便利な道具として意味づけ，穴掘りに用いるかもしれない。もの（ここでは歯ブラシ）は，それ自体が意味を保有しているのでなく，個人が，意味を付与することによって，その個人にとっての現実となるというのである。

　第2に，それらの意味は恣意的に個人から発するのではなく，他者との相互行為の中から生み出されてくるものだという点である。歯ブラシの意味も，個人が勝手に生み出したものではなく，親に教えられたり，周囲の人がそのように用いるのを見たり聞いたりする中で生成してくる。こうした社会的相互作用こそが意味を生み出す場となっているのである。

　第3に，それらの意味は，個人の相互作用の場面において，さらに解釈が加えられ，修正・変容されていくものだという点である。確かに歯ブラシは，通常，歯を磨く道具としての意味を与えられている。しかし，時と場に応じて，その歯ブラシに異なる意味が与えられるようなケースも皆無ではない。汚れた洗面台を掃除するとき，汚れをこすり落とすために有益な道具と思いついて歯ブラシを用いる人もいるだろう。このとき，歯ブラシは，新たな意味を与えられたものとして利用されていることになる。

　シンボリック相互作用論は，パーソンズの構造＝機能主義が，社会の構造や
その秩序・均衡に焦点を合わせシステムを思考の出発点としたのに対し，逆に，
個人の側の社会構築への寄与を重視する点で，個人による意味付与・解釈を出
発点としたものとしてまず，対比することができる。また，同時に，構造＝機
能主義が社会構造の維持を目的論的に前提することで，社会構造の静態的で
ア・ヒストリカルな理解を重視したのに対し，ブルーマーの理論は，社会の動
的な変動を前提し，その過程の分析を重視したということもできよう。さらに，
数量的調査データによって社会を把握しようとする「抽象化された経験主義」
に対し，観察や参加に基づく質的な調査データに依拠した**質的研究**を重視する
方法を推奨することにもつながった。

　もっとも，そのことでシンボリック相互作用論は，比較的ミクロな対象の検
討には有益だが，社会の統合的分析は射程に収められない，社会・文化や構造
的な権力性の分析が射程に収められていない，との批判を招くことにもなる。
この社会か個人か，構造か過程か，量的研究か質的研究という二元的対立項は，
常に社会学に付きまとう論争点であり，実際，法社会学の分野にもその視点の
分岐が，多かれ少なかれ見られる。

　しかし，ともあれ，パーソンズの構造＝機能主義において欠落していた，社
会の動態性やその過程の分析という新たな視野がここで提起されたことは評価
すべきであろう。その後，シンボリック相互作用論は，第二世代に移行し，**ハ
ワード・ベッカー**のラベリング論，**アーヴィング・ゴッフマン**のドラマツルギー
論など，多様な理論分岐を生み出していくことになるが，ここでは社会学史に
深入りすることなく，わが国の法社会学に大きな影響力を持った2つの理論の
み，取り上げておくことにしよう。

（b）　エスノメソドロジー

　その第1は，**エスノメソドロジー**である。エスノメソドロジーは，パーソン
ズの学生でもあった**ハロルド・ガーフィンケル**が提唱したもので，「人々の（エ
スノ）」「方法（メソッド）」，すなわち人々が日常のやり取りの中で，自然に採
用している場のあり方を構成する方法，の探求を目指そうとする立場である
（ガーフィンケル　1987）。実は，エスノメソドロジーは社会学の中でも，かな
り特殊な性格を持ったアプローチということができる。これまで検討してきた

社会学の思考は，「部分が機能を適切に果たすことによって社会の構造は安定的に維持される」とか，「人々が意味付与しつつ相互行為することで社会は構成され変容していく」とか，社会の成立，秩序の成立について，一定の理論的視座から説明を試みようとするものであった。しかし，エスノメソドロジーは，社会の成立や秩序の形成は，社会学者が改まって説明するまでもなく，市井の人々が，その日常の中で，実際に作り出しているのであり，その「人々の（エスノ）」「方法（メソッド）」を丹念に見極めていくことこそ，研究の主題となるべきであると考える。

たとえば，道で知人とすれ違うとき，講義に出席しようと大学の教室に入るとき，ショッピングセンターで買い物をしようとするとき，その他どのような場面であっても，そこで人々は日常的に適切な身振りや言葉を交わし，知らず知らずに秩序の構成に貢献している。お店でスニーカーを購入しようとした際に，「すみません，少し大きめのサイズのものはありますか？」と尋ねたときに，店員は，「少し大きめのものですね。25.5くらいのを探してきますね」とか，「あ，それは出ているものだけでほかのサイズはないんです」とか答えるだろう。このとき，店員が，「少し大きめというのは，どのくらいでしょう，1メートルくらいということですか？」という言葉を返すことは，ありえない。また，店員が25.5センチメートルの靴を持ってきてくれたときに，客が，「いや少し大きいのがあるかどうか聞いてみただけで，もともと買う気はない」と答えることも，普通，考えられない。また，「すみません，これ，もう少し大きいサイズのものはありますか？」「あ，それですね。ちょっと探してきますね」というのは，ごく自然なよくある会話である。店内で靴の棚を前にして，客がある靴を手にしているとき，客と店員の間では，その場の文脈が共有されており，「これ」「それ」で何を指すかが明確に了解されている。これは**インデックス性**と呼ばれ，日常の方法の中に自然に溶け込んだ行為の要素といえる。

このような日常的な方法を微細に見極め，そこで生きている人々の方法論を明らかにしていくのがエスノメソドロジーのアプローチということになる。ガーフィンケルと共同研究を行った**ハーヴェイ・サックス**は，人々の会話を緻密に分析する手法を**会話分析**として確立している。様々な場面での，人々の会話を正確に記録し，会話の間も含めて記録として分析していく手法である。発

話の順序がどのようなやり方で交代していくのか，発話は，どのような方法によってどのように連鎖していくのかなどを，精緻に分析する枠組が整備されている。この手法によって，人々の日常的接触から，医療の現場，科学研究の現場，あるいは法律相談の場面まで様々な現場の分析がなされ，人々が自然に行っている日常的秩序のあり方が検証されている。もちろん，エスノメソドロジーの方法は，会話分析だけでなく，身振りなども含めた研究もなされており，たとえば，**デビッド・サドナウ**は，ジャズ・ピアノの修練に励み，ピアノ演奏における身体技法についての研究なども行っている。

　ただ，エスノメソドロジーは，人々の方法論を記述すること自体を目的としており，それを超える問題意識は，おそらくエスノメソドロジーそのものの範囲には含まれていないように思われる。たとえば，会議で，男性の議長が「女性が入ると話が長い。一人が発言すると自分も発言しなくちゃならないと思うんでしょうね」と発言したとしよう。会議の他のメンバーは，愛想笑いをしたり，目が合わないよう下を向いたり，いろいろな反応を示しながら，その場は，普通に経過していったとする。この場面は，エスノメソドロジーの格好の分析場面で，ジェンダー差別的な発言が，その場で，いかに問題がないかのように解消され場が平穏に保たれていくか，その場の人々が差別をどのような方法で生成させているか，その日本的な人々の方法が，明らかにされると思われる。しかし，その知見をもとに，そこに内在する差別を生み出す背景の構造的な権力の契機を批判的に指摘するのは，研究者による自身の概念の押しつけとして，エスノメソドロジーのアプローチの範囲を超えることになると思われる。

　質的研究の中でも，エスノメソドロジーは，分析的志向が強いアプローチだということができる。会話分析も，ある意味，研究者が，自身の客観的分析道具・概念をもって会話を分析するのであり，かつそこでは，分析の対象は「人々の（エスノ）」「方法（メソッド）」に限定されている。その人々の行動や会話の背景にある様々な社会的要因の次元を直接的に分析に含めることはできない。

（c）　社会構成主義

　さて，いまひとつ，シンボリック相互作用論の流れと交錯しながら，わが国の法社会学にも導入する動きがあるのが，**社会構成主義**というアプローチである。社会構成主義は，**ピーター・バーガー**および**トーマス・ルックマン**の先駆的

示唆を経て，成立してきた考え方である（バーガー＆ルックマン　2003）。バーガーらによれば，社会的世界は，人々の行為が習慣化し，制度化していく中で構成されてくる。それらの制度は，次第に言語化され，正当なものとみなされるようになっていく。こうして構成された正当な社会的世界は，生育の過程や相互作用を通して人々の中に内在化され，客観的な世界として認識されるようになる。それゆえ，社会的世界は客観性を帯びているが，同時にそれは，人間の行為や意識と関連して初めて成立しているというのである。

　さらに，社会問題の生成について，研究者の視点から原因や結果を素材として，その客観的な関係法則を模索していくという通常のアプローチを放棄し，社会問題には客観的な定義など存在しないという前提に立って，問題提起する人々による「問題」としての意味の構築過程として見ていく視点を提起した，**ジョン・キツセ**と**マルコム・スペクター**らの研究なども構築主義的研究とされる（キツセ＆スペクター　1990）。たとえば，「女性が参加すると会議が長くなる」という発言がなされたとしよう。何十年か前であれば，ほとんどの人々が，そこに問題があると考えることはなかったかもしれない。しかし，現在であれば，その発言はジェンダー差別だとの問題提起がなされ，国際的な批判さえ招くことにもなる。数十年前と，現在で，この発話の内容「女性が参加すると会議が長くなる」という言葉自体は同じである。しかしそれが引き起こす問題は大きく異なっている。すなわち，客観的に問題がそこに「ある」「あった」のではなく，そこに問題があると認識し提起する人々が現れることで，現在，問題としての意味が構築されているのだということになる。すなわち，社会問題は，人々により構築されているのである。この視点は，経済的差別や，政治的侵害のような可視的な問題よりも，たとえば，ジェンダーや障がい者などをめぐる「まなざし」に潜む差別などの社会問題の場合に，より明確に当てはまるといえる。

　これらの先行研究の成果を踏まえて，現在の社会構成主義は，**ナラティブ・アプローチ**と呼ばれる考え方と合流し，新たな展開を見せている。社会構成主義は，われわれが認識する世界は，そこに客観的に存在しているものを，ただ，そのまま写し見ているのではなく，個々人が生育の過程や他者との対話の中で調達・獲得してきた枠組（言葉，**ナラティブ＝物語**）を通して認知的に構成して

いるものにほかならないと考える（ガーゲン　2004a, 2004b, 2020，ホワイト 2018）。われわれ日本人の多くは，タコを見ると，「刺身にすればおいしいかな，タコ焼きもいいな」などと「食の対象」として認識するかもしれないが，他の文化に属する人々は，「悪魔の使徒」として不気味な存在として認識するかもしれない。医師は，多くの数値データが並んだ検査データを見て「アミラーゼの値が異常だ，膵臓に問題があるかもしれない」と認識するかもしれないが，患者は，数値データだけ渡されても，ほとんどそこに意味を読み取ることができない。このように，われわれは，とりわけ，言葉を通じた他者との対話，相互作用を通じて，言葉や概念だけでなく，社会の諸制度にかかわる言説のまとまりである物語など，世界を見る「メガネ」のようなものを身に着けており，またそれを離れて世界を見ることはできないのである。数学や物理学の数式でさえ，それは数学や物理学という学理的「物語」を共有することで世界を認識する一つの「メガネ」に過ぎない。われわれは，自らを取り巻く物語なしには，世界を認識することさえできないのである。

　それゆえ，研究という営みも，研究者のメガネと対象者のメガネが異なることを前提に，理解されなければならない。研究者が経験的に「見た」ことの分析を試みたとしても，それは研究者の一方的なメガネを通して見ているに過ぎない。それは虚構ではないとしてもある特定の視点から見えるものを見ているに過ぎず，そこでは客観的・普遍的な何かだけを分析的に抽出しているわけではない。それゆえ，ここでは対象者との対話は，分析の対象ではなく，研究者と対象者が協働して作り上げている対話的現実（その時その場での現実）に過ぎないということになる。エスノメソドロジーとは，異なり，ここでは分析という営みは放棄され，代わって解釈という営みが主役となる。

　また，エスノメソドロジーは，その場で人々が現実を生み出していく「方法」を探求することに目的を限定してきたが，社会構成主義は，現実がどのように構成されていくかの知見から発して，逆に，一つの解釈という留保を保ちつつであるが，そこに実践的・臨床的にかかわっていく方向に道を開いていく。すなわち，現実が人々の対話・物語を通じて構成されていくのであれば，その対話を通じて世界を変容させることも可能だとの考えにつながってくるのである。

　実際に，社会構成主義ないしナラティブ・アプローチは，医療や看護の世界，カウンセリングやソーシャル・ワークの世界，マネジメントやマーケティングの世界でも，実践的なモデル構築の基礎を提供してきている（ホワイト＆エプストン　2017）。法律の世界でも，「対話を通じた現実認識の変容」の可能性は，たとえば，調停など紛争解決過程における関係変容を促進するモデルの構築につながり，アメリカでも日本でも，学問的研究の領域を超えて，実践的モデルとしての活用も進んできているのである（ウィンズレイド＆モンク　2010，和田・中西　2010）。もちろん，法社会学の領域でも，**解釈法社会学**といった理論の構築にも影響してきている（和田　2020a）。

(3)　ニクラス・ルーマン：ドイツにおける展開

(a)　社会システム論とオートポイエーシス

　さて，ここまで見てきたのは主に，アメリカにおける社会学の展開であるが，それと連携しつつも，ヨーロッパ大陸では，独自の学問的文化の影響のもと，また独自の知的発展がなされてきている。まず，ドイツから見ていこう。

　ニクラス・ルーマンは，独自の社会システム論を提起したドイツの社会学者である。アメリカ留学時代にパーソンズと接触し，影響を受けているのだが，その**社会システム論**は，パーソンズの構造＝機能主義における社会システムの概念とは，まったく異なる概念として構成されている。また，その議論は極めて抽象度が高く，難解である。

　ルーマンは，社会システムを，外部（環境）とは区別されて自律的に存立するものととらえる（ルーマン　1993, 1995）。しかし，システムは，外部と接触しつつ，その情報を取り込み，かつそれをもとに自身を再生産していると考える。この外部と接触しつつも，システム内部で自己を再生産していく作用は，**オートポイエーシス**（自己言及性等の訳がある）と呼ばれる。誤解を恐れず，わかりやすい比喩を例に考えてみよう。たとえば，動物は，食事を通して外界にある食べ物を摂取する，そしてそれを消化し新たな細胞を生み出して自己を再生産しつつ，排泄物を放出する。このとき，外部から素材を吸収し，排泄物を排出しているが，この外部との作用そのものがオートポイエーシスな「システムの作用」ではない。この動物の現実的営みを可能にしている作用の仕組みそ

れ自体がシステムにほかならない。すなわち，システムが生み出すのは，排泄物ではなく，システムを構成する要素ないしシステムそのものなのである。別の例を挙げれば，裁判所は，常に新しい事件を取り込み，法を適用して，判決を産出している。「事件」を外界から取り込み，「判決による解決」を産出しているのは事実であるが，ここでも，法・裁判システムがシステムとして産出しているのは，実は法そのものにほかならない。法・裁判システムは，なまの事件そのものを取り込んだのではなく，その法的要素すなわち法システム自身の要素を参照したに過ぎないし，「判決による解決」を産出したのでなく，そこでも自身の要素たる法そのものを再生産したに過ぎない。何かがインプットされたわけではなく，自身のオートポイエティックな作動が観察されるだけなのである。

(b) システムの構成要素としてのコミュニケーション

このルーマンのシステム論のオートポイエーシスを理解するためには，システムの構成要素を彼がどうとらえていたかを検討するのがよいだろう。ルーマンは，システムを構成している要素を，人間でも事物でもなく，コミュニケーションだと措定している。ここでいうコミュニケーションは，われわれが，通常，イメージする対話のような狭いものではなく，いわば対話も，行為も振舞いも含む，多様な「やり取り」を指している。

コミュニケーションは，次の3つの要素から成り，それぞれに選択の可能性がある。第1に「情報」である。発話者が，何を伝えようと選択するかの可能性がそこにはある。第2に「伝達」である。これは情報をどのように伝達するかの方法についてである。言葉か目配せか，様々な選択の可能性がここにもある。第3に「理解」である。受け手の側がそれをどのように理解するか，誤解の可能性も含め，ここでも多くの選択肢が存在する。たとえば，車に乗って運転しているときに，発話者が，「日が暮れてきたね」と言った場合を考えよう。このとき，受け手は，その言葉を聞いて，単純にあたりが暗くなってきていること，時間が経過してきていることの表明としての意味のみを理解するかもしれないし，「そろそろ帰りたいのかな」と理解するかもしれない。あるいは，「ヘッドライトを点灯した方がいい」という指示を読み取るかもしれない。あるいは，相手が言葉でなく，沈んでいく夕日を指さしたとすれば（伝達方法の

選択），その理解はさらに多様な可能性が考えられる中で行われる。そして受け手の反応は「ほんとだね，暗くなってきたね」と言うかもしれないし，「そろそろ帰ろうか」であるかもしれないし，「うん」と言ってライトを点灯するかもしれない。

　ここで大切なことは，発話者の心の中の真意はそのままでは確認不可能ということである。言葉や身振りでコミュニケーションがなされない限り，その心は把握できない。受け手の側も，何らかの反応をして（コミュニケーションして）初めて，最初の発話者は，「わかってくれた」とか，「誤解している」とか理解することができる。ここにルーマンが，システムの構成要素を人ではなくコミュニケーションにしたことの意義がある。システムにとって，人の意思や意図は不可視であり，言葉や身振りのコミュニケーションこそがシステムの作動の基礎にあるということである。

　次に問題となるのは，コミュニケーションが，情報，伝達，理解のそれぞれの次元で，多様な，ないし無限の選択的可能性に開かれている点である。何らかの制限がなければ，これらコミュニケーションの連鎖は，システムとして成立しなくなってしまう。いわゆる「複雑性」という世界の性質である。そこでルーマンは，システムは，こうした複雑性を縮減する機能を有していると考える。社会は，機能分化した分化システムによって構成されている。たとえば，法システム，政治システム，経済システム，科学システムなどである。それぞれのシステムは，それぞれのシステムの複雑性を縮減するための二項コードを有している。法システムは「合法/不法」，経済システムは「利益/損失」，科学システムは，「真/偽」といった具合である。それぞれのシステムの中で，妥当とされるコミュニケーションは高度化されており，それに適合しないコミュニケーションは，外部の問題とされる。裁判所や警察に行って，「おなかが痛いのですが，何とかしてほしい」と言っても相手にされることはないように。

　こうしたシステム論の考え方を基盤に，ルーマンは，『法社会学』という著作を著すなど，法社会学の領域にも，直接，思考をめぐらしている（ルーマン1977）。わが国の法社会学にも大きな影響を与え，ルーマンの理論の探求は，一つの大きな研究領域となっている。

(4) ミシェル・フーコーとピエール・ブルデュー：フランスにおける展開

(a) 構 造 主 義

フランスでは，また異なる知的伝統のもとで，社会学が展開してきている。フランスでは，19世紀末のスイスの言語学者，**フェルディナン・ド・ソシュールの構造主義言語学**の影響が，哲学や社会科学の領域に大きな影響をもたらした（ソシュール 1972）。ソシュールは，ラング（言語の規則＝文法，語彙）とパロール（実際の発話・記述など言語の運用）という区別，シニフィアン（意味するもの，たとえば，ウシという文字や音）とシニフィエ（意味されるもの，ウシによって想起される概念）という区分に基づいて，言語に関し，新たな考え方を提示した。

　そのエッセンスは，言語は**差異の体系**であるとの見方である。「ウシ」という文字が示しているのは，何か統一された一つの実体を持つ動物ではない。いま，この本を読んでいる人は「ウシ」という文字を見て，頭の中で具体的な牛をイメージしたと思う。ある人は白と黒のホルスタインの乳牛を思い浮かべたかもしれない。ある人は黒毛の和牛，ある人は，よちよち歩きの子牛を思い浮かべたかもしれない。そこで想起されたものは千差万別であろう。にもかかわらず，それがみな，間違いでないのはなぜか。もちろん，「ウシ」と言われて，耳の長い小動物のイメージや，鼻の長い大型の動物を思い浮かべた人がいれば，それは間違いであると指摘できる。しかし，千差万別の牛を思い浮かべても，それが互いに「あなたの牛は間違っている」とはならないのはなぜだろうか。ソシュールは，「ウシ」という文字や音が，「ウマ」「ラクダ」「イヌ」などその他の記号で想起される何かとは区切られ区別されていることに答えを見出す。すなわち，言語は具体的統一的な何かを示す機能を有するのではなく，それ以外の他の何かから区別する機能を有しているからだというわけである。「言語は差異の体系」であるというのは，そういうことである。

　文化が異なれば，この区分も異なってくる。日本語では，「ウシ」の文字と音であるが，英語では「Cattle」「Cow」「Ox」などの文字と音があてられる。これからわかるように，日本で「ウシ」が包摂するものは，英語ではさらに細かに分化されている。こうした差異の区切り方に違いはあるものの，言語が差異の体系であること自体は，いかなる言語であっても共通する仕組みにほかな

らない。差異の体系としての構造こそ言語の特性なのである。

　このソシュールの考え方は，言語学の範囲を超えて，様々な領域に影響を及ぼし，**構造主義**と呼ばれる思潮を生み出した。人類学者の**クロード・レヴィ＝ストロース**は，人間の文化にこの構造理論を適用し，いかなる文化においても普遍的な構造が存在していることを見出した（レヴィ＝ストロース　1976）。哲学や文芸批評にも広く影響が見られるが，構造主義の意義は，近代の啓蒙思想が，人間という主体，およびその理性を根源的出発点として議論を組み立てたことに対する強烈なアンチテーゼを提起した点にある。近代法も，もちろん，啓蒙主義のもとで，主体を単位として，基本的人権など法的権利・義務関係を構築してきている。これに対し，構造主義の発想が示唆するのは，個人は，言語的，文化的な構造に支配された存在でしかなく，構造こそが学問的に探求されるべき対象なのだという思考にいきつく。個人，主体は，消去され，静態的な根源の構造こそが社会を研究する際に排他的な重要性を持つというのである。

（b）　フーコーとまなざしの権力

　これに対し，**ミシェル・フーコー**は，構造主義的発想を継承しつつも，批判的にこれを克服し，知や言説の構造と権力や支配の問題を結びつけて動態的に考察することを試みた。そのため，フーコーは，**ポスト構造主義**者として位置づけられることが多い。たとえば，フーコーは，近代の精神医学の知の発展に伴って，「狂気」が構造の外に排除されていく過程を描き出した。監禁施設が建設され，そこには狂気を持つ人のみならず，浮浪者や孤児なども監禁・拘束され，そのことが，また，狂気をめぐる知を構成していく。フーコーが指摘したのは，狂気を治療の対象として意味づける近代的な科学的知としての精神医学の発展が，実は，狂気や排除されるべきもの，監禁されるべきものを生み出し創り出していく過程，まさに差異の体系の創出を通じた，知と権力の相互構築という現象である（フーコー　1975）。

　また，フーコーは，近代的な権力のあり方について，ジェレミ・ベンサムが考案した監獄システムである**パノプティコン**（一望監視システム）を例にとって，権力の意義を説明している（フーコー　1977）。パノプティコンとは，中心に看守が監視を行う塔を建設し，その周囲を取り巻くように囚人の監房を配置するシステムである。このシステムの利点は，光線の具合を調整することで，看守

の側からはすべての監房を見ることができるが，囚人の側からは中心の監視室
の中に実際に看守がいるかいないかが見えないというところに起因する。つま
り，囚人は，看守がいるいないにかかわらず，見えないがゆえに，いるものと
して行動せざるを得ないのである。試験の際に，教授が監督者として部屋にい
て，居眠りしていれば，簡単にカンニングができる。しかし，試験室に監視者
の教授がいなくとも，多数の監視カメラが作動していると，たとえモニターの
前で試験官が居眠りしていても，それがわからず，簡単にはカンニングに踏み
切れないということである。こうして囚人は，そのうち，自然に自らの行動を
律するようになり，規則を順守するようになっていくのである。

　フーコーによれば，かつての権力は，権力者の命令によって，広場で人々が
見守る中で絞首刑やギロチンを実施するようなものであった。権力は権力者の
ものであり，権力のありかをわれわれは知っていた。しかし，近代以降の権力
は，一見，権力とは見えない科学の知（法の知も）の言説を通して，われわれ
を支配している。権力者の命令や指示によってではなく，パノプティコンのよ
うに，われわれ自身が，**知の言説**に支配されることで，自らを律し，自らを支
配していくのである。さらに，かつてのように，身体に死を与えるような権力
ではなく，医療や福祉を通して，教育や役所への届け出を通して，つまり，わ
れわれの生をよりよくするためのシステムを通して，われわれを支配する権力
なのである。

　この，フーコーが鋭敏にも見据えた権力の形は，現代の政治や経済の権力に
還元できない差別について考えるとよくわかる。会議での「女性が入ると時間
がかかる」という発言は，経済的な差別や政治的権利をめぐる差別に直接的に
つながっているわけではない。しかし，そこには否定できない権力の働きが存
在する。この発言者が高齢者であれば，その生きてきた世界では，こうした発
言は自然なものであり，何も権力性を帯びたものではなかったのかもしれない。
「私は女性を蔑視などしていない。そういう意図はなかった」という弁明をし
たとすれば，この発言者は，何が差別で，どのような表現が人を傷つけるのか
ということについて，まったく認識できないほどに，古い知の構造にとらわれ
ているということになろう。

　このように，ジェンダーをめぐる差別は，フーコーが見出した「まなざし」

に潜む権力の作用を考えるよい例である。LGBTに対するまなざし，精神疾患の患者を見るまなざし，障がい者を見るまなざし，そして医師が患者を見るまなざし，法律家が相談者を見るまなざし，いたるところにそうした**まなざしの権力**が存在している可能性を否定できない。明確に差別的には見えない言葉の中にも，実はまなざしの権力が潜んでいることも多い。フーコー自身，実はLGBTに属しており，そうした彼の生活における生きづらさが，彼の思索にも強く反映していたかもしれない。フーコーが切り開いた権力論の位相は，法社会学研究においても常に参照されるべき重要性を持っている。

（c）　ブルデューのハビトゥス概念

　最後に，**ピエール・ブルデュー**の理論を見ていくことにしたい。先に，パーソンズの構造=機能主義は，社会の構造に焦点を合わせるあまり，個人の意義について等閑視しているとの批判を受けたこと，アンチテーゼとしてのシンボリック相互作用論の流れでは，ミクロな個人の営みは分析できても社会の位置づけが弱いと指摘されたことなどを示してきた。また，フランスの構造主義も，ルーマンの社会システム論も，やはり個人の位置がほぼ消去されていることを見てきた。ブルデューは，これに対し，構造と個人の動態を結びつけて理論化した社会学者である。

　まず，ブルデューが，個人の行為・実践と社会の構造をどう結びつけたから見ていこう（ブルデュ　1988, 1990a）。ブルデューによれば，人々の実践は，構造によって支配されているという。この点は，構造=機能主義などの視点と重なる。構造がなければ，実践は成り立たない。この点は，スポーツや将棋などのゲームを念頭に置くとわかりやすい。ルール（構造）があるからこそ，ゲームは始まり，実践できる。もしルールのないゲームがあるとすれば，それは混乱でしかない。しかし，他方で，われわれの実践は，構造に規定され尽くしているわけではない。ルールがすべてを規定しているなら，ゲームの展開は何度行っても同じになるし，面白くもないだろう。将棋でもサッカーでも，同一のルール下で行っても，毎回千差万別の展開をするし，選手の動きも，棋士の指す手も，毎回多様な差異を示す。すなわち，われわれは，ルール（構造）に支配されつつも，ないしは，支配されることで，ゲームの展開にあわせて自由に行為しているということになる。

　しかし，また，そうはいっても，個々の選手の動きはまったく自由というわけではない。そのポジションによっても動きは変わるし，チームごとにそのチーム固有の戦い方のパターンもある。また，選手個々によって，得意なプレーやプレーの傾向も一定のものが存在している。ルール（構造）に従っているというだけでなく，別の安定性もそこには見出せる。

　ブルデューは，これをハビトゥスという概念で説明する。**ハビトゥス**は，「**構造化する構造化された構造**」と定義されているが，これでは意味不明だろう。まず，最後の「構造」であるが，これはハビトゥス自身，一つの安定した傾向性も持った構造として存立していることを示している。次に，「構造化する」の部分は，このハビトゥスが，個々のプレーヤーのプレーを構造的に支配・生成させているということを意味する。最後に，冒頭の「構造化された」の部分は，ルールや社会の構造に従う形でハビトゥス自身も構造的に形づくられていることを示している。「社会構造によって構成された，個々の実践を生み出す，傾向性のまとまり」といった意味になろう。このハビトゥスを媒介概念として措定したことで，社会構造という一般的次元と，個々の個別的実践という具体的な次元が，仲介され結びつけられるのである。ハビトゥスには，法律家のハビトゥス，医師のハビトゥスなど，職業によって，さらには社会階層に応じたハビトゥスも考えることができる。

　言語を例にとって実践と構造変容についても見ておこう。われわれは，日本語の語彙・文法に従って語ったり書いたりしている。文法の構造をまったく無視して順守しないと，日本語の文章にはならない。しかし，個々の文，発話は，個性的な実践である。また，生まれた地域によって，職業によって，その人の発話や文には一つのまとまった傾向性（ハビトゥス）が見られる。ここで重要なのは，実践（発話）のレベルで，しばしば人は構造を逸脱することもあるという点である。言語であれば，ら抜き言葉や，「ディスる」といった言葉が若い世代で使われ始め，次第にそれが広がって，最終的には，文法や語彙の構造が変容してくることもありうる。古文の単語が現代の意味とは異なっていることがあるが，これも，上記のような過程を経て次第に構造の変容が起こった結果といえる。すなわち，構造＝ハビトゥス＝実践は，循環的な過程であり，実践の中で即興的に生まれた変化が，再帰的にハビトゥスから構造の変容にまで

影響することになるのである。ブルデューの理論は，こうして社会の構造的次元と実践の即興的で個性的な次元を結びつけて概念化しているのである。

　また，ブルデューは，ハビトゥス概念を手がかりとして，実証的なデータを活用しながら，従来とは異なる社会階層の把握を行っている。ブルデューは，それまで階層分化の基準として一般的に前提されてきた経済的利益のみならず，**文化資本**および**社会関係資本**の概念を措定している。文化資本とは，立居振舞いや，話し方，美のセンス，味覚など，個人の身体に刻み込まれる「身体化された文化資本」，美術品，蔵書，楽器などの形態をとる「客体化された文化資本」，学歴，資格，免状などの「制度化された文化資本」を含み，それら文化資本を保有するものは，それに応じて社会的地位や権威を獲得することができるとする。また，社会関係資本は，個人が有する社会関係，いわばコネや人脈である。いうまでもなく，文化資本と，社会関係資本，経済資本は，相互に転換，相互補強しながら階層的差異（**ディスタンクシオン**）を生み出していくとするのである（ブルデュー　1990b）。

　この中で，ブルデューは，次第に蓄積される経済資本や社会関係資本に先立ち，文化資本がより重要な位置を占めていると考える。わかりやすくいえば，財を築いて社会関係も広げることはできても，美的感覚や芸術の趣味などを直ちに身に着けることは難しいが，その出自の時点で，高度な文化資本の伴う環境で育つことで，財や社会関係資本が後発的に獲得されることは比較的容易であるということである。日本より階層的区分が強いフランスの文化で，より妥当する理論かもしれない。そして，この美的感性や微細な味覚の育成，洗練された話し方などは，すなわち，階層のハビトゥスによって促進され，またそれを構成していくのである。階層を経済利益のみならず，文化や知の次元の資本と結びつける視覚は，いうまでもなくそれまでのフーコーを初めてとするフランスの知的伝統に導かれたものと見ることもできよう。

＊

　さて，以上で社会学の大まかな流れを検討してきた。もちろん，網羅的なものではなく，法社会学との関連で影響の強いものを優先してまとめてきた。法社会学においては，単に対象を調査し分析することを超えて，その分析の背景

で働く研究者の知的枠組が，どのように形成されたものか，それがどのような社会学をはじめとする隣接分野の知の潮流と連動して構成されているかについても考察してみることが重要である。ここまで，簡単に解説してきた社会学理論の中で，自身の感覚に合致するものがあれば，ぜひそれをより深めて，法という現象を見る視座の構築に役立ててほしい。では，次に，やはり法社会学に大きな影響を与えた人類学の領域を見ていくことにしよう。

1.2.2 法社会学と人類学 ─────────────────

(1) 人類学の黎明

法学と人類学は，一見，あまりかかわりがないように見えるかもしれないが，実はその生成の過程で，深く密接な関係にあったといえる。イギリス，フランスなど西洋の列強が，アジアやアフリカに進出し，多くの地域を植民地として支配していく過程で，植民地経営を効果的に行っていくために安定した法制度を現地に確立することが重要な課題となったことはいうまでもない。しかし，西洋の法体制をそのまま，持ち込んでも，文化や慣習の異なる植民地ではうまく作動するはずもない。そこで，植民地の為政者は，現地の土着の法，慣習，習俗などをつぶさに調査し，それをうまく組み込みながら法体制を構築していく必要に迫られたのである。この現地の土着法，慣習などの情報の収集，分析作業は，いわば人類学が生まれる素地の一つを作っていったのである。

たとえば，**歴史法学**の観点から『古代法』を著し，「身分から契約へ」という有名な言葉を残した**ヘンリー・メイン**は，もともと法学者であったが，のちに，インド総督府の法務官として赴任している（メイン 1990）。また，この19世紀当時の人類学の領域では，進化論的な発想の影響が強く見られた。アメリカ先住民の社会に関心を持った**ルイス・モーガン**は，親族の名称体系についての情報を集積した『古代社会』を著しているが，その中で示された野蛮で未開な状態から文明社会へと至る進化論的図式は，カール・マルクスの経済をめぐる史的発展論にも大きな影響を及ぼしたとされる（モーガン 1958, 1961）。また，その進化主義的思考に従って先住民政策にも参画したが，結果的に，先住民部族の社会を壊滅的に壊すことにつながったとされる。

なお，時代は下ってのことであるが，日本文化論の嚆矢もいえる**ルース・ベ**

ネディクトの『菊と刀』は，太平洋戦争の渦中に執筆された彼女の調査書をもとにして執筆されている（ベネディクト　2005）。文化人類学者ベネディクトは，戦時中は，アメリカの戦時情報局の日本班の責任者として，敵国日本の文化の分析にあたっていたのである。このように，人類学は，実は，植民地支配が行われてきた時代から，しばしば，政策的な目的によって影響されてきた経緯がある。

　しかし，その中から，次第に，学問としての人類学研究の確立を試みようとする動きが出てくる。『原始文化』を著し，文化人類学の父と称される**エドワード・バーネット・タイラー**，様々な民族の呪術や信仰を集積した『金枝篇』の著者**ジェイムズ・フレイザー**など，19世紀後半の学者は，その先駆けである（タイラー　1962，フレイザー　2003）。当初は，為政者や宣教師，旅行者らが書いた資料や聞き取りをもとに研究するスタイルで，のちに，いわゆるアームチェア人類学者と揶揄されることもあるが，その精力的な取り組みは，それ以前の現地調査とは一線を画し，学問としての人類学の確立に大いに寄与するものであったといえる。

　現在の人類学は，研究者自ら現地に入り込んで生活を共にし，長期にわたる参与観察，フィールドワークに基づいて成果を分析していく手法が当たり前となっているが，この現代的人類学の手法を，20世紀前半に確立したのが，**ブラニスロウ・マリノウスキー**である。また，同世代の**アルフレッド・ラドクリフ=ブラウン**は，**エミール・デュルケーム**の理論に基づき構造=機能主義的なアプローチを確立した。この二人とも，法についての考察を残しており，法人類学の創始者とみなされることが多い。

(2)　進化主義から機能主義へ：マリノウスキーとラドクリフ=ブラウン

(a)　マリノウスキーの機能主義理論

　ブラニスロウ・マリノウスキーは，ポーランド生まれのイギリスの人類学者である。西太平洋のトロブリアンド諸島に赴き，長期にわたって現地の人々と生活を共にする中で研究を行っていった。このように現地に溶け込んで調査することを**参与観察**といい，以後，人類学において当然の研究スタイルとなった。

　また，その理論も，それまでの人類学に多く見られた進化主義とは一線を画

し，**機能主義**と呼ばれる。マリノウスキーは，人間の行為と社会を欲求充足の観点からとらえていく。欲求充足は，個々人一人の力では十分でなく，他者との協力関係の構築が不可欠となる。そこで，社会の規範や文化，システム的構造が構成されるようになる。すなわち，社会関係の成り立ちや行為の規則性，慣習は，相互に対して一定の機能を果たしつつ，究極的には，個人の欲求充足のために貢献するものと考えたのである。なお，パーソンズの構造=機能主義との違いは，パーソンズの場合，社会の下位部分ないし諸制度の機能は，社会全体の構造を保持するために機能を果たしているとし，そこに個人の欲求充足の入る余地がないのに対し，マリノウスキーの機能主義では，諸制度の機能は究極的には個人の欲求充足にあると，個人から出発して立論している点にある。

　また，マリノウスキーの機能主義理論のもとでは，未開から文明へといった進化論的発想は放棄され，当該文化のその時点での仕組みの機能的説明に焦点があてられるようになっている点も重要である。このことは，未開や野蛮という視点で見られていた部族社会を，先進社会と同様，諸制度の機能的関係という区別のない視点で分析することにも道を開くことになった。

　こうした社会的機能の例として，たとえば，マリノウスキーの著書『西太平洋の遠洋航海者』の中で分析された，有名な**クラ**という制度について取上げてみよう（マリノフスキ　2010）。トロブリアンド諸島では，島々の間で交易が行われていたが，その際，赤い貝の首飾りと，白い貝の腕輪が，一方は時計回りに，他方は反対周りに，交換されていく。具体的には，カヌーで，危険な航海によって，時に何百キロも離れた目的の島に到着する。すると，儀礼による歓迎のあと，島民は，不機嫌に赤い貝の首飾りを訪問者に投げ出して与える。訪問者も，不機嫌そうにそれを受け取り，数日の滞在のあと，帰っていく。一定期間が経過した後，いま，首飾りを与えた側の島の住民が，カヌーで，先ほどの訪問者の島を訪問する。そして，今度は，白い貝の腕輪を受け取って帰っていく。これが円環を描くように各島の間で繰り返されていくのである。

　赤い貝の首飾りも，白い腕輪も，実用性のまったくない，極めてまれに儀礼に用いられる程度のものであって，この交換には，われわれが交換という言葉からイメージする経済的な価値や利害はほとんど伴わない。しかも，価値がないばかりか，長期間保有することもできず，1年も経たないうちに訪問者に与

えるのが通例である。そこに何の意味があるのだろうか。

　マリノウスキーは，これを，トロフィーにたとえて説明している。高校野球の優勝旗を想像してみればよい。ある夏，優勝した高校には優勝旗が与えられる。しかし，それは，次の年に優勝する高校にいずれは手渡さなければならない。永久に保有できるわけでもないし，何か価値あるものと交換することもできない。しかし，その旗は，優勝したという栄冠の象徴であり，それを見れば，歓喜の感情がよみがえるかもしれない。クラの品物も，実は，同様である。命がけの危険な航海に，島を代表して選ばれて参加し，やり遂げ，その証として手にした首飾りであり，腕輪である。トロフィーのように，いずれ返還すべきとしても，ある時期，それを保持することは大きな意味を持つ。

　しかし，それだけではない，この，無意味な財の交換を通して，あるいは価値がないものだからこそ，普段行き来することがない遠方の住民との間に強い信頼関係が構築されていくことになる。これは**互酬性**と呼ばれ，相互に関係を作り，ある意味，義務をも生み出す機能ということになる。われわれの社会でも，中元，歳暮などは，実は，必ずしも欲しいものが贈られるというわけでなく，中身よりも送られたという事実の方が意味を持つ制度である。送られたハムをたとえ食べたくはなくとも，そこには何かを返さねばという思いが働くだろう。このとき，高価なロレックスの時計を贈られたとすると，同等のものを返礼することができなければ，その関係性は，ある種の上下関係を生み出すことになる。そうならないために，中元，歳暮も，クラの品物も，むしろ実際的価値の評価が関係ないものであることが重要なのである。そして，クラは，こうして社会関係の構築・維持という社会的機能を有する制度として説明されるのである。

　さて，法についてのマリノウスキーの分析はどのようなものだろうか（マリノウスキー　1984）。ジャングルの部族と海辺の部族の間に見られる作物と魚の交換など，クラの基本原理であった互酬性がそこでも作用しているが，マリノウスキーは，これが権利義務関係を構成する原理となっているとしている。また，それまでの「未開社会」の住民は規範にがんじがらめに拘束されているという進化主義者の部族社会イメージを打破し，規範は破られることもあること，一貫した規範が拘束する社会ではなく，規範そのものに矛盾や衝突があること

など，部族社会イメージの転換を法・規範の面でももたらした。さらに，マリノウスキーは，ネガティブなサンクションを伴う規範を法としたが，そこにはサンクション付与の役割を担う制度化された組織や成文化された法律が欠けていてもよい。なぜなら，それは現代社会の法と，サンクション付与可能性の存在という点で，「機能的に等価」だからということになる。まさに，マリノウスキーにあっては，その機能の観点から法が定義されているということができよう。さらに，強制を伴わない規範があることや，法が破られた際のサンクションの事例などにも目を配り，多角的に部族社会の法・規範のあり方を検討した。これらは，すべて，現地での長期にわたる参与観察という，現在では常識でもある人類学の方法を確立したことの成果ともいえるだろう。

(b)　ラドクリフ=ブラウンの法人類学

　アルフレッド・ラドクリフ=ブラウンも，アンダマン島で長期の参与観察を行った同時代のイギリスの人類学者である。ラドクリフ=ブラウンも，マリノウスキー同様，進化論的発想や歴史主義的アプローチとは決別し，デュルケーム社会学の影響を受けて，社会のその時点での構造と機能を理解しようとした。マリノウスキーが，個人の欲求充足を目的とする社会制度の機能を考えたのに対し，ラドクリフ=ブラウンの場合は，もっぱら社会構造に焦点を合わせ，それとの関連で機能の連関を把握し，通文化的な比較を可能にしようと試みた。

　法については，組織化され確立された組織のサンクションによって支えられた規範のみが法であるとし，マリノウスキーより狭いが明確な法の理解をとっている（ラドクリフ=ブラウン　1975）。マリノウスキーの法か法以外の規範かを，機能によって区別し，理解するアプローチは，エールリッヒの生ける法概念を思い起こさせるのに対し，ラドクリフ=ブラウンの法を「組織化されたサンクション」に結びつけて理解するアプローチはウェーバーのそれに近似しているといえるかもしれない。

　いずれにせよ，マリノウスキーとラドクリフ=ブラウンは，進化主義的思考を排除し，社会の構造や機能の分析へと焦点を移したこと，また，その前提として長期にわたる現地での参与観察を，その研究手法として標準化させたことで，人類学に大きな転機をもたらしたということができる。

(3)　紛争研究パラダイム

(a)　紛争事例の研究

　マリノウスキーらに少し遅れて，アメリカでは，**アダムソン・ホーベル**が，リアリズム法学の主唱者であったルウェリンとともに，1941 年に，先住民であるシャイアン族の紛争事例を探求した『シャイアン・ウェイ』という書物を著している（Llewellyn & Hoebel　1941）。ルウェリンについては，リアリズム法学の項で紹介したが，法や判例によって裁判官の判決が明確に決まるのではなく，そこには常に不確定性があること，それゆえ，裁判の機能を理解するには経験的な解決過程の分析が必要となることなどを主張した法学者である。この共同作業自体が，法社会学にとっても，法人類学にとっても，大きな意味を含んでいる。

　第 1 に，紛争ないし判決事例のリアリティを分析するというそれまでとは異なる研究方法に道を開いたことである。ホーベルは，のちに出版した主著『未開人の法』の中で，法を研究しようとする際に，現地人にどのような法・規範があるか聞き取りを行う方法，現地人の行動を観察し，そこに法・規範を見出していく方法に加えて，紛争事例を取り上げ研究していく方法を挙げている（ホーベル　1984）。その方法の端緒となったのが，このルウェリンとの共著であるといえる。そして，こののち，**紛争事例研究法**は，法に関する人類学的研究の標準的なパラダイムとなっていく。

　第 2 に，アメリカにおける裁判や司法の手続とシャイアン族のそれとを比較し分析する際に，アメリカにおける法の概念や司法の手続が，いわばものさしとして適用される傾向にあったことが，この研究の一つの特徴である。人類学は，常に研究者の自国の認識枠組をもって他の文化を評価してしまうという，**エスノセントリズム**（自文化中心主義）に陥る可能性があるが，この場合も，アメリカの司法の概念をシャイアン族の社会に当てはめるという点で，リスクをはらむものであった。この点は，のちにも触れるが，大きな方法論的論争を巻き起こすことになった。

　第 3 に，そのことが逆に，人類学的な研究の手法や視点が，アメリカなどの先進社会の法の理解を深めてくれる可能性があることを示唆していた点である。部族社会の紛争事例を，あたかも先進社会のそれと同様に比較検証していく視

点は，逆に，先進社会における人々の紛争過程の中に，同様の手法をもって，法の意義を探っていくことの可能性を示しているのである。その方向性は，成文化された法律だけでなく，人々の生活の中に見出される「生ける法」に着目することの重要性を指摘したエールリッヒの理論，法を組織的・構造的観点から定義するのでなく，その働き，機能の点から他の規範と同等に見ることを主張したマリノウスキーらの考えとも共鳴するものといえる。実際，その後，この紛争研究の手法は，アメリカや日本などの先進社会においても，法の機能や紛争過程を分析する研究に応用されている。

(b) 拡大事例研究法

ホーベルは，のちにアメリカ人類学会の会長を務めるなど人類学界において指導的役割を果たすことになるが，この紛争事例研究の手法を，**拡大事例研究法**として洗練させ，展開した重要な人類学者が，ホーベルの友人でもあったマンチェスター大学の**マックス・グラックマン**である。グラックマンのもとからは，多くの法人類学者が育ち，紛争過程研究が世界的に華々しく展開されていくことになる。グラックマンが提唱した拡大事例研究法では，それまでの紛争事例研究のように，具体的な文脈から切り離され抽象化された事案や規範の分析を中心とするアプローチに代えて，具体的個人がどのような状況でいかなる行動をとったかを詳細に観察していくことが前提とされている。そこでは，構造的要因が持つ規制や影響よりも，具体的な文脈性が重視されていく。そのため，事例を一つひとつ切り離して検討するのではなく，長期にわたって，一つの紛争事例が，その後の個人の行動や社会関係，そして続いて生起する紛争にいかなる影響を継時的に及ぼしていくかの過程を，拡張的に観察し分析していくことを課題としたのである。これにより，構造的な規則性や統制と，文脈的・具体的な個人の現実の行動とを，より有効に関連づけて分析することが可能と考えられたのである。この拡大事例研究法は，その後の紛争研究の標準的なアプローチとして受容されていく。

(c) ボハナン=グラックマン論争とその後

しかし，グラックマンが採用した，もうひとつのアプローチは，強い批判を招き，大きな論争に発展していく。彼は，『バローツェ族の司法過程』，『バローツェ族の法観念』など，アフリカの部族，とりわけバローツェ族の法につ

いての著作を著し，バローツェ族の社会に現代の英米法に匹敵する司法の体制
や観念が存在すると主張したのだが，その際，彼が採用した理論的枠組，方法
に起因する論争であった（Gluckman 1955, 1972）。その分析において，グラッ
クマンは，英米法体制の様々な法概念をバローツェの規範に当てはめ，読み替
えるというアプローチを採用したのである。

　このアプローチに対し，やはり，アフリカのティブ族についてフィールド
ワークを行っていたアメリカの人類学者**ポール・ボハナン**に代表される多くの
人類学者が，批判を展開していくことになった。その批判の中心は，現地の
人々の言葉と英語の言葉を翻訳可能なものとして分析しているという点である。
英米の法観念とバローツェ族の法観念を比較検証しているのではなく，実は，
英米の法観念でもって，バローツェ族の固有の文化や社会を読み込んでいるに
過ぎないというのである。確かに英語圏の読者にとっては，理解しやすくなる
ように見えるが，反面，現地の観念の重要な意味やニュアンスが見落とされ，
実は，結果的に，よりわかりにくく，理解しがたくしてしまっているのだとい
うことにもなる。

　この問題は，のちの認識論的転回にもつながる重要な意義を含んでいるし，
かつてより人類学の宿痾でもあった**エスノセントリズム**（自文化中心主義）の問
題そのものでもあった。この論争は国際的なシンポジウムの場で議論されるな
ど，その後の法人類学の展開に大きな影響を与えた。

　この後，グラックマンの影響を受けたカナダの**フィリップ・ガリバー**，ハー
バード・ロー・スクールで法人類学を講じた**サリー・フォーク＝ムーア**，カリ
フォルニア大学・バークレーの**ローラ・ネーダー**ら，指導的法人類学者によっ
て，1970年代，紛争過程研究は展開され，深められていくが，**ボハナン＝グラッ
クマン論争**の影響もあって，法と他の社会規範を分かつ定義のあり方や制度的
構造よりも，実際に紛争が生成する展開過程の分析が基本的なアプローチと
なっていく（Gulliver 1963, Moore 1978, Nader & Todd eds. 1978）。法という
より，紛争過程の分析研究である。もちろん，ミクロな紛争過程の分析にとど
まらず，そこから，それを取り巻く社会構造との関係やより大きな国家法シス
テムとの関連をも視野に取り込む研究も増えていくが，その背景には人類学が
研究対象とした社会そのものの変容があった。

　植民地であった遠隔地の部族社会は，次第に広域経済システムの中に組み込まれ，独立を経て国家法システムの中に，多かれ少なかれ，編入されていく中で，部族社会内の紛争過程も，より高次の法体制との関連を抜きには検討できなくなっていくのである。

　こうした部族社会そのものの変容を反映したのが，ひとつは，**リーガル・プルーラリズム**の観念であったし，いまひとつは，その後の人類学における認識論的転回であった。

(4)　リーガル・プルーラリズム（法多元主義）

　リーガル・プルーラリズムについて，最初に理論化を図ったのが，ニューギニアのカパウク族についてフィールドワークを行った法人類学者**レオポルド・ポスピシル**である（Pospisil　1964）。ポスピシルは，ある社会は，階層構造をなす下位の諸集団によって構成され，それら下位集団すべての中に，固有の法システムが存在すると主張した。こうした法の重層構造を措定する考え方は，われわれが慣れ親しんでいる，法とは中央の国家が制定するものと見る考え方とは著しく異なっている。ポスピシルによれば，これら先進諸国についても，よく見れば，その内部に多層的な法の重層構造が見られるとしている。すなわち，リーガル・プルーラリズムは，単に人類学が，当初，研究対象としてきた部族社会を説明する概念というだけでなく，先進社会も含めたほとんどの社会に適用されうる枠組ということになる。

　この普遍的な分析枠組は，さらにわが国の**千葉正士**によって，より柔軟な適応可能性を念頭に，整備されている（千葉　1991, 1998）。わが国では，マリノウスキーの業績や，モーガンの古典的著作など人類学の業績が，家族制度や家族法の専門家であった青山道夫，江守五夫ら法学者による導入がなされてきていたが，千葉は，法人類学の領域において，自らの理論を英語で積極的に発信し，国際的に評価された学者である。千葉は，まず，「公式法（国家法及び国家が承認した法）」，「非公式法（公的承認はないが特定集団において受容された法）」および「法前提（それらの根底をなす前提的原理）」から成る法の三元構造モデルを提唱した。その後，さらに検討を深め，3つのダイコトミー（二項対立）による分析図式を提示した。第1は，「公式法-非公式法」の区別であり，法と

しての効力を担保する権威の性質の差異に基づく区分である。第2は,「実定規則-法前提」の区分であり,法規範が定式化されている程度・形態に関する区別である。第3は,「固有法と移植法」の区別であり,これは法の文化的起源にかかわる区別である。このように要素間のダイコトミーとして設定されることにより,様々な社会における多層的な法の特質を,機動的かつ柔軟に把握することが可能となる。こうして千葉によって先鞭をつけられたわが国の法文化研究は,その後も,角田猛之,石田慎一郎らによって,理論,実証の両面で研究が深化され続けている(角田・石田　2009,石田　2019)。

　一方,こうした理論化の試みとは別に人類学の研究対象となる社会そのものが,時代を下るごとに,大きく変容していくことになった。もともと,植民地における固有の慣習法と植民地支配のための移植法の多重構造があったところに,独立国家が増加し,独自の移植法の浸透を図る動きも顕著となっていった。こうした中で,外の世界から隔絶した牧歌的な部族社会は次第に消滅し,常に国家の法体制との衝突や軋轢も生まれ,かつ部族社会の構造そのものに大きな影響も見られるようになっていく。リーガル・プルーラリズムは,ある社会の静態的な多元的法体制の分析のみならず,そこに生じてくる葛藤や軋轢も視野に含めざるを得なくなってくる。

　ミクロな紛争研究にもこうした動きは反映してくる。たとえば,ネーダーは,外部との経済的交流が盛んになり,住民の流動性も高まったメキシコ・オアハカ州の村落と,いまだ外部との接触が少なく,住民に流動性が見られないチアパス州の村落における相続規範や紛争処理行動を比較し,前者では,伝統的な権威や規範が弱まり,政府が設置する紛争解決制度の利用が見られるのに対し,後者では,伝統的権威が力を保ち,外部の紛争解決システムの利用は,それ自体が権威への挑戦として否定されるなどの差異を見出している。多元的な法体制間の対立の中で,社会変動を見ることが一つの課題にもなっていったのである。こうした研究対象となる社会それ自体の変化は,学問上の理論展開とも相まって,人類学の状況に,さらに大きな変化を生み出していくことになった。

　またリーガル・プルーラリズムは,その概念の普遍性を反映して,グローバリズムの進行の中で,経済支援や法整備支援など,新たな国際的課題の中で重要な意義を持つキー概念として,現在も研究が生み出され続けている。

(5) 認識論的転回

　研究対象社会の変動は，人類学の認識論的前提それ自体に，大きな変化を生み出すことになった。かつての植民地は独立国家となり，かつグローバルな経済の浸透の中で経済的にも政治的にも力を増していくことになる。かつての牧歌的な部族社会は，ほぼどこにも存在せず，いまや，多くの現地住民がスマホさえ有している。

　そんな中で，かつての研究対象であった部族社会の若者が，イギリスやアメリカに留学し，人類学を学び人類学者として研究に従事するようになってくる。「見る」ものと「見られる」ものとの固定的な関係が崩れ，相対化してきているのである。ボハナン゠グラックマン論争のレベルを超えて，欧米の文化で育った研究者が異文化の社会を研究し，記述するという，それまでの人類学では当たり前であった営みの意義，それ自体が主題として問われることになった。社会学の項で述べたフーコーの「**まなざしの権力**」を思い起こしてほしい。先進社会で人類学を学んだ研究者が，エキゾチックな部族の社会を観察し研究する際に，無意識に，そこにはフーコー的な「まなざしの権力」が作用していたのではないかという断罪を受ける可能性も出てくる。

　こうした対象社会そのものの変化と，ポストモダン的な思想潮流の影響のもとで，**ジェームズ・クリフォードとジョージ・マーカス**が著したのが『文化を書く』という書物である（クリフォード&マーカス編　1996）。ポストモダン思想や文芸理論などを下敷きに，人類学者が異文化を記述しようとする営みに本質的に内在する権力性，イデオロギー性などを抉出し，欧米の人類学者が特権的な立場から，非西洋社会について研究し，その結果を客観的事実として表象することは，もはやできないのだという主張が展開されている。人類学者が**エスノグラフィー**（**民族誌**）を書くとき，どのような情報に着目し取捨するか，書く際に，いかなるレトリックが用いられるか，「見るもの」と「見られるもの」の間に存在する非対称的な権力性・優越性，こうした問題が不可避的に存在することを指摘して，エスノグラフィーは，せいぜい部分的な真実しか示しえないのだと主張したのである。

　この**認識論的転回**を経たのち，一部では，研究者がある社会について書く際に，研究者自身のその時の認識や願望なども併せて記述する形や，現地人の語

りをそのまま記述するものなど，多様な表現が試みられていくこととなった。

　さて，この人類学における認識論的転回および，その背景となった社会それ自体の変化は，法人類学の領域にも影響を及ぼしている。牧歌的な部族社会の消滅と，他方でリーガル・プルーラリズムが示した先進社会内部にも多元的法・規範構造が存在することの指摘は，法人類学の対象地域が，決して遠隔の部族社会だけでなく，身近なコミュニティの中にも存在することを示すものであった。実際，その後の法人類学研究は，たとえば，**サリー・エングル・メリー**によるアメリカ人労働者の法意識やコミュニティ調停（Merry　1990），ハワイの植民地化における法の機能を分析した研究，**デービッド・エンゲル，キャロル・グリーンハウス，バーバラ・イングヴェッソン**による，アメリカの3つのコミュニティにおける法意識についての研究など，アメリカ国内のコミュニティを対象とするものが増加している（Greenhouse, Yngvesson & Engel　1994, Engel　2016）。彼らは，アメリカの法と社会研究で指導的立場にある研究者であり，特に，メリーとエンゲルは，アメリカ法社会学会の会長も務めた。法人類学の領域は，こうした大きな歴史的な社会の変動をも経験しつつ，なお，その状況に適合した柔軟さを見せつつ展開しているといえよう。

1.2.3　法社会学と心理学

　心理学の領域も，法と社会研究において重要な貢献を行ってきた。ここでは，そのうちいくつかのトピックにかかわる研究を取り上げてみよう。

（1）　公正と正義にかかわる研究

　法は，正義や構成にかかわる概念であり制度でもあるため，公正や正義に関する心理学的研究は重要な意義を持つ。いくつかの概念・テーマについて見ていこう。

（a）　相対的剥奪

　まず，社会学の領域で提示された**相対的剥奪**（relative deprivation）概念を取り上げよう。相対的剥奪概念は，どのような条件において不満が生じるのかを示す概念である。人々は，現在獲得している価値の絶対量によってではなく，期待と絶対量の差異によって不満を感じることが明らかになっている。かつ，

期待と獲得量とのギャップは，他者との比較によって観取されると考えられる。**サミュエル・スタウファー**らが，アメリカ兵について調査した研究では，異なる部隊（憲兵隊と航空隊）の下士官以上への昇進率と，兵士たちが昇進について不満を持っているかどうかの関係を調べている（Stouffer et al.　1949）。その結果，昇進率の高い航空隊士ほど，昇進について不満を抱いていることがわかった。この結果は，昇進率の高い部隊ほど兵士の昇進への期待が高まり，それと昇進できなかったという結果のギャップが生じて不満が生じているということを示している。部隊の昇進率が低ければ，期待値も高くはならず，昇進できない事実も，すんなり受け入れられる可能性が高いのである。

　また，**ウォルター・ランシマン**は，『相対的剥奪と社会的正義』という書物の中で，相対的剥奪を次のように定式化している（Runciman　1966）。

1. Aは，Xを持っていない。
2. Aは，自分以外の他者（過去や将来の自分を含む）がXを持っていると思っている。
3. Aは，Xを欲している。
4. Aは，Xを持つことが可能であると思っている。

　すなわち，昇進を望んでいる（条件3）航空隊の兵士たちは，自分は昇進に値すると感じているのに（条件4），昇進できず（条件1），周囲の同僚が昇進を達成する（条件2）のを見て，不満を感じるに至るのである。昇進率の高い航空隊の兵士の方が，こうした状況を経験する頻度は高くなるわけである。また，条件4があるために，われわれは，収入について，周囲の同僚と比べて不満を募らせることはあっても，ビル・ゲイツやスティーブ・ジョブズと自分を比較して不満を感じることはない。われわれは，手に入りそうな何かをめぐって，周囲の人々との比較で不満や不公正さを感じるのである。

(b)　分配的公正論

　同じく社会学の領域ではあるが，ハーバード大学社会関係学部の教授を務めた**ジョージ・ホーマンズ**が，著書『社会行動』の中で，分配的公正に関する分析を行っている（ホーマンズ　1978）。ホーマンズは，人々の社会的行為を，相互に利得を最大化するための交換として位置づける交換理論の基盤を構築した

社会学者である。分配的公正についての議論も，この発想と強く連関している。ホーマンズは，公正さは，個人が得た報酬とそのために行った投資の比率が，他者のそれと比較して等しい場合に達成されると考えた。

　また，**ステイシー・アダムス**は，同様の考えを，エクイティ（衡平）理論の名称のもと，アウトカムとインプットの比率として定式化した（Adams　1963）。すなわち，個人aと個人b各々の，アウトカム（O）とインプット（I）の比率について，Oa/Ia＝Ob/Ib が成立する状況が公正と認識され，差異があると不公正と認識されるということである。わかりやすくいうと，アルバイトで，同じ時間，重労働に従事した学生と，軽作業に従事した学生のバイト料が同じであれば，重労働に従事した学生は不公正だと感じるだろう。また，同じ時間，同じ作業に従事した場合に，ある学生と別の学生のバイト料が極端と異なっていれば，この場合も，安い報酬の学生は不公正だと感じるだろう。不公正を感じた学生は，さぼったり（インプットを削減），バイト料を上げるよう要求したり（アウトカムの増大）することになるかもしれない。この図式は，われわれの日常で不公正を感じる様々な状況にそのまま当てはめることができる。逆に，いろいろな状況に当てはめることができるということは，反面，インプットやアウトカムの内容があいまいであり，多くの要素が包摂されるため，問題があるとの批判を受けることにもなった。

（c）　手続的公正論

　獲得結果と投資量に着目した分配的公正とは異なる角度から，手続にかかわる公正概念の研究も行われてきた。その嚆矢は**ジョン・チボー**と**ローレンス・ウォーカー**による手続的正義に関する心理学的研究である（Thibaut & Walker 1975）。チボーとウォーカーは，実験的方法を用いて裁判過程に関する一連の心理学的研究を行った。決定にかかわれる程度に関する「決定コントロール」と，決定に至る過程に関する「過程コントロール」という異なる要因を区分し，決定にかかわることができない場合でも，「過程コントロール」の程度が高ければ，手続についての公正感が高くなることを明らかにした。すなわち，裁判で最終的には裁判官のみが決定を下すとしても，その過程で，自身で主張を行ったり，証拠を示したりできる英米法的な手続であれば，過程を通じて決定をいささかでも制御し，影響を与えることができ，それが公正さの評価につな

がるというわけである。この点で，チボーとウォーカーのコントロール・モデルは，最終的な望ましい結果の獲得に最終的に結びつく形で，手続のコントロールを手段的意味で位置づけているといえる。

これに対して，**アラン・リンドとトム・タイラー**は，決定への影響可能性にかかわらず，発言の機会などの要素が，独立して手続公正感を生み出していること（voice effect）を示した（リンド＆タイラー 1995）。コントロールではなく，裁判官などの決定者が，手続に参加した当事者に対して示す関係的要因の独立した作用の重要性が明らかにされたのである。重要な関係的要因としては，当事者に対し不偏性を示すこと（中立性），当事者を大切に扱うか（地位の尊重），技量や熱意に対して信頼できるか（信頼性）などが挙げられている。

手続的公正に関しては，その後も継続して研究が進められており，多様な領域で応用研究が試みられているほか，様々な見解の分岐や統合が模索されている。また，わが国の訴訟利用者への調査研究でも，こうした点は実証的に明らかにされている（菅原・山本・佐藤編 2010）。

(2) 紛争解決の心理学

法社会学の重要なテーマである紛争とその解決に関する研究は，心理学の領域でも推進されてきている。心理学の領域で，紛争が研究対象として正面からとらえられるようになったのは，**クルト・レヴィン**の貢献が大きい。レヴィンは，社会心理学の父とも呼ばれ，心理学の広い領域に影響を及ぼした研究者である。1890 年にドイツで生まれ，ベルリン大学で教鞭をとったが，ユダヤ人であったため，アメリカに移住し，コーネル大学，マサチューセッツ工科大学などで教鞭をとった。紛争研究の領域で最も重要な貢献は「場の理論」と呼ばれる視点である。レヴィンは，人間の行動を，「主体の認知」と「対象（相手・状況）の誘発性」の双方向的な関数関係ととらえる。B（Behavior）＝P（Personality）×E（Environment）と表現される。誘発性とはわかりやすくいえば，接近したいと感じさせるものが正の誘発性，回避したいと感じさせるものが負の誘発性ということである。そして，この誘発性が，二重に生じる場合が紛争状況であるが，これには「接近-接近」，「接近-回避」，「回避-回避」などが考えられる。「接近-接近」とは好ましい2つの選択肢があって，そのうちいずれかを

選択しなければならないという葛藤状況,「接近-回避」とは, 好ましいものを得るためには好ましくないものも合わせて受け入れざるを得ないという葛藤,「回避-回避」は, いずれも回避したい選択肢であるが, いずれかを選択せざるを得ないという葛藤である。その際, 主体は, いずれにせよ, 接近ないし回避という行動をとることで, この葛藤（紛争）を解消することになる。このように, 葛藤（紛争）を正面から研究テーマに据えたことが, レヴィンの紛争研究への第一の貢献といえよう（レヴィン　1956, 1966）。

　紛争解決研究で体系的な理論を構築したのが, レヴィンの薫陶を受けた**モートン・ドイッチ**である。ドイッチは, 紛争過程を協調的要素と競争的要素が混在する過程と見る視点を示している。そもそも競争や対立が生じるとき, その発生過程や進展過程で, 当事者間には何らかの基底的な関係が存在している。この関係の中に対立だけでなく協調の可能性が内包されているというのである。そもそも競争・対立が発生する状況を分析すると, 当事者それぞれが, 固有の価値観や期待の程度などの認知的傾向によって, 状況を認識していること, そこに情報の欠落や誤謬が存在していることがわかる。紛争において, 競争的要素が強化されていく一つの原因はここにある。そこでドイッチは, 破壊的競争から建設的競争への転換を促し, 協調的紛争解決を促進するためには, 問題を協調して解くべき課題として位置づける認識枠組の転換（リフレイミング）が重要であるとしている。こうした紛争解決に関する基本的視座に立って, 弟子である**ピーター・コールマン**らとともに, 紛争過程に影響する多様な要因の総合的研究を推進した（ドイッチ　1995, ドイッチ＆コールマン　2003）。

　ドイッチの紛争解決に関する総合的研究は, メディエーション理論など, 現実の紛争処理過程にも大きな影響を及ぼしてきている。

(3)　臨床心理学の影響：カウンセリング理論

　心理学の領域は, 実験や数理的分析を中心とする客観主義的・実証主義的分野と, 臨床場面での有用性を重視する臨床心理学の領域に大きく分離している。この臨床心理学の分野も, 紛争解決過程での理念や技法, さらには法律相談など, 弁護士のクライアントとの対話過程の技法論に大きな影響を及ぼしている。以下では, 法社会学の領域でも言及される臨床心理学のいくつかの理論につい

て紹介しておこう。

（a） ロジャーズのクライアント中心療法

　現代的なカウンセリングの基礎を築いたのは，20世紀半ばに「クライアント中心療法」という療法を提唱した**カール・ロジャーズ**である。それまでのカウンセリングは，ジークムント・フロイトやカール・ユングなど，どちらかといえば，専門家であるカウンセラーが，クライアントの中に潜む問題を診断し，抽出し，助言を行うという形で行われていたが，ロジャーズは，こうした専門家のかかわり方を根本的に覆した。ロジャーズは，治療の目標設定や経過評価は，カウンセラーが決めて，その解釈を押しつけたり，指導したりするのではなく，クライアント自身が，それを行い，自由な自己表現を通して，自己の成長を実現していくことが重要であると考えたのである。その背景には，「人間は，成長，健康，適応に向かう衝動を持ち自己実現に向かう有機体である」とするロジャーズの人間観がある。そこでは，専門家の役割は，専門知識に従ってクライアントを指導することではなく，クライアントの自己成長・自己実現を援助する役割として再構成される（ロジャーズ　2005）。

　そこで，ロジャーズは，専門家であるカウンセラーにとって重要な条件として次の3つを挙げている。

- **自己一致**（純粋さ）：専門家の内面にウソや偽りがなく透明であること。
- **無条件の肯定的関心**：クライアントを評価せず，丸ごと肯定的に受容すること。
- **共感的理解**：クライアントの見る世界をあたかも自分のものであるかのように見ること。

　こうした態度要件を満たしながら，専門家は，あたかも鏡のようにクライアントの話を受け止め，指示や指導のような指示的な介入をせずに（非指示的療法），傾聴に徹することで，クライアントの自己成長を促していくというのである。「自己実現に向かう有機体としての人間」という，ロジャーズの人間への無限の信頼が背景にあるのはいうまでもない。

　こうした考えは，理念としては素晴らしいが，現実にはほとんどすべての専門家にとって実現不可能な困難をはらんでいるといわれる。いかなる専門家で

あっても，クライアントの話について，すべてを徹頭徹尾，肯定的関心をもって共感的に聴くことは不可能である。その場合，専門家が，「自己一致」の条件を維持しようとすれば，その気持ちを偽らずクライアントに正直に対立する視点を述べざるを得ないし，そうすると無条件の肯定的関心や共感的理解を満たしているとはいえなくなってしまうのである。

　しかし，こうした困難にもかかわらず，ロジャーズの示したカウンセリングの基本的態度，傾聴，共感の重要性は，今も，カウンセリングの基本的な姿勢，理念という点では，重要な意義を保っている。それはまた，クライアントと向き合う基本的姿勢，態度を示す理念として，同じく対人援助の専門家としての弁護士にとっても，大きな示唆を含んでいる。

(b)　ナラティブ・セラピー

　1990年代に入って，盛んになってきたのがナラティブ・セラピーである。ポストモダン思想は，社会科学のあらゆる領域に大きな影響を与えたが，臨床心理の領域で，その影響を受けて隆盛してきたのが，このナラティブ・セラピーであり，先に社会学の箇所で，紹介した社会構成主義をセラピーの領域で展開したものといってよい。法社会学の領域では，**対話促進型メディエーション**や弁護士＝クライアント関係の技法論など，幅広く応用されている（ウィンズレイド＆モンク　2010）。

　その基本的な考えは，「真実」「客観性」といった概念を廃し，われわれが見ている「現実（リアリティ）」というものを，「ナラティブ（語り，物語）」によって相互作用の中で紡ぎ出される可変的なものとして見る点にある。クライアントは，その「語り」を通して「問題」を構築しているが，専門家は対話を通じて，それとは異なる別の「語り」の可能性を引き出し，一緒に新しい「物語」を紡ぎ上げていく作業を担うことになる（マクナミー＆ガーゲン編　1997）。

　しかし，その書き換えをいかにして実現するかが問題となる。専門家の指導という権威的な対応が不適切であるのはいうまでもない。ナラティブ・セラピーは，この専門家のクライアントへの対応について，いくつかの視点を提起しているが，たとえば，弁護士面談との関係でも示唆深いものとして，ハーレーン・アンダーソンとハロルド・グーリシャンの「**無知の姿勢**」を挙げておこう（アンダーソン＆グーリシャン　1997,2013）。グーリシャンらは，「無知の姿

勢」を強調し，クライアントとの対話の過程で，専門家は，自らの専門知の観点からその「語り」を解釈することを控え，「無知」という姿勢で接することで，別様の「語り」の可能性を抑圧することなく構築していけると考える。カウンセラーや弁護士が専門知の観点から即座に語ってしまうと，クライアントは何も言えなくなって，結局，クライアント自身の問題認識は変わらないまま，カウンセラーや弁護士のそれと衝突してしまう。そこでこの「無知の姿勢」を基盤にクライアントの語りを聴いていく態度を重視することは，弁護士の場合にも，有益な方法となる。

　これは一見すると，傾聴と共感を条件とするロジャーズの考えによく似ている。実際，専門家が専門知から診断，解釈することを避け，クライアントの「語り」を受け止める点では，ロジャーズの３条件も，グーリシャンの「無知の姿勢」も変わりはないように見える。しかし，ロジャーズがあくまでも，非指示的技法を重視して傾聴・共感に徹し，いわばカウンセラーをクライアントの内心を写し出す「鏡のような存在」と考えたのに対し，ナラティブ・セラピーの場合には，「無知の姿勢」に基づきつつも，むしろ対話を通して，ともに新しい「物語」を紡ぎ出していくという将来志向的な相互作用性を重視している。

　いずれにせよ，クライアントへの傾聴，共感は重視しつつも，「語り」と「対話」の過程を重視するナラティブ・セラピーの立場は，弁護士面談について，より適合的で，現実的なモデルとしての意義を有しているといえる。

(c) マイクロ・カウンセリング

　さて，以上に見てきたロジャーズの「クライアント中心療法」も，ナラティブ・セラピーの「無知の姿勢」も，いずれも具体的なカウンセリング・スキルというより，その基本的な理念，姿勢，態度にかかわるものであった。それには，もちろん，理由がある。実際には，カウンセリングにおける個々の具体的な実践的スキルは存在するが，カウンセリングの領域においてすら，ともすれば，それらがマニュアル的に用いられてしまう傾向があった。その反省から，スキルは，単にマニュアル的に用いられたのでは，あまり有効性がなく，カウンセラーの姿勢・態度の如何が，実は重要な役割を果たしているということが強調されたのである。

では，そうした姿勢・態度を前提としたうえで，個々の具体的なスキルについて学ぶにはどうすればいいか。この点で，どのようなカウンセリング理論に基づくにしても，共通に有効と思われる「スキルの束」を提供してくれるのが，**アレン・アイヴイ**のマイクロ・カウンセリングという立場である（アイヴイ 1985）。

マイクロ・カウンセリングにおけるスキルは，次の3段階で構成されている。

- 非言語的コミュニケーションを中心とする「かかわり行動」
- 質問技法・言い換え・要約などのスキルからなる「基本的傾聴の連鎖」
- 指示，自己開示，解釈，説明，対決などのスキルからなる「積極技法」

この構造化されたマイクロ・カウンセリングのスキルは，弁護士面談基本モデルとして有用である。医療面接の分野でも，一つの有力なモデルとして，医学部の患者面接教育に活用されている。こうしたスキルは，ここまで見てきたようなカウンセリングの基本的姿勢・態度を前提に用いることが必須であることを忘れてはならない。

このようなスキルを習得することで，医師の面談や弁護士面談過程は，より厚みのあるものとなり，医学的ないし法的解析次元も含め，クライアントにとってよりよい解決の構築に貢献することになろう。臨床心理学の理論や技法論は，法の領域でも，より臨床的な場で，現場の知としての意義を有しているのである（中村・和田　2006）。

このように，臨床心理学領域での理論や技法は，一方で解釈法社会学の理論的視点の構築に大きな影響を与えるとともに，他方で法社会学の研究テーマでもある紛争処理過程においてはメディエーション，弁護士や法律相談についてはリーガル・カウンセリングなど，現場の実務にも臨床的影響を与える大きな意義を有してきているのである。

2

法社会学の構図

2.1 法社会学における法とは何か

　まず，法社会学は，法にかかわる諸現象を分析する学問であるが，ではその基本的対象となる法とは，そもそも何だろう。「法は，六法全書に書いてあるじゃないか」「国会で制定されたものが法だろう」といった回答が，即座に返ってくるかもしれない。しかし，いくつかの意味で，問題はそう単純ではない。特に，社会における法のあり方を研究する法社会学の領域では，**第1章**で検討した学史的議論をたどるだけでも，様々な見解が提示されてきている。にもかかわらず，ある意味，問題は単純でもある。それはどういうことか，以下では，法というものの特質を踏まえながら，検討してみることにしよう。

2.1.1　法の正しい定義は可能か

（1）　法実証主義

　実際に制定された法のみが法であるというとらえ方は，いわゆる**法実証主義**と呼ばれる立場において，徹底した形で提示されている。そこでは，実際に経験的に存在する定められた法のみが法であるとされる。最も狭い定義であるが，最も明確ではある。この考え方は，一見，クリアに見えるがそこにも様々な問題が存在している。

　第1に，法として実際に制定されていれば，どのような「**悪法も法である**」

ということになってしまう。この点は，法の正当性をめぐる重大な問題を引き起こすが，この点は本章**第2.1.5項**で検討する。

　第2の問題は，制定された法とはいえ，その条文の中には，「開かれた条文」とでも呼べる性質のものが存在する点である。いわゆる**一般条項**である。たとえば，わが国の民法第1条2項は，「権利の行使及び義務の履行は，信義に従い誠実に行わなければならない」と規定している。「信義に従い誠実」とは何を意味しているのだろうか。答えは条文そのものの中にはない。もちろん法ではあっても，その内容は，社会に開かれている。また，民法第90条は，「公の秩序又は善良の風俗に反する法律行為は，無効とする」と規定している。「善良の風俗」とは何か，ここでも条文の中には回答がない。もちろん判例の中では，一定の見解が示されるが，それでも，不確定性は大いに残存している。法実証主義のこの狭い法の定義そのものは明確であり，やや揚げ足取り的な批判ではあるが，法が開かれていることをどう評価するのかという問題はやはり考えるべき課題といえるだろう。この点は**第2.1.2項**で検討する。

(2)　様々な法の定義

　さて，これとは別に，法社会学・法人類学の領域では，様々な法の定義の試みがなされてきている。大きく分けると，2つの流れがそこにはあると思われる。

(a)　強制装置を伴う法

　第1の定義は，**マックス・ウェーバー**に代表される，強制装置を伴っているか否かで法を定義しようとする立場である。ウェーバーは，規範の中で，その順守を強制する強制装置によりバックアップされたものを法としている。習俗や道徳など，人々が行動予測でき，順守すべき対象と考える規範は多く存在するが，その中でも強制装置が順守を強制しているものが法というわけである。この考え方は，「国会で制定され，法条文に書き込まれ，順守が求められているものが法である」という一般的な法の理解と通じたわかりやすい法の定義といえるかもしれない。単純化していえば，上からの規範として法を見る視角である。道徳や習俗は，もちろん守らなければ非難を受けるかもしれないが，そこには，サンクションを与えるための一定程度確立された定型的な強制装置の

ようなものは存在しない。それに対し、国家は、警察や司法制度など、確立された強制装置やそれを作動させる専門家集団を備えており、したがって当然ながら国家の制定する規則は、道徳や習俗から区別され、法と呼ばれることになる。

他方で、ウェーバーの定義は、国家でなくとも、強制装置を備えていれば、法がそこに存在する可能性も許容している。たとえば、日本弁護士会連合会は、弁護士が順守すべき倫理を中心とする規範を弁護士職務基本規程として定めている。これに違反した場合には、その弁護士は懲戒を受けることになっており、そのための懲戒委員会などの組織も確立されている。国家が制定した法ではなく、弁護士会という団体内部の規程ではあるが、強制装置としての懲戒委員会も備わっており、ウェーバーの定義に従えば、これも法の定義に当てはまることになる。人類学も含め、これに類似する定義は多く、ある意味、無理なく法を理解できる定義であるといえるかもしれない。

これに類する定義の中で、最も緩やかで広範なものは、リーガル・プルーラリズム（法多元主義）の主唱者であった法人類学者の**レオポルド・ポスピシル**の定義に見られる（Pospisil 1964）。ポスピシルは、法多元主義的視点から、「法的決定を下す権威者が存在する集団」の重層構造として社会やその社会の法システムをとらえた。すなわち、社会の下位集団、村落集団や家族集団でも、強制装置とはいえないまでも、権威者の決定が成員に受容されるところに法が存在すると考えたのである。ウェーバーの定義よりも、広範囲のものがここには含まれるし、多元的な法の存在が前提されているという特徴があるが、権威者の存在を前提しているところは、構造的には同種の定義ということができる。

このように、強制装置であれ、権威であれ、そこに一定の上からの「力」の存在を措定し、それと結びつけて法を定義する試みが、第1の法の定義のパターンである。

(b) 水平的な関係の中の法

これに対し、第2のパターンは、法を上からの「力」と結びつけるのでなく、規範が、水平的な関係の中に妥当しているか否かを重視する流れである。**オイゲン・エールリッヒ**の「生ける法」概念は、国家法のみならず、人々の社会関係の中で生きているあらゆる行為の規則を「生ける法」に包摂する考え方であ

る（エールリッヒ　1984）。国家法のみが法であるわけではなく，人々の社会関係の中で現に妥当している多様な行為の規則が生ける法であり，その中で国家法に取り込まれて制定されたものもあるなど，そこでの連関的関係も視野に入れられている。

　また，**ブラニスロウ・マリノウスキー**は，個人の欲求充足を志向する社会制度の機能や権利義務の背景にある互酬制の原理から法をとらえた。ここでも，上からの「力」ではなく，個人相互の関係性に組み込まれた互酬制原理や社会的機能こそが，上からの強制がなくとも，規範が現実に妥当することを担保していると考えられているのである（マリノフスキ　2010）。これら，上からの「力」を要件とすることなく，水平的な規範的拘束力の観点から，広く法を定義する方向が第2の法の定義の流れである。

（c）　法社会学における法

　さて，このような議論を踏まえて，法社会学は法をどのように考えるべきだろうか。実定法学と異なり，法が社会の中で人々の行動とどうかかわり，法制度が現実にはどのように機能しているかを探求していく学問として法をどのようにとらえ，定義するべきだろうか。

　回答は，ある意味シンプルである。究極の単一の正解としての普遍的な法の定義は不可能であり，不要であること，それだけである。ただし，これだけだと誤解を招きかねないので付言すると，研究の目的，対象，アプローチに合わせて，その研究における法の個別の定義は必要である。しかし，その場合の定義は，普遍的・一般的な定義としてではなく，当該理論，当該研究における固有の定義として提示されなければならない。この個別の研究ごとの定義を明確に定めておけば，「単一の正しい法の定義は何か」という思弁的問題にはかかわる必要はないということである。

　もちろん，法の正しい定義は何かという問いが不毛というわけではないが，その問いに答えはない。これまでの学史上の議論も，それぞれの論者が自身の理論構築，探求の目的にとって適合的な法の定義を提示していたのであって，どれが正しいというわけではない。マリノウスキーの個人の欲求充足機能を措定した機能主義的社会理論においては，機能主義的な互酬制に基づく法の理解が適切であり，必要であったし，多元的法体制の理論を構築しようとするポス

ピシルにあっては，権威的決定の存在を要件とした法の定義が適合的であり，必要でもあった。前近代的な社会体制や意識への批判を目指して，戦後の日本社会を分析する際には，明快な近代法理念の定義と，社会内で妥当している「生ける法」概念を，併存させて対比する視点が有効であった。

　いずれが正しいかを問うことには答えがないが，それでも法とは何かを問い，議論することには大きな価値がある。それぞれの研究が措定した多彩な法の定義・概念，そしてそれをめぐって交わされた幾多の議論は，われわれの法についての理解を豊かにし，その多様な側面を照射し明らかにするのに貢献してきたといえるからである。

　社会における法の様々な働きや様態を見ようとする法社会学にとっては，正しい法の定義を固定しようとする試みは，むしろ，有害ですらある。それぞれの研究における法の定義は，科学的な認識の次元でも，批判的な価値主張のレベルでも，その探求の目的に合わせて，異なっていて当然である。そして多くの場合，それらは組み合わせたり，両立させたりすることさえ可能であると思われる。

　そこで，ここでは，わかりやすさのために，法の定義そのものとしては，比較的明確なウェーバー的定義をさしあたりの端的な法の定義の手がかりとしつつ，しかし，その法が，人々の社会的実践や，意識の中で，まさに「生ける法」として，作用しているさまを様々な角度から検討するのが法社会学であり，それが法社会学における法であると考えておこう。法は，おおむね条文や，判例，そして裁判で慣習法として承認されているものと，とりあえず措定しておくことと，われわれが，スーパーで買い物をする行為，公共交通機関を利用する行為の中に法が潜在していると考えることは，認識の次元が異なっており，必ずしも矛盾するものではないということである。以下が，それに基づく本書における法の定義である。

　　法とは，その社会的妥当を担保しようとする強制装置を備えた規範的言明であり，多様な言説を媒介として，個人の社会的実践および意識の中に解釈を通して反映し，また再構築されるものである。

ここで，法を，「規範」ではなく「規範的言明」としている点に注意してほ

しい。「制定」されていればそれで規範として，直ちに有効に妥当するという
わけではないし，また，強制装置が備わっていれば，それで直ちに規範として
妥当するというわけでもない。なぜなら，制定された法は言葉で書かれた「言
明」に過ぎず，その社会的作用は，具体的な社会関係の中で生きる人々の解釈
や行為の中に取り込まれて初めて顕現するものだからである。この点を，明確
にするために，次に，規範的言明としての法の「不確定な特性」について，次
いで，われわれの行為の中に溶け込んだ「生ける法」の位相について，順次，
検討してみることにしよう。

2.1.2 解釈に開かれた法

　先の定義では，いうまでもなく，法は言語によって書かれた言明にほかなら
ない。そして多くの場合，言語は解釈の多元性に開かれている。**フェルディナ
ン・ド・ソシュール**の言語理論について述べた際に示したように，「ウシ」とい
う言葉，文字によって，人々が思い浮かべる実際の牛は，実は多様である（ソ
シュール　1972）。かわいい子牛を思い浮かべる人もいれば，白黒のまだら模様
の乳牛を思い浮かべた人もいるだろう。なかには，大型の力強い闘牛を思い浮
かべた人もいるかもしれない。この差異は，「ウシ」なら，大きな問題は生じ
ないが，法の言葉については，それでは済まない場合が多い。何より「ウシ」
と違って，法が扱う多くの言葉は，抽象化された概念を扱う場合が多いからで
ある。権利も義務も，「ウシ」のように目に見える何かを思い浮かべるより，
さらに複雑な想起が必要になってくるからである。

　例を挙げて考えてみよう。先の信義則や公序良俗以外にも，多くの一般的概
念が法の言葉の中に存在する。民法709条は，次のように規定している。「故
意又は過失によって他人の権利又は法律上保護される利益を侵害した者は，こ
れによって生じた損害を賠償する責任を負う」。それ自体は，誰でも何となく
理解できる言葉である。しかし，この文を構成する要素を一つひとつ取り上げ
てみると，その内容はさほど明確ではない。まず，「過失」について，どのよ
うな場合が「過失」で，どのような場合は「過失」ではないのか？　「権利」
「法律上保護される利益」とは具体的に何か？　「侵害」するとは，どのような
行為を指すのか？　「損害」とはどのような結果や状況を指しているのか？　ど

のように対応すれば「賠償」したことになるのか？ 個々の具体的事件において，どのような状況が，この法条文の規定に適合するのか，法の条文自体は何も語らない。法律家ならその意味が明確にわかるかといえば，もちろん一定の枠についての合意はあるが，それでも裁判で争われるということ自体，専門家の間ですら，その内容についての完全な一致や合意など存在しないことを物語っている。リアリズム法学が示したように，そこでは裁判官の事案ごとの法創造が行われているともいえる。

　実際，上に挙げた「過失」などの法の言葉・概念については，判例においても，また学界における学説の次元でも，異なる見解が示されたりしているのである。たとえば，「過失」についても何が「過失」かを定めるために，「予見可能性」，すなわち損害の発生を予見できたかどうか，「結果回避義務」，すなわち予見された損害を回避するような義務が果たされといえるか，などのサブ概念が構築されて，より精緻な評価がなされるように努力が積み重ねられている。しかし，なお，それは言葉による概念の構築であり，完璧な確定性，明確性にまでは及ばない。「損害」も同様である。事故で命が失われたとき，そこで発生した「損害」とは何か。直接には人の死が「損害」と直感的にいえるが，では賠償すべき「損害」の額をどのように決めればいいのか。その人が得ていた収入などの経済的価値を基礎に個々に算定することも可能だが，人間の死である以上，そこに貴賎・貧富の差異はなく，損害額は一律でなければならないという考え方も成り立つ。裁判所は，実際のケースを扱うため，おおむね，統一された基準で判断を下しているが，学説，すなわち，法解釈のありうる可能性を示す議論においては，多様な議論が交わされており，究極の回答はそこにはない。

　これは一例に過ぎず，あらゆる事案で，法の解釈が不確定性に開かれているがゆえに，当事者の間で争いが生じて，裁判が必要になるといえる。法は争いを裁く明確な基準であるというより，法の不確定な部分をめぐって争いが生じ，裁判へと持ち込まれているという方が実際に近いのである。裁判になれば，最終的には裁判官が「過失」の有無を認定することになるが，そうだとすれば，条文だけではなく，この裁判官の判断そのものも，実質的に法を，その都度，形成しているということになるだろう。さらにいえば，そこでの加害者，被害

者双方の弁護士も「過失」の意味内容を主張することを通して，あるべき法を
語っていることにもなる。また，裁判官の判断も，上級審で覆されることもあ
りうる。

　こうした法の不確定性は，決して法の欠陥ではなく，言明としての法に不可
避的に伴う本質的要素であると同時に，この不確定性があるからこそ，社会内
のあらゆる考え方をとりあえずは受け止め，また常に変動する社会の利益の観
念など人々の思考の変化を，吸収していく，いわばショック・アブソーバーの
役割を果たしているということもできよう。法条文の不確定な意味は，裁判所
で個々の事案の処理において，判決という形でいったんは固定されるが，その
場合でも状況や時期の相違に応じて，変容が生じてくることもある。この意味
で法は条文の中に閉じ込められているわけではなく，不確定性を有するがゆえ
に，開かれたしなやかで柔軟な存在たりえていると考えることもできる。

2.1.3　行為の中の法：生ける法 ─────────────

　第2に，われわれの行為の中に法が存在している側面も重要である。たとえ
ば，商取引や労働関係の中で信頼に基づく一定の慣行が形成されていく場合が
ある。その関係性の中で，法の意味について，あるいは法以外の規範の順守に
ついて，信頼をめぐる規範的な言説・物語が構成され，書かれた法のレベルで
は明確でなくとも，その関係に関与する人々の間では，守るべきルールとして
定着しているような場合である。実は裁判所が，契約をめぐる紛争について判
断を下す場合に，こうした慣行を前提とし，それを一つの根拠として採用する
こともある。

　前章で紹介したように，エールリッヒは，「法規」とは区別された「生ける
法」という概念を主張している。そこでは，人々がその社会生活の中で順守す
べき行為の規則として受け入れているものが「生ける法」であるとされている。
これはしばしば，国家が定める法である「国家法」に対置された，人々の日常
の中に見出される国家法以外の自生的な規律としての「生ける法」という単純
な対比で理解されることが多いが，実は，国家法であったとしても，条文化さ
れているとしても，それが人々の日常生活の中に溶け込み，自然に行為の規範
となっている場合は，それも「生ける法」にほかならない。「生ける法」とは，

われわれの社会的行為の中に見られる行為における規範的要素ということができる。

　実は，イギリスやアメリカなど，英米法の法圏に属する国では，現在では議会での立法も多くなされているものの，本質的には，個々の裁判の判決の積み重ねの中に，法が存在しているとの見解を採っている。六法全書でなく，判例集こそが重要な法の源泉となっているのである。そして判例集は，人々の生活の場，社会における様々な規範的対立を素材として編み上げられてきているということができる。

　このように，人々の行為や関係性の中に生成している規範や，裁判官が個々の事案の処理の中で発見し創造していく規範も，それをめぐる言説・物語を通して人々の行為の中に溶け込んでいる。六法全書に書かれた法も，つまるところ，人々の行為の中に溶け込み，その行為にかかわることで法として作用していることになる。たとえば，われわれがスーパーで買い物をするとき，IC カードを使って公共交通機関に乗車するとき，大学の講義に出席するとき，ほとんど想起することもないが，それは法に従い，法を再確認し，法を作用させているのである。結婚し，婚姻届けを提出するときも，民法の規定を生きた形で具体的に遂行しているといえる。法は，社会的行為そのものの中に溶け込み，立ち現れてくるのである。

　また，LGBT のカップルが，同性婚について婚姻届けの提出を試みた場合，現在では，多くの自治体で拒否されるだろう。この時，実は法の解釈をめぐる異議申立てがなされていると見ることもできる。憲法第 24 条は，婚姻について，「婚姻は，両性の合意のみに基いて成立し，夫婦が同等の権利を有することを基本として，相互の協力により，維持されなければならない」と定めている。この条文における「両性」とは何を意味するのだろうか。おそらく一定の年月を経て，ジェンダーをめぐる物語，婚姻をめぐる物語が変容し，「両性」の意味自体が，われわれ自身の認識の中で変容し，再定義され，法そのものの意義も変容していくだろう。法は不確定であり，ある時代，ある状況において妥当する意味を決めているのは，その時代，社会を構成している言説の構造，物語の構造にほかならない。そしてそこには，また，支配や差別の構造が時には明示的に，時にはひっそりと潜んでおり，異議申立てが行われることもある。

社会的行為の中に見出される「生ける法」の探求は，単に，現実の生活の中で，どのような規範・法が妥当しているかを探索すること以上に，そこに見出される差別や権力のメカニズムを探求することにもつながってくる。

このように，法は一定の行為を命じる言明であるとともに，人々の行為や慣習の生成によってチャレンジされ，また変容していくという循環的関係の中にあること，そしてそこに常に権力や支配の問題が絡みついていることを念頭に置きつつ，法のあり方を検証していく必要がある。しばしば，六法全書に印刷された法条文を Law on the Book と呼び，人々の行為の中で生成・具現化する次元の法を Law in Action と呼ぶこともある。さらに，日常生活における行為の中に溶け込んだ法は，Law in Everyday Life と呼ばれることもある。実定法学が，間接的には社会の実体に目を配りつつも，直接的には，Law on the Book の解釈について，すなわち法条文の意義や判例の意義について，緻密に規範的観点から検討する学問であるのに対し，法社会学は，Law in Action や Law in Everyday Life について，そこに見出される権力的・支配的な機制にも注目しつつ，多角的に検証していくダイナミックな研究領域ということができる。法社会学にとって，法とは，条文，判例，人々の紛争行動，人々の日常的行為，人々の言説等の中に溶け込んだ，すべての位相の法を含むことになる。

2.1.4　法の諸類型

以上の検討を踏まえると，法と一口にいっても，様々な位相から成る複合体であるということがわかる。これを法言明の諸類型という角度から整理してみよう。もちろん，民法や刑法といった実定法学の分野のことではなく，法の社会的機能，作用の観点から考える類型論である。法の中には，典型的な近代法の基盤や理念に依拠するもののほか，様々な淵源を持つもの，目的が異なるものなどが存在する。こうした法の諸類型というテーマは，これまでも歴史や文化論とも絡めながら，把握が試みられている。

（1）　ノネとセルズニックによる3類型

アメリカの法社会学者，フィリップ・ノネとフィリップ・セルズニックは，『法と社会の変動理論』の中で，法の発展を踏まえながら，前近代的社会に典型的

な「**抑圧的法**」，近代社会において成立した「**自律的法**」，そして現代の複雑な社会における多様なニーズへの積極的応答が要請される「**応答的法**」という3類型を構成することで，整理を行っている（ノネ＆セルズニック　1981）。

　まず，「抑圧的法」とは，権力者が支配の道具として，恣意的に構築された装置としての法である。そこでは近代法に見られるような，個人の「人権」や「私的権利」といった普遍的概念は皆無か希薄で，君主の権力こそが淵源であり，立法の源泉となる。いうまでもなく近代以前の君主権力の支配する社会，中国の律令支配体制などがそれにあたる。

　次に，「自律的法」は，近代西欧社会で典型的に成立した，われわれが現在，法の基本的な姿であると理解している法である。法は，権力者から自立し，一般的に規定された手続によって制定されることになる。様々な権力から独立して，法は自律的に構成され，独自の規範的論理によって作用するようになる。また，権力者の目的や意図ではなく，人権，所有権など，普遍的な権利の理念がその構成の基盤となっている。こうした法が存立するところで，権力者の恣意に妨げられることなく，経済行為をはじめとする人々の行為の予見可能性は増し，理想的には，あらゆる現象が予見され，法によって規律されていくというのである。また，これを作動させるために，自律した法曹集団が生成してくることになる。もちろん，法社会学的観点から見れば，先に述べたように法の不確定性は払しょくすることはできず，不安定性や権力の契機は，そこでも見られるはずであるが，とりあえず理念モデルとしては，こうした自律的法の特性が見出されているのである。

　最後に，「自律的法」が，まさに自律的に作動することで，実際の利益関係が錯綜する社会の現実との離齬が次第に生じることになってくる。形式的には妥当でも，実質的には不具合を帰結するといった事態である。たとえば，経済的利害をめぐる競争は常に格差を生み出し，形式としては平等でも，強者の優越性が事実上は維持され続けていく，といった事態である。そこでは，経済的・社会的弱者への一定の社会保障的手当てが必要となってくる。こうした事態に対処する法の類型が「応答的法」であり，社会における実質的な正義や適正な利益調整を可能にすることを目的とする道具的・手段的な法としての性格を有することになる。

こうした視角は，政治的な価値の対立理念とも関係している。「自律的法」は，いわば近代の**リバタリアニズム**の適合する法のあり方であり，「応答的法」は，それに修正を加える**リベラリズム**の思考に適合するものと，大まかにはいうことができる。リバタリアニズムとは，自由を究極の価値として措定する政治哲学上の考え方で自由主義とも称される。そこでは，他者の身体・財産を侵害しない限り，その他の行動は自由とされ，その結果として生じる不平等よりも，この自由の価値が重視される。「自律的法」は，おおむね，この自由を保障し，かつ身体・財産を保護する機能を持つ制度として存在することになる。これに対し，リベラリズムは，結果の平等性をより重視する。その目的の実現のために，「自律的法」のシステムに，「応答的」に機能するための介入，改良を行うことになる。具体的には，医療や福祉など社会保障にかかわる法律や労働関係を規律する法律など，弱者救済的な機能を持つ法律がそれにあたる。複雑な現代社会では，この「自律的法」を基盤にしつつも，そこに「応答的法」の要素を取り込みながら，なお，両者の間での政治的対立が，多かれ少なかれ，続いている状況ということもできる。ノネとセルズニックの法の類型論は，こうした現代的状況を理解するための手がかりとしての道具を与えてくれているといってもよい。

(2)　現代法の多元性

こうした類型論を手がかりに，法の発展理論というより，現在のわれわれの社会における法に内在する複雑で多様な諸側面ないし諸要素を示すものととらえなおして，法というものを見直してみることにしよう。現在の法の多元的な性格が，そこでは浮かび上がってくる。

第1に，「管理のための法」を考えることができる。権力者が社会を管理するための道具として用いる法は，先にも「抑圧的法」として把握されていた。たとえば，中国の律令政治であるが，実は，律とは，刑法規範のことであり，令とは行政組織法にほかならず，官吏の職位やまとうべき衣服の色などを定めていたものである。律令制支配には，法規範は存在していても，そこには私人間の権利義務の規定はなく，皇帝が社会を統制し支配するための道具としての法だったのである。わが国も，律令制度を古くは輸入して国家の形態を整えてき

た歴史を持つが，その影響は，明治維新以後の明治の法制度にも影響している。西欧の自律的法の形式は整えつつも，実質的には，管理的色彩の強い運用がなされていたといえる。

　歴史的には，このように抑圧的な要素が色濃く残る管理型法であるが，現代社会においても，抑圧の程度や意味は変容しているものの，なお，上からの管理のための法は必要性を失っていない。むしろ，社会が，複雑化する中で，そのニーズは高くなっているとさえいえる。たとえば，道路を横断するとき，信号はその色によって，歩行者や運転手の行動への指示を行っている。また，自動車の速度についても，駐車場所についても，法は細かく規定し，われわれの行動を規制し命じている。あるいは，マンション建築の規制や，タクシーの運賃規制など，いたるところで法は規律を及ぼしている。これらの法は，行政が，その機能を遂行するにあたって，設定した目標（事故の防止，景観の保存，公正な競争など）を達成するための手段として制定したもので，いわば上から下への管理型の法にほかならない。

　しかし，「抑圧的法」と根本的に異なるのは，機能としての抑圧ないし順守の要請は含むものの，その目的が権力者の利益や恣意ではなく，交通の安全，地域の住環境の維持，利用者の安全確保など，公的な目的である点である。この点で，現在の管理型の法は，一方で管理的ではあるが，社会の公的ニーズへの「応答的法」としても位置づけることができるのである。それゆえ，この領域でも，タクシー運賃規制の適否や，建築許可の適否をめぐる異議申立てが行われたりするように，しばしば，その適否をめぐって，抑圧にチャレンジし，何が公的ニーズに適合的・応答的なのかをめぐって争う道も開かれている。たとえば，タクシーの運賃規制を撤廃すれば，価格競争が起きる中で，運転手の地位・待遇が低下し，ひいては事故率が高くなるなど利用者の安全性が保てないかもしれない。他方で，運賃規制が過度に抑圧的であれば，運賃が高く維持され，消費者である利用者の利益を損なうことになるかもしれない。現在の管理型法は，こうしたチャレンジに常に開かれていることで，その機能がより実質的な応答性に貢献するように組み立てられているといえるだろう。

　第2に，これとは別に，われわれが社会生活を営む具体的な関係の網の目の中で，生きている規範が存在する。「**関係性の中の法**」とここでは呼んでおこう。

いうまでもなく，慣習，エチケット，道徳なども，法と同じようにわれわれの生活や行動を規律している。法とこれらはどう区別されるだろうか。法は守らなければ罰を与えられるのに対し，慣習やエチケットは守らないことも可能であるという点が，まず思い浮かぶ。しかし，慣習やエチケットも，守らなければ，社会や人間関係の中で，否定的な評価につながっていく場合も想定できる。地域社会の中では，法を守ることが，その地域や集団の社会規範に反し，かつこれに違反すれば，法以上に強いサンクションを受ける場合すらある。未成年の大学１年生が，先輩に勧められ，初めて酒を少し飲んだとき，それを見たクラスの友人が直ちに警察に通報したとすれば，この友人の通報行動は法的には問題ないものの，おそらく仲間から反感を招き，仲間外れにされたりするだろう。わずかな飲酒（法律違反）を行った学生が受けたサンクションと，通報した学生が仲間から受けるサンクションとでは，おそらく後者の方が重い意味を持つだろう。それゆえ，法のように公式の罰の有無というだけでは，法とそれ以外の社会規範の作用上の差異の説明としては十分ではない。

　また，道徳については，道徳は内心にかかわる規律で，法は外的行為にかかわる規制だとする見解もある。しかし，刑法の殺人罪と，傷害致死罪を分けるのは，殺意があったか否かという内心のあり方にほかならない。実は，道徳もその他の社会規範も，様々な形で法の中に不可分な成分として浸透している。「殺すな」「盗むな」といった社会の中でも当然の規範を法は取り込んでいるし，家族法の領域では，日本社会でかつて一般的だった家族道徳の反映でもある夫婦同姓を，法は今も維持している。さしたる不都合も想定できない（と私には思われる）夫婦別姓をいまだに認めず，同姓の維持にこだわる日本の政治家の意識に表れているのは，近代法の権利や理念ではなく，古い因習的婚姻制度・家制度へのノスタルジーともいえる。このように法の規律の中でも，よきにつけ悪しきにつけ，われわれの社会生活の中に浸透した社会規範や道徳に淵源を持つ要素が多く存在するのである。法が保有するこうした要素が，「関係性の中の法」ということになる。

　目的志向的な管理型法でもなく，現実の社会に淵源を持つ「関係の中の法」でもない，もうひとつの法の類型が「**普遍的法**」である。実は近代法においては，これこそが，その特徴として，いわば中核をなすタイプの法ルールであり，

ノネとセルズニックが示した「自律的法」と照応する法類型といってよい。すなわち，自由，平等，基本的人権，生存権などの諸価値，そしてそれを基盤に，誰にでも普遍的に適用される一般的基準として定立された法である。契約の自由，所有権といった現代の法の根幹をなす概念に基づく法ルールは，その典型といえる。

この普遍的法ルールの立場の中にも，実は不協和が内在している。たとえば「契約は個人の自由なのだから，どんなに安い賃金でも，それに合意した労働者は雇ってもいい」といえるだろうか。この場合は，労働者の最低限の生活を保障するという別の価値を守るために，契約の自由を一定程度制限する必要も出てくる。先に見たように，普遍的ルールとはいえ，決して秩序だった体系や明晰性があるわけでなく，その中身は，一定の不協和を内包しているのである。

以上のように，法と一口にいっても，異なる性格を持ったルールの類型が存在するし，法と社会規範も，実は相互に浸透しあったり，反発しあったりしている。また，それぞれが，内部に一定の不協和を内包している。ただし，法ルールをめぐる不協和音の存在は法の欠陥というわけでも，マイナスポイントでもない。法が，文言によって構成されるものである以上，その解釈をめぐって，多様な解釈・対立が生じるのは，むしろ，自然である。

実は，この不協和こそが，社会や人々の様々な価値や利害の対立，その変化を柔軟に吸収しつつ，社会と法を安定化させていく重要な要素にほかならない。法は，一見，自律的なシステムとして存在しているように見えながら，社会の価値観（たとえばジェンダー意識）の動きや，経済の変動（たとえばグローバル化），社会制度の変化（たとえば家族構造の変化）などに開かれ，敏感に反応しつつ，その変容を柔軟に受け入れ，かつ適切な規律を工夫していくというしたたかな弾力性と開放性を有しているのである。

以上のように，法の不確定で開かれた性格や，その多様な作用，機能のメカニズムを，対象として見据え，多様な分析手法で検証していくところにこそ法社会学の意義があるといえよう。

2.1.5 法の正当性 ─────────────────────────

（1） 制定手続に基づいた法

　もうひとつ，「法とは定められた適正な手続に基づき，国会で制定されたものである」という常識的な考えにかかわる問題点を提示しておきたい。**法の正当性**という法の根幹にかかわる問題である。法や判決は，なぜ，どのように，その正当性を獲得できるのだろうか。われわれは，なぜ，それを正当と認めるのだろうか。

　ひとつは，制定された法の内容が正しいかどうかという，**実体的な正当性**の評価の基準を考えることができる。しかし，現実には，個々の法律はもちろん，憲法が定める価値・権利の中身についても，絶えることなく反論が主張され，時には訴訟が提起されるなど，正しさをめぐる争いが続いている。自由の価値は誰もが認めるとして（それですら否定的に考える人が実はいるかもしれない），ではどのような自由が認められ，どのような自由が制限されるべきかについて，合意が存在するわけではない。憲法に即して制定されたはずの法でも，ある人は正当だと感じ，ある人は不当だと感じるのである。たとえば，憲法9条の戦争放棄は正当か否か，男女別姓を許さない法は正当か否かなど，多くの正当性をめぐる不協和が存在している。現代社会は，価値観が多様化し，実体的な法の中身のみで正しさを決定することは困難な場合が多いといわざるを得ない。

　そこで，価値や権利の中身（**実体的正義**）については合意が困難でも，公式な手続（**手続的正義**）に基づいて制定されたのだから従うべきであるとして，手続に正当性の根拠を置くことも考えられる。上記の「定められた適正な手続に基づき，国会で制定されたもの」という考え方も，これに近いといえるだろう。以下ではこの考え方の危うさを考えてみたい。まず，次のような例を取り上げてみよう。

事例1 ジム・クロウ法

　まず，アメリカにおける人種差別にかかわる法を見てみよう。奴隷制廃止を訴える北部諸州と，奴隷制維持を主張する南部諸州の間で，5年にわたって繰り広げられた南北戦争は，1865年に至り，ついに北軍の勝利で終結した。これにより奴隷制自体は撤廃され，黒人奴隷は「解放」された。しかし，この後，

南部諸州では，様々な黒人差別のための法律が制定されていく。これらを総称して，当時のコメディ・ショーの黒人キャラクターであったジム・クロウの名をとってジム・クロウ法と呼ぶ。たとえば，電車やバスの人種ごとの車両や座席の区別，利用できるレストランやトイレの人種分離，学校の人種による区別，白人と黒人の婚姻や交際の禁止など，が規定されていた。1883 年に連邦最高裁が，「私人や民間組織による差別には，公民権について定める憲法修正第 14 条は当てはまらない」と判断し，さらに 1896 年には，「分離すれども平等」という法理を定着させた。これにより，ジム・クロウ法は，合法な法律としてお墨付きを与えられることとなった。その後，1954 年に「分離すること，それ自体が不平等」として，人種分離教育を違憲とするブラウン判決が出て，また，次第に反人種差別を訴える公民権運動も盛んになったが，公共の場における差別や分離教育を明確に禁じる公民権法が制定されたのは，ようやく 1964 年に至ってであった。それでもなお，様々な形での人種差別が残っているのは周知の事実である。

事例2 ナチスのニュルンベルク法

次に第二次大戦下のドイツ第三帝国の例を見てみよう。1935 年秋，ドイツのニュルンベルクにて，政権の座にあった国家社会主義ドイツ労働者党，いわゆるナチスの党大会が，開催されていた。ナチスが政権を担うようになってから，公職からの追放など，ユダヤ人へのあからさまな迫害政策がとられるようになっていく。その流れの中で，ヒトラーは，側近たちに，ユダヤ人から公民権を剥奪し，ドイツ人の純潔を守るための法案の策定を命じる。わずか2日で法案は起草され，直ちに国会をニュルンベルクの地に召集して，可決，成立に至った。いわゆるニュルンベルク法である。この法は2つの法律からなっている。ひとつは，「ドイツ公民法」で，ユダヤ人から選挙権などの市民権を奪い，ドイツ人を中心とする「帝国市民」だけが公職に就き選挙権を行使することができるとした。ユダヤ人は，国籍はあっても選挙権すらない二流市民に貶められることになった。2つ目は「ドイツ人の血と名誉を保護する法」で，ユダヤ人とドイツ人の婚姻はもちろん，婚外の性交渉も禁じられた。

こうしてニュルンベルク法により公的に規定されたユダヤ人差別は，さらに

反ユダヤの国民感情を増幅させ，3年後の1938年11月9日には，ドイツ各地で発生した反ユダヤ人暴動，いわゆる「水晶の夜」の迫害事件へと至るのである。その後，こうした迫害は，アウシュビッツに代表されるホロコーストにまで至ってしまう。ユダヤ人迫害は，まさにニュルンベルク法のような公式の手続によって制定された法によって公認され，促進されたのである。

　先の「法とは定められた適正な手続に基づき，国民に選ばれた議員が，国会で審議・採決し，制定されたものである」という一般的な法の理解を前提にすれば，ジム・クロウ法も，ナチスのニュルンベルク法も，その当時のその国，州の法に従って議会で制定された「適正な法」である。しかし，おそらく，われわれのほとんどは，ジム・クロウ法も，ニュルンベルク法も，正当な法とは感じられず，心理的な不安さえ感じながら，むしろ，正義や基本的な権利に反するものと断罪するだろう。すなわち，「法とは定められた適正な手続に基づき，国会で制定されたものである」という定義を根拠に，制定法なら何でも正当であると承認するような視点では不十分であることは，これらの例からも明らかである。

　これらは古い歴史上の例であり，現在の先進的な民主主義体制のもとではありえないと思われるかもしれない。しかし，考えてみれば，どのような法であっても，それがすべての国民の正当性感覚にいささかの疑問をも抱かせないような法律はありえないといえる。たとえ議会を通過したとしても，立法過程で，それを不当であるとする声が議会内で，またデモやSNSを通じて表明されるのが，むしろ，通例であるといってよい。「制定手続に適正に従って定められた」というだけで，人はそこに正当性を見出すことはないだろう。結局は，実体的な正当性をめぐる議論に立ち戻ってしまうのである。加えて，ではどのような制定手続なら適正な手続といえるのかという，手続そのものについての実体的な批判も常に議論を生み出してしまうだろう。

　そうだとすれば，単純に，「法とは定められた適正な手続に基づき，国民に選ばれた議員が，国会で審議・採決し，制定されたものである」という点のみにおいて，法が正当といえることにはならない。多くの国民に，おおむね受け入れられていたとしても，それは上記の制定過程によってのみ正当化されてい

るのではないと考えるべきではないだろうか。

(2) 自 然 法 論

では，単に「定められた適正な手続に基づき，国民に選ばれた議員が，国会で審議・採決し，制定されたものである」という条件に加えて，われわれが法を正当なものとみなす根拠は，どこに見出すべきだろうか。「法の正しさ」とは，手続に従ったというだけでは満たされず，また実体的な正しさについての一致を見出すことが困難だとすれば，いったいどこに回答があるといえるのか。こうして現実の法の向こうにある正しい法を見出そうとした試みの一つが，**自然法論**である。

(a) ギリシャ哲学における自然法

この自然法をめぐる問題は，古く，ギリシャ哲学の時代からも考えられてきた。そこでは，**ピュシス**（自然法）と**ノモス**（制定法）の対立が様々な形で議論されている。**プラトン**は，イデア論と呼ばれる理論を展開したが，そこでは，現実世界のあらゆる事物・概念の理想的な姿は，イデア界にその完全な姿があると考えられた（プラトン 1979）。プラトンの著作は，**ソクラテス**と他の誰かとの対話の形式で構成されており，ソクラテスが，国家，善，美などのテーマについて，「○○とは何か教えてほしい」と問いかけ，返ってきた答えに対し，さらに問いを重ねる形式で表現されている。たとえば，「机とは何か」と問われれば，人は「4本の脚の上に平たい板がのせられたもの」と答えるかもしれない。するとソクラテスは，「いや，それは机の形態のことであって，私が知りたいのは机とは何かということだよ，教えてくれないか」と畳みかける。そこで，「机とは，本や，食べ物やものを乗せる台のことだ」と答えれば，「いや，それは机の機能，役割の話であって，私が知りたいのは机とは何かということだよ，教えてくれないか」とさらに問い詰めていく。最後は，結局，机とは何かへの回答は見出せず，不可能であることが明らかになっていく。有名な「無知の知」という言葉は，このソクラテスの「私は知らないということを知っている」という認識のことを示している。

机のような具体的な事物でも答えられないのだから，「正義」「善」「美」などの概念は，もっと回答することは困難となる。こうしてソクラテスの口を通

して問答させることで，プラトンは，「このように事物や概念の真の姿をわれ
われは知ることができない，なぜなら，その完全な姿は，現実世界でなくイデ
ア界に存在しているからだ」という思想を展開したのである。このイデア界に
ある完全な姿，完全な「机そのもの」「正義そのもの」「善そのもの」「美その
もの」のことをプラトンはそれぞれのイデア（アイデアの語源）と呼ぶ。すな
わち，プラトンに従えば，「法の正しさ」は，この世の現実の法それ自体では
説明できない，イデア界にある法のイデアにまで到達する必要があるというこ
とになる。もちろん，イデア界にある以上，到達は困難だが，思考を通してそ
れに，近づくことはでき，これがプラトンにおける自然法ということになる。
当然，人が定めたポリスの法は，イデアとしての法ではありえない。

　プラトンの弟子，**アリストテレス**は，イデア界と現実世界の二分法のような
考えを退け，ポリスにおける法は，自然法に起因する正義と人為的な正義を，
ともに内包しているとする。そして，自然法的正義については，人がそれを正
しいと考えようが考えまいが，常に妥当する正義であると考えたのである（ア
リストテレス　1971, 1973）。端的にいえば，「定められた適正な手続に基づき，
国民に選ばれた議員が，国会で審議・採決し，制定された」法の中には，人為
的で考えが対立しても不思議でないものと，**自然的正義**に由来し，たとえ考え
が対立したとしても，揺らぐことなく妥当すべき法の両方が含まれていると考
えたのである。この観点からすれば，消費税を上げる法案について意見が闘わ
されるような場合は前者であり，ニュルンベルク法やジム・クロウ法は，意見
対立があったとしても，自然的正義に反する点で，不正義な法と考えられると
いう，われわれの感覚にも適合的であるといえるかもしれない。しかし，なお，
この自然的正義に同意しない，ゲルマン民族の崇高性に基づく自然的正義を信
じた当時のナチスの支持者やドイツ国民には，むしろニュルンベルク法こそが
自然法に従っていると考えたかもしれない。

(b)　中世以降の自然法論の展開

　また，中世に至るとキリスト教的世界観のもとで，**トマス・アクィナス**が自
然法論を展開した。神の永久法を最高位の法として措定し，そのうち人が理性
によって理解しえた自然法，聖書に記載されている神定法，そしてその下に，
人定法，いわゆる人為的な制定法があると考えた。近世に至っては，国際法の

領域で有名な**フーゴー・グロチウス**が，理性に基づく自然法を措定しているが，そこでは，自然法は強制不能なものとして，市民法が優先するとの考えが示されている。

その後，自然法論は，様々な批判にさらされていくことになる。たとえば，**グスタフ・ラートブルフ**は，法学の対象を実定法範囲に限定する法学上の**法実証主義**を唱え，自然法的な考え方を排除しようとした。すなわち，「定められた適正な手続に基づき，国民に選ばれた議員が，国会で審議・採決し，制定された」法のみを法学の対象とすべきといった考え方である。しかし，ナチスの戦時の迫害行為は，この考え方によれば，合法的となり，制定法の観点からは罪に問えないことになってしまう。そこで，ラートブルフは，戦後，その法実証主義的考え方に修正を施している。すなわち，正義との乖離が耐えがたいほどに大きい法は制定法の形をとっていても悪法にほかならず，正義によって否定されること，正義の理念に違背した法律は法としての資格を失うことを承認し，ナチスによる法の犯罪性の断罪を支持したのである。

こうして，自然法論は，「定められた適正な手続に基づき，国民に選ばれた議員が，国会で審議・採決し，制定された」法のみが法であるという定義の不完全さを埋める一つの考え方として機能する可能性を念頭に，現在も学問的検討が続いている。しかし，そのように議論が錯綜していること自体，法の正しさの根拠を，イデアであれ，神であれ，理性であれ，超越的な何かに求めることの限界を示しているということもできよう。

(3)　社会的合意・共通価値

さて，われわれの憲法では，基本的人権，自由，平等といった価値が宣言され，個々の法律はこの憲法に即していなくてはならないとされる。また，人を殺してはならない，盗みを働いてはいけない，といったルールも，ほとんどの人は正しいと評価するだろう。自然法のような超越的なものを持ち出さなくとも，こうした誰も否定しえない「価値」については，社会的合意が存在していると，とりあえず考えられ，それが法の正当性を保障してくれるといえないだろうか。意見の対立が見られる法律でも，大多数の人々の間に合意が成立しており，かつ，不利益を被る人の側が反対であっても受容可能なものといえるよ

うな場合，そうした社会的合意が存在することが，法の正当性の根拠とはならないだろうか。

　この考え方によれば，ユダヤ人差別を肯定するナチスの法の正当性は排除できるかもしれない。なぜなら，不利益を被るユダヤ人にとっては，決してそれは受容可能とはいえないからである。また，消費税率をめぐる法律，健康保険の自己負担率の上昇を決める法律など，不利益を被る側も反対ではあっても，絶対に受容できないほどではない法律（多くの場合，不利益緩和措置が伴う）なども，この考えによって正当化できるかもしれない。

　しかし，この場合も，当然ながら，どの程度の社会的合意があればよいのか，不利益を被る側の受容可能性は，どのようにして評価すればいいのか，結局は，大きな議論が個別に巻き起こることは防ぎえないであろう。端的に，社会的合意も，自然法と同じく，それを受け入れる人以外には，正当性の根拠とはなりえないのである。

(4)　法社会学における法の正当性

　このように，普遍的価値であれ，手続であれ，社会的共通価値・合意であれ，どこに根拠を置こうとしても，法の正当性根拠は逃げ水のように手が届かない。この問題には解答はなく，法哲学の領域では，なお議論や考察が積み重ねられている。しかし，法社会学にとっては，この解答の不在こそ，研究の重要な可能性を示してくれている。

　すなわち，法社会学は，法の正当性の根拠それ自体を問うのでなく，社会や人々が，どのような構造的条件，状況的条件の中で，どこに法の正当性を見出しているのか，そのメカニズムや，そこに潜む権力性はどう作用しているかなど，法の正当性をめぐる文化，社会構造，制度，行為などを経験的に検証し理解していくことが課題にほかならないからである。

　法社会学は，どのような正義が根拠として据えられていようと，「正しい法であるから守るべきである」「法は守られねばならない」といった盲目的な法への追従に陥るのでなく，常に法の正当性への批判的視点を持っていなければならない。法をめぐる不協和が存在するとき，その背景や動態を現実の中で見極め分析していくことこそ，実定法学にはない，法社会学の役割ということが

できよう。また，同時に，そうした法をめぐる課題を評価，分析する際に，それを「見る」自分自身の視点に，無意識に含まれている「自身の正義の考え方」についても自覚し，かつそれを絶対視することなく，他の正しさの可能性にも複眼的な視野を及ぼしていくことが必要である。

2.2　法社会学の方法

2.2.1　法社会学方法論の類型軸

（1）　法社会学方法論の多元性

　実定法学からの自立を目指し発展する中で，当初，法社会学が依拠してきたのが，自然科学の方法論を基盤とした実証的・経験科学的方法であった。社会内で法が果たす役割等について，実定法学者が，片手間に調査するようなアプローチとは一線を画し，厳密な方法論的基準に基づいて構成された理論仮説を，経験科学の方法に依拠しながら，質問紙調査や各種データを活用して，実証的に分析していこうとするアプローチである。もちろん，実証主義と経験主義は厳密にはイコールではないし，社会学における理論・方法の分岐を反映して，大規模な科学的調査を行うものから，個々の事例やひとまとまりの会話を緻密に分析するものまで，様々な視角や立場の差異も存在する。

　しかし，自然科学も含め学問全体の知の潮流の転換といった現象もあり，従来の科学的実証主義という方向とは異なる存在論的・認識論的基盤に立つアプローチも主張されてきている。法現象という対象の多様性にとどまらず，法社会学は，その認識論的基盤，方法論の点でも，極めて多様なアプローチが共存する領域となっている。

（2）　法社会学方法論の類型化の試み

　統一された法社会学理論や方法論の確立は，社会学をはじめとする社会科学のあらゆる領域で困難であるのと同様，不可能というほかない。むしろ，こうした多様性こそ，法をめぐる現象の豊かな理解をもたらしてくれるものとして，肯定的にとらえるべきであろう。以下では，法社会学における方法論およびその基礎にある認識論的基礎について，整理してみることにしよう。

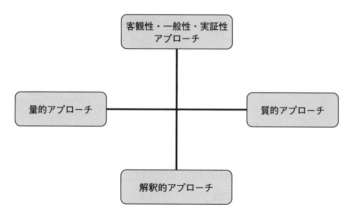

図2-1 法社会学方法論の類型軸

　まず，法社会学の諸研究が依拠している多様なアプローチを俯瞰的に把握するための類型軸を考えてみよう。**法社会学方法論**の分岐については，次のような2つの軸によって整理することが可能である（図2-1）。もちろん，これ以外の基準での類型化も可能ではあり，以下で示す類型軸が絶対というわけではないが，一つの視点として有効である。

　第1の類型軸は，存在論的・認識論的基盤に関する軸である。近代の自然科学に基盤を置く分析的視点が，その一方の極を構成する。古典的な実証主義も，経験科学主義も，微細な差異は含みながらも，おおむね近代の認識論的前提を共有しているといってよい。この視点を，やや乱暴ではあるが客観的要素を分析的に確定し，その一般的関係・法則性を明らかにしようとする志向に着目し，さしあたり，「**客観性・一般性・実証性アプローチ**」と名付けておこう。もうひとつの極を構成するのが，**ポストモダン論**など，脱近代の認識論を前提とする立場である。こちらも，その淵源は，マックス・ウェーバーの理解社会学までさかのぼることができるが，認識論として精錬されてきたのは比較的近年のことである。この立場を，「**解釈的アプローチ**」と名付けておこう。これらは，明確な二極分離というわけではなく，その間に中間的な立場が，グラデーションで位置づけられる。

　第2の類型軸は，研究手法に関する「**量的アプローチ**」か「**質的アプローチ**」かの軸である。いうまでもなく，量的アプローチは，数量データや質問紙調査

のデータを手がかりに，社会事象に内在する客観的法則の抽出を試みるもので，そこに客観的実在が存在していること（存在論）および，それを客観的に認識することが可能であることを前提とする（認識論）客観性・一般性・実証性アプローチと極めて親縁性が高い。質的アプローチの方は，具体的な個別的事例や語りを素材として検討するものだが，こちらには，認識論的に客観性・一般性・実証性アプローチを前提とするもの，解釈的アプローチを前提とするものなどの分岐が見られる。

　実際の法社会学研究は，このどれかに固定的に位置づけられるわけではなく，いくつかのアプローチを組み合わせて複合的に接近を試みる場合も多い。接近する対象領域の性格や問題意識に応じて，ある意味，便宜的に，方法が採用されていくことも，それによって有益な知見が得られるのであれば許容されると思われるが，それでも研究者ごとに理念的な方法論的志向の分岐が見られることも事実である。以下では，この類型軸ごとに，詳しく見ていくことにしよう。

2.2.2　認識論的基盤の分岐に関する類型軸 ────────

　社会科学的な研究アプローチには，極めて多様な方法が存在しているが，その背景にある存在論的・認識論的基礎，すなわち，社会的現実とは何か，社会を「認識する」ことはいかにして可能かについての出発点となる考えの相違によって整理しようとするのが，この類型軸である。

　まず，一方の極である客観性・一般性・実証性アプローチの典型的な視点は，自然科学の認識論を基盤に，社会現象についてもそこに存在する規則的法則性を客観的に抽出し理解することができ，かつそれを観察データによって実証できるという科学主義的ないし実証主義的な視点である。他方の極である解釈的アプローチは，社会的現実は客観的に実在しているわけではなく，行為が遂行される場で達成・構築されるものにほかならず，また，それを見る者の主観的構成に基づく無数の解釈に拠らざるを得ず，そこには普遍的客観性は成立しえないという相対主義的な考え方を基盤に有している。わかりやすくいえば，そこに何も存在しないと主張しているわけでないが，それ自体を認識することはできず，認識する際に「そこに何があるか」が構成されている，それゆえ，見る者の視点や枠組によって「現実」も多様な様相を示す，ということである。

前者は，いうまでもなく自然科学に範を求める普遍主義的・実証主義的な立場であり，後者は，文芸批評などのポストモダン思想にも影響を受けた相対主義的な立場である。

　草創期において，法社会学が，学問としての自律性を確立するためには，実定法学とは異なる科学的実証主義ないし経験科学的な方法論の導入こそが重要な戦略でもあった。規範的・思弁的議論に終始する実定法学や哲学とは異なり，法や法制度をめぐる社会の法則性を科学的かつ客観的に明らかにし，実証的根拠に基づいた知見を産出していく，あるいは，そうした認識と知識の蓄積自体に，大きな学問的意義があるという立場の推進である。また，この草創期は，世界的にも，宇宙開発やテクノロジーの進展など，自然科学的思考が社会の発展を約束し，それに伴って生じる弊害よりも，科学的方法論への信頼が勝った時代でもあった。その結果，法社会学は，実証的・科学的方法論により，法をめぐる現象の客観的理解を実証的に向上させ，もって，社会の改革に貢献する学問分野であるとの自己認識が一般的であったといえよう。量的研究であれ，質的研究であれ，極端な科学主義ではなくとも，多かれ少なかれ，自然科学の枠組や方法を，時には意識的，時には無意識的に，法をめぐる社会的事象に適用し，分析していく視点が有力な可能性を持つ立場として考えられてきたといえる。

　しかし，時代が下り，自然科学への信頼が低下し，また科学では分析できない，ジェンダー問題など，微細な認識・解釈に潜む権力性などが社会的課題になるにつれて，様々な分野で，普遍的真理の存在や客観性への懐疑を基盤に置くポストモダン的なアプローチの意義が主張されるようにもなってきている。もちろん，すべては認識の所産であり，一致などありえないとするような極端な相対主義的立場は，誰も採用しないとしても，それが持つ批判性を受け入れつつ，新たな認識論的立場や研究アプローチを模索する動きが一部に出てきたのである。また，科学主義に影響された研究が方法論に縛られる結果，法と社会の現実を分析しようとしたはずの法社会学が，皮肉なことに，規範学である実定法学とはまた別種の「方法とデータに縛られた現実からの乖離」を生み出してきたことへの批判もそこには含まれている。科学主義に制限された方法ではつかみきれない法と社会の微細な声や権力の態様を臨床的に見ていくために

は，客観的法則性の抽出・分析以上に，重要で有益な知見に接近できるアプローチが，法社会学の領域でも必要とされたのである。

　実際には，分岐の両端に位置する純粋科学主義や，純粋なポストモダン的相対主義という極端な立場そのものは現実的ではなく，その間に，なお経験科学的志向を保持しながらも，一定の修正を施した折衷的，ないし複合的な様々な方法論が存在する。いずれの極についても，極端な原理主義的立場は，法社会学の領域では存在しないと思われるが，認識論的分岐の理解のために，あえて，それぞれ，両極に近い視点を見ておくことにしよう。

(1)　客観性・一般性・実証性研究アプローチ

(a)　科学主義的方法

　まず，最も純粋かつ厳密な科学主義の立場について見てみよう。科学主義との呼称が示すように，自然科学に範を求め，社会的事実に関する経験的データを客観的に観察することを通して，そこに内在する客観的法則性を見出していこうとするアプローチと，おおむね，いうことができる。厳密な方法的手順を踏まえた観察によりデータを獲得し，観察者の主観を排して，誰が試みても追試可能で証明可能な客観的な事実の法則性を定量的ないし数量的に導出するというのがその典型となる。

　また，実証主義は，思弁的な議論を排し，経験的事実に基づいて仮説命題を証明（実証）するという立場で，科学主義的な方法のみが実証の前提になるわけではないが，科学主義と親縁性を持っていることに間違いはない。実証の基盤となる「事実」とは何かについて，存在論的・認識論的に科学主義と共通の前提を有しているといってもよいだろう。ここでは，とりあえず，科学主義と実証主義が結びついた科学主義的実証主義という立場を想定し，その「客観的データを素材として，研究者の客観的視点から，事象の客観的法則性を発見する」という認識論的前提とは，実際には乖離しがちな社会事象研究における問題点を見ていくことにしよう。

　まず，社会的事象に自然科学的認識論を文字通り適用することには，相当の困難を伴う点が問題となる。自然科学の認識論は，端的には，世界を要素間の客観的な因果関係法則によって記述する試みといえる。科学の立場では，最も

単純な2つの変数間の関係を明らかにしようとする場合，その2つの変数以外のすべての変数について条件が一定でなければ，本来的な科学的厳密性は確保できない。もちろん，3つの変数であってもよいが，その他の変数の値は，その影響を排除するために一定でなければならない。また，扱う変数の数が増えれば増えるほど，その間の関係についての認識の厳密性を確保するには，複雑な配慮が必要となってくる。自然科学においては，実験室における変数・要素の厳密な統制が一応可能であるし，それによって得られた数式で表現される厳密な法則を基礎として合理的・論理的に，分析の範囲を格段に広げていくことも不可能ではない。

　しかし，社会的事象の場合，多くの要素（温度，気圧，酸素濃度等々）をコントロールした実験室で行われる自然科学研究と異なり，変数の統制は極めて困難である。人間の行動や社会の動態は，無数の把握しきれないほどの要因の複合的影響の中で動いており，場所が違えば，時間が異なれば，対象自体が変容し異なってしまう。もちろん，心理学の領域で記憶や認知のメカニズムについて行われているように，統制された環境下での実験も，課題によっては可能ではあるが，その場合も，自然科学ほどの厳密性は保てない。また，そこで自然科学的な意味で検証・実証できるのは，重要で有益であるとしても，極めて細分化され抽出された変数間の関係，法則等にとどまる。

　このように，要因のコントロールが比較的可能で，科学主義的方法の適用が容易な領域は，社会科学の分野では，限定的といわざるを得ない。たとえば心理学の領域でも，一方で記憶や知覚に関する科学主義的研究が成果を上げているが，そうした科学主義アプローチでは対応できない領域では，臨床心理学と呼ばれる領域が発展してきている。臨床心理学の領域では，科学的厳密性に欠け，その効果の原因やメカニズムを明晰に特定することも実証することもできないものの，現実的に有用性を有する心理療法や治療法が開発され臨床的に適用されるなど，現代社会で不可欠の意義を担ってきている。法にかかわる人間の複雑な行動や意識を対象とする法社会学の領域でも，そもそも実験的手法を用いること自体が極めてまれで，現実的にも，倫理的にも，様々な困難を伴うことになる。

（b）　数量的分析

　実験研究の困難が否定できないとしても，統計や質問紙調査データなど，量的アプローチによって得られたデータの分析による有益な知見の獲得は可能である。理論仮説を構成し，それを調査データによって確認，実証していくというアプローチである。しかし，そこでも，自然科学的な厳密さ，客観性は望むべくもない。たとえば，訴訟件数を比較することを考えてみよう（訴訟でなく食事回数でも婚姻数でもよい）。仮の数値だが，アメリカのある地域の民事訴訟が年間 200,000 件，日本のある地域では 20,000 件との統計数値があったとする。アメリカは日本に比べ 10 倍の民事訴訟があると，この数値から，科学的に実証できたといえるだろうか。単純には，ないしは表層的には，そのように読むことができるし，その言明自体として間違いではないかもしれない。さらに，調査した地域の人口密度や回答者の年齢，性別，職業分布，さらには回答それ自体の分布傾向など，様々な変数の影響を考慮に入れ，統計的に数値を処理することで，より詳細な（そして比較として意味ある）検証も，その限りで可能ではある。

　しかし，そもそも，訴訟という基礎になる変数について考えてみると，アメリカでは，民事訴訟の 95％が法廷での公判に至らず，それ以前に準備手続段階で合意に達し終了してしまう。反対に日本では，ほとんどの訴訟は公判にまで到達し，法廷で弁論が行われる。訴訟と，law suites という日本語と英語の「ことば」が指し示す「事実」には，実はそもそも大きな相違が存在している。このデータをもとに，「アメリカのある地域では日本のある地域より，10 倍訴訟が多い」と述べることは，形式的数値については妥当しても，現実を把握できている，ないし実証された事実認識が獲得できているといえるだろうか。「法を適用して判決を下す」という規範的手続の同一性は共通するとして，その点に依拠して比較可能と考えているとすれば，実は「規範に拘束され現実を見ない」とされる実定法学の限界と同様，「方法に拘束され現実を見ない」という限界をはらんでしまっているのではないだろうか。そもそも，事実として異なる変数を，同じ変数とみなして比較しているのではないだろうか。ここでは，「訴訟件数」という複雑で多様な要素を包摂した社会的変数を件数という「数値」に還元した時点で，訴訟という概念が持つ異なる意味・事実の複雑性

がすべて捨象され，表層の数値のみが，比較可能な「事実」と表層的に印象づけられてしまっているのである。

　さらに突き詰めれば，国内でのデータであっても，日本の 20,000 件の訴訟に含まれる一つひとつの訴訟事案がその当事者にとって持つ意味は，それぞれに異なっており，まったく同一のものなど存在しないだろう。しかし，訴訟件数 20,000 件というデータが示すのは，それらの現実的差異をすべて切り捨てた，一定の要素のみに焦点をあてた概念としての「件数」という表層の変数に過ぎない。もちろん，それは間違いではないし，表層的変数であるとしても，その比較や数値は，われわれに訴訟利用をめぐる有益な知見を提供してくれている。

　それゆえ，数量的分析の意義について，その限界を踏まえつつ，理解することが重要である。そもそも，現実の豊かな差異を多かれ少なかれ捨象しなければ，現実の認識自体が不可能なのであり，そのこと自体で否定されるとすれば，いかなる研究も言明もできないことになってしまう。ここでは，こうした数量的検証が無意味だといっているのではなく，自然科学とは異なり，社会的事象に科学主義的方法を適用する場合には，この現実の豊かさや差異を捨象する度合いが大きくなりがちで，常に分析において，この限界を意識しておくことが，重要だということである。のちに見る解釈的アプローチは，事象を認識する際，研究者の解釈も多様な解釈可能性の中のワンノブゼムとしての一つの解釈とならざるを得ないとの前提に立っているが，その視点から見れば，科学的・分析的視点も，そうした解釈の一つにほかならず，それゆえ，ある意味では，客観性・一般性・実証性アプローチも，突き詰めれば解釈的アプローチの一つに過ぎないということになる。

　ただし，同じ解釈でも，数量的分析が明らかにしてくれるのは，たとえ，上記のような限界があるとしても，社会的事象に関する鳥瞰的視点，大きな全体的傾向の把握にほかならない。これは，現場に密着した解釈的アプローチによる研究では見えてこない重要な知見をわれわれに提供してくれるのであり，法社会学においても不可欠の方法論的アプローチということができる。この点は誤解のないよう，強調しておきたい。

（c）問 題 点

　科学主義的実証主義の問題は，科学に依拠した分析それ自体が問題なのでは

なく，その厳格で狭隘な認識論的立場，科学的実証のみが客観的で意味ある分析・実証であるとする視点から，それに該当しない分析やアプローチを，思弁的・主観的であるとか，代表性や実証性に欠けるとして，否定的にとらえる点にある。純粋科学主義の立場に立つ研究者は，おそらく，いないと思われるが，それでも，狭量な科学主義的視点の影響が皆無とはいえないかもしれない点に注意しておく必要がある。多くの社会科学の領域では，科学主義の限界や問題点を理解したうえで，総合的なアプローチの重要性が承認されている。

また，客観性・一般性・実証性アプローチにおける実証のあり方についても注意が必要である。法社会学が扱うテーマの多くにおいて，2つの社会的事象や要素の間の関係を，相関関係はともかく，因果関係まで明確に実証できるようなことは，ほとんどないといっても過言ではない。完璧に実証することは難しくとも，様々な要素の交錯の中で，一定の相関関係があることについては，統計的分析によって，高い蓋然性をもって示せることは多い。それゆえ，実証主義的視点も，完璧な実証が常に必須要件というわけでなく，経験的事実に依拠しつつ，おおむねそのようにいえるといった仮説的主張も含めて，承認していくことが不可避とならざるを得ない。すなわち，社会科学の領域では，自然科学と異なり，客観的なデータ，客観的な観察者，普遍的な社会法則などの必須構成要素は，本来の厳密な意味では存立しがたいといわざるを得ないのである。

問題は，自然科学と比べた厳密性の弱さにもかかわらず，これらデータや数値を，客観性を持つものと無批判に絶対化してとらえ，さらには，そうしたデータに基づく分析以外は客観性に欠け，実証的でない，科学的でない，として批判するような考え方である。これは，悪しき科学主義であり，**第1章**で見たライト・ミルズが，**タルコット・パーソンズ**の構造=機能主義と並んで批判した「抽象化された経験主義」に近いものということができよう（ミルズ 1985）。科学的アプローチこそが，「現実」を客観的に記述できる唯一のアプローチであるとする視点は，第1に，社会科学における厳密性の欠如にもかかわらず，科学主義アプローチが，「現実」を客観的に記述できているとの思い込みがある点で，第2に，それが「現実」を理解する唯一のアプローチであるとする思い込みがある点で，二重に誤謬を抱えているといえる。

(2) 解釈的研究アプローチ

その後，社会科学の様々な領域で，既存の科学主義や実証主義について，認識論的次元で批判を加える立場が現れてきた。文芸批評や社会思想におけるポストモダン論に端を発したこの知的潮流は，人類学，心理学，社会学など，社会科学の領域にも影響を及ぼしてきている。ポストモダン論と一口にいっても，その主張や視点は，論者ごとに様々であるが，ここではその重要な論点のいくつかを整理しておくことにしよう。先に見た科学主義との差異が，それによって鮮明になるだろう。

(a) 主客二元論

まず，検討するのは，近代の知の基本前提の一つであり，科学主義の前提を構成しているのが，「主体」と「客体」の分離，いわゆる**「主客二元論」**である。「主体」と「客体」を分離し，「主体」が観察を通じて「客観的現実」を認識し，科学的分析を加えることにより，そこに潜む「普遍的法則」を「発見」するという図式である。学問の領域では，高度な専門的「理性」を有する研究者という「主体」が，それを知らない「客体」としての人々の行動を「観察」し，そこに「客観的法則」を「発見」していくということになる。すなわち，主体は，外部に存在する客体を，鏡のように写し取ることが可能であり，科学的手続がその正確さを担保しているという見方である。

この自律して観察し，合理的に思考する「主体」という概念は近代の知の他の諸要素を束ねる要というべき位置を占めている。近代における「主体」は，その最も理想的な姿として，理性と合理性に導かれた自由意思に基づく「自律性」を保持する存在であり，「外的現実」を「認識」し「経験」しながら，それを「制御・支配」していく存在である。科学の領域では，「観察」し，「外的現実」の客観的な「法則性」を「発見」する存在こそが科学者・研究者という主体であり，法・政治の領域では，「権利主体」として「普遍的正義」を志向しつつ他者とかかわる主体ということになる。このように，「主体」という概念は，科学においても，法や政治においても，それなくしては近代の知の枠組が成り立たないほどの重要性を有している。

(b) 近代的「主体」概念の死

ポストモダン思想は，まさにこの近代的「主体」概念に死を宣告する。ポス

トモダン論によれば，第1に，この自律し，理性的で一貫した「近代主体」とはフィクションに過ぎず，主体といっても現実には，たかだか「多様な言説の効果」に過ぎないという。わかりやすくいえば，われわれ，一人ひとりは，その生育の時間や場所によって何らかの特定の歴史的・文化的コンテクスト（ないし言説）に彩られた偶然的な存在であり，しかも同時に，ある特定の時と場の状況の中で，変幻自在に自分を再認識し再構成している可塑的・流動的な存在であるということである。一貫した理性的「主体」ではなく，個々の人間は，その時その場で，既存の言説やものの見方に支配されるとともに，それを利用し解釈し行動している流動性を内包した存在にほかならない。すなわち，科学主義の前提であった，事象に対し一定の距離を保ち客観的に認識する研究者の普遍的視点という想定自体が，少なくとも社会事象については不可能ということになるのである。それぞれの研究者も，一定の関係性の中で育ち，その文化や価値観に支配された存在にほかならない。客観的・普遍的に見ているつもりでも，そこにはひそかに一定のものの見方や常識など文化的特性が忍び込んでいるというのである。

　それゆえ，ポストモダン論は，「客観的現実」や「普遍的事実」という観念も，「主体」同様，近代の知によって構成された特殊なものの見方に過ぎないとする。たとえば，ここに一台のスマートフォンがあるとして，それを「スマートフォンである」と認識するためには，スマートフォンという名称やその道具としての機能についてあらかじめ知っていなければならない。それを知らない文化に属する者には，それは不可解な何かに過ぎない。われわれは一定の文化の範囲内において，スマートフォンの形態や機能をめぐる言説の中に組み込まれることによって，初めてそれをスマートフォンと認識することが可能になる。これがスマートフォンでなく，人間行動の理解やその法則性となれば，共通認識のための前提はさらに複雑化する。つまり，「客体」や「客観的現実」といっても，それは言説の枠組の中で偶発的に成り立つ解釈に過ぎないのである。言語なくして，われわれはほとんど何も知ることができない。自然科学の領域においてすら，対象認識の次元における**「理論負荷性」**，すなわちクリアな「客観的」認識は存在せず，一定の理論前提を有して初めてその認識が可能になるという主張も存在するのである。

　このように，われわれはみな，ある特定の時代と状況の中で，そこでのモノ
の見方にとらわれた存在にほかならない。奴隷制が定着していた社会では，奴
隷は人間でなく，そうした世界観に支配された当時の人々にとって，そのよう
に扱うことが倫理的ですらあった。われわれの世界もまた，理性的・合理的な
「近代主体」をノーマルな「主体」とする世界観を信じることによって，そこ
から外れた人々を，「弱者」と位置づけ，善意ではあれ，保護の対象である従
属的な存在と位置づけたりしている。われわれは，みな，言説やものの見方に
よって構成された世界観——神話といってもよい——に支配された存在に過ぎ
ないのである。

　こうした言説・文化構造への従属という見方は，一見すると，個人の自由な
活動を否定する見方のように見えるが，むしろ近代の理性的「主体」こそ，ポ
ストモダン論から見れば，「普遍性」「客観性」の名のもとで，理性や普遍的真
理といった「神話」によって，そこから外れる視点や立場を否定的に見る視点
にとらわれ，それに従属し支配された存在ということになる。むしろポストモ
ダン主体こそ，様々な言説に支配されながらも，その間を遊泳する自由さを有
しているとされる。

　第1章で見たミシェル・フーコーの理論が示すように，理性的「主体」とい
う理念は，近代管理社会の管理装置の一つにほかならないともいえる（フー
コー　1977）。この理性的「主体」が標準的存在とされることで，必然的に非
理性的な存在は，「主体」足りえず，支配される存在に堕してしまう。フェミ
ニズムや子供，障がい者などによる異議申立ては，こうした「近代主体」概念
に潜む権力性を指弾するものということもできる。

　当然，このことは，社会を分析する研究者にも当てはまる。社会的事実を素
材に，距離を置いた位置から観察し，観察される市井の人々には見えていない
法則性を，専門知識を用いて明らかにするという科学主義的な研究者像は，主
客分離と法則性の発見という科学主義の前提に依拠した，まさに特権的主体の
位置に自身を置いていることになる。この特権的科学者像は，自然科学ならと
もかく，社会科学の領域では，個々の研究者の意図はどうであれ，客観的認識
の不可能性にとどまらず，観察される側の人々に対して，権力的な位置を有し
ていることを免れない。このことは，**第1章**で見たように，人類学が近年，直

接的に直面してきた問題を想起すればわかりやすいだろう。

さらに，認識を離れて，その外側に社会構造や秩序が存在するといった視点も廃棄される。秩序は，行為であれ会話であれ，相互作用が生成するその場で，生み出され構築されるものであり，この行為の生成の現場を離れて，客観的な社会的現実が存在しているとは考えない。その場の秩序を構築している人々の認識を，そこに参与することを通して内側から解釈し理解することが必要とされる。

かくして解釈的アプローチにおいては，到達不能で，実は存在しえない「普遍的法則」について，権力性を帯びた「客観的探求」を試みるのではなく，言説と行為の生成の場にかかわり，得られる解釈こそが検討の中心に据えられ，かつ，その普遍性主張を放棄するアプローチがとられることとなる。また，それによって，近代知が標榜する「普遍性」や「客観性」が，実際には，そこからずれるものを否定したり，抑圧したりする側面を批判し，むしろ現実を様々な解釈に開かれたものととらえ返すことで，近代の権力性を回避し批判していく道を開いたということができる。

(c) 解釈法社会学

もっとも，こうしたポストモダン論の視点をそのまま，社会科学の領域にもってくることは，科学主義に困難が生じたのと同様，別様の困難を生み出してしまう。それは，無限定な解釈の提起を称揚し，社会科学と人文学の区別を放棄することを意味してしまうからである。法社会学の領域でも，それをそのまま導入することは，想定できないだろう。

しかし，こうした視点をそのまま受け入れるのでなく，影響を受けつつ修正を施した解釈的アプローチを採る**解釈法社会学**といった立場が，法社会学の領域でも主張されるようになった。従来の科学主義的実証主義の立場は，世界についての客観的で妥当な理論的説明が可能であり，そのソースとして経験的データを前提にするという立場であった。つまり，認識する主体と認識される世界すなわち対象が分離されているという意味での主客分離，そして外側の世界に機械論的法則性が存在するという意味での客観性などをベースとする，いわゆる近代科学の発想に拠るものである。

これに対し解釈法社会学は，ポストモダンの認識論に拠りながら，主体の解

釈とその生成の場を離れた客観性というものは存立しえないこと，主客分離という発想自体の問題，そもそも意識と世界・リアリティを分離することの不可能性などを主張し批判している。ただ，解釈法社会学の領域では，思想としてのポストモダン論と異なり，従来の科学主義・実証主義——「主客二元論」「客観的現実」「普遍的法則」など——を否定しながらも，なお個人の行動や解釈を経験的に，ある意味，これまで以上に徹底的に経験的に，とらえていくことを前提としている。そのうえで，科学主義的・実証主義的なデータ分析調査手法も，その普遍性主張を除けば，一つの解釈方法論として，受容されることになる。

　さて，データに基づき一定の経験的に妥当で客観的な法則性を抽出し，それに基づいて時に現状を批判し，時に政策的な提言をしていくという従来の法社会学研究の普遍主義的認識論の基盤が否定されるとすれば法社会学は何をすればいいのか，いったい何に基づいて発言できるのかという問題が出てくる。そこで，解釈法社会学は，うさんくさい「客観性」のために対象と距離を置くよりも，むしろ逆に，自分が研究している相手方，たとえば訴訟を利用する人々や，法機関に出頭した人々と深くかかわって，その語りや声や振舞いに接近することが必要であるとする。距離を置いた視点から見るのではなく，むしろ積極的に対話を交わしていくこと，その語りと声にコミットすることが重要となるのである（西田　2019, 2021，小佐井　2021）。コミットすることによって研究者自身のものの見方・解釈も変わっていくし，相手の見方・解釈も変わっていく。つまり，研究者自身も「客観的観察者」という根拠のない特権的な位置に自分たちを置くのでなく，自分自身の位置と視点を人々のそれと交錯させていくことで，一つの解釈を構成していくのである。この相互変容過程とそこで出てきた様々な声を表現していくことにこそ，われわれを支配し呪縛している世界観をゆるがせ，それに抵抗していく契機を拡張するという独自の意味があるというのである。

(d)　科学主義的実証主義と解釈法社会学の差異の意義

　科学主義的実証主義の方法が持つ問題と，解釈法社会学が主張する立場の差異の意義については，人類学を念頭に置いて考えるとわかりやすい。人類学の領域でも，かつては客観的な観察者が対象の社会の文化や社会構造を，できる

限り客観的に分析し，記述し，説明するのが方法論的な前提とされていた。しかし，対象社会について記述するとき，異文化に属する観察者の人類学者は，必然的に自らの西洋的世界観や枠組によってそれを記述するしかない。それでも人類学者は，専門研究者としての特権的位置から，その記述こそが学問的に客観的なものであるとの主張を行ってきた。現地の人々から見れば，それがまったく荒唐無稽な描写だったとしても，である。そこでは客観性の名のもとに，西洋的概念・理論というある一つの枠組から見た記述に過ぎないものが，特権的位置を占めていたのである。現在の人類学は，**第1章**で見たように，こうした方法の権力性を認識し，反省のうえでその認識論を転換させてきている。たとえば，**ジェームズ・クリフォード**は，『文化を書く』という著作（シンポジウムの記録）において，人類学が示しうるのは「部分的真実」に過ぎないと指摘し，エスノグラフィーの記述に際しては，「自国文化に根差す権力性」や「解釈的な詩的要素」と切り離すことはできないと宣言している（クリフォード&マーカス編　1996）。また，研究者が研究の過程で，どのような視点・立場からかかわり，どのような立場で記述しているのかなど，その位置そのものを開示する必要があるとするポジショナリティをめぐる議論も，なされている。科学主義・実証主義において，研究者の視点は，対象と切り離された客観的で透明なものとして特権的に位置づけられてきたのとは好対照である。こうした人類学上の議論が，解釈法社会学の主張と重なるものであることはいうまでもない。アメリカで，解釈法社会学的立場にたつ研究者の多くが，法人類学研究者でもあることも，影響していると思われる。

　こうして解釈法社会学の立場は，一方で，自然科学的な客観的認識の不可能性，観察する者の視点の客観性の否定などを主張し，他方で，よりいっそう，現場の人々の認識や振舞いに密着して考えていくことを主張する。ある意味で徹底した経験主義の立場といってもよい。現場の人々とのかかわりこそが，その分析・解釈の価値を支持することになるのである。

　そこでは，データとは，常に研究者が密接にかかわった人々の動態的な認識そのものであり，たとえば紛争過程についても，紛争処理機関（裁判やADR [Alternative Dispute Resolution，裁判外紛争処理]）ではなく，あくまでもそれを利用する当事者の視点から把握されていくことになる。研究者の理解，解釈は，一

つの可能な解釈として提示され，経験科学主義のように客観性や普遍性を求め
ない。いわば，認識論的レベルで，従来のとりわけ科学主義批判の立場に立ち
つつ，実際の研究のレベルでは，より，現場に密着し，客観的データではとら
えられない微細な人々の声を聞き届けていく経験的研究を遂行しようとする立
場ということができる。

　他方，科学主義的実証主義のアプローチも，解釈的アプローチではとらえら
れない経験的知見をわれわれに提供してくれる。もちろん，厳密性では自然科
学に及ばないとしても，一定範囲での客観的データや数量化可能なデータにつ
いて，分析を加えることで，法と社会をめぐる事象について，客観性の「高
い」知見をそこに生み出すことには大きな意味がある。統計手法の発展は，わ
れわれが簡単には把握できない，事象の背後に潜む構造的な問題を明らかにし
てくれるし，各種の統計数値は，完璧な厳密性はさておくとして，社会現象を
把握し，理解するために極めて重要である。自然科学ほどの厳密性には欠ける
としても，これら研究手法の価値が，それで減じるわけではないことは改めて
指摘しておきたい。

＊

　ここまで認識論的基盤をめぐる類型軸をめぐって，科学主義的実証主義とポ
ストモダン論の影響を受けた解釈法社会学という両極の認識論・方法論につい
て見てきた。これらは，あくまで認識論的分岐の両極であり，また，科学主義
から解釈主義へといった方法論の変遷があるわけでもない。このような純粋科
学主義の立場に立つ研究者も，純粋な解釈法社会学の立場に立つ研究者も，実
は極めて少数と思われる。むしろ，科学主義的実証主義から発し，法社会学は
多様な方法論・アプローチを包摂することにより，学問としての豊かさを増し，
法と社会に関する多様な現象を複眼的に把握することが可能となってきている
というべきであろう。実際の法社会学は，こうした認識論的分岐の間で，いわ
ば「ほどよい方法論」に基づいて，多様な課題について取り組んでいる。それ
らに共通するのは，また，科学主義，解釈法社会学双方にも共通するのは，そ
の探求が経験的であるという点である。科学主義も，解釈法社会学も，多くの
法社会学研究も，実定法学とは異なり，アプローチは異なっても，社会の現実

に経験的に接近しようとする点では同様である。

　自然科学のような厳密性は望みえないとしても，制度が作動する過程やその社会的役割を，一定の理論枠組に基づきつつ，経験的に観察し，それについて研究者としての考察を展開していく。その際に，必要に応じて，質問紙調査を行ってそのデータを分析したり，制度の運用にかかわる統計数値を読み解いたり，語りの言説分析や解釈的接近を試みたりしていくのである。制度や機関，そこでの人の動きや声の現実的機能を分析する点で経験的であり，分析には，固有の価値観や理論枠組など，研究者の考えが強く反映するとしても，それが経験的法社会学として成立し，有益な成果を提供してくれることに疑いはない。動態的過程を緻密に解析することで，より微細な知見がそこでは得られる可能性もある。

　経験主義は，形而上学的な議論や，思弁的思索とは異なり，われわれの感覚によって観取できる経験に基づいて得られる知識を認識の基盤とする考え方である。研究対象の人々との対話，観察，質問紙調査，統計データなどが，その基礎となることは当然であるが，それらをいかに統合化し理論化するか，あるいは，それに先立ちどのような分析枠組を構築しておくか，その段階では，経験的データのみならず，哲学的思想や直観，思弁も重要な役割を果たす場合がある。また，データをどのように解釈するかについても，その解釈過程で，様々な哲学的思索や，価値，直観，合理的演繹などが重要な役割を果たすことになる。それゆえ，経験主義的アプローチとは，社会的現実を考察の基盤に据える点で経験的であると，幅広く定義しておくことが適切であると思われる。

　いうまでもなく，法社会学が対象とするトピックは無限の広がりを持っている。法が人間，社会，経済，政治のあらゆる領域にかかわっている以上，その対象範囲も多岐にわたり，科学主義が前提とするような客観的データや普遍的法則の発見というアプローチが妥当する領域は，かなり限定されている。それらに限定せず，広く，法機関の機能分析，法制度の作動過程の研究，社会運動と法のかかわり等々，多様なトピックに応じて，経験的なデータに基づく知見を生み出していくことが重要である。こうして，多くの法社会学研究が，海外でも日本でも蓄積されてきているのである。

　以上で，認識論的基盤に関する方法論の類型軸における両極の要素について

見てきた，以下では，量的アプローチと質的アプローチの軸に即して見ていく
ことにしよう。

2.2.3　研究手法をめぐる類型軸：量的アプローチと質的アプローチ ——
（1）　量的研究アプローチ

　研究対象について，社会調査を実施することによってデータを収集し，諸要
素を変数化，数量化して，関係を明らかにしていくアプローチは，法社会学に
とって重要な研究手法としての位置を占めている。以下，その概略を見ていこ
う。

（a）　質問紙調査

　統計的調査は，被調査者から調査票への回答を得て，そのデータを分析する
形で行われる。ただ，いきなり何でも聞きたいことを羅列的に質問に加えると
いうのではく，通常は，調査しようとする課題を明確にし，調査によって得ら
れる知見にかかわる仮説を構成し，それに応じた質問を構造的に作成していく
ことになる。調査票作成の前に，こうした作業が必要であるし，調査方法など
もデザインしていかないといけない。たとえば，弁護士利用の規定要因ないし
阻害要因について探ってみる場合を例に考えてみよう。

　①　**理論と仮説**　　まず，弁護士利用といっても，何を念頭に置くのか整理
しておく必要がある。訴訟代理人として弁護士に依頼することを念頭に置くの
か，法律相談でアクセスした人も含めるのかなど，弁護士利用にも多様な形が
ある。研究の目標との関係で，こうした概念の整理（定義）を明確にしていく
必要がある。とりあえず，訴訟提起にあたって弁護士に依頼することを弁護士
利用と定義したとしておこう。この弁護士利用という変数が，他の変数によっ
て説明される変数であり，**従属変数ないし目的変数**と呼ばれる。

　次に，弁護士利用を規定する可能性のある様々な変数を想定する。これを**独
立変数ないし説明変数**と呼ぶ。収入，職業，性別，学歴などが，いわば，定番
の独立変数であるが，自身の理論的視点，枠組に応じて，様々な変数を考える
ことができる。たとえば，法を順守する意識の高い人と，そうでない人で弁護
士利用は影響されるのではないか，と考えたなら，これも独立変数として加え
る。この場合，「法順守意識の高い」人は，「弁護士利用率が高い」，という変

数間の仮説を組み立てたことになる。収入の多い人ほど，弁護士利用率が高い，学歴の高い人ほど弁護士利用率が高いなども，仮説である。こうした仮説について，質問を作成し，その回答によって，仮説が当てはまるかどうかを検証するのである。

ただし，ここで，「法を順守する意識の高低」という変数と，収入や学歴といった変数では明らかに性質が違うことに気づくだろう。実は，「法順守意識の高さ」という変数自体が，収入や，学歴との関係では，それによって説明される従属変数でもある。この場合は，「法順守意識の高さ」という変数について，年齢・収入・学歴との関係を踏まえて，その意義・定義を明確にし，その測定の基準・手続も，調査票の中に組み込んでいく必要がある。こうして構成された複雑な変数間の関係を踏まえて，仮説が明確に実証されるように，質問を構造化していく必要がある。それとともに，調査によって何をどのように明らかにしていくべきかの枠組も整理されていく。こうした理論枠組や仮説構成を適切に構成していくために，たとえば，いくつかの事例に関してあらかじめ探索的なインタビュー調査を行うことで，弁護士利用にかかわる要因について，おおむね把握しておくなどもよく採用される方法である。

② **調査対象** こうして理論枠組と仮説構成ができたら，調査実施が現実に可能かどうかも調べておく必要がある。誰を対象に調査するのか，それは可能なのかといった考慮である。日本では，訴訟の件数自体が少なく，それゆえ弁護士を利用した人も全人口から見れば極めて少ない。実際に利用した人に回答を求めようとしても，アクセスが非常に困難である。日本の全人口に調査すればアクセスできるが，これは費用的にも労力的にも非現実である。のちに説明するが**無作為抽出**で対象を絞ることも可能であるが，それでも，実際に利用した人にアクセスするのは簡単ではない。弁護士会に協力を求めたとしても，個人情報にかかわることであり，協力が得られるかどうか問題であり，そもそもデータが整備されているかという問題もある。経済的な事情からそうした調査が困難であるとすれば，たとえば実際に弁護士を利用した人だけに調査することはあきらめ，一般の人に，訴訟提起にあたって「弁護士を利用するかどうか」と可能性を尋ねる形で実施することも考えられる。実際に利用した人について，何がそれを促したかの分析と，利用するかどうかの認識に何がどう影響

しているかは，異なる問題ではあるが，調査設計の段階では，こうした現実的な調査の実現可能性も考慮する必要がある。

　さて，一般の人に調査するとしても，誰に調査票に回答してもらうのかを決めなければならない。自分の大学のクラスメートに回答してもらうのは，簡単ではあるが，年齢的にも，一定の大学の学生という意味でも，サンプル（標本）の偏りが強く，代表性がない。そこで，通常，調査では，こうした偏りを排し，できる限り，社会全体の傾向を代表するような調査対象者を抽出するために，**サンプリング**を無作為に行うことが多い。

　母集団が均一であるなら，全対象から無作為にサンプルを抽出することも可能であるが，母集団の中に比較的明確に分割できる部分集団（層）がある場合には，これら層ごとに，そのサイズに比例して，サンプルをランダムに抽出する**層化抽出法**がとられることが多い。このほか，調査の状況に合わせて，様々な抽出方法が考案されている。

　③　**調査票の作成**　　調査票の作成についても，様々な注意すべき点がある。第1に，概念の多義性の排除である。さきほど，「弁護士利用」という概念の多義性について触れたが，できるだけ多義的な言葉は避け明確にしておかなければならない。第2に，質問の間の構造的関係を把握しておく必要がある。ただ，聞きたいことを聞くのでなく，質問1の回答が示す変数は，質問5の回答の変数とどのような仮説的連関があるか，質問2・3・4の回答は相互に関係しながら質問8の変数にかかわっていく可能性が高い，など，調査票全体の仮説と理論の構造を念頭に置きつつ，個々の質問を言語化（ワーディング）していくのである。第3に，2つのことを混在させるような質問はしてはならない。たとえば，「キャンディやチョコレートは好きですか」という質問は，キャンディは好きだがチョコレートは嫌いな人，あるいはその逆の人は，答えられなくなってしまう。これは**ダブルバーレル質問**と呼ばれ，禁忌である。また，質問文の中に誘導的な文，たとえば「訴訟において弁護士の利用は勝訴率を高めるようですが，あなたは弁護士を利用しますか」といったワーディングも禁忌である。

　また，それぞれの質問項目で尋ねる変数の性質についても理解しておく必要がある。これは調査票回収後の分析にもかかわってくる。**名義尺度**は，性別の

ように単純に区分することにとどまる尺度である。**順序尺度**は，順位はあるが
その間隔に意味がないもので，好きな果物の順位などである。**間隔尺度**は，順
序だけでなく，その間の区切りないし目盛りが等間隔になっているような変数
で，温度などがこれにあたる。**比例尺度**は，原点が定まっており間隔および比
率に意味がある尺度で，収入などがこれにあたる。このいずれかによって，統
計分析を行う際の意義が大きく異なってくる。

④ **調査の実施** こうして，質問票が確定されたら，いよいよ調査の実施と
なるが，これにも，郵送による調査，面接による調査など，多様な手法がある。
郵送調査は，手軽ではあるが，回答が返ってくる率が低くなる傾向がある。そ
れゆえ，調査票を，対象者の自宅まで持参し，場合によっては調査の目的など
を説明して，後日回収する留置方法という配布回収方法がとられることもある。
さらには，調査員が訪問し，対象者の面前で，質問項目を読み上げ回答しても
らい記載していく面接法という方式もある。ただ，あくまでも，確定された質
問票の質問を読み上げ回答してもらう形で，自由度はなく，その代わりに調査
員が誰であれ，統一された回答を得ることができる。最近では，ウェブを用い
た調査なども採用されている。ここでの問題はいかに，回答率を上げて多くの
回答を取得できるかであり，規模や費用などの要素も勘案しながら，工夫して
いくことになる。

（b） 調査結果の分析

こうして得られたデータは，集約され，分析されることになる。最近はコン
ピューターの性能も向上しており，比較的手軽に，分析を進めることが可能に
なった。研究においては，世論調査のように単純な集計結果を求めるにとどま
らず，より深い解析が試みられる。この解析の意義を高めるためにも，当初の
調査票の設計の段階で，構造的な仮説構成がうまくなされていることが重要と
なる。たとえば，変数間の相関関係を統計的に明らかにする検定や，さらに目
的変数に対して複数の説明変数の影響の度合いを解析する**重回帰分析**など，
様々な統計解析の手法が適用される。SPSS（Statistical Package for Social Sci-
ence）という標準的な分析ソフトウェアもあり，分析の手間自体は格段に効率
化されている。

こうした分析を行いながら，いくつかの変数を一つにまとめて新たな変数と

して分析していくなど，応用的な分析も可能である。また，名義尺度，順序尺度，間隔尺度など，変数の性格によって分析の方法も変わってくるので，これらを十分に理解していくことも必要となる。社会調査においては，この分析段階の作業まで，ある程度，念頭に置いて，変数間の構造的関係についての仮説を構成し，調査項目を構造化し，調査票を設計していくという準備が不可欠となる。

　他方で，このように仮説構成や調査票の設計段階での工夫が，調査のクォリティに影響するということは，逆にいえば，研究者の固有の視点が，どうしても調査の設計そのものに反映してくることの証左でもある。客観的データの収集といっても，質問項目の設計は，研究者の意図や意識が反映することは否めない。たとえば，「訴訟利用を回避する理由は何ですか」という質問に対して，①時間がかかるから，②お金がかかるから，③問題を荒立てたくないから，④周囲の目が気になるから，という4つの選択肢を与えたとする。しかし，現実の生活において訴訟が利用されない理由には多様なものがありうるし，この4つに当てはまらないものも多くあるだろう。それならと選択肢を10に増やしても，あるいは20に増やしても，結局はそれに含みえない感覚を持つ回答者もいるかもしれない。また，同じ①時間がかかるから，を選んだ人の中にも，どれくらいの時間ならいいかについてはかなりの差異が存在するに違いない。④周囲の目が気になるから，に至っては，周囲とは，家族なのか，職場の上司や同僚なのか，近所の人なのか，これも千差万別の意味を回答者は感じているに違いない。

　調査票において質問を構成する際には，現実の無限の多様性を捨象し，あるレベルの抽象度で把握することで問題を処理していかざるを得ないのである。むしろそのようにするからこそ，ある次元での社会の解析や理解が可能になるということもできる。もちろん，生年月日のように，そうした余地が生まれない変数もあるが，多くの概念は，先に見たように「訴訟件数」とか一見，明確に見える変数でも，個々人の生活世界の中で経験するその人にとっての「訴訟」の観念と比較すれば，かなり抽象化された概念ということにならざるを得ない。代表性を持つようサンプリングされた訴訟データについての統計的解析結果は，代表性もあり，客観的に実証された結果であるのは確かだとしても，

その分析素材となるデータの次元で，個々の事案が持っている豊かな情報の多くを捨象したうえでの分析とならざるを得ないという限界をはらんでしまう。科学的に実証できる事実の次元は限定的なのである。せいぜい，数量化可能な現象，次元についての探求が中心となり，数量化になじまない，複雑な社会過程の豊かな要因の錯綜や微細な動きなどの検討は難しいといわざるを得ない。

　さらに，調査者が誰であるかが，自然科学とは異なり，社会科学の場合は，被験者の反応に影響する可能性を否定できない。質問紙の依頼文が，○○大学教授の名称で出されているか，弁護士会が発出したものか，など，それが回答にまったく影響しないとは言い切れない。また，こうして得られたデータを分析する際にも，研究者自身の固有の主観的前理解が無意識にそこに介入してしまう可能性も高い。研究者がいかに誠実に主観を含めないように努めたとしても，どのような抽象度の次元で，変数を設定し仮説を組み立てるのかで，研究者ごとの視点の差異がどうしても生まれてしまう。質問紙調査は，設計する研究者のメガネを通して，回答者の行動や意識を抽出しているにほかならないのである。さらに，実際に得たデータの分析の時点で，分析者は，科学的方法では得られない固有の習得済みの知識や理解から解釈を行っていることも否定できない。データ解釈の際には，それが普通であり，また必要である。この解釈の創発性やオリジナリティこそが，新たな知の創造につながり，研究の意味を高めていくのである。

　研究者のメガネ（すなわち解釈枠組）の介入を前提としたうえでも，そこで統計的に解析され示された知見は，法社会学的知見として重要な意義を含んでいる。量的アプローチの利点は，普遍的・客観的な知見を発見することというより，研究者の固有の視点を前提としながらも，そのうえで，大量のデータを量的に処理することを通して，通常では見えてこない社会的事象の側面を明らかにしてくれることにあるといえる。

(2)　質的研究アプローチ

　質的研究とは，数量化データの分析を前提とする量的研究アプローチでは把握できない，ないし数量化できない，社会事象の質的側面について，対象領域の当事者にインタビューしたり，対象領域の集団に参与し観察したりすること

でデータを収集し，解釈するアプローチと，一応いうことができる。典型的イ
メージとしては，文化人類学者が部族社会に入り込み，生活を共にするフィー
ルドワークや，課題となる問題にかかわる組織，当事者にインタビューや参与
観察を実施する形などがある。たとえば，**ウィリアム・ホワイト**は，ボストン
のイタリア系移民のギャング団中で参与観察を行い『ストリート・コーナー・
ソサエティ』を著したし，エスノメソドロジストの**デビッド・サドナウ**は，
ジャズ・ピアノを自ら習得することで，ピアノ演奏における身体技法やインプ
ロビゼーションでの技の実現過程などについて分析を行っている（ホワイト
1974，サドナウ　1993）。

　これら質的研究アプローチは，もちろん，量的アプローチが前提とするよう
なデータの代表性・一般性は欠落しているといわざるを得ないが，その代わり
に，量的アプローチでは見えてこない対象の語り，認識，行為を，その文脈ま
で含めて，微細に把握することを可能としてくれる。ボストンのギャング団や，
ある離婚専門弁護士の活動，ある医療事故被害者の語りなど，それをすべてに
一般化することは直ちにはできないものの，その事案にかかわる微細な背景文
脈や質問紙調査ではふるい落とされてしまう具体的で豊かな社会過程やその背
景を丸ごと理解できることから，むしろ，より深い現実の理解に貢献すること
が可能になるともいえる。たった一つの事案の中に，まさに小宇宙が存在して
いるのである。これについて，「たった一つの事案の分析に過ぎず，代表性や
客観性がない」として，否定的に評価するとすれば，それは悪しき科学主義と
いわざるを得ない。そこには数量的分析では見えてこない現実の豊かさや差異
を踏まえた——実は，それでさえ一定の捨象はなされているが——有益な示唆
が含まれているからである。

　さて，質的アプローチと一口にいっても，先に見た認識論的分岐を反映した
大きな差異が見られるし，また近年，質的研究の様々な方法やアプローチにつ
いてまとめきれないほどの多様性が存在している。その全体像を示すことは本
書の範囲を超えるが，以下では，法社会学研究を念頭に置きながら，認識論的
志向性に注目しつつ，整理してみることにしよう。

（a）　実証的アプローチ

　実は質的研究においても，量的研究同様，認識論的には実証性や科学性を下

敷きにして行われているものが多い。むしろ，法社会学の領域における質的研究の多くは，このカテゴリーに含まれるといってもいいだろう。すなわち，対象の社会的事象の現実がそこに実在しており，それに対し，観察やインタビューにより質的データを収集，分析して，可能な限り実証的に当該事象に接近し，把握していこうというアプローチである。そこから，対象の社会的事象に関する理論的仮説を構築し，その後の量的研究による実証に道を開くことに意義を認める場合（探索的研究）もある。他方で，この質的研究により量的研究では把握できない微細な問題点を発見し，改善へとつなげていくという，社会改善・社会批判にかかわる意義が見出されることもある。もちろん，代表性や実証性の面では，弱みを含んでいるが，量的研究以上に，より現実的で詳細な問題の発見という，実践的にも理論的にも有益な意義がそこには存在しているというわけである。この点では，共通する認識論的立場を前提として，これら実証志向の質的研究は，量的研究アプローチと，相互補強的関係にあるといってもいいだろう。

　こうした研究は，アメリカにおいても日本においても法社会学研究における質的研究の多くを占めていると考えられる。他方で，質的研究アプローチの研究領域では，認識論的にも，方法論的にも，より精緻に精錬された多様なアプローチが定着しつつあり，法社会学研究にも影響を及ぼしつつある。

(b)　解釈的アプローチ

ポスト構造主義の影響や社会科学における客観的・実証的認識論に対する批判の展開によって，解釈的アプローチに基づく多様な質的研究の理論・方法が生成してきた。そこにほぼ共通すると思われるのは，社会的現実が認識の「外側」に客観的に実在しているのではなく，人々の会話や行為の実践過程の中で，不断に構築され続けているものだという点である。様々な社会的制度や法規範などの社会的現実が，認識の外に実在しているのではなく，人々の相互作用の中で解釈的に構成されているものだととらえるなら，それを把握するためには，人々の相互作用を観察し，その中に入り込み，その解釈を見極めていく必要がある。この理解は，決して，人々の認識の外側には何もない，すべては空想の産物だなどと主張するものではない。外側に存在するものを人々が意識的であれ無意識的であれ，認識のフィルターを通して解釈することで，初めて現実と

して眼前に立ち現れてくるということを意味している。また，人々の認識は，相対主義的にバラバラだというわけではなく，常に，ズレの可能性を含みつつも，一定のほぼ共通する解釈がそこに生成し，秩序が構成されているのも当然である。しかし，実証主義と異なるのは，この共通性そのものも，その場で相互作用を通じて常に構築されているものだということである。

こうした共通の認識論的前提を持ちながら，質的研究アプローチは，その指向性によって様々な分岐を見せる。以下では，その差異と指向性を明らかに示してくれるものとして，また，法社会学研究への影響度をも考慮して，多様な質的研究アプローチのうち，①グラウンデッド・セオリー・アプローチ，②エスノメソドロジー，③ナラティブ・アプローチ，の3つのアプローチについて見ておこう。

① **グラウンデッド・セオリー・アプローチ**　　第1章で触れたシンボリック相互作用論の論者の一人である**アンセルム・ストラウス**と**バーニー・グレイザー**が提唱したアプローチであるが，のちに二人は袂を分かち，現在ではこのアプローチ自体が，様々に分岐する状況となっている。しかし，このアプローチの目指すところは，質的研究における解釈アプローチの一つの方向性を明確に示している。法社会学研究での採用は，あまり行われていないが，解釈アプローチに立つ質的研究の一つの方向性を典型的に示すアプローチとして見ておくことにしよう。

解釈アプローチに基づく質的研究に対しては，研究者による人々の語りや行為についての解釈が，恣意的になるのではないか，まったく妥当性・信頼性を欠くことにならないかなどの批判を，実証主義的立場から向けられることになる。**グラウンデッド・セオリー・アプローチ**は，こうした批判に対して，分析手順を精緻かつ明確に設定し，複数の事例・データに共通する仮説的理論を見出していくことを目的として設定するなど，恣意を排した分析方法の確立を通して回答しようと試みている。ただし，ここでいう理論とは，従来の社会学におけるような，いわゆる研究を統一的に把握するためのいわゆる理論ではなく，あくまでも徹底してデータに依拠し，そこから引き出される一つの見方のようなものを指す。あくまでも人々の語りのデータに枠づけられた分析の帰結にほかならない。それゆえ，徹底してデータに依拠するという意味で「グラウン

デッド（grounded＝依拠する）」という修飾語がセオリーに付随しているのである。一般理論を意味する「グランド・セオリー（Grand Theory）」とは，まったく別物であることに注意する必要がある。

　グラウンデッド・セオリー・アプローチでは，まず，研究目的に関してリサーチ・クエスチョンを立て，インタビューや観察によりデータを収集する。インタビューについては，評価すべき項目や評価の基準を設定し，それに沿って質問を作成，確定させておく構造化面接法，あらかじめ設定した質問を軸としながらも，より深く知りたいことがある場合など，質問を臨機応変に付加していく自由度の高い半構造化面接法，さらには，標準化された質問を設定することなく進める非構造化面接法などがあるが，グラウンデッド・セオリー・アプローチでは，おおむね半構造化面接法がとられることが多い。

　次に収集されたデータを言語化して読み込み，その文に含まれる意味一つごとに，細かな区切りに切片化していく。切片化の意義は，文脈から意味を分析者が読み込んでしまい，その恣意的・主観的な解釈が混入することを防ぐ点にある。切片化ができたら，それぞれの切片にラベルとなる「ことば」を付していく。そのうえで，類似したラベルをまとめてカテゴリー化しカテゴリー名を付す。これらカテゴリーの中でも主要なカテゴリーとそこに関連するサブカテゴリーに分類していく。ここまでがオープン・コーディングと呼ばれる手順となる。カテゴリー化ができたら，状況を示すカテゴリー，相互行為にかかわるカテゴリー，帰結・結果に関するカテゴリーなどに分けて，カテゴリー間の構造的関連づけを行い，かつ，カテゴリーを現象ごとにまとめていく。先行する分析データで得られた関連図があれば比較し重ね合わせつつ統合し，カテゴリー関連統合図を構成するとともに，次のデータ収集に役立てていく。ここまでがアキシャル・コーディングと呼ばれる。これらの関連図をもとにその関係性を文章化して構成したものが理論となる。

　このように，あらかじめ研究者によって策定された「理論仮説の実証」などは射程に置かないものの，精緻化された手順をもとに，語りのデータそのものから社会現象を説明するデータ依拠型理論を構成するというのが，グラウンデッド・セオリー・アプローチの目的となる。ただ，この場合でも，コーディング過程で研究者の主観が入り込む可能性は否定できないし，理論が説明でき

る範囲・射程など，実証主義の観点からは批判がなされることになろう。また，より強い解釈的相対主義の立場からは，同じく，研究者の主観的解釈による人々の生きた相互作用の権力的抽象化を帰結するとの批判もありうる。それゆえ，認識論的立場の軸でいえば，一般性への志向が強く，客観的実証主義と解釈的アプローチの中間的位置に位置づけられるものといってもいいだろう。

②　**エスノメソドロジー**　　エスノメソドロジーは，質的研究の中でも，アメリカ，日本いずれにおいても，法社会学の領域でも，法廷場面や法律相談場面の分析，弁護士活動の分析など，精力的な研究がなされてきているアプローチである。エスノメソドロジーは，人々の行為や会話という日常的実践を分析するが，なかでも**会話分析**は，その標準的な研究手法として承認されているといえよう。

　エスノメソドロジーも，社会秩序を人々の行為の外に存在するものではなく，人々の何気ない相互作用の中で，構成されているものと考える立場では，他の質的アプローチと共通である。人々が普段何気なく行っている相互作用，コンビニで買い物をする，電車に乗る，混雑した道をぶつからないように歩くといった日常の場面で，秩序が「達成」されて（作り上げられて）いると考える。そして，そうしたその場の秩序がいかに（how）構成されているかを「説明・叙述（accounting）」することを課題とする。これらの日常的な知識は，「見られてはいるが気づかれてはいない」場合が多いが，この「**組織された活動としての，日常的な出来事について人々が持っている知識**」について，人々自身も叙述することは可能である。「説明・叙述」とは，こうした意味においてであり，伝統的社会学のように理論に従って社会学的な説明を加えるようなものではない。

　また，この日常的秩序は，それが生成する文脈に，いうまでもなく，依存している。「あれ」「それ」などの言葉に典型的だが，日常の会話では，「それ，とって」といった言葉で会話場面が有効に達成されている。会話分析でも，こうした要素（インデックス性と呼ぶ）が重要な側面として留意されている。

　こうして達成される人々の日常的行為について，エスノメソドロジーでは価値判断やその妥当性の評価などを行うことはない。これは，**エスノメソドロジー的無関心**と呼ばれる。これと関連して，こうした日常的秩序のやり方・方

法のみが主たる研究対象であり，そこで示される内容やそれを導いた理由など
は，分析の対象に含まれない。自然言語を習熟したものとしては，研究するも
のも，そこで日常的秩序を達成している人々も同等であり，いわば内側からそ
の秩序の達成の方法を見極めていくということになる。

　このようにエスノメソドロジーは，現場で生成している過程そのものに，徹
頭徹尾，専念するアプローチということができる。社会秩序が過程そのものの
中にあるという認識はグラウンデッド・セオリー・アプローチとも共通するが，
エスノメソドロジーは，より謙抑的に，そこで生成する人々の秩序形成の「方
法」のみに関心を専念させている。この点から，利点と，問題の両方が生じて
くる。利点は，たとえば，その極めて詳細な視点で日常的秩序過程を見ていく
ことから，日常秩序における人々の方法に編み込まれた差別の方法的あり方，
権力的な支配関係の日常的再生産の方法的仕組みなどを，微細に叙述できる点
である。しかし，他方で，その「方法」に視点が限定されており，エスノメソ
ドロジー的無関心が要請されている点で，差別や支配問題をめぐる議論の素材
を示すことができても，それを直接的には，理論そのものの枠内では議論する
ことができないともいえる。

　ただし，エスノメソドロジストであれ，その枠をいったん離れて，発言する
ことが可能であるとすれば，そのこと自体は決定的なデメリットではないだろ
う。むしろ，謙抑的で方法に着目するがゆえに，緻密に差別や権力の仕組みを
見極めていくことが可能となるからである。実際，法廷での相互作用に見られ
る権力的仕組みなどが，その研究を通じて明らかにされている。

　しかし，「方法」への専念によって，そうした問題の発見につながるかもし
れない，人々が生み出す秩序の「内容的要素」が視野に含まれない点は問題か
もしれない。また，人々の情動や背景的文脈，イデオロギーの影響が視野に含
められることはない。インデックス性で示される文脈も，その時その場の文脈
を意味しており，その背景をなし人々の行為に反映する構造的・イデオロギー
的意識などのより深い文脈性は視野に入らない。エスノメソドロジーの立場か
らは，そうした背後の**構造的文脈性**を措定すること自体が，その場の日常的行
為の中に秩序があるという立場からは否定されることになろう。この点は，な
いものねだりかもしれないが，この場で達成される秩序のみに専念する視点に

より，視野が狭くなりがちではないか，こまごました日常場面に分断されることで見えなくなるものがあるのではないか，といった疑問はなしとしない。

　実は，この問題点こそが，エスノメソドロジーが徹底した微細な秩序に内在する問題のあり方を抉出してくれる手がかりにほかならず，エスノメソドロジー自体の問題というより，それと他のアプローチを融合させることで克服できる問題ともいえよう。ともあれ，エスノメソドロジーは，従来見落とされてきた日常の実践の中で構成される秩序の詳細を微細に明らかにしてくれるアプローチであり，すでに実績があるように，法をめぐる諸場面の秩序のあり方を詳細に見せてくれるアプローチであるといえるだろう。

　③　**ナラティブ・アプローチ**　　**ナラティブ・アプローチ**は，ポスト構造主義思想やブルデューの実践論と並んで，解釈法社会学の視点を構成する重要なアプローチである。ナラティブ・アプローチは，社会構成主義の理論に基づいており，質的研究アプローチの一つとして，様々な分野の研究に採用されている。医療の領域では，ナラティブ・ベースド・メディスン，心理療法の領域では，ナラティブ・セラピー，紛争解決の領域では，ナラティブ・メディエーションなど，臨床的な有効性が必要とされる領域で，実践的有効性と結びついた形で，広く普及しているといえよう。

　ナラティブとは，そのまま訳せば物語という意味である。この語が象徴するように，グラウンデッド・セオリー・アプローチやエスノメソドロジーが，会話データを細かく分節したり，切片化したりして分析する，いわば分析的アプローチをとるのとは対照的に，ナラティブ・アプローチでは，対話や語りのまとまりをむしろ重視する視点をとる。経験を語ることは，その人の思考や経験した出来事を筋（プロット）を持ったまとまりとして提示すること（narrating events）を意味するが，それを通して，その人は，自身の経験を現実（narrated events）として構成しているのである。それゆえ，ナラティブは，「語られた出来事」を意味すると同時に，「出来事を語ること」をも意味する二重の言葉として言及される。この語るという行為は，もちろん，客観的な語りではなく，語る人の感情や価値，アイデンティを反映しているとともに，語りを通じて，その人の感情や価値，アイデンティティも構成されていくのである。

　こうした語りの交錯が対話を構成する。研究者が，対象者にインタビューす

るとき，そこでは，こうしたナラティブの交錯を通じて，研究者も，対象者も，相互に再帰的にナラティブを紡ぎ，自己を再構成しているということになる。医療や心理臨床，メディエーションなどの領域でナラティブ・アプローチが盛んなのは，こうした視点によるものといえる。医療者と患者，セラピストとクライエント，メディエーターと紛争当事者における対話，すなわち，ナラティブの交錯による相互変容は，研究者と対象者との間にも当てはまるし，法律家と人々の間にも，さらにはあらゆる人間の関係性に応用できる視点であろう。

こうしたナラティブという概念自体の両義性，および多様な領域で採用されていることが相まって，ナラティブという概念の意味についても多様で，それゆえ，あいまいな分岐が存在していることは否めない。ナラティブは，時に応じて，「語りを紡ぎ対話する行為」を意味することもあるし，それによって生じた「産物としての物語」を意味することもある。また，時には，そうした行為において人々の思考を支配している文化的言説を意味することもある。こうした多義性に注意する必要はあるが，「行為実践としてのナラティブ」と「産物としてのナラティブ」そして「文化的言説としてのナラティブ」の関連を視野に置くことで，フーコー的ポスト構造主義やブルデューの「構造と実践」論などの理論ともつながる理論的射程を取り込める素地があるということもできる。

また，ナラティブ・アプローチには，精緻に定式化された方法はほとんど整備されていない。ナラティブのテーマ分析や，対話分析，構造分析など，グラウンデッド・セオリー・アプローチやエスノメソドロジーを連想させるような試みもあるが，必ずしも一般的ではない。むしろ，精密な分析方法にとらわれないことによる分析の自由度，あるいは，精密な分析方法を採用すれば取りこぼしてしまう要素を見失わないことにこそ，ナラティブ・アプローチの重要性が存在しているといえるかもしれない。

たとえば，エスノメソドロジーは，秩序が達成される過程の「方法」に専念することで，その内容については関心を放棄している。インデックス性という文脈にかかわる概念も相互作用のその場における直接的文脈のみを考慮に含めている。これに対し，ナラティブ・アプローチは，この場での語りや実践に注目することでは同じでも，内容について関心を払い，またその場を超えた社会

的・文化的文脈をもそこに読み取っていこうとする。そのことで，方法の精密
化によって見なくなってしまう，社会過程のあらゆる要素や声を取りこぼすこ
となく見ていくことが可能となり，また，より直接的に批判的意義を持ち込む
ことも可能となる。

　ただし，このことは，研究者の恣意や主観の混入を防ぐ点では，大きな問題
をはらんでしまう。その場を超えた文脈を射程に含め，それをその場で生成す
る語りや行為の分析に持ち込むことは，研究者の勝手な解釈の混入を意味する
のではないかという批判は，まさにその通りであろう。研究者の「研究という
語り」自体を，対象者に開示し，対話的に恣意的な解釈を排除するというのが
一つの回答である。あるいは，一部の人類学のエスノグラフィーが試みている
ように，研究者の立場，視点，価値を記述の中で開示することも，恣意的解釈
排除の一つの方法であろう。しかし，これらの回答も完全とはいえないだろう。

　ここには，エスノメソドロジー的謙抑性や，グランデッド・セオリー・アプ
ローチ的精密方法主義と，より幅広い現場の要素を視野にとどめておこうとす
る立場とのアプローチをめぐるジレンマが存在する。精緻な分析や方法で主観
的解釈の混入を防ぐ方向を採ることで見えるもの，見落とすもの，ナラティブ
の現場を丸ごと広く理解しようとすることで見えるもの，防ぎえないもの，そ
れぞれの利点と問題点は存在するが，優劣ではなく，それぞれが見せてくる現
実の諸相を，それぞれの利点・問題点を踏まえて，読み取っていくほかないの
かもしれない。

　さらには，ナラティブに関しても客観的事実というのは存在しないという認
識論的立場を徹底すれば，あらゆる研究は，主観的解釈から自由ではない，そ
れゆえ，一つのありうる解釈として研究の帰結を提示するしかないという立場
も考えられる。この意味で，ナラティブ・アプローチおよびそれと親近性を持
つ解釈法社会学は，認識論的類型軸でいえば，最も徹底した解釈的アプローチ
の極に位置するということができよう。

＊

　以上のように，社会科学的アプローチにも極めて広範なアプローチが存在し
ており，法社会学の領域においても分岐が見られる。こうした多様性は，一見

バラバラなイメージを与えるかもしれないが，社会のあらゆる領域を研究対象とする法社会学においては，社会をめぐる様々な位相に，多様な次元から接近し，多元的な知見を獲得していくためには，むしろ必要なことであり，ひいては，法社会学の豊饒性を示す事情ということができるだろう。

2.3 法社会学の批判性

社会科学に属するあらゆる学問がそうであるように，法社会学も権力や制度の機能についての批判性を前提に含んでいる。たとえ純粋科学主義に基づく「客観的」分析であっても，そうした対象を選び，その事象をめぐる科学的構造の解析を図ることは，それ自体，一定の価値観や批判的意識に基づいたものといえる。ウェーバーが「価値自由」という概念で示したように，社会科学は事実を分析する学問ではあるが，その分析を行う研究者個人は，何らかの価値観に立脚している。研究者といえども，歴史的状況の中で学問という営みに向き合っているのであり，この自分をとらえている価値観から，まったく自由でいられるということはありえない。そのうえで，ウェーバーは，この研究者自身が無意識に前提としている自身の価値観を対象化し，自己認識しておくことが重要であると考えたのである（ウェーバー　1998）。さらに，認識論のポストモダン・ターン以降，事実の認識自体が価値を離れてなされることはない，という見解も主張されてきている。このように，科学主義的実証主義を標榜する研究であれ，直接的に権力批判の視点を明示的に提示する研究であれ，多かれ少なかれ，そこには，何らかの次元で批判的意識が反映しているということができる。法社会学は，とりわけ，実定法学との対比でも，批判性を強く提示する分野であるといってよい。以下では，法社会学研究に内在する批判性について，検討していくことにしよう。

2.3.1 権力批判の層化構造

（1）制度・政策に対する批判

批判は，いうまでもなく，何らかの権力ないしその支配に向けられることになる。しかし，その具体的展開は，極めて直接的な**権力批判**から，様々な法制

度やその過程にかかわる制度機能への細分化された批判まで，多様な層でなされている。とりわけ，経験的社会分析を前提とする法社会学研究では，その多くは研究対象である制度，たとえば裁判制度，弁護士制度，家族法制度など，一定の制度や法の，かつその細部に焦点を合わせ，現状を解析し，そこに潜む問題点や課題を明らかにしていくことになる。経験的分析を前提とする限り，一定の限定された問題や制度の役割に焦点を合わせなければ，分析そのものが不可能であったり，浅く広い検討しかできなかったりすることが多いからである。

　そこでは，制度や政策が理念的に設定した目的と，現実的に果たしている機能の齟齬や，意図されていなかった副作用の発生が，綿密な調査・観察によって明らかにされ，現状への批判が，明示的，黙示的に提起されていく。一つ筆者の観察研究の例を挙げよう。2006 年（平成 18 年）に，国は，7 名の入院患者に対し 1 名の看護師を配置する，いわゆる「7 対 1」看護配置基準を設定した。それまでの「10 対 1」配置基準と比較し，患者に手厚い医療を提供するのが目的であり，そのため「7 対 1」を満たした病院に対しては，満たしていない病院と比べ，有利な診療報酬を設定するなど財政的インセンティブの提供によって，これを実現しようとした。実は，国としては，「7 対 1」実現のためのもうひとつの方法を暗黙には念頭に置いていたともいわれる。すなわち看護師の増員によってではなく，病床数を削減することで「7 対 1」を実現するという方法である。日本は人口比で見ると世界で群を抜いて病床数が多く，無駄が多いとの認識から，これを削減していくというのが，一貫した国の政策でもあった。そのため，実は患者のためというより，病床削減政策の一つではないかという疑念は当初より指摘されていた。

　さて，その結果である。確かに表面的に見る限り，数字的には条件はよくなった。病床数の減少は一定程度あったものの，患者は 7 名あたり一人の看護師がつくようになり手厚い看護を受けられ，看護師も負担が軽減されることになったかに見えたのである。しかし，病院の現場では何が起こったか。ひとつには，財政的に有利な条件を満たそうと，病院間で看護師の奪い合いが生じ，条件のいい大病院が多くの看護師を採用した結果，中小病院から大病院への看護師の移動が生じてしまう結果となった。そして，その結果，中小病院はもち

ろん，大病院でも，長年，医療現場を離れていた看護師免許保持者を採用した
り，高齢の看護資格者を採用したりするなどの動きが加速した。高齢の看護師
には通常の看護師と同等の激務をこなすのは難しく，また，長年現場を離れて
いた看護師の場合は，新たなシステムについて教育やスーパーバイズも必要と
なる。

　その結果，多くの病院の看護スタッフにとって，患者だけでなく，これら増
加した看護師への対応が必要となり，業務は以前以上に多忙になるなどの状況
が生じることになった。有能な看護師ほど，新規看護師への指導という業務が
付加され，その負担は増加したのである。患者の権利が満たされる手厚い医療
の実現という目的——ないし，病床削減による医療の効率化という目的——と，
実際の現場に現れた帰結には，かなりの齟齬が生じたといわざるを得ないだろ
う。このことは，逆に医療現場における事故などの事象を増加させる契機とな
る可能性がある。

　これは一例であるが，このように制度・政策が目的として設定する機能（**順
機能**）と，むしろ否定的な機能（**逆機能**）が，複雑に錯綜して生じてくるのは，
多くの法制度，法政策において同様であり，様々な領域で，法社会学が明らか
にしてきた現象である。この現象を緻密に明らかにし，改善策を提示していく
ためには，調査・観察が可能な対象と課題の絞り込みが，多くの場合必要であ
る。問題が比較的小さな範囲にとどまってはいても，制度の複雑な機能や，そ
れにかかわる人々の権利や福利が満たされないことの可視化を通じて，研究者
の批判性が，生きた形で分析に反映されているということになる。

(2)　権力批判と権力の諸類型

　また，より抽象度の高い理論的な研究では，直接的に権力批判がなされるよ
うな場合もある。わが国の法社会学はその成立の時期から，「戦前の前近代的
な社会体制や法体制から，近代的な法・権利の確立へ」という明確な権力批判
の視点を内包していたし，マルクス主義的な視点からの批判的研究もなされて
きた。こうした批判性を，権力の類型論から整理することもできる。

　第1に，政治的権力をめぐる批判である。近代法は，絶対君主の主権や前近
代的な共同体的権力を否定し，法主体としての個人の人権・権利を確立するこ

とで，成立してきた。権力からの自由とともに，権力への参加を獲得すること
がその大きなテーマであった。日本の場合は，戦前の前近代的権力の残存が見
られたため，こうした政治権力からの自由と権力への市民の参加を完全なもの
にする批判性の意義は，戦後以降もずっと継続してきている。本来，保存され
るべき行政文書を，改ざんしたり，廃棄したりするような権力の行為に対し，
情報の開示や透明性を求めて異議が提起されるといった近年の問題も，政治的
権力への批判性が，常に要請されていることの一つの証左である。

　第2に，経済的権力をめぐる批判である。最も徹底した視点は，階級と生産
関係を前提として社会と権力の構造を理解したマルクス主義に見られる。経済
的な次元が重視され，その平等の実現こそが，そこでは重要な目標であった。
また，福祉国家的な理念や格差是正，貧困家庭への支援などの関心は，やはり，
政治的自由とは独立した，経済的側面での保障を重視する視点であり，これも
法社会学の変わらぬ課題であり批判性の源である。

　第3に，言説的権力をめぐる批判である。フーコーなどポスト構造主義の思
想や言語論的展開といった社会科学における大きな転換を経て，従来の政治権
力・経済権力という概念では把握できない権力の次元が明らかになってきた。
ジェンダーや，障がい者，マイノリティなど差別され排除されてきた側に立ち，
制度のみならず，人々の視線や認識に対しても向けられる批判性である。

　重要なことは，現実の問題をめぐっては，これらが分別されるわけではなく，
複合的に層化する形で立ち現れてくることである。たとえば，LGBTの問題は
婚姻の権利をめぐる政治的自由の問題であると同時に，社会的差別から生じる
経済的差別の問題でもあり，かつ，その基盤に存在する人々のまなざしに内包
された権力的差別意識をめぐる問題でもある。政治・経済・言説の諸権力は，
法社会学が対象とする様々な研究課題に，幾重にも，重なって具体化してきて
いるのである。

　さらに，忘れてはならないのは，法がこれら諸権力をめぐる拮抗関係におい
て，しばしば，権力的な支配行使の道具として機能する場合もあれば，権力へ
の対抗手段として機能する場合もあるというアンビバレントな存在ということ
である。換言すれば，法はそうした権力をめぐる対立が，顕現し争われる
フィールドそのものであるということである。

法社会学は，それゆえ，人々が直面する問題に関し法がいかに貢献するか（たとえば権利概念の確立など）を視野に収めるだけではなく，法がいかに人々を支配し差別の助長に貢献しているか（たとえば現行婚姻法におけるLGBT排除）をも，常に念頭に置いておく必要がある。法も一つの制度である以上，制度が設定する順機能としての，おおむね肯定的に語られる目標と，実際にそこでひそかに誰かに対して及ぼされるネガティブな逆機能を，混在させている可能性が高いからである。

以上，権力および権力批判の層化構造と，法のそこでのアンビバレントな作用について検討してきた，以下では，権力の諸類型について，もう少し，詳しく見ておこう。

2.3.2 諸権力への批判

(1) 政治的権力と批判

政治的権力への批判は，近代の生成そのものとかかわっている。前近代的な絶対君主の権力への批判と抵抗は，西洋近代史の動きそのものと重なっている。**ジョン・ロック**は，人間はみな自然状態において自由と権利を有しているが，同時に自然のままでは無秩序な混乱状況に陥りかねない，そこで政府を構成し，そこに一定の権力を信託することで，秩序を維持するという思想を展開した（ロック 2010）。もちろん，政府が自由を奪うことがあれば，これに抵抗する権利は保障される。こうした思想が，君主制の根拠となっていた王権神授説への強烈な批判であったことはいうまでもない。

こうした自由を尊重する政治権力批判は，現代では**リバタリアニズム**の理念に受け継がれている（ノージック 1985）。リバタリアニズムは，個人の自由を極限まで尊重し，政治権力の介入を徹底して否定的にとらえる視点から，たとえば，税の徴収も私的財産権の侵害にほかならず，法の役割も自由の確保を中心に考える。経済活動についても，政治権力の市場への介入を否定し，自由放任主義を最善と考える。もちろん，そこまで極端な思想を前提としなくても，政府の介入を可能な限り限定した政治理念（小さな政府論）は，現実にも，近年強い影響力を及ぼしてきている。この立場では，弱者への社会保障や福祉国家的発想は否定されることになるが，しかし，権力の介入を排し，自然権とし

ての自由を可能な限り尊重するという発想は，権力批判の一つの有力な立場といえる。

　しかし，他方で，自由の尊重と政府の非介入は，より複眼的に見れば，逆に抑圧を生み出す可能性がある。政府の介入によって富を再分配することをせず，自由放任にゆだねれば，いわゆる格差はますます大きくなっていく。私有財産などの自由を保障する法は，絶対君主の権力に対しては批判的抵抗の根拠として機能したが，他方で，その法が政府の介入を制限する形になれば，格差の中で社会内部での多元的な差別や抑圧が，実際には助長されかねない。法が持つ，このアンビバレントな作用は，個別の様々な法や政策のミクロな過程にも反映しており，法社会学による緻密な検証が，様々な領域で必要なのである。

(2)　経済的権力と批判

　政治的権力への批判性とは別に，もちろんそれと重なり合いつつではあるが，経済的権力への批判性というべき思想も存在する。政治的な自由だけでなく，たとえ政治的に自由とされても，経済的に従属する立場をめぐる批判性である。たとえば，アメリカにおける奴隷解放は，奴隷にそれまでと比べ一定の自由をもたらしたが，反面，経済的側面では，多くのアフリカ系アメリカ人は，奴隷所有者の庇護を離れ，自立したといえば聞こえはいいが，実際には抑圧され支配された下層労働者として，いっそうの苦境に立たされることも多かった。それゆえ，政治的自由とは重なりつつも，独立した別個の経済的抑圧という次元の問題も，重要な批判対象として取り上げていく必要がある。

　カール・マルクスの思想も，この領域にかかわっている。マルクスは，生産関係ないし経済を社会の基盤たる下部構造，政治制度や文化を上部構造とし，下部構造たる生産関係の変動によって上部構造は変革されると考えた。資本主義においては，富を蓄積した資本家階級と労働者階級との矛盾が増幅し，最終的に革命が起こり，共産主義社会が到来すると考えたのである（マルクス1969, 1970）。そこでは私有財産は禁じられ，「能力に応じて働き，必要に応じて受け取る」という富の配分が前提とされている。このマルクスの考えは，もちろん様々な修正を施されながら，社会主義国家の，少なくとも一応は，理念として生き続けている。いわば，自由より，平等を重視する批判理念だという

ことができよう。

　しかしまた，福祉国家と呼ばれるヨーロッパの国々では，マルクス主義とは思想的淵源を異にしながらも，一定の自由の制限による再配分（富の一定の平等性の確保）の強化という視点が採用されている。**リベラリズム**は，その思想的根拠を構成しているが，その指導的論者が正義論の領域にも大きな影響を与えた**ジョン・ロールズ**である（ロールズ　2010）。彼は，一つの思考実験として，万人が自身の地位や資質，目標について何も知らない状況，すなわち「無知のヴェール」に覆われた状態を想定し，その状況で自身が最も恵まれない状況に陥る可能性も考慮した場合に選択されるであろう社会原理を，次の有名な2つの原理として提示した。

〈**第1原理**〉
　　各人は，平等な基本的諸自由の最も広範な制度枠組に対する対等な権利を保持すべきである。ただし最も広範な枠組といっても他の人々の諸自由の同様に広範な制度枠組と両立可能なものでなければならない。

〈**第2原理**〉
　　社会的・経済的不平等は，次の2条件を充たすように編成されなければならない。
　(a) そうした不平等が各人の利益になると無理なく予期しうること，かつ
　(b) 全員に開かれている地位や職務に付帯すること

　第1原理は自由についての原理であり，第2原理(a)は格差原理と呼ばれ，格差の生成について一定の制限を必要とすることを示した原理である。格差原理によれば，富の格差は，「最も恵まれない人の境遇の改善に貢献する」ものでなければならない。わかりやすくいえば，共産主義のように完全な平等を前提とするよりも，仕事の内容等の要因に基づく格差の生成を許容することで，生産性は高まって富は増大し，その結果，恵まれない人の境遇もよりよくなる，すなわち，「格差の許容」が「恵まれない人の改善」に貢献するような形態が必要としたのである。

　このようにリベラリズムの立場は，自由を尊重しつつも，そこで生じる格差については，一定の制度的手当てが必要だとする現代の多くの政府の構成に根

拠を与える理念ということができる。

　また，**アファーマティブ・アクション**（積極的格差是正措置）という制度が採用
されることがある。たとえば，アメリカにおいて，大学入学を純粋に成績のみ
で判定する場合，もともとの生活環境に恵まれない傾向が強い黒人などマイノ
リティの入学可能性は，当然に低くなる。そのことが，人種間の経済的格差を
固定化し，差別的扱いを固定化してしまうことにつながるとして，リベラルな
格差是正の観点から，人口比に応じて，黒人などマイノリティへの入学枠をあ
らかじめ確保しておくなどの措置がとられた。これが典型的なアファーマティ
ブ・アクションの例である。ただし，これについては，優秀な成績を収めた白
人受験者への逆差別であるとして，訴訟が起こされ勝訴するなど，批判も多く，
また，逆に，成績のみに基づく入学者選抜を行った場合，実は白人でなくアジ
ア系の受験生が，入学者の多数を占める結果となるなど，現在でも様々な議論
がなされている。

　このほか，日本，欧州，アメリカなどで，企業に一定割合の障がい者を雇用
することを義務づけたり，女性の幹部の割合を増加させることを義務づけたり
する法律も制定されている。これらは，政府による格差是正のための積極的介
入ということができよう。

　現実の政治権力は，リバタリアニズム的極小介入政府から，北欧に見られる
ような強力な再配分機能を前提する福祉国家に至る線上に，グラデーションを
描いて位置づけられることになるが，アメリカの共和党と民主党，わが国の野
党勢力と自民党などの政策の差異にも反映している。税制や税率，福祉政策の
手厚さ，医療制度の設計，司法予算の配分や法曹制度など，すべての領域に，
政治的自由と経済的格差の問題は反映してくる。

　社会の個々の領域で，そこに存在する様々な経済格差や労働条件をめぐって，
法や政策の問題点を明らかにしていく作業も法社会学の重要な課題といえる。

(3)　言説的権力と批判

　近年の法社会学をはじめ多くの社会科学の領域で見られる批判的議論は，**言
説的権力**ないし**まなざしの権力**とでも呼ぶ，われわれの認識枠組や常識に内在
する権力をめぐる批判である。政治的自由や経済的抑圧と，しばしば連関しつ

つも独立の次元として，この新たな権力批判は生成してきている。政治的な権利は保障され，経済的な手当てがなされたとしても，なお残る権力とは，われわれの言説，世界を見る枠組，まなざしに宿る権力性の次元である。

フーコーは，自身がゲイであったことからも，おそらくこうした権力に最も鋭敏な思想家の一人であったといえる。狂気が精神医学という知の発展により管理される対象と変容していくこと，**パノプティコン**のようなシステムにより囚人が実際にあるかどうかもわからない監視の目をまなざしとして内面化し服従していくことなどを分析しつつ，近代社会においては誰の目にも見える政治権力とは別に，誰とも，どことも名指しできない，管理のまなざしという権力が存在することを明らかにした（フーコー 1975, 1977）。

われわれは様々な常識や「当たり前」としての知識を身に着けているが，それは同時にその視点にとらわれていることでもある。精神病の人々を見るわれわれの内なるまなざし，LGBT の人々に感じるかもしれない不安定な違和感，野宿者に向けられる無関心ともいえるまなざし，さらには，より日常的に，ジェンダーに伴う様々なまなざし，そうしたまなざしの中に権力が遍在している。そのまなざしを受けた側が感じる痛みや不安は，まさにそうしたまなざしが持つ権力の証でもある。フェミニズムや障がい者，野宿者をめぐる研究など，法社会学の領域でも，こうした新たな権力性を踏まえた批判的研究がなされてきている。**エスノメソドロジー**も，「人々のやり方」に焦点を限定してはいるが，それゆえにこそ緻密な差別の振舞いの抽出に貢献できると思われる。**解釈法社会学**の視点は，まさにこうしたまなざしの権力への着目から出発しているといえる（和田 1996）。

いうまでもなく，まなざしの権力の発現過程に，また，そのまなざしの構築に，法は様々な形でかかわっている。法と日常生活の相互構成過程は，法と日常をめぐるまなざしの交錯の場としても理解することができる。たとえば，買い物をしたり，公共交通機関に乗ったり，ごく日常的なわれわれの行動も，その基盤に法的枠組が潜在しているが，なかには，個人によって，法への態度が異なる領域もある。結婚制度がよい例である。日本国憲法は，「婚姻は，両性の合意のみに基づいて成立」すると規定している。この規定の両性とは，これまで，男性と女性であると単純に認識されてきた。個人の意向を無視し，家と

家の関係から抑圧的に婚姻を促すような意識から，個人の自由意思による婚姻を支持するものとして，これまでは，肯定的に理解されてきたと思われる。しかし，現在，LGBTの人々の権利との関係では，彼らの婚姻を認めない障壁として機能するかもしれない。

まなざしの権力の問題は，こうした婚姻をめぐる法の課題について問題提起がなされる以前，多くの人々が結婚は男女間で成立するのが当然だと，ずっと認識していたという点にある。LGBTの人々は突然現れたわけではない。かつて多くの人々が「婚姻は男女の自由意思で成立すべきだ」と考え語ってきた時も，LGBTの人々は苦痛を感じ，苦悩を抱えてきたことは，想像に難くない。もちろん，現在は，その改善がなされていく過程にあるが，われわれが，無意識に法によって意識を構成され，「われわれにとっての当たり前の世界」を当然視していること，そこにしばしば抑圧的作用があることを，考えておく必要がある。法の持つこうした作用を**イデオロギー作用**と呼ぶことができる。

社会の様々な抑圧的場面で，法は抑圧された人々を救い，その権利を是正するための手がかりとして機能する。しかし，他方で，法は，気づかないうちに，他の様々な制度と相まって，人々の「当たり前の世界」を構成し，そこから外れた人々への抑圧を暗黙のうちに生み出している面も否定できない。ジェンダー，野宿者，障がい者など，法の善意の抑圧性が人々の意識を通じて作用している場合はないだろうか。

こうした問題の存在を認識し，批判的視点を持ちつつ，人々の法意識を検証していくことも，批判的法社会学研究の重要な課題である。

3

社会構造と法意識

　法意識論は，わが国では，人々の法や権利についての意識が，法行動，とりわけ訴訟利用にどう影響しているかという文脈で論じられてきた。この日本人の訴訟回避的，もっといえば法回避的な意識は，どのようにして生まれてきたのだろうか。ひとつは社会構造，ないし社会関係的要素の影響である。また，それと連動して，より広い文化的要因が大きな影響を及ぼしているとも考えられる。こうした影響関係をどのように理論化し把握したらよいだろうか（棚瀬2002）。また，法意識を訴訟利用などの説明要因としてとらえることは，そもそも妥当なのだろうか。本章では，法意識とより大きな文化・社会構造とのかかわりについて考えていくことにしよう。

3.1 法意識と訴訟利用

3.1.1 法意識論の構造と問題

　法意識論は，わが国の法社会学において，一つの重要な研究課題としてとらえられてきた。日本の法社会学を確立させけん引してきた川島武宜の問題提起にはじまり，多くの法社会学者や法学者が，この論点に正面からアプローチし，あるいは，レビューを行ってきている（川島 1967）。しかし，他方で，この法意識という概念は，極めて多義的であり，法意識への言及がなされる際に，法についての意識・観念のどの側面に注目されているか，個々の論者の視点を十分踏まえておく必要がある。

法意識という語がはらむ多義性は，従来から意識されており，法意識を法知識，法意見，法態度などの要素を包含するものとして分析的に理論化することも行われている。**六本佳平**は，「現行実定法規範の内容についての知識，ないしそれに対する態度（好悪，価値判断，解釈等）」を法意識１＝法意識とし，「法（体制）自体についての理解の仕方（法とはいかなるものと考えるか，いかなる機能を持つべきものと考えるか），ないし態度（法体制ないしそれが果たすべき役割についての好悪や価値評価等）」を法意識２＝法観念とし，わが国ではこれらが明確に区分されず法意識として議論され，ただし，後者の法意識２に傾斜する形で議論されてきていると的確に整理している（六本 1986）。また，法意識の実態についても，質問紙調査により，これを把握しようとする研究など，旺盛な研究が重ねられてきた（日本文化会議 1982）。加えて，川島が一般向けに著した書物『日本人の法意識』は一般人の関心も引いて，法意識論は，学術的にも，一般的な意味でも広く注目され，言及されることとなった。ここでは，とりあえず，様々な下位概念を包摂した緩やかな概念として法意識をとらえ，検討していくこととする。

　ここでは，まず，川島の問題提起から，そこで示された議論の構図と問題点を紹介し，検討していくことにしよう。

（1）　川島法意識論の問題関心

　川島武宜は，戦後日本の法社会学をけん引してきた学者である。川島にとっては，同時期の多くの法社会学者と同様，戦前の前近代的な社会から，民主主義社会へと，日本社会を変革していくことに，法社会学の重要な意義が存在すると考えていたといっても過言ではないだろう。そこで川島は，日本人の法意識を一つのテーマとして取り上げる。その問題意識は，「互いの関係を法に基づく権利義務の関係として位置づけ，それを支える近代的遵法精神が存在する西洋」に比べ，日本人はいまだに「前近代的社会関係に支配されており，権利義務の観念や遵法精神が未発達である」という現状認識に立脚している。その遅れた日本的前近代意識を，いかに近代化していくかが，法社会学の大きな課題と認識されていたのである。この日本社会の**近代化**という問題は，当時，すべての社会科学領域での重要課題であり，法意識論もその枠の中で問題提起さ

れたといえる。

　現代の後知恵で見ると，川島が目標として示した「遵法精神を持ち，権利義務によって互いの関係を律すること」が定着したといえるような社会は，世界のいずれにおいても経験的には見当たらず，西洋社会の現実というよりは，西洋社会の「理念」ないし，創られた理想的西洋近代社会イメージだったというべきであろう。この理想的な（と考えられた）「遵法精神と権利意識の確立した西洋近代」の理念をものさしとして，現実としての日本社会が，対比され，評価されたのである。

　西洋の現実の状況が，そのような理念的社会でないことは，多くの研究から明らかである。アメリカ法社会学の古典的研究とみなされている 1963 年の契約関係に関する調査研究も，その一例である。**スチュアート・マコーリー**は，ウィスコンシン州の企業が契約にあたって，また紛争が生じたような場合に，どのような対応を行っているかについて，調査を実施した（Macaulay 1963）。取引を行った地場企業では，大まかな合意が達成されれば契約書を作ることさえしない例も多数見られた。およそ 7 割の契約で契約書は作成されていなかった。作成したとしても，それを重視することもなく，しばしば双方の持つ文書に齟齬さえ存在していたという。むしろそこで重視されたのは，誠実さや信頼関係であった。

　このウィスコンシンの地場企業の契約行動は，川島が想定した西洋近代の遵法精神や法意識とはかけ離れている。それどころか，遅れた法意識の表れとして川島が想定した日本人の契約意識と，実は，変わるところがない。ウィスコンシンの企業の法意識や取引行動は，日本社会における典型的な法回避的取引・調整の描写として示されたとしても，大きな違和感はないだろう。

　さらに取引の履行をめぐって争いが生じた場合，ウィスコンシンの地場企業は，法を順守し，権利義務に基づいて問題を解決していたのだろうか。マコーリーの調査によれば，現実には，信頼に基づき解決することが重視されていたという。裁判を回避し，契約書の内容や法の規定とは異なる次元を重視して，問題処理していたというのである。法律家を避け，詳細な契約書も作成しないことにより，信頼に基づく，柔軟な解決が図られていたのである。

　川島は，日本人は，権利義務のような明確な枠組によってではなく，状況に

応じて，所属集団の共同体的関係の中で，和を尊重した調整によって問題解決
し，明確な利益主張を行わず，婉曲的主張による円満な解決を目指す秩序意識
を有していると考えた。たとえば，1954 年（昭和 29 年）発行の『調停読本』に
掲載された「調停いろはかるた」では，「権利義務，などと四角にもの言わず」
「なまなかの法律論は抜きにして」といった表現は，それを象徴するものであ
るというのである。おそらく，日本人の意識の描写としておおむね当てはまる
と思われるが，ウィスコンシンの企業の紛争解決行動も，川島が想定した「日
本的」行動パターン，ないしその象徴的表現である「権利義務，などと四角に
もの言わず」「なまなかの法律論は抜きにして」を，そのまま地で行くような
行動パターンであったといってもおかしくはないだろう。

　もちろん，これはウィスコンシンの 1960 代初頭の地場企業の調査の結果で
はあるが，逆にそのことが，「日本人の法意識」，「西洋近代の法意識」といっ
た大きな枠組でこの概念をとらえることの困難と問題性を示唆しているといっ
てよいだろう。とはいえ，川島の法意識をめぐるこうした対比図式は，当時の
社会状況の中に置いてみれば，日本社会の変容へ向けて，必要かつ有益な問題
提起であったのかもしれない。

(2)　川島法意識論の克服

　もちろん，現代において法意識を考えていく際には，川島の問題提起を手が
かりにいくつかの修正を加えていくことが必要になる。

　第 1 に，「日本人の法意識」，「西洋近代社会の遵法精神」といった，大きな
議論ではなく，より細かな次元での法意識の把握が必要になる。「日本の」，
「アメリカの」といった大きな次元での法意識を，一応は問題にはできるとし
ても，より慎重でなければならないと思われる。個々の法に関して，個々の地
域，個々の現場に応じて，ローカルな法意識は，それぞれに異なっていること
は当然に予想できるところであるし，それぞれについての経験的探求の上に，
個別的法意識の実態が基礎づけられていく必要がある。マコーリーが示したの
もアメリカのウィスコンシン地域の法意識であるし，マンハッタンやロサンゼ
ルスでは異なる意識が見られることが当然に予測できる。日本においてもそう
した法意識の多様性は同様に見られるだろう。

　もちろん，川島もこの点に関心を払っており，家族関係やその他，個別領域
での調査研究を実施している。ただ，「近代的法意識の日本社会への浸透」と
いう社会全体に重要な意義を有する批判的視点が大きく取り上げられ，関心が
集中したため，個別的な法領域の具体的法意識の探求という課題は，その後も，
必ずしも旺盛には検討されなかった

　第2に，この時期の法意識論に内在していた発展論的な仮説も問題となって
くる。初期の法意識論が暗黙に前提としたと思われる「①前近代的法意識から，
次いで②利益実現のための便宜的・道具的な法の利用・動員という中間段階を
経て，最終的には③遵法精神と法的権利義務関係として互いの権利を尊重し関
係を律していく意識へ」という発展図式である。当時の，前近代的な日本社会
の意識と構造の変革という実践的課題を前にすれば，この図式は一つの有益な
批判理論・批判根拠として機能したと思われるが，現在の視点からは，問題を
含むものといわざるを得ない。

　最終段階として措定されている「法により互いの関係を律する意識と遵法精
神」というイメージは，批判理念としては意義を有しつつも，現実には，西洋
社会を見ても，実現はほとんど不可能であり，存在しないといわざるを得ない。
とりわけ，共同体的な要素が強いとされたわが国では，遵法精神は互いの権利
義務の尊重に基づくというより，逆に，戦前の「権威への服従」が，「法とい
う権力（お上の指示）への服従」という形に転換したものとして，むしろ前近
代的意識の指標にさえなりかねない。

　西洋社会を見ても，むしろ法や権利を「順守」すべきものと見るよりも，便
宜的に活用し自身の利益を守るための道具としてとらえる意識，戦略的な武器
として権利や法に言及し動員しようとする意識こそ，成熟した法の認識とさえ，
いえるかもしれない。たとえば，英米法の国における陪審裁判は，理念はとも
かく，現実には，弁護士のストーリーテリングによって勝敗が左右されるよう
な展開をとる。骨格としての法・権利義務の適用という形式は保ちつつ，ドラ
マ化された印象操作が，法廷でも生起するのである。これに比べれば，わが国
の裁判は，非常に厳格に遂行され，精密司法と呼ばれるような特徴を有してい
る。少なくとも，表面的には，日本の司法の方が，ずっと法と権利義務を重視
しているように見える。

争う当事者の意識の次元でも，それは変わるところはない。質問紙調査の結果を見ても，日本人は，法に一般的関心を払わないものの，法や裁判について「正義を実現する制度」として信頼を寄せているが，西洋では，むしろ裁判への不信やそれに基づく戦略的利用の意識が強いといわざるを得ない。川島が見た，理想的な「権利義務に基づく遵法精神」を実現した社会は，経験的には見出しえず，おそらく政治的言説の中で見られるに過ぎない。それは見果てぬ夢としての理念的言説にほかならなかったのである。

　こうした問題をはらみつつも，近代化論が席巻していた当時の日本の状況の中で，川島法意識論は，日本社会の改革という大きな時代的要請に資するものであったといえよう。そしてこの法意識論は，とりわけ人々の訴訟利用というトピックと結びつけられ，学界のみならず，通俗的な日本文化論の隆盛の中で，消費されていくことになる。

3.1.2　権利意識と訴訟利用行動 ─────────────

（1）法意識説

　さて，川島法意識論は，契約から所有権まで，幅広い射程を持つ問題提起であったが，中でも最も注目されたのは，訴訟利用と法意識の問題である。日本は，西洋のみならずアジア諸国も含め，海外諸国と比べ訴訟件数が著しく低い。なぜ，日本で訴訟が少ないのかは，司法制度の社会的機能を考える法社会学にあっても，重要な研究テーマであった。

　川島法意識論が，措定したのは，**法意識，権利意識の低さゆえに訴訟利用が回避される**のだとするテーゼである。もちろん，川島も単純に法意識が原因としているわけではなく，様々な留保をつけているが，『日本人の法意識』という一般向けの著作の影響もあり，法意識・権利意識の低さ，「互いの関係を権利義務で律する」意識の低さが，訴訟回避につながっているとの図式的見解が広く流布することになった。

　そして，日本人の法意識が成長するにしたがって，人々は，訴訟を利用する傾向が高まり，訴訟件数も増えていくであろうというのである。この予測が当たっているかどうかの判定は難しい。第1に，少し考えればわかるが，もし，人々の法意識が高まり，互いの権利義務を尊重する意識が向上すれば，むしろ

人々は訴訟以前に当事者間で遵法精神に則って問題解決できるようになり，訴訟増にはつながらないことも考えられる。第2に，現在においては，当時よりは訴訟は増えたかもしれないが，それでも世界各国と比較して，著しく少ない状況は，まったく変わっていない。

　こうした点も踏まえ，法意識の成熟度が訴訟利用を制限しているという仮説，法意識説への批判が生まれてくる。

(2)　制度環境原因説

　その代表的なものが制度環境原因説とも呼べるものである。人々が訴訟を利用しようという旺盛な意識を持ったとしても，制度的な障壁があれば，それは困難となる。訴訟利用にあたっては，個人は多くの負担を強いられる。訴訟は正義実現の手続だと考えていても，訴訟手数料や弁護士費用など経済的コストが一定以上に高い場合には，利用が難しい。また，訴訟は相当の時間がかかる場合もあり，この時間的コストも馬鹿にならない。金銭や時間を，多く費やすのであれば，泣き寝入りする方が，コスト的にもましであったり，少し不利でも話し合いで解決する方がましであったりということになる。

　さらにコスト的には問題がなくとも，弁護士へのアクセスが可能かどうかも問題となりうる。弁護士数が限られていて，しかも大都市に偏重して存在しているような状況では，地方の人々にとって，弁護士を利用し訴訟を提起することは困難となる。これは，1999年（平成11年）以降の司法制度改革の結果，弁護士数の一定の増加（執筆時点で40,000人程度）が生じるまでは，まさに日本の標準的な姿であった。1960年代当時は，日本の弁護士数は1万人未満に限定されており，そのほぼ半分が首都圏，残りの半分が関西圏に分布し，最も少ない県では，弁護士数が全県で20数名しかいないという県さえあった。こうした状況では，コスト以前に訴訟利用のためのインフラが整っていないと考えるべきであり，訴訟数が限定的となるのも当然の帰結ともいえたのである。これらは法意識・権利意識とは異なる次元のハードルであり，法意識が高かろうが低かろうが，訴訟回避の傾向を促進することになる。

　佐々木吉男は，1967年（昭和42年）刊行の『民事調停の研究』の中で，弁護士数の極めて少ない島根県と，比較的多かった大阪府での調査結果をもとに，

　人々が訴訟を避ける理由は，「かえってひまどる」，「お金がかかる」，などの制度関連の理由が，法意識の弱さにかかわる要因と比べ，大阪ではずっと高く，島根でも拮抗する結果であったとしている（佐々木　1967）。すなわち，訴訟回避の理由として，調査への回答を見る限りであるが，制度的要因が障壁となっている傾向が強いということになる。

　また，日本法研究者のジョン・ヘイリーによる 1978 年の論文「裁判嫌いの神話」が，より包括的にこの説を主張することになった（ヘイリー　1978, 1979）。ヘイリーは，オースティン・サラットとジョエル・グロスマンによる 10 か国の民事訴訟件数の比較調査によれば，日本は必ずしも訴訟件数が少ないわけでなく，中くらいの位置にあること，日本の訴訟件数は明治期の方が戦後の件数より多いことなどを挙げて，日本人の訴訟回避意識を神話であると位置づけた（Sarat & Grossman　1975）。ただし，サラットとグロスマンの調査については，前章で見たように，「訴訟件数」の中に何を含めているか，「訴訟」の意味がデータの各国で大きく異なっているなどの問題点も指摘されており，注意が必要である。また，明治期の訴訟制度設立直後に訴訟が多かったのは，むしろお上が設置した制度に解決をゆだねようとするお上意識の表れであり，それを現代的な意味での権利意識や法意識が旺盛であった根拠とすることができるのかにも疑問はある。ともあれ，そのうえで，ヘイリーは，弁護士数の少なさや，裁判所機能の脆弱さといった制度環境的要因こそ，日本における裁判回避の根拠となっているとしたのである。

　確かに，制度的環境としては，まず極端に少ない弁護士しか，日本には存在していなかった点が特徴的である。法意識が議論された始めたころには 1 万人にも満たなかったし，最近の司法改革で格段に増員されたものの，それでも 4 万人強に過ぎず，世界的に見て多いというわけではない。これに対しアメリカでは，現在，100 万人を超える弁護士が存在する。日本とは異なり，税理士や司法書士などの業務を担うものも，そこに含まれているが，それを考えても圧倒的な数である。また，これに比例して，司法予算や裁判官の数なども日本では少ない。

　その結果，アメリカの企業が不断の訴訟にさらされているのに対し，日本企業はそうした訴訟圧力をほとんど感じることなく業務に専念できる環境にある。

すなわち，司法制度は企業の行動を統制する機能をほとんど果たさず，代わっ
て，日本では政府・行政が，様々な不透明な指導を含む形で統制機能を果たし
ているといえる。法意識論が問題となった経済の高度成長期には，国全体，し
たがって国民一人ひとりの富も増加していく中で，国民もこの体制に不満を持
たず，司法機能拡大の必要性を意識もしなかった。司法界自体も，少数の弁護
士の間で，競争にさらされることなく一定の事案を配分でき，やりがいのある
事案，経済的に引き合う事案のみに専念できた。いわば安定した寡占状態に
あったため，弁護士の増加は，弁護士自身によって，むしろ忌避されていたと
いえる。こうして日本国内で，すべての層が，裁判の充実・増加を積極的に望
まず，小さな司法の状態が維持されたのである。

　確かに，この制度環境原因説には一定の説得力があるが，なお，ではなぜ，
そうした縮小均衡的政策が維持されてきたのか，また，1999 年以降の司法制
度改革で，経済のグローバル化などを背景にしつつ，制度環境の抜本的改善が
行われたにもかかわらず，なお，訴訟利用が大きく増加していないのはなぜか，
など疑問は残る。果たして人々が訴訟を利用しないのは，制度環境のみによる
ものなのだろうか。やはり，法意識要因がそこに大きな影響を及ぼしているの
ではないかとの疑問は払しょくされたとはいえない。

(3)　予測可能性説

　もうひとつの説は予測可能説と呼ばれるが，法経済学の研究者であり日本法
の研究者であるハーバード大学教授の**マーク・ラムザイヤー**による説である
（ラムザイヤー　1990）。それは，アメリカの司法に比較して，日本の司法は精
緻であり，判決の傾向もおおむね予測が可能であることを根拠としている。判
決が精密で，**予測可能性**が高いとすれば，当事者は，わざわざ訴訟に訴える必
要もなく，それ以前に予測に従って解決することが可能となる。日本はそれが
可能であり，それゆえ訴訟件数は低くなる傾向があるというわけである。先に
述べたように，民事事件でも陪審裁判が適用されうるアメリカでは，弁護士の
パフォーマンスや陪審員の判断によって，結果が大きく揺れる事案が多い。そ
れに比べ日本の裁判所は安定した判決傾向を保っているため，多くの当事者は，
訴訟を提起しなくても，互いに予測される判決内容を準拠点に，コストをかけ

ることなく訴訟外での解決ができる。そのため訴訟件数は少ないのだというこ
とになる。

　確かに，交通事故訴訟などの定型的な紛争類型には非常に当てはまる説とい
える。自動車が普及し始めたころは，交通管制システムも不安定で，事故も多
く，その結果，賠償をめぐる紛争も多発した。当初は，その損害をどのように
評価するかの統一的な見解もなく，過失認定のための基準もなかった。当然な
がら，裁判ごとにかなり異なる判決が出され，予測可能性は低く，訴訟件数も
激増していった。こうした問題を解消するため，現在，適用されている交通事
故損害賠償算定基準や過失割合認定表などが作成され，判決が統一性を帯びる
とともに，予測可能となっていった。また，かつては多額の賠償を負担できな
い加害者も多く，その場合，被害者・加害者双方の家庭が壊れる事態も生じて
きたため，自動車賠償責任法のもとで強制保険が義務化され，任意保険も普及
することになった。また，保険普及に伴い，保険会社が示談代行を行う仕組み
なども整備された。こうした試みの結果，一時，裁判所にあふれた交通事故訴
訟は，潮が引くように減少することになる。

　このように交通事故損害賠償訴訟などでは，判決結果が予測可能であること
が，訴訟を減少させるという説が，極めて適合的なのである。しかし，これに
も問題はある。確かに予測可能性は訴訟利用を不要にするが，交通事故のよう
な画一的な要素が大きい損害賠償事案は別として，契約紛争事案などは，画一
化が困難で予測可能でない事案が多い。交通事故訴訟など特殊な領域は別とし
て，多くの紛争領域では，予測可能性が訴訟を不要にするほどに高いとはいえ
ない状況にある。にもかかわらず，それらの領域でも，訴訟件数は多くの国と
比べ低調である。それゆえ，裁判のすべての領域に予測可能説を適用するには
無理があるといわざるを得ない。

（4）　訴訟利用行動の位置づけ

　さて，では法意識と訴訟利用の問題については，どう考えるべきか。おそら
く，すべての説に部分的妥当性は認めることができるが，そもそも一つの要因
による説明自体が困難であると考えざるを得ない。

(a)　アメリカにおける訴訟利用と法意識

　アメリカは，確かに訴訟件数は多いが，民事訴訟の 95％は公判まで進むことなく，準備手続内で合意して終わってしまう。日本の訴訟は，そのほとんどが公判に進み，いわゆる法廷での弁論が行われる。また，アメリカでは，弁護士報酬についても，訴訟に勝てば獲得額の 3 割を弁護士報酬とするが，負ければ費用が発生しないという完全成功報酬制度がとられる場合も多い。訴える側からすれば，弁護士費用に関する限り失うものはなく，訴えやすい制度である。日本では，こうしたケースはほとんどなく，多くは訴訟提起時に着手金を一定額負担しなければならず，敗訴しても返ってはこない。さらに，アメリカでは，懲罰賠償制度があり，実際の損害賠償額の数倍の賠償を得られる場合もあるが，日本にはこうした制度はない。このような訴訟制度ないし訴訟利用のインセンティブとなるような仕組みの差異を捨象して，訴訟の多寡のみを議論することには，問題がある。まして，その多寡を法意識の成熟度と結びつけることにも無理がある。少なくとも「訴訟の質」やインセンティブという要素を考察に組み込むことも必要であろう。

　また，アメリカには，少額事件については，たとえば，週に 2 度，18 時から 21 時まで開廷するといった対応をとる**少額裁判所**という裁判手続がある。18 時になると，多くの訴訟当事者が列を作り，大法廷の傍聴人席に着席する。一斉に，全員が起立し宣誓をしたうえで，順番に事件の原告と被告が廷吏に呼び出される。呼び出された当事者は，契約書や領収書を手に，裁判官席の前に集合，裁判官が双方から訴えと反論を聞いて，20 分もしないうちに判決が出る。2〜30 万円程度が訴額の上限であるが，いわば仕事帰りに立ち寄れる気軽な裁判所とでもいえる仕組みが，地域によって，整備されている。また，良し悪しは別として，法廷チャンネルといった放送番組があり，世間の耳目を集めるような訴訟は，裁判の様子が，最初から最後までテレビで放送される。開廷前の法廷の様子のみ，カメラに収めることが許されるような日本の状況からは，想像できないようなオープンな状況といえる。

　こうしたアメリカの制度は，人々の訴訟利用を制度環境面でも，意識面でも，促進する効果を持つだろう。ただし，「互いの権利義務を尊重して関係を律する遵法精神」というのではなく，気軽に利用できる裁判制度を，自らの利害実

現のために戦略的に活用する意識と，それを可能にする制度環境ということである。アメリカの少額裁判所の利用者に，質問紙調査を行ったとしよう。「あなたは他者の権利や自身の義務を尊重しますか？」おそらく多くの人がイエスと回答するだろう。しかし，そうした回答とは裏腹に，多くの利用者は利害勘定を前提に訴訟利用しているように思われる。それは決して否定すべき状況ということにはならないだろう。

それゆえ，「互いの権利義務を尊重して関係を律する」規範意識という「理念としての法意識」の次元ではなく，裁判とは何か，どのようなものとして解釈されているかといった，より認知的な次元での法意識の差異こそが問題とされる必要がある。

（b）　日本の法文化と主体的な「権利意識」

また，日本の法文化についても，一般的な法意識論の観点とは大きく異なる別様の見方が提示されている。歴史的に検証したところ，むしろ日本人は訴訟を積極的に活用していた事例が多く出てくることも明らかになった。中世の御家人ら土地所有者は土地や水利権をめぐって盛んに裁判を利用したし，江戸時代には庶民も訴訟を利用していた。明治期に裁判制度が設立された直後は，非常に多くの訴訟が提起されていた，などである（大木　1983）。必ずしも，「互いの権利義務を尊重して関係を律する」法意識というのではなく，便宜的に利益実現のために，利用可能な制度を利用する，その際，裁判も一つの利用可能な制度として認識するという意識ではあるが，環境次第で，日本においてもそうした意識が訴訟行動に結びついていたことは，歴史的にも明らかである。制度的差異や，社会環境を踏まえながら，決して訴訟回避が日本人固有の根源的意識ではないことも念頭に置いておく必要がある。

アメリカの少額裁判利用者と同様に，鎌倉時代の御家人が訴訟をどのような意識で認知していたか，江戸の庶民，明治の市民は，裁判をどのように認識していたかが，制度的要因とも相まって，訴訟利用行動を規定しているのである。こうした訴訟認識や紛争認識の問題と裁判など紛争処理システム利用との関係について検証していくためには，これら意識がどのように構成され規定されているのか，まずは法意識を被説明変数としてとらえなおして検討していくことが必要となる。

　以上の考察を前提とすれば，法とはそもそも固定的・超越的に人間の行為を規定するものではなく，その時その場での柔軟な解釈・意味付与によって関係調整に活用される用具に過ぎない。現代的社会関係構造のもとでは，むしろ水平的紛争処理過程の状況に応じて，法基準や裁判制度を機会主義的・便宜的・戦略的に動員していく「意識」こそ，すぐれて主体的で成熟した「**権利意識**」として承認されるべきといえないだろうか。こうした意味での現代的「権利意識」は，従来，未成熟な利己的利害追求意識として，理想的な「近代市民的権利意識」が定着するまでの過渡的現象として位置づけられてきた。しかし社会構造との関連で見る限り，「遵法精神によって互いの関係を法により規律する」という意識こそ，「法という名の権威」に従属する意識にほかならず，前近代的お上意識のバリエーションとしての過渡的意識といえないだろうか。利害や関係調整のために法や裁判を戦略的に動員していく意識こそ，真に「法の主人」としての主体的な「権利意識」というべきかと思われる。

　以上のように「権利意識」概念を主体的な意味での「意識」に組み替えたうえで，訴訟利用行動とのかかわりを考えてみると，その「意識」の強度が機関利用行動それ自体と直線的関係にないことに気づく。紛争の状況的展開次第で，法や裁判が自身にとって必要なら積極的に「権利化」して動員し，不用であれば「非権利化」して回避するという戦略的意識こそ，法を操作・活用する法の主体としての「権利意識」に見合った実践様式といえるのではないだろうか。

　次に，社会関係構造の変容と法意識・紛争処理行動の関連について，法人類学の研究等を参照しながら，見ていくことにしょう。

3.2　社会構造と紛争処理

3.2.1　社会構造の変容と紛争処理メカニズム

　社会構造の変容と人々の法行動，とりわけ紛争行動との関係については，法人類学の諸研究が，多くの有益な知見を提供してくれている。その中の一つが，**社会発展モデル**と呼ばれる仮説に関する研究である。すなわち，社会が発展し社会関係が変容するにつれて，法的な制度の整備やその利用が，連動して発展していくという，ある意味で，シンプルな考え方である。前近代的な社会関係

に根差した法意識が，社会関係の変容に伴い変貌し，訴訟利用も増加していく，と考えたわが国の法意識論も，社会発展モデルの一つということもできるかもしれない。

　法人類学のこうした視点での研究は多数に及ぶ。たとえば，法人類学者のローラ・ネイダーとデュアン・メッツガーは，メキシコの2つの地域コミュニティにおける夫婦間紛争処理過程を調査した結果，移民の流入により人口が増加し，親族ネットワークが弛緩，かつ第二次集団の発達したオアハカ州の一コミュニティでは紛争処理機関として裁判所がより多く選択されるのに対し，住民の流動性が小さく，親族ネットワークが緊密に保持されているチアパス州のコミュニティにおいては，紛争処理に際してインフォーマルな家長（family head）による裁定が，より多く選択されるという傾向が存在することを見出している（Nader & Metzger　1963）。ネイダーとメッツガーは，これをそれぞれの社会における人口・結婚観・相続様式・居住地域等の諸要因によって規定される，家長と裁判所の持つ権威の反比例的差異の観点から説明している。すなわち，インフォーマルな紛争処理メカニズム（家長による紛争処理）とフォーマルな紛争処理メカニズム（裁判所による紛争処理）の有効性の反比例的関係，したがって，社会発展による紛争処理手段の変容関係を示唆したのである。

　また，リチャード・シュウォーツとジェームス・ミラーは，51の部族社会について，第三者的仲介者が関与する「調停制度（メディエーション）」，専門化された武力を有する規範執行組織としての「警察（ポリス）」，紛争状況での専門化された弁護人としての「弁護人（カウンセル）」の3種の職務，すなわちフォーマルな職務が分化して存在しているかどうかを調査した（Schwartz & Miller　1964）。すると，コミュニティの規模，職業の専門分化，通貨使用の頻度といった変数が高ければ高いほど，言い換えれば，社会が発達し複雑化していればいるほど，「弁護人」，「警察」「調停制度」の順で，比例的に制度の存在が確認された。すなわち，小規模で分業化の程度も低く単純な構造を持った社会から，大規模で分業化が進行し構造の複雑化した社会へと発展するに従って，インフォーマルな仕組みはその有効性を喪失し，代わってフォーマルな紛争処理のための制度が発達するというのである。

　この社会発展モデルは，ある意味で非常にシンプルであり，表面的には間違

いではない。しかし，もし，こうした公式の組織・制度の発展が，直ちに，それまでのインフォーマルな仕組みの消滅を意味しているとすれば問題である。確かに公式の仕組みが生成するにつれ，旧来の非公式の仕組みが衰退する傾向にあるのは事実であろうが，一定の範囲で，むしろその機能を保持しながら残存していくということも考えられる。**第1章**で見たリーガル・プルーラリズムの考え方が示唆するように，新しい公式の仕組みの発達と，従来の非公式の仕組みの残存は，決して矛盾するわけではない。とりわけ，発展した海外の仕組みを移植したような場合は，その傾向が強くなることは想像に難くない。

　日本も，非公式の仕組みの上に，西洋の法制度を移植した国であり，この意味で，公式の法制度の利用と，非公式の行動傾向の乖離が存在していると見るのが自然である。むしろ日本における訴訟利用の低調さは，単純に前近代的な意識の遅れによるものというよりは，非公式の仕組みとの緊張関係の中で生まれている現象ととらえるべきかもしれない。日本における裁判利用の低調さを，社会発展ないし近代化の遅れとしてではなく，コンセンサスと調和的関係を重視する日本の法文化固有の現象ととらえ，したがって調停に代表される制度において伝統的な日本的な仕組みがそれなりの有効性を保ちつつ機能していることによるという考えである。

　しかし，それは本当だろうか。旧来の日本的仕組みが，今もなおわれわれの社会で生きて機能しており，それによって訴訟利用の低調さは説明されるのだろうか。社会発展と法・紛争処理メカニズムの変換を結びつける見解が単純に過ぎるのと同様に，社会変容の結果，多次元の紛争処理メカニズムが重層的にそのまま機能していると考えることも，やはり単純に過ぎないであろう。この点をより詳細に検討するために，非公式の問題解決の仕組みが機能する条件などを社会関係のあり方に即して検討してみよう。

3.2.2　社会関係の構造と紛争処理：コミュニティ社会から現代社会へ ──

（1）　伝統的な紛争処理

　まず，伝統的な紛争処理メカニズムの機能条件を検討してみよう。ここでは，法人類学者**フィリップ・ガリバー**が分析した，20世紀半ばのタンザニアのンデンデュリ族の紛争処理過程を素材として考えよう（Gulliver　1971）。ンデン

デュリ族の集落では，成員がすべて親族のネットワークで連結されている。紛争が発生すると紛争当事者は，まず親族関係を頼って自己の支持者集団（アクションセット）をリクルートする。そして親族構造上中間的位置にある者が調停者となって紛争処理集会（ムート）がもたれる。集会では，当事者自身とアクションセット内の有力者が主として発言し，また調停者は自己の見解を示唆することはあっても決して強制的に解決案を承認させることはない。ンデンデュリ族においては，規範は不確定的であり，その具体的内容および解決案をめぐって交渉が行われ，双方が合意に達するまでそれは継続される。最初は，当事者およびアクションセットのメンバーと相手方のそれとの間で，激しい主張の応酬がなされるが，ある程度，進行した時点で，どちらからともなく，アクションセットのメンバーから，相手方の意見の一部を認めるような発言が出始める。双方からそうした見解が出てくると，集会参加者全員の中で，合意成立の雰囲気が醸成されていくことになる。合意が成立すれば，料理がふるまわれ，コミュニティの平和の回復が共有されていく。こうして合意により得られた解決案は，可能な限り迅速に履行される。明確な手続的ルールもなければ，制定された法も存在しないが，合意に逆らうことは，今度はコミュニティ全体を敵に回すことになり，現実的な選択肢ではない。ここでは，紛争の個別論点の正邪を判断することではなく，互いに譲り合い，コミュニティの平和と**調和的関係回復**こそが，紛争の解決の意味となっている。

　これに近い紛争解決は，わが国を含め多くの文化に存在している。どちらが正しいか白黒つけて解決するよりも，互譲により協調的解決をもたらすことを重視する文化は，少なくない。

　第1に，実際に当事者間の相手方への怒りや非難の感情が解消するかどうかはともかくとして，調和的関係が回復され，コミュニティに平和が戻ったとする表象を構成することが，社会的に重要な意義を持つ。ガリバーの研究によれば，実際には，その後も当事者間で紛争が別の形で再燃し，顕在化するなど，継続的な緊張が生じることが報告されているが，それでも象徴的には平和の回復が共有されることが重要な意味を持っているのである。そして，また，反面から見れば，この調和的関係回復の表象は，当事者の不満を，少なくとも明示的には抑え込んでいく，コミュニティによる強制的圧力の象徴としても機能し

ているのである。

　第2に，とはいえ，紛争の原因をめぐる判断は示されないものの，当事者間の，さらには他の成員も含めた関係の中で，多様で柔軟な現実的解決策が合意される点が特徴として挙げられる。法のような明確な規範はないが，それゆえにこそ，あいまいではあるが日常的な規範意識に基づきながら，妥協的解決が模索されるのである。あたかも現在のADRの機能にそれは似ている。

　第3に，相手方との関係に限らず，紛争により傷ついた感情や財物の損失について，コミュニティの他の成員からも様々な手当てがなされたりする。相手方だけでなく，コミュニティの成員からも手当てがなされることは，現代の「加害者のみに賠償を義務づける過失責任主義」を超えて，「社会全体で給付を負担する無過失救済制度」の導入といった理念とも重なるようにも見える。

(2)　紛争処理メカニズムの機能条件

　しかし，こうした解決はいかにして可能なのだろうか。その実効性を担保するメカニズムや背景は，次のようなものである。

　第1に，コミュニティ成員は，ほぼ固定しており，様々な社会的活動の中で，極めて濃密な関係がそこで構築されていることは，想像に難くない。それゆえ，誰かと誰かの間に葛藤が生じれば，濃密な関係性が伝達チャネルとなり，それは即座にコミュニティ内に知れ渡ることになる。そしてこの濃密な関係性というチャネルは，他のコミュニティメンバーから，紛争当事者への圧力のルートとしても機能する。コミュニティの有力者が聞きつけ，圧力を行使すれば，その時点で問題は抑え込まれるかもしれない。

　第2に，ある個人と個人の間に葛藤が生じれば，それは当事者間の問題というだけにとどまらず，コミュニティ全体に強い緊張をもたらしてしまう。なぜなら，生産活動や祭祀活動など多くのコミュニティを支える活動が，個人間の葛藤により，停滞したり破綻したりする可能性が存在するからである。個人の問題は，同時に，まさに，コミュニティの問題そのものにほかならないのである。コミュニティとしては，それゆえ，個人間の葛藤を放置するわけにはいかず，一定の圧力のもと，できる限り早期に調和的関係を回復する必要が出てくるのである。

　第3に，たとえば，紛争処理集会での合意内容に従わないとか，有力者のインフォーマルな圧力に逆らい紛争を継続したりするなど，もし，コミュニティの調和的関係保持のための圧力に逆らうような行動をとれば，そうした違反者に対し，即座に，コミュニティからの排除などのサンクションが与えられることである。社会関係が希薄な現代社会では，問題を起こした者に対し，有効な対処の方策が存在しないことも多いが，こうしたコミュニティでは，良し悪しは別として，即座に対応がなされる。それゆえ，コミュニティの成員は，これを意識しながら，行動を選択せざるを得ないということになる。

(3)　メカニズムの希薄化

　さて，こうしたメカニズムは，現代社会では，極めて希薄化している。現代社会の社会関係は，より機能的に拡散している。親族であり，職能集団のメンバーであり，同年代のエイジ・グループのメンバーであり，祭祀集団のメンバーであるといった，関係性の重複は，ほとんど存在しない。仕事，教育，近隣，親族などの関係は，それぞれ分化し，拡散しているし，多くは代替可能でもある。いうまでもなく，個人間で生じた紛争はそこで処理され，自身が取り結ぶ他の社会関係とは切り離して認識され，全関係者が認識し圧力をかけようとする構造など存在しない。そのため，紛争は，調和的関係回復よりも，個別の問題となる争点の解決こそが重要となり，またしばしば，関係を切断し，代替的な相手を探索することも行われる。たとえば，職場でトラブルが生じれば，転職することも選択肢として十分可能であるし，夫婦間で問題が生じれば離婚も，難しくはない。そして転職したとしても，離婚したとしても，その他の自身が取り結ぶ関係性には大きな影響は生じない。

　すなわち，現代社会では，調和的関係回復より個別論点の解決や，時には**関係切断**が優先され，これを妨げるような関係性に起因する圧力も見当たらない。また，日常的規範については，その不確定性はさらに増大しており，もし動員すべき規範があるとすれば，それは法ということになる。ただし，かつてのコミュニティのような即座に発動されるサンクション構造も存在しないため，多くの場合，紛争はそのまま継続することも多く，警察や裁判所を動員するとしても間接的で，時間を要する解決にしか結びつかない。

　こうした社会関係の変容を前提とすれば，社会発展に応じて，多層的な紛争処理メカニズムが重層的に機能するという見解も，また，コミュニティ的解決様式から，法的紛争解決への変容というシンプルな見解も，いずれも妥当な見解とは言いがたいだろう。

　もちろん，現代社会においても，職場や，友人関係，親族関係など，一定の共同体的コミュニティといえるものは，われわれの身の回りに存在するし，そこで調和的な関係を維持し，協調的に問題に対処していく意識は，なお，われわれ自身保持している。一定の関係性に根差した協調的意識は，薄まっているものの，なお意味を有している。また，ADRのように，コミュニティ的な紛争処理の要素を取り込んで機能している制度も存在する。しかし，それは伝統的なコミュニティの構造と比べれば希薄であることは否めず，われわれは，そうした希薄な関係性の中で，法や紛争という現象に直面しているのである。

　では，近代法や裁判制度は，こうした社会関係の変容の中で，どのように機能しているのだろうか。また，われわれの法意識は，どのようなものとして存在しているだろうか。次に，近代法・裁判制度について，社会構造変容との関係で検討していくことにしよう。

3.2.3　社会構造の変容と近代的裁判理念：パラドクス
（1）　近代法および近代的裁判制度
　近代法および近代的裁判理念は西洋近代において成立したとされる。歴史的には，裁判は，わが国古代の熱湯に手を入れて火傷の有無により真偽を判定する**盟神探湯**（くがたち）や，中世ヨーロッパの聖職者がかかわる神判（火傷の状態や水中で浮かぶかどうかなど）のように，呪術的要素による裁判も存在した。中世ゲルマン社会の裁判では，問題が起こると裁判集会が開かれ，ここで決闘による決着を求めることもできたし，そうでなければ固有の裁判官ではなく，集会に集まった人々が判決を提案するような形で行われた。そこには民事と刑事の区別もなかった。近世の絶対王権の時代に至ると，法は存在したとしても，君主による恣意的な判断が優越することになった。アジアに目を移すと，いわゆる律令などが整備される時代もあったが，ここでも律とは刑法を指し，令とは行政組織法であって，法や裁判は，君主が社会を支配し統制するための手段

にほかならなかった。

　こうした多様な裁判制度を経て，近代に至り，現在の法・裁判の原型となる近代法および近代的裁判制度が生まれてくる。典型的な理解によれば，近代西洋における資本主義の発展に伴って，共同体の枠を超えた通商や生産の必要性から，予測可能性の高い普遍的で合理的な法への要請が高まり，またそれに依拠する紛争処理制度および職能集団，すなわち裁判や法専門家が整備されるに至ったというのである。当然そこには，近代以降の社会では近代的裁判制度が最も適合的・実効的な紛争処理制度として機能しうるという見方が含まれている。

　政治・経済活動の担い手たる市民は，王の臣民でもなければ，権力に支配され統制される存在でもなく，法に基づく権利を有する**法主体**としての地位を，理念的には，確立することとなった。**自律的市民**が法以外の何ものにも拘束されることなく，互いの権利義務を尊重しつつ，自由な政治的・経済的・社会的活動を営む秩序立った社会というイメージである。利害の衝突や争いが生じても，あらかじめ万人に適用されるべく規定された法に従って問題を処理し，裁判を通じて法的権利を主張・貫徹させていこうとする市民の社会にほかならない。共同体的な集団の圧力や絶対的権力の介入は排除され，個として尊重された自由な市民間のルールたる法のみが利害調整の手段となる。そこでは，裁判は，この法ルールのみに基づき，公正に判断を示す制度としての意義を担うことになった。近代裁判の象徴となっている，法の女神テミスは，目隠しをし，右手に秤，左手に剣を携えている。秤は，いうまでもなく，公平に裁くことを意味し，剣は，その裁きをきちんと守らせるための力を意味している。目隠しは，裁きの対象となる者が，権力者であるかどうか，裕福であるか貧者であるか等を考慮に入れることなく，万人を公平に裁くことを象徴している。絶対君主の権力も，呪術的な力も排除し，公正な法のみに拠って，判決を下していく，という理念が，そこには的確に示されているのである。

(2)　近代的裁判理念の問題点

　しかし，法社会学的視点からは，近代法や裁判のこの美しい理念が，実際に実現されているのか，また，それに伴って失われる機能はないのかなどの問題

について，検証していく必要がある。テミスが目隠しをしたことによって，見るべきものが見えなくなってしまったのではないか，テミスの持つ秤は，人々が正しいと考える秤とは異なっているのではないかといった疑問が即座に生じてくるだろう。

　近代裁判の理念が生み出す第1の問題点は，判断を法基準のみに基づかせるという本質的な特性から生じてくる。恣意や権力行使を排除するため，法のみが絶対的基準となるというのは，それまでの君主権力や共同体的桎梏から，市民が自律するために不可欠な望ましい要件である。しかし，そのことは，法に規定されない次元の社会的要素を考慮しない（目隠し）ということにつながる。裁判は，端的には，事案をめぐる真実を発見し，そこに法基準を適用する形で行われる。真実発見といっても，ありとあらゆる次元の事実が扱われるわけではない，法に規定され，その効果と直結する「要件事実」を中心に事案が検証されるが，人々にとって重要な問題であっても，そこにかかわらない要素は，原則として考慮されない。紛争当事者は，既存の法基準に組み込まれた「要件事実」に沿う形で，それに合致しない側面を切り捨て，時には強引な加工を施して初めて，紛争を裁判所に持ち込むことができるのである。

　第2は，そうした問題の加工や主張の構成にあたって，法に関する専門的・技術的な知識が必要になる点である。いうまでもなく，法的に加工された主張は，当事者がもともと抱いていた紛争の認識や何を重視しているかとは異なってくることが多いし，それ以前に，法的に加工された問題像は，理解すること自体が困難かもしれない。事故に伴う損害賠償請求では，訴訟で法的観点から直接扱われるのは，「損害賠償請求権」という訴訟物であり，「要件事実」として取り上げられるのは，法的意味での「過失」や「因果関係」である。事故で失われた生命や，それに伴う悲嘆や加害者の行いの道徳性は，そこでは二次的なものとしか扱われえない。こうした中で，しばしば，当事者は，法専門家の「指導」に従属せざるを得なくなる。法主体としての市民は，多くの場合，法専門家の「指導」に従うことで，法が定める限りでの「権利の実現」をようやく得られるのである。

　近代裁判の理念は，その理念的意義の実現，すなわち，絶対権力から自律し，共同体的桎梏から解放されるために，近代法に依拠することを選択した。しか

し，**虚構の法主体**としての市民ではなく，「生身の生活者」である人々は，法が目指す権力批判的意義を獲得する代わりに，直面する問題の制限された側面のみしか対応されない事実を甘受し，また法専門家に依存せざるを得ない，というデメリットを引き受けざるを得なくなるのである。

(3)　近代法・裁判を支えたパラドクス

　こうした近代的法・裁判の成立をめぐって，西洋近代において，西洋の人々・市民は自ら権力を倒し権利を確立した，といった見解がよく主張される。本当にそうだったのだろうか。そこで，この近代法・裁判が成立した時代を振り返ってみることにしよう。

　共和制を目指したフランス革命を経て，19世紀に至ると，西欧各国で近代的な法が制定され，裁判制度も整備されていった。しかし，その時代，人々は，先に見たような市民としての自意識と，権利の保持者たる法主体としての意識をもって，法や裁判に向き合っていたといえるだろうか。そもそも，西洋近代に成立した「市民社会」というのは実在したのだろうか。実は，理念ないし理論として「近代法の思想」や，「自律的な近代的市民社会」は成立していたとしても，人々の生活は，いまだ現代とは比べ物にならない共同体的で濃密な人間関係の中に存在していたと考える方が自然である。パリでさえ，19世紀の半ばにようやく人口100万を超える程度の，現在の日本でいえば地方の一都市程度の規模であった。その周辺や地方では，いまだ変わらぬ農業共同体が存在していたと考えられる。法主体としての自律的な近代的市民は，いわば，実在しても極めて限定的であり，おおむね虚構的存在でしかなかったというべきであろう。

　そうした社会状況の中で，近代裁判は，どのように受け入れられ，どのような意義を有しただろうか。まず，裁判所が示す法に基づく判決は，市民の権利を確立し，市民としての主体的地位を承認する意義あるものとして受け止められていたのだろうか。近代裁判が社会に定着するためには，「判決」を「権威あるもの」として受容するような心的傾向が，必要だったであろう。実際には，共同性の色濃い社会関係の中で生活していた人々にとって，裁判所の判決を受容するときの意識は，権利の確立のためといった意識とは，まったく異なった

ものであった可能性が強い。それまでの君主や領主が支配した時代から引き継がれた意識のまま，順守すべき相手が，従来の君主権力から，法の権威に変わっただけだったかもしれない。絶対権力の権威や共同体的権威に代わる機能的代替物としての「法の権威」に服従する個人というイメージの方が現実的だと思われる。何らかの「権威」への依存・従属という心的傾向は，共同体的社会関係に適合的なものであり，法の尊重もまさにその依存的性向の一変種にほかならない。当時の社会が，おおむね，いまだ共同体的関係性が色濃く残った社会であることを考えれば，このこともうなずける。判決を「権威あるもの」として受容する心的傾向は，「法の主体」というよりは，「法の臣民」というべき意識に近かったかもしれないのである。

　さらに，先に見たように，実際に訴訟を行う場合に，法専門家の介入が不可欠になればなるほど，人々はそれに依存せざるを得なくなる。「普遍的法基準の適用」と法の支配という理念の確保のために，法専門家の介在は不可欠であったとしても，それは必然的に，人々の「自律性」を浸食する作用を及ぼしてしまう可能性が高い。この場合も，介在する法専門家集団に疑念を抱かず，法専門家が主導する裁判を，人々が受容していくためには，やはり「専門性」ないし「社会的地位」に付随する「権威」への信頼，それに従順に従う心的傾向が必要といえる。当時の共同性に支配された社会関係こそが，抽象的な法のみならず，法専門家集団への信頼と依存をも支えていたのではないだろうか。人々は，共同体的関係性の中で，「法の主体」たる「市民」というより，法と法制度，そして法専門家という，二重の権威性を受容していたのではないだろうか。

　もちろん，時代が下るにつれ，共同体的関係性は希薄化し，こうした権威への盲従も失われていっただろう。そして，人々は，法と法専門家を，自らの利害追及のための道具として，主体的に使いこなす意識を獲得していく。「自律的市民が，相互に権利を尊重し，法を順守して社会を構築する」といった西洋近代の法意識の理念的イメージは，このように歴史的状況を踏まえてみても，現実には，やはり，どの時代にも存在しない虚構に過ぎなかったのではないだろうか。

　近代法や近代的裁判制度が体現した理念は，それ自体が現実の表象であった

わけではないにしても，前近代的な権威や共同性の拘束を打ち砕く批判理念として重要な役割を果たし，機能したというべきだろう。しかし，さらに詳細に見れば，そこには理念と現実のパラドクスが見出される。なぜなら，近代法理念に裏打ちされた近代的な裁判制度が，それなりに機能したのは，それがまさに批判し，打ち壊そうとしていた共同体的関係性やそこから生じる権威への従属性（法という権威への従属）といった意識そのものによって支えられたからにほかならないからである。

　わが国でも，「順守すべき規範として法を受容し，個人の権利を相互に承認しつつ互いの関係を律し，紛争が生じれば訴訟に訴える」という意識が，西洋近代に発する成熟した法意識であるかのように主張されることが，しばしばあるが，考えてみれば，「法の権威を承認・尊重し，法に拘束されつつ行為を律する」という意識と行為の関係構造は，実は，「法」の代わりに「共同体」や「君主」といった言葉を，この文に代入しても成立するのである。それは成熟した法意識でも何でもなく，絶対権力や共同体への従属の代わりに，法に体現された権力への従属の要素を内包した法意識ではないだろうか。それは，近代法・近代的裁判の生成期に過渡的に存在した中間的法意識であり，共同体的拘束を打破しようとした近代法理念は，まさにその共同体的社会関係に根差した人々の意識によって支えられていたのである。共同体的関係性に変わって法規範に基づく社会秩序が形成されたという社会発展論の見解は，ごく表層的な理解に過ぎない。その背景や根深い次元では，両者の拮抗しつつ，支えあうといった，機能的パラドクスが生じていたのである。

　こうした共同体的関係性との相補関係の中ではあったが，近代法・近代的裁判が，批判的理念として重要な機能を果たし，次第に共同体的関係性の拘束を切り崩していったことは確かである。皮肉にも，近代法・権利の概念を要請したとされている商取引の領域では，わが国の現状やマコーリーが分析したウィスコンシンの地場企業の行動に見られるように，なお共同的な取引慣行が存在し，いまだに部分的な共同体的関係性によって法以上に有効な関係規律が達成されている。しかし，おおむね，経済・社会の発展とも相まって，次第に近代法理念は，共同体的関係性を脆弱化させることに成功し，現代の状況へとつながっていったことは間違いのないところである。

(4)　近代的裁判の機能的限界の露呈

　では，次第に，共同体的関係性が弱まり，人々の意識に変容が起こったとき，近代法・近代的裁判をめぐる人々の理解はどのように変容していっただろうか。

　第1に，人々の意識の変容が挙げられる。絶対権力であれ，共同体権力であれ，法権力であれ，あらゆる権力に従属するのでなく，まさに自律して，個人としての自己の利益を自由に追求する意識が一般的になってくる。近代法理念が称揚した**自律的個人**とは，法を順守し従順に従う個人としてではなく，自己の価値や利害に基づいて法を有益に使いこなそうとし，時には法に異議を唱えるような個人として生成してくる。法を順守し従うのでなく，法の主人として法を自らの解釈で主張し援用する個人である。もっとも，無限定に自己利益のみを追求する個人というわけではなく，法への一定の尊重と，また，脆弱化したとはいえ身の回りに存続する社会関係への配慮をも伴いながら，なお，自身の価値と利益の推進を図る個人というイメージが現実に近いだろう。こうした意味での「法を道具として使いこなす」法主体こそ，共同体的関係性が脆弱化した現代の個人の姿にほかならない。法の権威を尊重し法に従う過渡的な法意識から，法の主人としての，まさに成熟した法意識への変容である。この点は，これまで，逆に，「法を道具としてしか考えない意識」から，「法と権利を尊重し順守する意識」への成長といった図式で語られることの多かった法意識論を，まさに180度転倒した図式ともいえる。歴史的にも，「法・権利の尊重・順守」から「道具としての法の相対化」へという意識の変容こそが，本来の流れであったというべきである。

　第2に，裁判の機能的限定性が，次第に露呈し始めたことである。共同体的関係が残存した社会では，人々が直面する紛争の感情的側面，心理的側面については，共同体に埋め込まれた関係調整の仕組みが，まだ有効に機能する余地を残していた。親族や近隣の共同関係が，そうしたコンフリクトを引き受け，調整していたことは想像に難くない。とすれば専門的な法や裁判が対応すべきなのは，共同体的関係では対処できない，まさに法的に定義され限定された紛争の側面であった。それゆえ，裁判は，純粋に法的紛争解決の仕組みとしてその機能を果たせばよかったのである。裁判で対処しきれない紛争の諸次元は，共同体的関係の中で処理されていた。この意味でも，近代的裁判と共同体的関

係は，相補的に支えあっていたということができる。しかし，共同体的関係が脆弱化することで，裁判の部分的限定性，すなわち，紛争の複合的側面のうち，法的側面しか対処しえないという点が露呈し，不満の対象とされてくることになる。

　第3に，近代的裁判においては，訴訟提起にあたって，専門的技能の必要性から法専門家の介在が必要になることは先に指摘した。共同体的心的傾向が残存するところでは，法専門家は尊敬の対象であり，その専門性は信頼され尊重されることで，訴訟手続が進行していくことになる。しかし，共同体的関係の脆弱化は，法への信頼の喪失と同時に，法専門家のような存在への信頼や尊敬をも切り崩してしまう。専門的権威への従属の意識から，ここでも，法と同様，法専門家についても，道具的に利用する対象と見る意識への変容が生じてくる。法専門家が持つ，理解が困難な専門的知識や技能は，次第に尊敬の対象から，疑念の源泉へと変化する。ここでも，自律した個人であるがゆえに，法専門家の権威性も相対化されてしまうのである。

　以上のような傾向は，さらに時代が進み，社会関係が変質した現代社会では，いっそうの深刻さをもって立ち現れてくる。裁判の限定性への疑念，法専門家への信頼の希薄化，こうした事態に対処するために，どのような視点が必要になってくるだろうか。裁判については，近代的裁判理念のモデルにしがみつくことなく，現代社会の様々な新たなニーズや要請の出現を踏まえて，抜本的な視点の転換が必要になってくる。法社会学における裁判の機能や過程に関する様々な研究の成果は，そのための手がかりを与えてくれるが，これについては**第6章**で検討することにする。

3.3　法文化概念とローカルな法意識

　社会構造の変容によって，現代社会のわれわれは拡散した機能的社会関係の中で生活している。凝集した濃密な共同体的社会関係はもはや失われ，極めて希薄化した形で，その要素のみが職場や家族，地域などの，それも小さな範囲において見られるに過ぎない。わずかに残存するそれらの要素も，場合によっては簡単に関係切断し，転職や離婚により，代替を見つけることも可能となっ

ている。ただ，コミュニティに埋め込まれた秩序維持の仕組みは失われたが，同時に，それが直線的に法や裁判制度への依存を高めているかといえばそうとはいえない。こうした社会関係の中でのわれわれの法意識を含む意識はどのように構成されているだろうか。

また，社会関係の変容は，あらゆる先進社会に共通して見られる現象である。しかし，法・裁判制度に対する意識は，社会によって，差異が存在することは否定できない。法や裁判に対する認識だけでなく，ジェンダーに関する意識など，幅広い領域で，そうした差異は見出される。裁判利用については，**第2章**で，アメリカの訴訟過程の現実と日本の訴訟のそれとが異なっていることから，単純に比較できないことを指摘したが，それを考慮に入れたとしても，なお，裁判への認識・態度には，両国で大きな差異が存在することは否定できない。

社会構造の変容や形態だけでは説明できないこの差異を説明しようとする際に，よく言及されるのが文化ないし法文化という概念である。川島法意識論においても，前近代的な遅れた日本人の法文化が，訴訟回避行動の規程要因として取り上げられている。「訴訟社会アメリカ」「訴訟嫌いの日本」といった表現は，それぞれの法文化を示す言葉としても理解されている。

この場合，法文化概念は，日常的には，人々の法の認識や法行動を規定する説明要因として，言及されることが多く，また，そこに実体的で一貫性を持った固定的な何かが存在するかのように語られていることが多い。他方で，こうした法文化概念は，漠然としすぎていて，学問的記述の中では，被説明変数としてはともかく，独立した説明変数として扱うことには批判も多い。それでは，法文化という観念は，いかなるものと考えれば有効であろうか。以下では，この問題について考えてみよう。

3.3.1 アイデンティティの複合性と文化 —————————

(1) 「想像の共同体」としての関係集団

まず，文化や法文化をのっぺりした共通の実体と考える視点は放棄しよう。なぜなら，簡単にわかることだが，「訴訟嫌いの法文化」が支配的な日本でも，訴訟をする人は少なからずいるし，「訴訟社会文化」が支配的とされるアメリカでも，先に取り上げたマコーリーのウィスコンシンにおける企業の法行動研

究に見られるように，訴訟を回避し法を柔軟に扱う，あたかも日本的とさえ描写できる文化も存在するからである。文化は，実は，その内部に，様々な分岐や葛藤を含んでいると考える方が自然である。

　文化は，社会の中空に共通の存在として浮かんでいるわけではなく，われわれが生活する様々な現場で，その現場における行動や語りの中でこそ，具体的に表れてくるものである。文化は，まさにわれわれの一つひとつの認識や行動，語りの中に分有される形で現象している。そして，そうである以上，現場のローカルな状況や個人の選好が交錯する中で，その場にふさわしい形で解釈され現実化していくと考えられる。文化はのっぺりした固定的なものでなく，その時その場の現場の中で変容されダイナミックに流動しているものにほかならない。この点は，**第1章**で紹介したピエール・ブルデューの「構造が実践を構成しつつ，同時に実践のなかで即興的に変容され，さらに再構造化されていく」という理論に適合的な現象である。

　さらに，われわれは，かつてのコミュニティ社会のように，関係性が固定化し，範囲・境界も明確な社会にいるわけではない。拡散した機能的関係の中で，多くの関係集団にかかわり生活している。職場，家族，大学，近隣，同窓会など，無数の関係集団ごとに，いくつものアイデンティティをわれわれ一人ひとりが保有している。ある一人の主体は，たとえば，出身は京都人であり，居住は東京都であり，○○大学の学生であり，○○政党の支持者であり，アイスホッケー部員であり，SNSの誰かのフォロワーであり，そして，もちろん，日本人であるかもしれない。このように個人は，多彩な関係集団に属し，そして大切なのは，このそれぞれのアイデンティティに対応した小さな文化がそこに表れてくることである。

　この関係集団は，かつてのコミュニティ社会のように現実的な人間関係を必ずしも前提としていない。小さな集団であるアイスホッケー部員としてのアイデンティティは，目に見える他の部員との関係性に根差しているが，○○大学の学生としてのアイデンティティは，必ずしもすべての学生（数万人に及ぶこともある）との現実的関係に根差しているわけではない。いずれにおいても，その関係集団限りでの文化がそこにあるが，それはいわば抽象化された仲間との想像上の共同体の文化にほかならない。日本人というアイデンティティも，

出会うことのない人々を含め，何か共通の要素があると想像的に前提すること
で成り立つ想像上のアイデンティティにほかならない。

　われわれ個人は，固定した目に見える人々との関係の中でのアイデンティ
ティに拘束されているわけでなく，そのときの状況に応じて，これらの多元的
アイデンティティのいずれかを意識し，また別の場面では，他のアイデンティ
ティに根差す形で，あたかも多元的アイデンティティの間を遊泳しているよう
な存在なのである。

　このように，現代の関係集団は，必ずしも具体的関係性を前提とするもので
はない。いわば，**想像の共同体**である。ベネディクト・アンダーソンは，国民
国家の前提となる国民意識がいかに成立したかを明らかにしている（アンダー
ソン　1987）。各地域固有の支配者ではなく，中央官庁からの地方への官吏の
派遣，印刷技術の発展による新聞をはじめとする出版の興隆などが，人々に，
目に見える地域住民としての意識を超えた「国民」としての意識を生み出した
というのである。ある地方の小さな町に住む住民でも，新聞を通じ，いま東京
で起こっていることを瞬時に知ることができ，また，官吏の派遣や交代はその
派遣される範囲の広い地域全体を自らが属する「国家」として理解する意識を
生み出したというわけである。日本の場合は，明治期に，国家主導でこうした
動きが推進されたとしている。こうして成立したのが，「想像の共同体」とし
ての国家である。このアンダーソンの概念は，国家だけでなく，社会内の様々
な関係集団にも当てはめることができる。アンダーソンが着目した新聞や出版
のみならず，いまやインターネットや SNS を通じて無数の拡散的共同体が，
日夜，生み出されている。われわれは，まさに無数の「想像の電子共同体」に
属する複合的なアイデンティティを保持しているということができる。

(2)　他者との差異化

　さらに，ここで重要なことは，それぞれの関係集団の共通する要素の内実や
文化の中身よりも，他者との差異化が重要な意義を有しているという点である。
アイデンティティは，常に，他者の存在を前提としている。たとえば，「日本
人の法意識」という言葉は，論理必然的に，「日本人以外の人々の法意識」の
存在を前提としている。「○○大学の学生」というアイデンティティは，「○○

大学の学生以外の人々」の存在を前提としている。このことは，しばしば政治的な問題を引き起こす。日本人とアメリカ人といった，単なる差異の境界が描写されている場合はともかく，「日本人」というアイデンティティに内包される同質性が強調される場合（実は，すべての日本人の同質性を確かめられるわけもないのに），時にそれは，外部の他者への偏見と結びつくことがあり，ヘイトスピーチにつながったりする。また「男性」というアイデンティティの場合は，「女性」との境界として使用されるときでさえ，このカテゴリーの二分法から漏れ落ちる LGBT の人々への傷を生み出すことがないとはいえない。さらに，「日本人」というアイデンティティ同様，「男性」の同質的意味が前提される場合は，ジェンダー差別をもたらす可能性が高くなる。

　このように，アイデンティティに内在する固有の同質的要素を前提し，それこそがアイデンティティを形づくるとする考え方は本質主義と呼ばれ，誤謬というほかない。そこで措定される本質や同質性は，想像の産物に過ぎないからである。アイデンティティとは，内部の同質的な要素によって基礎づけられるものでなく，境界と差異を設定する言説によって構成されたものととらえるべきである（コノリー　1998）。

　いずれにせよ，このように，文化とは，実は，①現場の状況に応じて微分化された無数のアイデンティティの集合体であること，②しばしば，文化内部に対立や葛藤の契機が内包されていること，③個々人の現場での語りや振舞い，そして時に葛藤の中で，動態的に変容する過程の中にあるもの，として理解される必要がある。文化とは，個々のローカルな動態的文化・意識の矛盾さえはらむ集合体にほかならないのである。

　文化概念をこのように動態的で複合的な概念として再構成すれば，文化はもちろん，法文化も，被説明要因にはなっても，説明要因としては不適切であることがわかる。また，「日本人の法意識」など，「日本人」というカテゴリーも，それ自体が微分化された多くの差異を含むアイデンティティや葛藤さえ内包していることを考えれば，分析対象の単位としては，大きすぎることも理解できるだろう。

　そうだとすれば，法意識・法文化の法社会学的探究も，よりきめ細かにローカルな関係集団，想像の共同体の中で，領域ごとに，その現場を見ることが必

要になってこよう。ローカルな動態的法意識研究というアプローチである。

3.3.2 ローカルな動態的法意識研究へ ─────────────

(1) ローカルな法意識

　川島以来，わが国で展開されてきた「日本人の法意識」論とは別に，アメリカでは，むしろローカルな法意識動態の研究が，主に人類学に関係する研究者によってなされてきた。「日本人の法意識」であったり，「近代的な法意識」であったり，そのような大づかみの法意識でなく，個人ないしコミュニティの人々の日常的生活の中で，その振舞いや認識に組み込まれた法意識について検討しようとする研究である。それは，小さな関係性を対象とする点で，**ローカルな法意識研究**であり，徹底した現場主義による臨床ないし解釈法社会学アプローチの一つということができる。

　その指導的研究者が，**デービッド・エンゲル**である。エンゲルは，経済的に発展しつつあるアメリカのある地域コミュニティにおいて，人々の法や共同体についての認識の変容について，参与観察とインテンシブなインタビューによって精緻に分析している（Engel　1984）。そこでは，法は，人々の外側にある実体ではなく，日常生活の中で参照され，言及される際に，その日常生活・規範意識を構築するとともに，法自体の意味も構成されていくという，解釈的循環関係にあるととらえられている。訴訟利用をどのように意味づけるかについても，経済発展につれ人口が増加し，新住民が流入する中で，意識が一様に直線的に変化するのではなく，古くからのコミュニティ成員内部のもめごとか，新住民との問題についての訴訟利用かなど，その問題の要素によって，訴訟利用が肯定的に評価されたり，否定されたり差異が生じてくることを示している。人々は，その置かれた様々な状況や要因によって，訴訟に関する法意識を変容させるのである。また，エンゲルは，こうした研究を踏まえて，アメリカで傷害を負った被害者のほとんどが，法や訴訟に頼らず，いかに権利主張するケースが少ないかを論じている（Engel　2001）。

(2) ローカルな法意識研究による示唆

　こうした近年のローカルな法意識・法文化研究は，2つの重要な示唆を与え

てくれる。

　第1に，「あるべき法意識」「遅れた法意識」「日本人の法意識」「アメリカ人の法意識」といった，大づかみにカテゴライズされた法意識という概念を立てて議論することへの疑問である。エンゲルの研究が示すのは，法意識がたとえば契約意識でも訴訟利用の権利意識でも，個々のコミュニティによって，さらにはその成員個々によって，微細なズレを常にはらんでいるのが普通だという点である。大きな議論から，これらローカルな法意識，法領域ごとの個別の意識についての研究を積み重ねていくことの方が，川島の時代と異なり，現在では重要であるかと思われる。

　第2に，関連するが，法意識・法文化というものを，「日本人」といった大きなカテゴリーであれ，個人であれ，ほとんど変わらない固定した「実体」のようにとらえることの誤謬である。訴訟回避行動をとるか，訴訟利用行動をとるかは，アメリカ人でも日本人でも状況により異なってくる。問題そのものの性質によって訴訟回避的であったり，訴訟に積極的であったり，その対応は多様である。同じ個人であっても，その置かれた関係性や時間要素の中で行動が変容することもある。こうした個々の状況下で構成されるローカルな意識として，法意識を「動態的な過程」としてとらえなおすことが重要である。

　そして，そのローカルな構成的法意識が，置かれた状況，利用可能なリソース，たとえば，裁判や弁護士の観念を，どのように認識的に構成し，またその環境下で構成されているかを問題にする必要がある。そこでは制度環境と法意識が，融合して人々の認識の中で，構成されているからである。

　今後，大づかみでジャーナリスティックな「日本人の法意識」論ではなく，現場の状況に即したローカルな法意識について，その流動過程を含め地道に検証していくような研究の蓄積が，法社会学の領域で必要となってこよう。

4

秩序と紛争

4.1 社会秩序と法秩序

4.1.1 社会秩序の動態的構造 ——————————

（1） 万人の万人に対する闘争

　社会秩序とは，「人々の社会的関係の構造，およびそこでの相互作用のパターンが相対的に安定性を保ちつつ再生産されている状態」と，とりあえずは，いうことができるだろう。社会的関係の構造については，様々な制度，たとえば家族，教育，経済などの諸制度が含まれ，法制度もそこに内包される。それぞれの制度が比較的安定し，逸脱は目立たず，個々の相互作用も一定の予測可能な範囲で維持されているような状況である。

　トマス・ホッブズは，『リヴァイアサン』において，自然状態における人間は，互いにその権利を実現しようとして「万人の万人に対する闘争」状態に陥ってしまうと考え，これを克服するためには，万人がその自然権を国家に委譲する社会契約が必要であると主張した（ホッブズ　1954-1985）。もちろん，これは17世紀の書物であり，自然状態という仮想のイメージを前提として立論したものであるが，その「社会契約」を現代の社会学的視点から解釈すれば，意図的に契約を結ぶわけではないとしても，社会の中で安定した生活を送るために，一定の規範を順守すること，それによって安定性や有益な効果を生み出している多様な制度の機能が成立することを示唆するものともいえる。また他方で，

万人の万人に対する闘争という視点も，何もみなが不断に対立し争っていると
いうわけではなくとも，秩序過程の現実的性格を考えるための有効な手がかり
を与えてくれるものと見ることもできる。これらを手がかりに，社会秩序のあ
り方について考えてみよう。

　まず，社会契約概念を手がかりにしてみよう。もちろん，現実的にも，抽象
的にも，われわれ一人ひとりが国家や他者と社会契約を結ぶことなどありえな
い。しかし，個人は生まれ落ちたときから，その国家に固有の家族制度，教育
制度，経済制度，法制度のもとで人生を始める。さらに，同じ国家の内部でも，
その地域に応じてローカルな制度的環境の差異のもとで生きていくことになる。
明示的に，それぞれの制度について合意することなどありえなくとも，自らを
取り巻く制度や規範を受容し，内面化しながら，その成員としてそこに馴染ん
でいく。狭義の規範だけでなく，味覚や美術などをめぐる感覚も，実は規範的
な要素と結びつきながら，われわれの中に吸収されていく。もちろん，個々の
問題で不満を感じ，時には逸脱することがあっても，また，微細な差異はそれ
ぞれにあるとしても，おおむね，この制度環境を受け入れ，他者との関係，た
とえば，学校での行動や経済的な取引活動を経験することで，規範を身に着け，
かつ制度を再生産していくことになる。この過程は，タルコット・パーソンズ
が示した，社会の有機体的安定維持のために社会構造が果たす諸機能のプロセ
スそのものといってもいい。社会契約とは，このように社会の中で価値や制度
規範を内面化していく過程としてとらえることができる。

　とはいえ，われわれ一人ひとりが，既存の社会制度の中で，すべて100％満
足し，それに従っているというのも考えられない。犯罪などの明示的な逸脱も
あるし，それでなくとも，個々人の行動には，微細なズレや小さな逸脱も普通
に見られる。制度が示す規範そのものが，必ずしも明確でなく，多分に解釈の
余地を残している場合もある。また，社会の様々な変容に応じて，これまでの
パターンが組み替えられていくことも多い。このように考えれば，ホッブズが
想定した万人の万人に対する闘争という現象は，無秩序な激しい闘争状態とし
ては存在しえなくても，微細なズレや葛藤・コンフリクトの生成という意味で
は，日常的に誰もが経験していることでもある。すなわち，秩序とは，一定の
安定性を維持しつつもその内部では，微細なコンフリクトが常態的に存在する

過程として存在しているというのが妥当かもしれない。

(2)　秩序と葛藤の動態的関係

　たとえば，世襲独裁制で維持されている国家を想定してみよう。表面的には，静かな秩序が維持され安定しているように見えるかもしれない。意見の分裂が見られることもなく，独裁元首の言葉や姿を，すべての国民が涙を流さんばかりに熱狂的に歓迎しているような外見が示されているかもしれない。しかし，われわれの多くは，その安定は暴力的な抑圧によって維持されており，実はその背後にいつ噴出してもおかしくない強い緊張や対立が潜在していることを容易に想像できる。

　ここから秩序というものを，静態的に安定した状態と見る表面的見方ではなく，葛藤・対立と切っても切れない，しばしば矛盾に満ちた動態的過程と見る必要が出てくる。むしろ，ミクロな絶えざる葛藤や意見の相違が表出され，処理されているからこそ，揺らぎながらも，社会の秩序が維持されているともいえるのである。秩序とは静態的な状態ではなく，動態的な過程にほかならないのである。ここでは，表層の安定した秩序の側面を顕在的秩序と呼び，その背後で遍在する対立的契機を潜在的葛藤と呼んでおくことにしよう。社会学的に見る限り，秩序とは，顕在的秩序と潜在的葛藤の組み合わさったものとして概念化できるのである。

　もちろん，その社会，その状況によって，この2つの次元の程度は様々でありうる。潜在的葛藤が顕在化し，内戦状態のようになることもあれば，暴力的抑圧により深い潜在的葛藤が表に出ないまま押さえつけられていることもある。また，潜在的葛藤の解消が選挙のような民主的手段でなされる場合もあれば，そうした民主的制度が根づいていない場合には，軍事的クーデターやデモといった暴力的手段がとられることもある。また，国家レベルのみならず，社会内の下位集団の様々な層で，同じことが当てはまる。

　これらの例からわかるように，権力の制度化のあり方（独裁制か民主制かなど）は秩序の構成に大きな影響と意味を有している。暴力に支えられた独裁的権力は強力ではあるが，逆に強い緊張と葛藤にさらされる可能性が高い。民主的社会にあっても，警察や裁判所は強力な権力機関であるが，その行使は一定

の手続や規制によって限定されている。そうした仕組みは，また，市場経済の仕組みによる富と利害の交換関係の秩序化および富の集積の程度と大いに関係しているといえるだろう。これら秩序の諸要素の配置とバランスは，秩序のあり方を考える際の重要な手がかりであるが，以下では，わが国の状況を念頭に置いて，とりわけ法秩序のあり方について考えてみることにしよう。

4.1.2 法秩序と社会秩序の交錯

（1） 法秩序とは

法は，これら制度の中で，まさに秩序維持にかかわる最終的安全弁としての役割を担っているともいえる。社会秩序とは別に，**法秩序**という概念に言及されることもある。では，社会秩序とは別の，法秩序とは，どのような秩序状態として考えることができるだろうか。

そもそも明示的な法がなくとも社会秩序は存在しうる。人類学の研究が教えてくれるように，国家の法が届かない部族社会であっても，万人の万人に対する闘争といった無秩序状態ではなく，極めて巧妙な仕組みで社会の安定と秩序は維持されている。この点については，前章ですでに説明してきた。他方，社会が発展し複雑化すればするほど，成文化された法や，裁判所，法専門家などが，制度化され生み出されてくる。極めて複雑化し発展した，現代のほぼすべての国家では，法が極めて重要な秩序維持装置として認識されている。そうした社会で，社会秩序と区別された法秩序とは何を指すのだろう。

第1に，法秩序は，法という制度の内部的秩序として言及されることがある。**ニクラス・ルーマン**は，法を自己言及的な閉じたシステムとして思念している。自律した一つの閉鎖的システムというとらえ方は，法の領域において，その性質を的確に描写したものということができるだろう（ルーマン 1977)。ルーマンのシステム論を徹底しなくとも，そもそも法は，自己言及的に常に自らを再生産し，それゆえ法としての秩序を維持しているといえる。裁判は，常に実定法に依拠し，言及し，判断を下していくが，その過程で，当該実定法を再確認し再生産していく。判決は，法ルール体系の内部でそれに基づいて生み出されたものであるとともに，論理的に法ルール体系の構成要素として，法そのものに還元されていく。裁判所で，警察で，役所の窓口で，法は言及され，それを

通して安定した法秩序が，常に再生産され，維持されていくのである。

　このように，法秩序は，まずもって，法という制度そのものを自ら再生産していくメカニズムを指しているということができる。もし，法が，不安定で，その原理や解釈が，日常的に変転するような状況では，法制度の適切な機能は果たしえない。それゆえ，現実にはともかく，少なくとも理念的に，法は，安定した自律的な秩序として，自らを顕現させていく必要がある。この法ルール体系の持つ秩序性が，法秩序の第1の意味である。

　第2に，法秩序という言葉は，それとは別に，法という制度・システムが，社会の様々な問題に影響を及ぼすことで社会秩序の維持，生成に影響を与えていることに関して言及されることがある。法内部でなく，外部との相互作用の中で思念される法秩序概念，すなわち，法が，法そのものではなく，外部である社会に秩序を生み出す作用を果たしているという意味での法秩序概念である。機能的な法秩序概念と呼ぶこともできるだろう。一般には，法秩序という概念は，こうした意味で言及されることが多い。ある法が制定されることで，当該領域における人々の行動が規律され変容することは，日常的に見られる現象である。

(2)　法と社会の緊張関係

　このように法が社会ないし人々の行為に影響を及ぼす方向のほか，他方で，社会の自生的秩序が法の規定や運用に影響を及ぼしている場合もある。たとえば，一例として，交通事故で幼児が死亡した場合の損害賠償を考えてみよう。賠償額の重要な部分を占めるのが逸失利益という費目である。簡単にいえば，その被害者が事故にあわず，生きていた場合に得たであろう収入の合計（使用するはずの生活費等は控除する）である。幼児の場合は平均賃金で計算される。たとえば，それが，6,000万円だったとしよう。しかし，ヨーロッパの国々では，残された親が受け取る賠償額は，裁判を通じても100万円ないし数百万程度である。これに対し，日本では，6,000万円の逸失利益を，親がすべて受け取るという判決が下されるのが普通である。この差は，どのように生じてきたのだろうか。ヨーロッパの場合は，発生した逸失利益は幼児本人が逸失した利益であり，親が逸失したものではないこと，およびそれによって親自身が経済

的損失を被ったわけではないことから，この逸失利益としての 6,000 万円の賠償は，受取人（幼児本人）死亡により賠償義務が消えてしまうのである。したがって，親が得られるのは，親自身の精神的慰謝料と葬儀費くらいとなる。逸失利益の 6,000 万円は本人である幼児に帰属するため，親は受け取れないのである。これに対し，日本では，死んだ幼児に帰属する逸失利益の請求権を親が相続する形をとっている。そのため，日本では親が，この幼児の逸失利益の 6,000 万円も全額を受け取る形で判決が下される。

　ここには，個人単位で考えるヨーロッパ諸国と，家族という単位を基準とし，またかつて老親の扶養を子が担うのが一般的だった（つまり子の死亡は親にとっての経済的損失でもある）日本との，文化・社会的関係性の差異が反映しているといえる。社会秩序のあり方が法の作動に影響しているのである。このように，法秩序と社会秩序は，双方向で影響を及ぼしあいながら，社会的行為，経済的関係，家族関係のあり方，さらには何が当然であり自然であるかについてのわれわれの認識をも構成しているということができよう。

　このように社会秩序と法は，相互に浸透しあいながら，われわれの行為や関係，認識を構成しているのであるが，いうまでもなく，ここでも，潜在的葛藤が常に存在し，法と社会との緊張関係を生み出している。たとえば，かつて婚姻は，男性と女性の間で成立するものと思念され，また実際，そのように婚姻は構成されてきた。その中で，LGBT の人々は，法秩序はもちろん社会秩序の次元でも，不適合な存在として排除されてきた。わが国の憲法 24 条は，次のように規定している。

> 「婚姻は，両性の合意のみに基いて成立し，夫婦が同等の権利を有することを基本として，相互の協力により，維持されなければならない。配偶者の選択，財産権，相続，住居の選定，離婚並びに婚姻及び家族に関するその他の事項に関しては，法律は，個人の尊厳と両性の本質的平等に立脚して，制定されなければならない」

　この規定における「両性」「夫婦」という言葉は，長い間，疑うことなく生物学的性別とジェンダーが問題なく一致していることを前提に，婚姻は男性と女性によってなされるものと理解されてきた。しかし，現在，LGBT の人々の

存在と，その権利が当然に一人の人間として承認されるべきであるとの認識が広がるにつれ，この従来の読み方の問題が明らかになってきている。婚姻を希望する人が同性であったとして，「両性」の概念に包含されうると解釈する余地もあるし，少なくとも「両性」という言葉が，同性の婚姻を排除する意味で用いられているのではないとの主張である。この考えのもとでは，憲法を改正する必要もなく，同性婚は受理されるべきであり，またそれを正面から承認する立法も可能であるということになる。そこでは，社会秩序の寛容な変容と，それに伴う法的承認への請求という動きが，これに反対する保守勢力との間での葛藤を生み出しつつ展開している。

　これは一例であり，様々な論点をめぐって，こうした異議申立てがなされてきている。先にも述べたように，社会秩序と法秩序は，一見，安定して存在しているように見えながら，実は不断の葛藤に直面し応答を余儀なくされているのである。また，こうした政治的にも大きな論点に関するだけでなく，一つひとつの裁判，一つひとつの行政過程，一つひとつの社会的行為の中に，小さくとも潜在的葛藤が応答を求めて蠢動しているということもできよう。実定法学が，いわばこうした動きをにらみながらも，法秩序内部のシステム修復に従事するのに対し，法社会学は，まさにこうした法秩序と社会秩序の葛藤に満ちた動態的過程，人々の行為や認識の構成・変容過程をつぶさに観察し参与しながら検証していく作業に従事しているのである。

4.1.3　秩序と紛争の融合性

　さて，ここまで見てきた秩序の概念に対して，紛争とはどのような状況だろうか。通常，秩序と紛争は鮮明に対立した関係に立つものとして意識されている。紛争とは，秩序が，一定の稀少な価値や利害の配分をめぐる対立により攪乱された状態であり，速やかに収拾されるべき事態とされている。法制度の役割は，紛争を解消し，秩序の回復と維持することとも考えられている。攪乱状況としての紛争，維持されるべきあるべき状況としての秩序，そしてその修復機能を果たす法という見方である。

　しかし，この紛争と秩序について，そのようにナイーブな対比的構図を前提することができるのだろうか。ここまでに見てきたように，秩序が，その内部

に絶えざる葛藤を内包した社会過程にほかならないことを考えれば，紛争と秩
序は，はっきりと明確に区別することはできないのではないかという点である。
社会秩序というものが動態的な揺らぎを内包しながら，状況に応じて変化して
いくものであるとすれば，変化する社会のダイナミズムの中で生じた葛藤・紛
争が，法制度や紛争処理システムに対応を求めてアクセスしてくるのは，むし
ろ自然で健全な現象というべきであろう。社会のダイナミズムの中で生成する
紛争を継続的に処理し，新しい秩序を更新し続けることによって，法制度や紛
争処理システムは自らも微調整を続けながら，社会変化に即応したより妥当な
機能を果たしうるからである。

　この意味で紛争は，社会にとって害悪では決してなく，むしろ社会を活性化
し変動させていく原動力として重要な役割を担っていることになる。世襲独裁
国家に見られるように，行きすぎた秩序はまさに停滞と抑圧に近いニュアンス
を帯びることにもなろう。ただ，紛争を社会にとって有害なもの（秩序の攪乱）
と見るにせよ，有益なもの（社会の活性化）と見るにせよ，秩序と紛争の二項
対立図式は，いずれにおいても，その基盤において維持されているといってよ
い。しかしながら，秩序と紛争は，そもそもそのように単純な対立関係にある
といえるのだろうか。

　実は秩序と紛争の差異は極めて不分明であり，一つの過程の中に融合して共
在しているものと見ることが可能である。そもそも秩序として概念化される状
態も，その実体は人々が他の人々や「もの」と取り結ぶ関係の，常に動きつつ
ある過程から構成されている。こうした過程の集積としての関係性は，その人
の置かれた状況の変容に応じて常に再生産されていく。また紛争として概念化
される状態も，こうした再生産過程のバリエーションとしてその延長線上にあ
り，この意味で秩序と紛争の区別は必ずしも明確な境界を定めえない相対的な
ものということになる。先にも見たように，秩序とは，潜在的葛藤の不断の生
成過程を内包しており，関与する個人の意味づけによってそれと表象されてく
るのにほかならない。そこには，ここからが紛争，ここまでが秩序といった，
「客観的」指標は定立しえないのである。

　さらに，秩序と紛争の複合的・融合的結合を考える必要がある。紛争状況に
おいても，特定の次元における紛争的・対立的過程が，異なる次元においては

秩序再生産に貢献するなど，複合的状況が見られることがある。たとえば，紛争交渉過程は，その過程をいかに進行させていくかという手続レベルにおいて，通常，秩序再生産をも促進する機能を果たしている。わかりやすくいえば，いかに激しい争論が生じても，暴力的手段がとられることはまれである。その場合，暴力的手段は排除するという，「争い方」についての一定限度の相互了解ないし秩序合意が，当事者間に無意識にでも成立し，再確認されているといえる。つまり，利害や価値をめぐる実体的次元での闘争的側面と，「争い方」をめぐる次元での秩序再生産過程が同時に存在しているのである。もちろん，手続レベルに限らず，他の様々な位相や論点で秩序再生産と紛争過程が混在していることはいうまでもない。

　すなわち，あらゆる秩序再生産過程は，その中に，あるいはそれと関連して紛争的契機を含意しており，逆にあらゆる紛争過程は，同様に秩序再生産的契機を内包しているのである。この意味で秩序と紛争は複合的・融合的に，一つの過程に内在しているものなのである。端的にいえば，通常，秩序維持的と考えられている交渉過程の中にも，協調的側面と対立的側面が同時に存しており，逆に紛争過程の中にも対立的側面ばかりでなく協調的側面が存しているということになる。このことはわれわれの日常的経験からも理解できるところである。

　このように過程志向的視点から見た，①秩序と紛争の相対性，および，②秩序と紛争の融合性，の二要素を重ね合わせることによって，秩序と紛争の二項対立図式が，粗雑に過ぎ，微妙で融合的な両者の関係を把握するのにまったく不十分であることがわかる。しかも，この秩序と紛争の関係をめぐる議論は，決して理論上，概念上の遊びにとどまるのではない。紛争を，社会にとっても当事者にとっても，速やかに除去すべきものとして定義づける制度理念や常識のもとで，紛争処理機関の作動が実際に大きな影響を受けていると考えられるからである。秩序と紛争の関係を相対化する視点は，そうした現実への批判の準拠点としても重要な意義を有しているのである。

4.2 交渉論の展開

4.2.1 ハーバード・モデル ―――――――――――――――

(1) 「問題」に焦点を合わせた協調的交渉

　秩序と紛争が相対的であり，常に価値や・利害の葛藤への対処が行われているとすれば，社会過程は，不断の交渉の連続ということもできる。ここでは，法社会学の領域でも注目を浴びた交渉をめぐる理論化の動きとその限界を検証しておくことにしよう。

　交渉論は，1980 年に入って，ハーバード・ロー・スクールに交渉研究プログラム（Program on Negotiation）が設立されたことで，大きな注目を集めることになった。プログラムの主宰者である**ロジャー・フィッシャー，ウィリアム・ユーリー**の著書『ハーバード流交渉術（Getting to Yes)』は世界中でベストセラーとなり，また，ハーバードが提供するセミナーには，世界中から企業家や外交官が参加するなど活況を呈している（フィッシャー＆ユーリー　1982）。

　そこで示された交渉のポイントは，第 1 に人と問題を区別せよという点である。われわれは，しばしば，発生した問題の原因を環境や状況ではなく，相手の人格に帰属させる傾向がある。このことは，心理学の帰属理論でも明らかにされている。たとえば，相手が約束の時間に遅れ，30 分経っても，約束場所に現れないとき，われわれは「だいたいあいつはルーズな性格だから」とか，「そういえば前にも寝坊して遅れてきたなぁ」と考え，腹を立てたりする。しかし，もしかしたら，相手は約束場所へ来る途中で，けがをした人を見つけその救護にあたっていたため遅れているのかもしれない。役所や病院の窓口で長時間待たされたとき，「担当者の手際が悪い」「いい加減に対応しているのではないか」などと苦情を述べたくなる。しかし，担当者は一生懸命に対処しており，問題処理の手順がうまく整備されていないことが原因かもしれない。このようにネガティブな影響が生じる事態にあっては，われわれは，問題が起こった環境や状況に目を向けずに，人を責めてしまう傾向が存在するのである。

　しかし，人を責めたとしても問題解決には至らないし，いっそうこじれることも多いだろう。深刻な紛争状況ではなおさらである。このとき，交渉論では，

人と問題を切り離すべきと考える。いま，目の前にあるのは対立的紛争ではなく，「解くべき課題」だけである。相手も，対立する敵対者ではなく，目に前にある「課題」を一緒に解いていく協働作業者なのだと考えるという，発想の転換が必要だというわけである。たとえば次のような例である。

　あなたは病気で入院している。看護師が出入りするたびに，ドアがバタンと閉まり大きな音を立てて，弱っているあなたには苦痛である。このとき，看護師に対し，「おい，もっと静かにドアを閉めてくれ」ということも可能である。このとき，原因は，「看護師の乱暴な振舞い」にあると認識されている。しかし，患者があなたでなく，交渉の専門家であるロジャー・フィッシャーだったとしよう。おそらく，彼はこう問いかけるだろう。「看護師さん，ドアがバタンと閉まると頭に響くんだけど，何とかならない？」，すると看護師は，「そうなんです，このドアは古くて，バタンと閉まっちゃうんですよね。そうだ，タオルを隙間にかませておきましょう。そうすればゆっくり閉まるし，音もしない」。「そうだね，それはいい考えだ，よろしくお願いします」，これで問題は解決する。この場合，看護師のせいではなく，古いドアの問題に交渉の焦点が移行している。どのような問題でも，相手方を責めるのではなく，その背景に横たわっている問題に目を向けることで，生産的な解決への可能性が生まれてくるというわけである。

(2) ハーバード・モデルの3つの概念

　そのために，ハーバード・モデルでは，3つの概念を活用する。**イシュー**（争点），**ポジション**（表層の主張・要求），**インタレスト**（深層の欲求）という3つの概念である。

　ポジションとは，たとえば，「夫が子どものことを省みない」などの事実についての主張や，「親権は絶対に譲らないし，面接交渉も許さない」といった要求の主張など，当事者が当初とっている立場・位置を示す主張である。

　インタレストは，そうした表層の主張の背景に隠れている深層の欲求やニーズであり，当事者自身，気づいていないことも多い。たとえば，「親権は絶対に譲らないし，面接交渉も許さない」といった強い主張も，その激しさを生み出しているのは，子供を大切にしたいという想いである。子供を大切にしたい

というインタレストが，相手方のひと言や振舞いをきっかけとして，相手を責める形で怒りにまかせた「攻撃的主張」という形をとって表出している可能性もある。

　イシューは，まずはポジション・レベルの争点を指すが，対話による気づきを通して「インタレストに即した前向きのイシュー」へと転換されていくことになる。ハーバード・モデルは，ポジション・レベルのイシューに焦点を合わせて解決しても貧困な解決にしかならない，インタレスト・レベルでのイシューに転換しインタレストを満たす解決を求めることが重要とする考え方である。

　この点は，ハーバードのテキストでは，次のような例で説明される。有名な姉妹によるオレンジの取り合いの例である。姉妹が一つのオレンジを取り合っている。さてこの問題をどう解決するか？　すぐに思い浮かぶのは，半分に割って分けるという解決法である。あるいは姉の方が，身体が少し大きいから7：3に分ける，妹の方が幼いのだから少し譲って3：7に分けるなどのバリエーションもある。次に思い浮かぶのは，じゃんけん，くじ引き，一方が切って他方が好きな方を先に取るという解決法である。これ以外に，気の利いた人なら，冷蔵庫からもう1個オレンジを取り出してくる，とか，今回は妹に与え，次回は姉に与えるという約束をするなど，時間やその他の要素を持ち込むことで別様の解決を考えることも可能である。

　しかし，ハーバード・モデルでは，まず姉妹に問いかけることから始める。「あなたは，なぜそのオレンジ1個が欲しいの？」，すると姉は「オレンジケーキを作るのに1個分の皮が必要なの」と答え，妹は，「オレンジジュースを作るのに1個分の実が必要なの」と答えるかもしれない。この場合，先の解決案のように，半分に分けても，じゃんけんで決めても，どちらかには不満が残るが，姉には皮を全部，妹には実を全部与える形にすれば，双方が100％満足することになる。ここでは，「オレンジ1個が欲しい」というのがポジションで，その背後にある根底のニーズ，すなわちインタレストまで見極めれば，より生産的な解決ができるということである。表層の争点にではなく，より深いニーズに焦点を合わせて問題を解決するという発想の転換は，狭義の交渉のみならず，契約などの秩序形成過程から，紛争をめぐる交渉過程まで，大きな影響を

与える視点を含んでいる。

(3)　二重関心モデル

このハーバード・モデルと関連して，交渉スタイルについての二重関心モデルも，交渉論ではよく示されている。心理学者の**ケネス・トーマス**と**ラルフ・キルマン**は，コンフリクト状況での対応スタイルに関してモデルを構築し，かつ自身のコンフリクト対応スタイルの傾向を確認できる心理テスト（Thomas-Kilmann Instrument）を開発し提供している（Thomas　2002）。このテストで確認できるコンフリクト対応の5つのモードを示すのが**二重関心モデル**と呼ばれる分類である（図4-1）。

このモデルでは，自分の立場や利害をどれだけ重要視するかを縦軸に，相手の立場や利害にどれだけ配慮するかを横軸にとってマトリックスが構成され，5つのパターンが位置づけられる。相手の立場への考慮は弱く，自身の利益や価値の最大化を図ろうとする対応スタイルは競争的スタイルと呼ばれる。いわゆる，綱引きのように競争する勝ち負け志向型（win-lose型）のスタイルである。右下の受容とは，逆に自分の利益の追求は控えて，相手の価値・利害を尊重し受け入れるようなスタイルで受容型と呼ばれる。その中間が，妥協型で，自身の利害にも相手の利害にも配慮しながら，妥協的な解決を目指すスタイル

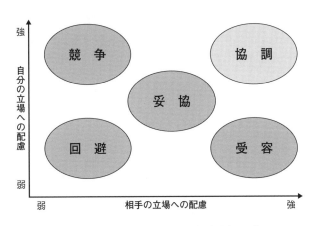

図4-1　Thomas & Kilmann 二重関心モデル

である。この場合，自分も相手も十分な満足は得られないかもしれないが，希求する水準を下げて，ほどほどの利益，部分的利益で納得するといった解決につながる。左下は，コンフリクトが存在することは認識しながら，その解決については棚上げし，回避しておくような対応スタイルである。国際政治のような領域では，意味を持つこともあるが，多くの場合，これは，双方にとって利益にならないことが多いとされる。右上は，自分の利益をも十分に実現し，相手の利益にも配慮し，その実現も支持し，双方が満足いく解決を目指すスタイル（win-win 型）である。いうまでもなく，トーマス＆キルマンはじめ，すべての交渉論の提唱者が，右上の協調型コンフリクト対応スタイルが，望ましいとしている。交渉とは，財や価値をめぐる勝ち負け型の競争的態度でなく，双方の利害に配慮しつつ協調的に解決することが，よりよい解決につながるというわけである。

　そのためには，目先の争点をめぐって勝ち負け型の対立があったとしても，より深いニーズ，ハーバード・モデルのいうインタレストに着目することで，イシューを，協調的解決を可能にするようなものに転換できるという前提がある。先のオレンジの例でいえば，表面の「オレンジの取り合い」というイシューは勝ち負け型にしかならないが，そこで，「なぜオレンジ1個が欲しいのか」という発想の転換によりインタレストまで掘り下げることで，イシューが転換し，双方が満足できる解決に至ることができるということである。

　こうした仮説的な例だけでなく，実際に法的紛争の場合でも，同様の現象は頻繁に見出すことができる。たとえば，土地の境界をめぐって，わずかな狭い土地の所有権の帰属が争われているような場合，実は土地の境界をめぐる主張は戦略的なポジションに過ぎず，その背後に，相手方との人間関係にかかわる別の問題や行動が潜んでいることが多いといわれる。このような場合，境界を裁判で確定したとしても，実際には両者間の争いは，なんら解決せず，また別の形をとって表出されることになる。それよりも，相互の利害や関心について，互いに配慮する態度を促し，より深い人間関係にかかわる問題について，理解を深め，協調的な解決を目指す方が，双方にとって，意味のある解決につながる。結果についてもそうだし，相手の利害や主張にも，互いに配慮するような交渉の過程そのものが，両者の問題解決によい影響を及ぼすと考えられる。

このように，ハーバード・モデルを中心とする交渉論は，狭義の交渉にとどまらず，紛争解決の領域全般にも大きな示唆を与えることになった。

(4)　先駆者フォレット

こうした交渉論の基本的なアイデアは，実はハーバード・モデルがオリジナルではない。その基本的発想は，ほぼ100年前に，在野の経営学者メアリー・フォレットが提示しており，上記の姉妹のオレンジの取り合いの事例も，実はフォレットが発案したものである（フォレット　2017）。

第1に，フォレットは「状況の法則」という考え方を提示している。これは「命令」をある個人から発されるものと考えるのでなく，状況が命じるものととらえる視点の重要性を指摘するものである。命令が上司から与えられたものと考えると，この服従関係の中では，やる気の喪失，上司への反発，満足感や責任感の低下などのネガティブな反応が生じてしまう。しかし，命令を状況が求めているものととらえなおすと，状況への対応という共通の課題について，共同して向き合うという機運が生まれてくるというのである。この「命令」の出発点を人に帰属させるのでなく，状況に帰属させる視点は，「人と問題を区別せよ」というハーバードの交渉モデルのテーゼを先取りしたものにほかならない。

第2に，上記の二重関心モデルも，その淵源は，フォレットにある。彼女は，コンフリクト状況を「争い」とは考えず，「相違（difference）」ととらえ，その克服方法には，「抑圧」や「妥協」のほか，「統合」があり，これを目指すべきだと主張した。これは，そのまま二重関心モデルに反映しており，win-win 解決の重要性を示唆したものである。

このように，交渉論は，フォレットの創造的思索に発し，ハーバード・モデルの出現によって，実務的にも適用可能な形に洗練され，現在，ビジネスから経営管理，紛争解決と，様々な領域で応用的に活用されるようになった。このモデルの出現によって，交渉過程のイメージは，従来のゼロ・サム的な競合を前提とする見方から一新されることになった。ただし，ポジションではなく根底のインタレストに注目することで，前向きの win-win の解決を目指すというハーバード・モデルの組み立ては，実はいくつもの問題点をはらんでいる。イ

ンタレストは，そもそも，そのように根源に常に固定的に実在しているものな
のか，それ自体，交渉の展開の中で，変容していく可能性はないのか，などの
疑問が即座に浮かぶだろう。交渉過程動態のより適切な把握については，さら
にきめ細かな人々の認識の内部に分け入って考えていく必要がある。

4.2.2　交渉モデルの変容

（1）　取引交渉モデルと協調交渉モデル

　ハーバード・モデルが前提としていたように，交渉過程を理論的に性格づけ
る枠組として，大きく2つのモデルを挙げることができる。ひとつは，競争的
スタイルをとって，表層的争点での解決を勝ち取ろうとするイメージであり，
いまひとつは，協調的対応スタイルにより，より深いインタレストに即した生
産的な解決を相手方と，ともに生み出していく過程と位置づけるイメージであ
る。もちろん，実際には，様々な微細なバリエーションを持つ多くのモデルが
存在するが，ここではあえて2つの典型的なモデルを見てみよう。

　第1は，ハーバード・モデル以前に，一般的にイメージされていた，われわ
れの交渉イメージである。すなわち，一方が得た分だけ他方が失うというゼ
ロ・サム的な取引状況を想定し，交渉過程を対立的で闘争的な過程として位置
づける**取引交渉（バーゲイニング）モデル**である。そこでは，各当事者は与えら
れた条件のもとで最も自己に有利な合意案の獲得を求めて，戦略的な駆け引き
を行っていくものとされる。問題解決することが双方にとって利益であるとい
う前提がある限り，自己利益に関する怜悧な計算と取引によって，最終的には
最も有利なポイントで妥協による合意が形成されることになる。もちろん，実
際には各当事者が何を自己利益であると考えるか，いかなる選択肢を取引条件
と考えるか，いかなる組織的制約や解決条件が存在するかなど，不確定要素は
存在するが，ともあれ，それら条件をめぐってゼロ・サム的な取引がなされる
過程として交渉を見ていくのである。

　第2は，これとは逆に，交渉を両当事者に「共通する課題」の協調的処理過
程として，協働的側面を重視する，ハーバード・モデルに代表される**協調交渉
モデル**である。このモデルでは，当事者たちは，相手方との協調なくしては解
決困難な課題に直面し，必然的に協働を余儀なくされる存在として位置づけら

れる。交渉過程は，単に一定の利害をめぐる争奪過程としてではなく，両当事者が交渉で扱われる条件・選択肢の幅を広げたり，創造的に発想したりすることを通して，最終的に双方がより大きな利益と満足を得られるような合意を形成していく過程とされる。これは**ゼロ・サム型交渉**が勝者と敗者を生む win-lose 型であるのに対し，win-win 型交渉にほかならない。

(2) 狭義の交渉モデルの限界

これらのモデルは，現実に社会で生起する交渉というものの複雑な性格の一面に焦点を合わせクローズアップしたものといえる。実際の交渉過程については，前者がより適合的な場合もあれば，後者が適合的な場合もあろう。しかし，現実の交渉過程は，それがいかなる領域で生じるものであっても，この対立的要素と協調的要素が混在し，場面や展開によってそれが顕在化したり潜在化したりして変容していくものだという点に留意しておく必要がある。

これらのモデルは，短期的な交渉過程モデルとしては一定の理論的妥当性を有していると思われるが，秩序と紛争の動態的連続性や，実際の社会で生起する交渉という現象の複雑さから見たとき，いくつかの難点を有している。それは，このいずれのモデルにおいても，交渉が一定の問題解決のための両当事者間の交渉過程（闘争的であれ，協調的であれ）としてのみ狭く位置づけられていることである。そこでは，①あらかじめ前提された「解決されるべき問題」のみが交渉の目的とされており，②基本的に両当事者間の問題としてのみとらえられている。交渉というものを「問題」を中心に狭くとらえた場合の**狭義の交渉モデル**にほかならないのである。こうした狭い交渉理解は，しばしば現実の交渉過程の複雑な性格を見落とすことにつながりかねない。

第1に，これら狭義の交渉において解決されるべき課題とされる問題は，当事者間に存在する複雑な社会関係の中から表面化した便宜的な論点に過ぎないことが多いからである。たとえば，交通事故なり少年事件なりで人身被害を負った被害者と加害者間の交渉は，しばしば損害賠償額をめぐる交渉という形をとる。その限りでは狭義の交渉モデルも妥当するように見えるが，実際に交渉で求められているのは相手方の「真摯で誠実な対応謝罪」であったり，あるいは今後同様な被害が生じないような「改善の保証」であったりし，「賠償額」

はその象徴としての意味しか持たないことが多い。「賠償額」それ自体でなく，
交渉過程における対応を含めて，その後の被害者および加害者の社会的・人間
的関係のあり方こそがそこでは問題とされているのである。また，借家明渡し
紛争など継続的関係の中から生起する問題処理交渉でも，しばしば表面化した
論点・課題の背景には，長期にわたる日常的関係の歪みなどのより深い問題が
潜んでいることが多い。これらの場合には，「解決されるべき問題」自体が表
面的であるとともに，それゆえ交渉の展開に応じて変容すらしていくことも多
いのである。

　第2に，交渉は両当事者のみの問題ではない。もちろん，交渉に従事するの
は各当事者ではあるが，その各当事者は，それぞれ様々な社会関係の「網の
目」の中で生きている。交渉者は交渉に際して，単に問題に関する直接的な利
害のみを考慮するのではなく，たとえば自分の家族，地域，所属する組織，将
来関係を結ぶかもしれない未知の第三者などとの関係に，自身の行動が与える
影響まで配慮して交渉に臨むものである。相手方と交渉している際に，交渉者
の頭の中にあるのは，しばしば当該問題の処理自体でなく，それを通して与え
られる社内や家族内での自身への評価であったりする。時には，交渉者にとっ
て最大の難問は，相手方の同意ではなく自己の所属する組織からの承認であっ
たりすることもある。それらの配慮は直接には交渉の場に論点としては出てこ
ないものの，一つの交渉が進行するときにその内部に暗黙裡に溶け込んでいる
のである。

(3)　関係的交渉モデル

　そこで先の「狭義の交渉」概念とは別に「広義の交渉」概念として**関係的交
渉モデル**というモデルを考えることができる。それは，客観的に特定しうる
「問題」を前提にその処理過程として交渉を位置づけるのでなく，各当事者が
交渉に際して考え，感じる認識の側に焦点を合わせ，そこに溶け込んだ様々な
社会関係への配慮や要求の構造と，その変容の問題として交渉をとらえなおす
見方である。こうした幅広い交渉概念を「狭義の交渉」概念とは別に設定する
ことで，日常的に生起する交渉とそれを背後で規制している社会的関係構造に
ついてより深く理解し，またその制御のあり方をきめ細かく考えていくことも

可能になるであろう。

この角度から見るとき，交渉における「問題」は多層的な構造を有していることになる。第1に「狭義の交渉」が前提としたような特定の具体化された課題，すなわち損害賠償額，家屋の明渡し，契約の締結などの「**焦点化された利害問題の次元**」，第2に，そうした表面的な課題の背後に潜む社会関係的な配慮，たとえば自己の属する組織への配慮や相手方との将来関係への配慮などの「**関係的次元**」，第3に，さらにこれら課題の背後にあって常にそこに影響を及ぼしている感情にかかわる「**情緒的次元**」である。

これらの多元的な重なりの中で，相互に複雑に影響を及ぼしあいながら交渉者の認識が揺れ動き変容していく形で交渉は進行していくのである。表面的な「焦点化された利害問題の次元」のみに着目して交渉をとらえてしまうなら，交渉過程の極めてダイナミックで複雑な動きは理解することができない。たとえば，表面的な契約の中身に関する相互のやり取りのみを見ていたのでは，取引相手との友好関係を保持しつつ将来的な戦略的利益の獲得のために今次交渉では妥協的に動くといった次元や，交渉者の背後にある組織の複雑な意思決定構造の影響などは見えてこない。また，「二度と同じような被害を出さないための病院のシステム改善」を交渉の論点として求める医療事故被害者の遺族の問題設定の背後には，近親者の死が，無意味な死ではなく，将来の事故を防ぐという社会的な意義を持った死であったと思いたいという，極めて情緒的な想いが隠されている。

こうした多層的な次元を持ったものとして交渉をとらえることで初めて，秩序を動態的に構成している交渉過程というものの実相が見えてくるものと思われる。

4.2.3 契約交渉過程

さて，次に，法社会学にとっても重要な課題である契約交渉過程について，交渉論を敷衍しつつ見ておくことにしよう。

契約とは，一般に，一定の項目・問題に関し，将来へ向けての相互の役割，果たすべき義務について意思の合致を実現し，それを契約書の形で明示化し確定するもの，ということができる。もちろん，契約を取り巻く社会状況は，

日々，不断に変容していくのであり，すべてを明確な文言で制御することは不可能であるが，できる限り状況変容に伴うリスクを低減し，相互の利益を損なうことなく，実現していくことが，目的として前提されている。

　すなわち契約とは，契約締結時点での意思の合致の確定であると同時に，不確定な将来に向けての，時間的継続性を念頭に置いた将来志向のプロジェクトなのである。もちろん，スーパーマーケットでの売買のような一瞬に完結するものもあるが，一定の時間的継続関係を前提としている企業間の取引のような契約も多い。そのため，ある時点での意思の合致の表現としての契約書も，時間的変化の中で，その意義は変容してくる。その中では，契約書の文言以上に，こうした変容をうまく吸収していく何らかのメカニズムが必要なはずである。

　先に紹介したスチュアート・マコーリーのウィスコンシン州の取引実態についての研究を思い起こしてほしい。ウィスコンシンの地場企業は，大まかな合意達成があれば契約書すら作成しないことも多く，問題が生じても，信頼に基づき解決することを重視し，裁判は回避して，契約書の内容や法の規定とは異なる次元を考慮して問題処理していたとされている。ここに見られるのは，明確な意思の合致は，契約という社会過程の重要な要素（そして法的にはそれこそが契約の本体）ではあるが，それ以上に信頼関係が，契約というものを安定的に支え実現している基礎的メカニズムということになる。契約書には書ききれない，多様な状況の変化に際して，相互に許容できる契約違反の範囲は，関係性のあり方によって決まってくる。長期の安定した信頼に足る契約関係があれば，あるとき，何らかの事情で納期が遅れ契約違反が生じたとしても，特に問題とならず，許容されることもある。短期の，信頼がまだ脆弱なケースでは，そうした場合，何らかの補塡的な材料の提供が必要とされるかもしれない。また，この関係の期間や信頼度とは別に，違反の中身や背景によっても対応は変わってくる。単なるサボタージュにより，納期が遅れたのか，台風や感染症の流行などの不可抗力により納期が守れなかったのかによっても，許容されるか否かは違ってこよう。

　ここで重要なのは，契約関係とは，契約書の文言のみによって，安定的に維持されているのではなく，その基盤にある信頼関係に根差した暗黙の相互了解（関係的了解と呼んでおこう）こそが契約関係を維持しているのではないかとい

うことである。そうだとすれば，契約交渉とは，契約を締結するまでの交渉といういうイメージで足りず，契約実践過程のすべてのポイントにおいて継続していく継時的な交渉過程としてイメージしていく必要がある。

　この点を，筆者自身が調査したタイにおける日系企業の契約実践事例で確認しておこう。

事例 タイにおける日系企業の契約実践

　1997年ごろ，タイ経済は通貨危機により壊滅的な状況に陥った。企業の倒産が相次ぎ，国家財政自体が破産寸前に追い込まれた。タイには，日本の自動車メーカーが進出しており，現地法人を設立し，東南アジア，オーストラリアへの輸出も含め日本車の製造が行われていた。関連するパーツ企業も，タイの現地地場企業のほか，日系パーツ企業も進出し現地で合弁会社を設立して，日系自動車産業が，まさに根を下ろしていた。いうまでもなく欧州の自動車産業も同様の状況であった。そこに1997年の通貨危機が起こり，自動車メーカーを支える中小のパーツ企業が，続々と倒産し，自動車の製造が行き詰まる事態に直面したのである。このとき，欧州の自動車メーカーは一時的に撤退し，経済回復を待つ戦略をとったが，日系自動車産業の戦略は異なっていた。日系自動車メーカーは，地場の中小パーツメーカーに対し，納期遅れ等は不問とし，かつ従来購入していたパーツの価格を2倍に値上げして取引を続けることにしたのである。この対応によって，日系自動車メーカーと取引していた地場の中小パーツメーカーは，通貨危機を乗り切り，操業を続けることができた。その結果，日系自動車メーカーは通貨危機のもとでも，製造を継続することができたし，危機を脱した後は強固な信頼関係が地場企業との間に構築されたのである。

　さて，もし，ゼロ・サム的な交渉イメージで，日系自動車メーカーが対応したとすれば，当然，こうした展開をとらず，欧州の自動車メーカー同様，操業を停止していたかもしれない。パーツを従来の2倍の価格で仕入れるという行動は，短期的に見れば，コストが増大し，大きな損失につながる常軌を逸した対応である。しかし，関係的交渉の観点から見れば，傘下地場企業との関係の維持・強化，さらには長期的な利益の確保という点で，倒産しそうな関連企業

を支援していく行動は，十分合理的行動であったといえる。表層のパーツ価格
という論点を見るのでなく，根源的な関係維持・強化と長期的利益の確保とい
うインタレストに合致した協調的かつ関係的な交渉スタイルだったといえよう。

　こうした協調的交渉は，契約交渉のように，双方にとって利益を生み出すよ
うな領域では適合的であるが，生産的な成果を生み出すのではなく，むしろ発
生した損失の配分にかかわるような，そしてそもそも敵対的構造を持った紛争
状況では，そのまま適用することは難しいかもしれない。しかし，紛争状況で
あっても，関係的交渉やインタレストへの着目など，交渉論が示す発想や示唆
は，有益に適合する面を有している。以下では，紛争交渉の場面について，解
釈法社会学的なアプローチで検証していくことにしよう。

4.3　紛争過程の展開と構造

4.3.1　紛争をどのように定義するか：客観的定義から解釈的構成へ ──
（1）　紛争の客観的定義とその限界

　紛争については，様々な定義がなされてきた。たとえば，紛争の一般理論を
構築しようと試みた**ケネス・ボールディング**は，「複数の当事者が潜在的に将来
の位置が両立しないと認識している競争状況で，かつ各当事者が，他の当事者
の欲求と両立しない位置を占めようと欲求している状態」と紛争を定義してい
る（ボールディング　1971）。また，北欧における法社会学の創始者の一人であ
る**ヴィルヘルム・オーベール**は，紛争を価値紛争と利益紛争に分類し定義して
いる（Aubert　1963）。

　こうした先人の定義は，それ自体間違いではないが，秩序と紛争の連続性を
念頭に，より現実に近い当事者の視点，解釈法社会学の視点から見ると，客観
的ではあるがやや形式的な分類・定義に見える。紛争当事者が意欲している欲
求の中には，もちろん単純に両立しえない位置をめぐる欲求が含まれているか
もしれないが，交渉論が明らかにしたように，しばしば両立可能な要素も含ま
れている。また，利益と価値は，きれいに分割できるものではなく，相互に結
びつきながら認識されているし，かつそれが紛争の展開する中で変容していく

ものである。要するに，価値と利益，目指すべき位置なども単一ではなく複合的で，多様な論点や対象を包摂し，動態的に変容しているのが，実際の紛争過程ということになる。

　たとえば，次のような事例を考えてみよう。家の前の駐車禁止の道路に停めてあったAの車に，隣家のBの車が軽く当たりキズをつけたとする。この場合，Aの車に生じたキズの修理に要する費用をどちらが負担するかが，利害対立の原因であり，かつ焦点となる。そして，この利害対立の焦点をめぐってAがBに費用負担を要求し，Bが拒絶（「駐車禁止の道路に停めておく方が悪い」など），さらにAが反論（「それならあらかじめ車をどけるよう言うべきだった」など）するなどして対立が顕在化したときに，紛争が生じたということになる。

　しかし，少し想像力を働かせてみれば，この単純に見える紛争にも，実は様々な背景を想定することができる。当事者にとっても，周囲の人々にとっても，この紛争について描写し語られるとき，もっと多様な側面が描写され，利益のみに還元されない規範的言明への言及もなされるのではないだろうか。「もともと，あの二人はいつもいがみ合っていて仲が悪かったから」「AはBにお金を借りていたらしい，Bは返してもらえない腹いせでぶつけたのではないか」「Aはあわよくば金が入ればと，修理する気もないボロ自動車をわざと駐車していたのではないか」「直後の話でAの言い方があまりにひどかったのではないか」など，AとBの関係性や行為にかかわる多様な論点が付加されうるし，それによって紛争のイメージも一気に変わるかもしれない。またAとBの二者関係だけでなく，「Aは家族の前でいいところを見せようと，過度に攻撃的だったのではないか」「奥さん同士が普段から仲が悪かった」「Aの子どもがBの子どもを学校でいじめたりしていた」など，他の人間関係もそこに影響してくる可能性もある。

　また，このトラブルについて語る第三者の視点も客観的とはいえない。第三者の隣人も，日ごろからAとは仲が悪いかもしれないし，逆に，家族ぐるみの友人関係にあるかもしれない。過去に，いずれかと何らかのトラブルを抱えたこともあるかもしれない。人々の紛争を描写する語りは，常に，その固有の位置・文脈から発せられるものにほかならない。

　重要なのは，われわれが，社会生活の中である紛争について語るとき，研究

者が客観的に行う定義とは異なり，多様な現実の解釈の中で豊かでふくらみの
ある認識が構成されていることである。上の事例でも，当事者にとっては，あ
るいは周囲から見ても，自然に多様な要素が想起されるだろうし，この紛争の
ポイントは，修理代の負担といった単純なものでなく，人間関係や振舞いの適
切性など，複雑な利益と規範的価値が錯綜しながらかかわってくることになる。

　いってみれば，利益紛争と価値紛争の区別やボールディングの紛争の定義は，
われわれの社会生活の中の現実の紛争を，ある要素に着目して抽出し，写し
取ったものに過ぎないのである。いわば，現実の世界を地図に描いたようなも
のである。しかし，「地図は土地そのものではなく，ものの名前は名付けられ
たものではない」のである。研究者の一般的な定義は，合理主義的観点からは
適切なものかもしれないが，それはわれわれが，現実に社会の中で体験してい
る過程そのものではない，といわざるを得ない。法社会学者は，紛争当事者へ
のインタビュー調査などを行うが，その際，研究者の視点から整理した見方を
話した際，当事者から，即座に否定されることがある。これは研究者の理解が
間違っていたということではなく，異なる位置・文脈からなされた解釈のズレ
がそこに生じている結果である。

　研究者の客観的な学問的定義が間違いというわけではないが，一般的・普遍
的な適用可能性を持つのと引き換えに，人々の生きる現実と付き合わせたとき
には，貧困な描写ということになってしまう可能性が高い。

　学問の世界だけでなく，法制度においても，同様の問題が生じうる。車のキ
ズをめぐる紛争について，紛争処理機関に申立てを行えば，聞き取った担当者
は，「自動車のキズの賠償問題」と記載した相談票を作成するだろう。そのと
き，当事者は，おそらく，「いやそんな簡単なことではなくて……」といった
気持ちになるはずである。人々の行動は，合理的に概念化され定式化されたと
ころに従って生起するものではなく，必ずしも整合的でも安定的でもない，し
ばしば感情的な要素や矛盾する要素を強く含む日常感覚のもとに生起するので
ある。

（2）　解釈法社会学による紛争の定義

こうした視角から，われわれは超越的立場から合理的紛争概念を定義するこ

とを放棄し，代わって当事者自身の日常的感覚に根差した状況解釈の構造の探索を行っていくことにしよう。それは，**第1章**で触れた**社会構成主義**に依拠する**解釈法社会学**の方法・視点を採用するということである。以下，当事者の視点の解釈を基盤とする解釈法社会学の視点から，紛争という現象にアプローチしてみることにしよう。

　社会構成主義の考え方が示すように，個人は自己をも含む社会的状況につき，不断の解釈，再解釈ないし意味構成的営為を繰り返しながら，一定のリアリティ像を構成し続けている。過去の様々な経験の中で積み重ねられてきた認知カテゴリー，背景知識や情動的反応のパターン等を，その場その場で解釈的かつ相互作用的に更新しながら，リアリティの感覚を保持し，変容させていくのである。こうした作業の多くは，ほとんどそれと気づかれることもないまま，いわば無意識的に，実践的センスに基づきつつ遂行されている。教授が教室に入ってくると，学生たちは私語をやめノートを用意して講義を聞く準備を整える（多分！）。教授がその日も教壇上で講義を行うという保証は，客観的な確率としては，どこにもないのに，である。このとき，学生は，すでに習得している「講義の物語」によって状況を読み取り行動している。「講義の物語」を身につけていない幼児が，教室にいれば，講義が始まって数分も経たないうちに，席を離れたり，声を発したりするだろう。しかし，それを身につけた学生は，講義という物語に自然に参画していく。教授の講義を聞くふりをしながら，パソコンで別の作業を行うとしても，表面上は聞いているふりは続行される。そうした事象も含めて，そこでは「講義の物語」が構築されていく。ほとんど無意識的に構成される状況の認知・解釈は，頑強なリアリティ感の相互的構成の上に成り立っているものなのである。

　普段とは異なる何らかの重要な意思決定を迫られたとき（たとえば，愛車にキズを発見したとき）のように，慎重な意識的・反省的な状況認知が行われるような場合には，解釈や意味構成の作業は，無意識的なリアリティ構成の土台に支えられつつも，より微妙で流動的な様相を帯びてくる。こうしたいわば「問題状況・紛争状況」にあっても，もちろん個人は一定の日常的なリアリティ像を構成していこうとする。しかし，「講義の物語」や「電車通学の物語」のような，慣れ親しんだ「物語」が存在しないような状況では，リアリティの

構築は難しい作業になってくる。そこで構成されるリアリティ像は，援用可能な物語の不在により，しばしば安定的な構造を保ちえず，本質的な危うさと矛盾を露呈させることもある。それは「状況の変動」等の外的要因の変化によって不安定に流動するのはもちろん，そもそもリアリティの内部に時には競合的な，時には位相を異にした柔構造的・多元的で不安定な要素を内包せざるを得ないのである。「紛争」と通常思念される状況は，まさにこうしたリアリティの矛盾，複合的構造が明白に立ち現れてくるような不安定ではあるが可塑性に富んだ状況なのである。

　第1に，多様な論点がそこでは想起される。相手方の人格の評価，感情的不満，自身の自尊心の維持，財物に関する利益などが，ないまぜとなって，もちろん明確な序列もできない状態で混在している。また，しばしばそうした多様な論点相互が両立せず，いずれを重視するかの葛藤状況に陥ることもある。

　このことを先に挙げた車のキズの事例で考えてみよう。Aは，まずは車の修理費の負担を重要な問題とみなすかもしれない。当然弁償してくれると思っていたところが，Bから拒絶され，Aにとっての紛争は再構成されていく。拒絶された際のBの横柄な態度や過去の様々なトラブルを想起すると怒りが増幅され，いかにBをやっつけるかが，修理費の負担以上に重要となるかもしれない。あるいは，もともと，Bへの攻撃が第一の課題で修理費の問題は二次的だったかもしれない。また逆に，Bとの良い関係の維持のため，修理費の問題は二次的なものと認識されるかもしれない。あるいは，Bから借りている借金があればそれも問題となる。また，Bとの関係のほか，家族の手前，「頼りがいのあるパートナー」というイメージを維持することも重要かもしれない。そして，これらの諸論点の内容とその関係は，Bとのその後の交渉，家族とのかかわり，友人・知人との接触，弁護士や法律相談，そして自己自身の反省等の相互作用の進行に応じ，刻一刻と動態的に変容していくことになる。

　つまり社会生活の中で紛争状況の中にある個人が構成する紛争イメージは，単純で安定的なものではないということである。多くの多様な論点の間で，揺れ動きながら，その時々の流動する関心に応じてある論点（群）に焦点を合わせ，それらを前景に，他を後景に退けるという，いわば柔軟に視点を移動させうる遠近法を駆使して構成され続けているのである。

　紛争処理機関や法制度は，しばしばその制度が目標として設定する側面，た
とえば法的解決に合わせて，当事者の紛争の一側面のみを取り上げ紛争として
定義していく。たとえば，法制度に規定された紛争の焦点たる利害対立，たと
えば損害賠償請求，貸金返還請求，建物明渡し請求等々は，必然的に当事者の
日常的感覚に基づく多様で豊かな紛争イメージからずれてこざるを得ない。当
然のことであるが，状況を紛争と定義し，どのような紛争かを認識できるのは，
当事者自身にほかならない。そしてその視点を尊重し重視していくことが，法
社会学にとっても法制度や紛争処理機関にとっても重要な課題となる。そうで
なければ，学問も法制度も，その定義する紛争概念を当事者に独善的に押しつ
けていく権力的作用を果たしてしまうことになってしまう。

　それゆえ，以下，トートロジカルではあるが，紛争という語は「当事者がそ
のように認知している状況」を指すものとし，かつ，そこでの交渉を「**紛争交
渉**」と呼ぶことにする。ここで当事者による紛争の定義の内実を客観的に探究
することは不可能であるし，問題を逆戻りさせるだけである。必ずしも各個人
間での紛争という状況解釈の中身の一致は必要とされない。これによって伝統
的社会科学における意味での概念的厳密さは失われるとしても，より豊かな紛
争のダイナミズムの理解と，より多様な紛争当事者のニーズの理解が可能とな
る。この観点から，より詳細の紛争過程での人々の認知の変容を見ていくこと
にしよう。

4.3.2　要求の構成過程

(1)　要求構成のモデル

　ここからは紛争状況に直面した当事者の認識の変容に即して紛争の展開過程
を見ていくことにしよう。当事者は，複合的で柔構造的な問題像に含まれる諸
論点の間で観点を自在に移動しつつ，相手方への要求主張を構成し，かつ進行
に応じ変容させていく。もちろん，要求主張も，単一の要求に整理集約される
わけではなく，多くの場合，多様な要求が併存する形に集約されていく。たと
えば，車のキズのケースで，AはBに修理費の支払いのみを求めようと考え
るかもしれないし，金銭的賠償より謝罪をさせたいと考えるかもしれない。あ
るいは日常の生活態度の改善を求めようとするかもしれないし，責任をとれと

のみ主張し，その内容については相手の出方を見ようと考えるかもしれない。さらには，キズの程度やBとの友好的関係に焦点を合わせ，たいした問題ではないとして結局何も要求主張として表出しないことに決めるかもしれない。状況の多様性とそこで構成される問題像のポリセントリック（多焦点的）な性質に即して，この要求主張の内容も様々な形をとりうるのである。しかも，それらが心の中に併存し，状況に合わせて，いずれが前面の要求として出てくるかも変動的である。

　では，それら多様な可能性の中から，とりあえず，一つの具体的な要求主張が選択され，現実に相手方へと表出されていく過程は，どのような要素によって規定されているのだろうか。最も単純な説明として，次の①②の2つ，その応用として③を考えることができる。

　①　**規範規定説**　　まず，当該状況における事実を確認し，次に規範（とりわけ重要なものとして法規範）をそこに当てはめてみると主張可能な内容が決まってくる，という説明である。車のキズの例でいえば，法的には当然車両の修理費は要求できるし，一般的社会規範に照らせば謝罪を要求することも可能となる，といった説明である。つまり法規範をはじめとする社会規範は，状況を判断し正当な要求を規定する基準として機能しているという見方である。この規範による要求の一義的枠づけという見解は，われわれが要求主張を構成する際に，法的にはどうなるかについてインターネットなどを通じて情報を集めたり，意識的・無意識的に様々な社会的約束事を参照したりすることから，一定の説得力を持っているようにも見える。しかし，われわれは日常，そのように単純に規範に基づいて認知構成しているのだろうか。

　②　**状況規定説**　　①とは逆に規範による規定性を極めて低く評価し，状況的な諸要因（当事者の社会的地位，経済的・社会的力関係など）によって実質的な要求主張の内容も決定されるといった説明である。たとえば車のキズの例で，AがBに多大の借金があり，日常その庇護を受けているとすれば，AはBへの要求を放棄するかもしれない。またABの関係が逆であったり，Aが暴力団員であったりすれば，実際の修理費を大きく上回る額が要求されるかもしれない。しかし，この場合でも本当に規範は何の役割も果たしていないのだろうか。

　③　**混　合　説**　　あたかも規範を信仰し順守するロボットのような①のイ

メージも，弱肉強食のアウトロー的世界のごとき②のイメージも，日常のわれ
われの感覚から見れば極端すぎる例であることは明らかである。そこで通常わ
れわれの要求形成は，この規範的要素と状況的要素が適度に混在し，両極を結
ぶ連続的推移線上のどこかに位置づけられるとする説明が考えられる。たとえ
ば，AはBに対し，とりうる要求主張の選択肢を，規範を参照しつつ構成す
る（修理費の請求と謝罪請求等々）。しかし状況的な要因をも考慮し（Bに貸金が
ある，Bに借金がある，Bに支払能力がない，Bとは友好的である，Bとは敵対的で
ある等々），結局，規範的要求主張の内容を調整して，これを適宜増減する（修
理費以外に修理中の代車費用も請求，修理費の部分的負担のみ請求等々），といった
説明である。この説明は，紛争状況におけるわれわれの現実の要求構成のイ
メージにかなり近い。しかしこの説明でも，規範的要因と状況的要因を対立的
にとらえる図式は維持されている。ここから導かれるのは，規範的要因をベー
スとし，そのうえで一部の状況要因の影響を除去したり，時には補助的に織り
込んだりする方向での単純な制御論である。しかし，要求構成における規範的
要素と状況的要素の関係について，いま一歩突っ込んだ検討を加えることも可
能である。

(2)　規範と状況の作用過程

そのために，まず，そもそも規範というものの性質はどのようなものなのか
について，考えておこう。規範は様々な命題の形で存在している。たとえば法
条文がそうであるし，状況認知の過程で命題化されてくる「隣人にはていねい
に接すべきだ」といった不定型な社会規範も含まれる。これら規範命題は，一
般的社会規範はもちろん，法条文のように比較的精緻に言語化されたものでさ
え，通常は多様な解釈の幅を有する弾力的なものである。「隣人にはていねい
に接すべきだ」という命題も，「隣人」の定義や「ていねいさ」の定義には，
極めて大きな自由度が存在するし，法規範も決して例外ではない。

さらに重要なことは，これら規範命題は決して整合的体系を形成しているわ
けではなく，相互に矛盾する対抗命題を容易に見出すことができる場合も多い
という点である。「もっと大家に対しては敬意をもって対応すべきだ」という
意見に対して，「賃料を支払っているのだから対等じゃないか」といった具合

である。法規範と社会規範が衝突することもあれば，同種の規範同士でも対抗規範による主張がなされることも多い。また，法的主張をする者に対して，法的に主張する行為それ自体を攻撃する社会規範を援用しつつ主張を対抗提示することは，日常よく見聞するところである。「法律を持ち出すなんて，隣人同士で話し合う態度ではない。常識がない，人の道に外れている」といった具合である。また規範命題の多義性によって，異なる要求主張が同一の規範命題の解釈の相違を反映していることもある。このような規範の多義性・多種多様性を前提とすれば，規範要素による要求主張の規定・枠づけといっても，極めて複雑な状況を想定でき，単純なイメージが成立しえないのは明らかであろう。

　では，状況的要因の方はどうだろうか。実は状況的要因の認知においても，多くの場合，規範的要素と複雑に絡み合いながら構成されていることが多い。たとえば，車のキズの程度についての評価的認知を考えてみよう。大きなキズと認識するか，小さなキズと認識するかの問題である。大きなキズと認識されれば修理費の要求へと意識を方向づけることになるだろうし，小さなキズと認識されれば修理の請求には思い至らないということになるかもしれない。この場合，もちろんキズの幅や長さを定規で測定することは可能であるし，修理費を見積もって金銭というメディアで計測することも可能である。しかし，たとえば「バンパーの角についた幅1ミリ長さ10センチのキズ」が大きいか小さいかの認知・判断はそれだけでは出てこない。キズの大小の評価には，社会内で積み重ねられた行為パターンにかかわる一定の規範的認知要素が，実はかかわっている。バンパーについた10センチのキズは，おそらく日本では，修理費を請求できる（＝弁償すべきである）大きなキズと認知されることが多いだろう。一方，車検制度もなく古い車両が多く走行しているアメリカでは，通常修理費を請求する必要もない（＝すべきでない）小さなキズと認知されることが多いだろう。また別の国では，そもそもバンパーは，車体にキズがつくのを防ぐ装備であり，バンパーにキズがつくのは当然と理解され，自動車にとってのキズとして認知されることすらないかもしれない。

　規範の多義性（キズについて明確な大小の基準はない）により，この規範的要素をいかに評価し取り込むかは，それ自体では決まらない。つまりキズの大小の認知に際しては，このほかにも，車のそもそもの痛みぐあい，相手方との従

来からの関係の認知，それらにかかわる規範命題等々，他の様々な状況的・規範的要素が複合的に関係しつつ，総合判断的にキズがついたと見るかどうかの認知構成がなされていくことになる。このようにキズが大きいか小さいかの認知さえ，実は意識的・無意識的に，状況や文化規範に含まれる様々な論点と連動しつつ，複雑多様な要素の連関の中で構成されているのである。状況的要素（車のキズの大小，相手との力関係等々）自体，このように決して規範的要素とまったく独立に認知構成されるのでないことは明らかである。

(3) 要求構成の心理メカニズム

さて，以上の二点を考えれば，要求主張の構成における規範的要素と状況的要素の関係が，より複雑で融合的であることがわかるだろう。それは，多様でかつ多義的な規範的認知カテゴリー群，状況的認知カテゴリー群を，時に無意識的に，時に意識的に活用し，操作し，関係づけ，統合化する複雑な心理過程なのである。しかも当事者の問題像の多焦点的な性質に応じて，各論点に結びついた，多様な，相互に矛盾さえする要求主張の諸選択肢が織り上げられては組み替えられる反復過程の中に，それは埋め込まれているのである。

以下，要求主張の構成過程のメカニズムについて，整理し提示しておこう。

① 状況的要素の認知・解釈は規範的要素とのかかわりの中で構成されていく。しかし逆に，規範命題（規範要素の器としての文言）の多義性・伸縮可能性により，規範要素の内容の認知も状況的要素とのかかわりの中で当事者の解釈を通じて具体化する。これら要素間の，部分と全体が相互規定的に意味づけあう循環的解釈・認知作用を通じて，いわば，らせん的に総合判断としての要求主張が構成されていく。この意味で，規範的要素と状況的要素は分離して存立しているのでもなく，単純な一方的規定関係にあるのでもなく，一種のトートロジカルな相互関係にあるというべきである。

② 当事者の問題像がオープンエンドで，かつポリセントリックなものであるため，焦点化される論点の推移に応じて，要求主張も多元的に複数併存している。したがって，要求主張として相手方に表出されるものも，決して統合的に構成され，完成されたものではなく，潜在的に多様な要求主張が常時存在し

ている。

③　相手方への要求主張の表出や相手方の反応等が，それ自体読み込まれるべき「状況」にほかならない。したがって交渉過程の進行に応じて，①のらせん的かつトートロジカルな過程が新たなものに組み替えられていく。また，②から，新たな状況の読込みに応じて，焦点化され表面に浮かび上がってくる論点と，それに係留された要求主張の内容も推移していく。

　以上三点が，要求主張構成の心理的メカニズムについての見取り図である。いうまでもなく，紛争交渉過程の進行に応じてこのプロセスが継続的に推移していくのであり，したがって，ここでの要求主張の構成過程を単に最初の主張表出に限定して考える必要はない。それはまさに，紛争交渉過程における当事者の認知変容の一般的メカニズムにほかならないのである。

　さて以上の議論は，紛争交渉過程における認知変容の最も基底的部分をも含めた一般的検討であったが，次により意識的・表層的な，しかし法と紛争処理の問題を考える際には重要なテーマである，規範の戦略的援用とそれによる主張の影響力の問題について検討してみることにしよう。

4.3.3　戦略的規範利用と実践のセンス ─────────
（1）　戦略的武器としての規範

　「規範」という言葉一般は，個人の行為や思考に関して統制的な，あるいは判断基準的な模範を構成するものとして理解されている。しかし，実際には前節でも見たように，個々の規範命題の内容はしばしばあいまいかつ多義的であり，また状況的要因との複雑な相互作用の中でその場その場での意義が生成してくるようなものであった。

　こうした規範命題の性格から，紛争状況にある当事者が，規範を自己統制的・基準的作用を持つもの，すなわち順守すべきルールとしてではなく，むしろ自己の要求主張を相手方に対し説得力あるものにするための正当化の根拠ないし一種の戦略的カードとして使用する可能性が生じてくる。すなわち個々の規範命題が，当事者自身の戦略的解釈・操作によって，その状況に最も適した最も有利な形に変容され，それぞれの主張を根拠づける武器として動員される

のである。法規範は，無条件に順守すべきものというよりは，自身に有利な形で活用すべき道具というわけである。「法律に従えば相続権は私にあるはずだ」，「契約が履行されなかったのだから損害賠償を請求する権利がある」などの主張は，まさにそうした例である。またこの「**規範による戦略的根拠づけ**」は，必ずしも明示的に行われる必要はなく，単なる事実の主張の中に暗黙裡に含まれていることもある。たとえば，「契約を守らなかったのはそっちなんだから……」という言葉は，暗黙に，「だから賠償をするべきだ，法はそれを支持している」といった言外の主張を含意している。その意味では，紛争状況におけるわれわれの言明は，多くの場合何らかの規範による根拠づけを，意識的であるか否かにかかわらず，内包しているといってもよいであろう。

　こうした規範の**戦略的武器**としての使用は，われわれの日常的感覚からも十分に理解できるものである。近代法の理念が想定していたような，法規範・権利をまさに「順守すべきルール」として参照し，それによって互いの行動を律していくような自律的個人というイメージは，現実には想定しがたい。むしろ，自らの利害に適合するような規範命題を選択し，かつ解釈を加えつつ主張していくことの方が，日本人であれ，アメリカ人であれ，われわれの日常における規範への言及の実態であろう。現実に何らかの紛争状況に直面した当事者は，多くの場合，法基準や様々な社会規範命題を探し出し，状況適応的な解釈を施したうえで，それによって自身の主張を根拠づけようとする。インターネットや実用書を調べたり，様々な「法律相談機関」や知人・友人から知識・情報を収集したりするのは，順守すべき規範を発見するためというより，自分の主張を支える有利な武器・正当化根拠を求めてのことと考えられる。

　もちろん，こうした規範情報の探索および戦略的利用行動の中にも，その規範を援用することによって生じる主張の枠づけという意味での利害抑制的な作用は含まれている。インターネットで法律を調べたところ，当初考えたほどの請求はできないことがわかって，できる範囲の主張に変容させる場合などである。それでも，少なくとも当事者の表層的意識としては，法をはじめとする各種規範は，自分の主張を正当化するための**戦略的カード**として認識されていると見るべきであろう。こうした当事者の視点に即した実態を前提とせず，法その他の規範を，日常的な場で，紛争解決の基準として機能するものと単純にみ

なしている限り，紛争交渉過程の分析もあるべき紛争処理制度のモデルも非現実な机上の空論となってしまいかねない。

　さて，ここで一口に規範命題といってもそこには多種多様なものが含まれている。法はその代表的なものであるが，その他にも慣習や道徳，日常的常識に至るまで様々な類型を考えることができる。もちろん現代社会においては，ある種の紛争ないし紛争の局面において法は極めて有効な規範命題として戦略的に動員される。しかし，また紛争というものが，先に検討したように，法的に問題となる側面以外に人間関係的・情緒的側面も含む多元的な構造を有している以上，常識その他の各種社会規範命題も，有効な戦略的カードとして機能する可能性を有している。法的に問題構成し「法的権利」を主張できる場合でも，むしろ日常的関係規範を持ち出して交渉する方が，実質的には戦略的に有効なことも多い。一方が法基準に基づいて主張を正当化してきた場合（「法律によれば，あなたに車のキズを弁償する義務がある」など）に，もう一方が日常規範を持ち出して抵抗を試みること（「いつも面倒をみてやっていることを忘れたのか」など）も，現実にはよく見られる現象である。裁判に持ち込めば勝てる場合でも，そのためのコストや時間，相手方との関係悪化を考えて，より現実的な妥協的解決を行うことは，日常の場では，よく見られる。

　また主張を直接的に根拠づける戦略的カードのほかに，これら根拠づけ規範の援用の作法についても，さらに規範を戦略的に用いた非難，および正当化が行われうる。たとえば，ある紛争状況で法規範を持ち出して主張構成した者に対し，そうした法の使用行為それ自体が人間関係的規範に抵触するとして非難を構成し，抵抗するような場合（近所同士の問題で法律を持ち出すなんて‼）である。

　このように，紛争状況において戦略的武器として動員される規範命題には様々なものがありうることは是認しうるとして，では，なぜそもそもこれら規範は自分の主張を根拠づけ，相手を説得する戦略的武器として「有効」なのだろうか。またなぜ状況によって，各種規範の有効性の程度に差が生じてくるのだろうか。たとえば，純粋に法律的論理から見れば同じような主張でありながら，ある状況では，法が排他的に有効に機能し，他の状況では法の作用が限定的とならざるを得ないのはなぜだろうか。この規範命題の戦略的武器としての

有効性の基盤について考えてみよう。

(2)　規範の戦略的影響力のメカニズム

　これまでに述べてきたように，個々の規範命題は当事者を取り巻く状況に即して柔軟に解釈されつつ，プロセスの中に取り込まれていくものであった。したがってある特定の規範の影響力も，常に一定ではなく，当事者による解釈やその場の状況に応じて変容すると考えられる。すなわち，規範の持つ説得性は，あらかじめその規範の内に固定的に内包されているのではなく，状況とのかかわりの中で当事者の解釈行為を通じて初めて，生成してくるものにほかならない。すなわち，個々の規範の持つ影響力は，その規範の種類・強制力の程度等によって，個別具体的な状況と無関係に普遍的・固定的に定まっているわけではないのである。それゆえ，「法規範は常に日常規範に優越する」といった形の，規範種別間での固定的序列化のようなものを想定することもできない。

　しかし，このことは，当事者による規範の解釈行為が，まったく無限定に自由に行われることを意味するものではない。そこには，おのずから，当該状況に応じて適切と考えられる主張構成の幅が存在しているといってよい。こうした解釈の可能範囲ないし規範主張の「無理のなさ」の感覚は，われわれが日常的に取り結ぶ社会関係的実践の継続の中に埋め込まれた一定の実践のセンスによって基礎づけられたものというほかないであろう。社会構成主義に依拠すれば，われわれが身に着けている「規範援用の物語」が，そこでは，行為構成的な作用を及ぼしているということになる。紛争状況におけるこうした実践的センスの作用は，紛争がまさに時系列的に継起する社会関係の網の目のただなかで生起するものであることと関連している。

　紛争状況において当事者は直接の相手方とダイアディック（二元的）な交渉関係に立ちつつも，当然に社会的文脈の中で，家族・知人ら他の様々な具体的個人や無数の潜在的関係対象者とのかかわりにも配慮せざるを得ない。どんなに激高したとしても，周囲の人々の見る目への配慮や，公権力への配慮から，相手に暴力をふるうことは，通常の場合，行為の選択肢に上がることはない。真空状態の中で争っているのでない以上，これら直接の，あるいは目に見えぬ他者にも受容されうる規範の解釈・動員ないし主張構成をしていく必要がある

し，その主張方法も限定されているのである。規範主張の中身および方法が持つ影響力とは，まさに直接の相手方に対する説得であると同時に，社会関係を編み上げる他者すべてに対する説得性でなければならない。またそうした主張を受ける相手方も，それをどの程度受容しどの程度拒絶していくか，いかなる反論を構成していくかについて，やはり同様の配慮を加えざるを得ない。

　こうした説得性の感覚は，個人が社会関係の中で日常的に，まさに関係のただなかで繰り返してきた解釈・実践を通じて構成された，当該状況に適合的な「ナラティブ（物語）」，言い換えれば状況に対する一種の「構え」としてのセンスに基づくものである。重要なのは，こうした実践のセンスというものが，固定的・一方的に個々の状況での解釈行為の枠づけを行うような統制的機能を果たすものではなく，それ自身変容しながら，まさに個々の現場の未知の多様性に応じて状況的に自由であると同時に，無理のない解釈実践を可能にしているという点である。そして新たな状況において生成した解釈・実践は，またこのセンスそのものを練磨し，変容させていくことにもなる。**第1章**で紹介したピエール・ブルデューの実践をめぐる循環的構造論が，ここでも適合する（ブルデュー　1988）。

　さらにこうしたセンスに着目することによって，「規範の戦略的使用」というものの複合的な意味も明らかになってくる。規範使用の「戦略」とは，当事者による意識的な「戦略」に限定されるものではない。意識的解釈の結果構成される規範主張は，ある意味で表層的なものであり，実はその背後に無数の不可視の規範的要素による支えを秘めていると考えられる。たとえば，ある法命題が主張の根拠として提示される場合を考えてみよう。まず，第1に，「当該状況において法規範の動員が妥当である」という手続的なメタ・レベルでの規範的主張が，意識的か無意識的かは別として同時に前提されている。第2に，具体的にはその法規範が提示されているとしても，その背後で当該法規範と同様な意味を含んだ，日常的規範命題の主張やそれら命題の説得性を支える無数の下位命題の提示が，意識的か無意識的かは別として前提されている。第3に，直接の相手方とは別に無数の他者に向けられた，当該解釈・主張行為がこれら他者に対して持つ意味の適切性・説得性に関する規範命題の提示が，意識的か無意識的かは別として前提されている。

　こうして複合的に構成された法規範動員は，その最も表面的なレベルについては直接の相手方へ向けた意識的な，文字通りの意図的「戦略」によるものであっても，それを支える背後の諸規範要素については，実践のセンスの作用としての多志向的（multi-oriented）かつ無意識的な「戦略」によって生成されたものといえるのである。

　このように，紛争状況にあって個人は，決して規範に拘束されそれに従って行為しているのでもなければ，無限定にまったく自由放縦に規範解釈・動員をしているのでもない。柔軟な実践のセンスに基づきつつ，意識的・無意識的な「戦略」をめぐらしながら，状況に即した規範の解釈・動員によってその場において適切と思われる主張を構成しているのである。そしてまた，こうした複雑な複合性のゆえにこそ，個々の状況解釈に差異が生じ，相互の主張のズレが生じて，葛藤と再解釈という紛争交渉のダイナミズムが生まれてくるのである。紛争処理機関が，こうした戦略的規範主張の複合性を認識せず，単純に表面的規範主張を当事者の主張と同定して問題を処理しようとすれば，結局当事者の真の問題の処理に資するところは少ないというべきであろう。

4.4　紛争「解決」の神話

4.4.1　「解決」の一般的理解

　さて常識的理解によれば，紛争は当然「解決」される，またされるべきものである。しかし，紛争の「解決」という概念が何を意味しているのかについて詳細に検討してみると，実は極めて複雑な問題が存在していることに気づく。以下，この紛争処理制度の達成目標としての「解決」概念について，批判的に検討する中で，紛争とその解決をめぐる理解をより明確化していくことにしよう。

　裁判所をはじめとする紛争処理機関にとって，紛争の「解決」はまさに制度の存在理由であり，いかに多くの紛争を適正かつ効率的に「解決」していくかが機関評価の基準ともなっている。これら紛争処理機関にとっての「解決」には，大きく分けて2つの「解決」類型が存在する。ひとつは「判決」のような第三者の判断による「解決」達成であり，いまひとつは，訴状上の和解や

ADRでの解決など，当事者間の「合意」調達による「解決」である。「解決」
の意義という観点から，それぞれ，順次検討してみよう。

（1）　判決の現実的意義

　まず，第三者の判断による「解決」に関する問題点を見てみよう。裁判にお
いては，認定された事実に対して法基準を適用した結果，判決が導き出される。
しかも，判決は公的強制力（執行力）に担保され，最終的に紛争を終息させる
（＝「解決」）ものととらえられている。この制度理念に従って，人々の常識も，
裁判所の「判決」こそ，われわれの紛争を最終的に「解決」してくれるもので
あると認識している。

　しかし，現実に紛争状況に直面し，訴訟を利用した当事者にとっては，事情
は異なる。実際には，多くの訴訟当事者が，たとえ勝訴したとしても，「判決」
を実情にそぐわないもの，実効性のないもの，あるいは少なくとも，部分的な
問題「解決」しか果たしえないものとしてネガティブに評価していることも多
いと思われる。すでに，具体的な個人にとって，紛争というものが決して法的
権利の所在や財物の帰属に還元しえない，社会関係的・情緒的側面をも含む複
雑でポリセントリックなものであることを指摘してきた。そうした当事者の視
点に基盤を置いた紛争概念に立ってみれば，法的側面に限定された判断である
「判決」が部分的なものでしかないことは，むしろ当然というべきであろう。
むろん「判決」が，紛争「解決」にとってまったく意味がないというわけでは
ない。しかしその意義は，当事者が関係的・情緒的側面も含めた複雑な紛争交
渉を相手方と，生活の場で詰めていくうえでの，重要だが一つの契機に過ぎな
いのである。実際には財物の帰属といったレベルでの判断さえ，そのまま実行
されずに再交渉が行われることが多いし，特に継続的社会関係にある当事者の
場合など，「判決」後さらに紛争がエスカレートすることもよく見られる現象
なのである。

　こうした点を考えるなら，判決をもって紛争の「解決」であると定義する見
方が，いかに事実を反映しない表層的な見方であるかが容易に理解できるであ
ろう。判決は，あくまでも裁判制度側にとって，一件落着としての解決かもし
れないが，当事者の視点からは，判決をもって，紛争を最終的・全面的に「解

決」することなど現実には不可能な場合が多々存在するのである。こうした現実にもかかわらず，法的判断による「判決」提示こそ紛争の「解決」であり，裁判の中心的機能であるとの神話を堅持している限り，裁判や判断提示型紛争処理機関は真の意味で現実的な紛争処理機能を十分に果たすことができないといわざるを得ない。

(2) 合意型「解決」の神話

これに対し，合意調達型の紛争「解決」概念はどうだろうか。この場合には，少なくとも当事者の合意が達成されている。事実，裁判所においても「和解」が見直されたり，世界的にも様々な領域で合意型の ADR が設置されたり，合意による紛争「解決」の比重が高まっていく傾向が見られる。しかしながら，この「合意」に関してもわれわれの紛争理解から見た場合，多くの問題点が存在する。

たとえば，これら合意型紛争「解決」において，当事者による真に自由な「合意」が調達されているのか，そこに第三者機関独自の価値・利害からする強制のモメントが，目に見えない形で，おそらくは善意からではあれ，加わっていないか，といった問題が直ちに念頭に浮かぶ。

しかし紛争「解決」概念にとって，より本質的に重要な問題は，「合意」そのものがいかに理想的に調達されたものであれ，それを「解決」と同置することはできないという点である。いうまでもなく，「合意」はある特定の論点（群）に関して一致点を見出し，文言化していくものである。しかしわれわれの紛争理解からする限り，関係的・情緒的側面とも複雑に絡み合ったポリセントリックで流動的な紛争の問題点すべてについて，「合意」し文言化することなどそもそも不可能であるし，意味もない。焦点化された特定論点についての「合意」として文言化されたものは，水面下の文言化されない流動的で不確定な，時には無意識的ですらある相互了解の上に危うく定置されたものにほかならないのである。

しかも，この水面下の相互了解は，直接の相手方を超えて，当事者を取り巻くあらゆる顕在的・潜在的社会関係にとっての意味（多志向的配慮）をも内包したものである。当事者は各々その人生なりの，変容しつつも連綿と続く多様

な社会関係の網の目のただなかにある。「合意」達成もその中で行われる以上，相手方を超えた他者との多志向的な了解も，暗黙の裡にその背景に存在しているのである。具体的には，「合意」が，「家族・友人など，直接周囲にいる者に対して持つ意味」，「今後関係を取り結ぶかもしれない未知の他者に対して持つ意味」など，そうした様々な配慮が意識的・非意識的に当事者の中で解釈的に構成され，表層の「合意」を支えているのである。それゆえ，これら背景要素が流動すれば，「合意」文言は，しばしば，再解釈され再交渉されることになるのである。

　このことはわれわれの日常感覚（実践のセンス）に照らして考えれば容易に理解できる。われわれが日常，人と約束するとき，何が何でもパラノイア的にその約束を守らねばならないと認識するだろうか。決して言語化されてはいなくとも，さらには意識すらしていなくとも，相手や周囲の者との社会関係的な配慮・了解を前提として，しばしば，内容の変更や取消さえ許容されることも多いのではないだろうか。誰も急な体調不良で約束の場所に来られなかった友人を非難する人はないだろう。むろん約束の内容によっては，相当の理由が必要なこともあろう。いずれにせよ多くの場合，「合意」がその後の変更の可能性をまったく排除するものでないことは明らかである。「合意」の拘束力は，「合意」の文言それ自体からではなく，これら背後の関係的配慮・了解という実践のセンスの中から生じてくるものと考えるべきであろう。マコーリーが明らかにした，ウィスコンシンの地場企業が，契約合意が破られたときに，柔軟な対応で再調整していた現象は，まさに，こうした「合意」のメカニズムを反映した一例といえるだろう（Macaulay　1963）。

　まして通常，紛争状況において調達される「合意」は，決して双方当事者にとって完全に満足できるものでもなければ，協調的・友好的な一致に基づくものでもない。様々な戦略と妥協の結果，一応この程度で引いておかざるを得ないといったような，いわば闘争的な「合意」に過ぎないのが通例である。こうした場合に，その後の状況に応じて「合意」内容の解釈や履行に争いが生じたり，再交渉が必要になったりすることはむしろ自然に見られる現象である。事実，裁判所の「和解」についても，「判決」よりはいくぶんましではあろうが，その後の再交渉・再調整が，しばしば，行われているのである。

ただ，ここでも「合意」にまったく意味がないなどといっているのではない。それはもちろん，紛争交渉のその後の展開に重要な影響を持つキーポイントにほかならない。ここでも重要なのは，「合意」が最終的な紛争の「解決」といったものでなく，その後の展開を水路づける重要だが一つのポイントであることを認識することである。「合意」を理想的な協調的・共同的意思決定として，最終的な「解決」と同置する**合意の神話**にとらわれて，「合意」調達を至上命令としている限り，合意型紛争処理も当事者のニーズとの乖離を埋めることはできないのである。

4.4.2 「解決」神話における欠落した視点

以上のように，「判決」をはじめとする第三者判断提示型の「解決」も，「合意」型の「解決」もいずれも，当事者にとって，生活世界次元では，真の意味での「解決」とはいいがたいことは明らかである。にもかかわらず，こうした「解決」概念が維持されているのは，紛争を機関による処理（＝「解決」）の対象と見る制度の側から見る視点，制度理念が，われわれの認識を支配し常識化しているからである。当事者の視点からする紛争理解から見た場合，そこには次の３つの点についての認識が欠落している。

第１に，紛争という現象の問題の広がりに対する視点の欠落である。先にも述べたように，紛争処理機関の前に問題として提示されるのは，当事者にとっての複雑な紛争像のごく表層の論点に過ぎない。表層論点限りの「解決」は，その背後に存する関係的・情緒的側面も含む多様な問題点と結び合わされうる形で提示されない限り，部分的で独善的なものにとどまり，当事者にとって意味は少ないであろう。紛争処理機関が，それが対象とする紛争の側面を限定し，前提とすることには合理性があるが，問題は，それを前提にしつつも，当事者の複合的ニーズや背景のニーズにも一定の配慮を及ぼしていくことが重要であるという点である。一定の限定に制限的に固着してしまうなら，複合的な紛争像を前提とする限り，いかなる機関での処理も部分的なものにとどまってしまうことは否定できない。「判決」や「合意」を直ちに最終的・全面的紛争「解決」と楽観的に結びつけるのでなく，むしろ処理の部分性を前提としつつ，なお当事者の交渉促進にとって有益な機能というものはありうると思われる。

　第2の欠落は，紛争の時間的・過程的推移についての視点の欠如である。当事者にとって，紛争は裁判所や紛争処理機関の門を出た後も継続していくものである。時間的推移に応じて当事者の主観的状況や認識，客観的な状況や事情の変化は当然に生じてくる。それは決して例外的な事情変化ではなく，機関が提示する表層的な論点処理（＝機関にとっての「解決」）を，社会的・情緒的側面にもかかわる紛争の全体像と結びつけながら，自己の認識を適応化していくときに，当然に生じる変容である。当事者にとっては紛争交渉が機関の「解決」提示後も続いていくことの意義に配慮し，それと機関「解決」の提示，そこへ至るプロセスのあり方などに鋭敏な感覚を持つことこそ必要であろう。

　第3の問題は，紛争「解決」の主体が誰なのかという問題である。紛争は決して機関が主体となって処理する対象ではない。これまでの議論から明らかなように，それは不可能である。当事者のみが自身の交渉によって，「解決」を志向した行為を行うのである。紛争を当事者の視点から概念化する意義はまさにこの点にある。機関の処理や「解決」提示は，まさに当事者が「解決」を志向して交渉する中で，その交渉過程に新たな要素を取り込むために利用するリソースの一つに過ぎない。**紛争処理の主体はあくまでも当事者自身，それ以外**ではありえないのである。しばしば，当事者間で「解決」できなかったがゆえに紛争が裁判所や紛争処理機関へ持ち込まれたのだから，第三者による「解決」が必要である，といわれる。しかし当事者の視点から見る限り，当事者自身が「解決」できないものを第三者が「解決」できるなどと見るのは，完全な誤解である。第三者を利用することで，自身による「解決」を促進していこうとするのが当事者にとっての紛争処理機関利用の意味であり，当事者間で「解決」できなかったからこそ，裁判所や紛争処理機関で当事者による問題処理を援助することが必要である，というべきなのである。

＊

　さて以上の三点に配慮しつつ，われわれの視点からする紛争の「解決」というものを考えるとどうなるだろうか。紛争の立体的な問題の広がり，紛争の流動的・過程的な継時的変容，紛争処理の主体としての当事者，こうした点を前提とする限り，おそらくは紛争の固定的な意味での「解決」というものはあり

えないといわざるを得ない。むろん，たとえば直接の相手方との交渉関係は表層論点の整理を伴って，何らかの形で終了することはあるだろう。一定の納得と満足をもって当事者間で取り結ばれ履行された「合意」をもって，「解決」と呼ぶことも可能かもしれない。しかしその場合でも，当該紛争状況に関する認識や情緒的な葛藤は消えることなく，紛争に間接的にかかわった周囲の人々やその後に新たに取り結んだ個人との関係のあり方にも反映し，影響していくに違いない。その意味では，やはり完全な紛争の「解決」というものはありえないのである。

　このように徹底して過程的な紛争理解と「解決」の不在に関する議論は，あるいは行きすぎた言葉の上の遊びのように映るかもしれない。しかし，具体的な顔と肉声を持った紛争当事者の紛争状況における苦悩と真のニーズを把握し，より応答的な紛争処理を考えていくためにはこれらの認識は不可欠のものである。法制度理念の呪縛から逃れて，当事者の視点への同一化を果たしたうえで紛争処理制度の意義について考えていくことが必要なのである。

5

紛争交渉支援と合意型紛争処理制度

5.1　紛争処理システムの類型論

　前章では秩序と紛争の相対性・融合性について考察してきた。しかし，紛争が一定のレベルに達したとき，その処理にかかわる様々な仕組みが社会には備わっている。最もシンプルなものとしては，争いが生じたときに，友人や先輩などの誰かが，そこに介入し手助けしてくるような場合も，社会学的には一つの紛争処理の過程といえる。また，いうまでもなく，最も手続的に整備されたものとしては裁判を考えることができる。社会には多様な紛争解決の仕組みが存在しているが，これら紛争処理の仕組みについて，まずどのような類型が考えられるかから考えてみよう（和田・太田・阿部編　2002）。

5.1.1　個人内処理と社会的交渉支援

　まず，紛争の出発点となる被害や問題が極めて小さい場合，われわれは，不快な思いや不正義であると感じたとしても，たいしたことではないと問題を顕在化させずに処理してしまう場合がある。泣き寝入りと呼ばれるようなケースも含まれる。もし，こうした些細な問題も，すべて問題化し顕在化させて争うことになれば，われわれの生活は，大量の時間と労力をそれに奪われることになる。われわれは，社会生活を送る中で，多様な価値や利害をやりくりしながら生きているのであり，その一つに関する小さな問題で多くの時間と労力を奪

われることになれば，実際の損失の総量はより大きなものになってしまう。社会の側も，その処理に多大の労力を割く必要が出て，他者にも大きな影響を及ぼしてしまう。それゆえ，こうした小さな不快感や不正義を「些細なこと」として放置し，捨て去ることは，社会学的には合理的な紛争処理の一つの方策としてみなすことができるのである。

　本来，放置されるべきでない不正義が，放置されることは，もちろん，好ましいこととはいえない。もっとも，放置されるべきでない不正義か，放置しても差しつかえない不正義か，ないしは，どのレベルまで忍耐することが許されるべきかについては，文化によっても個人によっても異なっている。たとえば，デービッド・エンゲルは，不法行為による軽微な負傷について，アメリカとタイの人々の認知・行動の文化的差異を明らかにしている（Engel　2010）。また，セクシャルハラスメントやパワーハラスメントとして，現在であれば，放置すべきでない不正義として認識される行為が，かつては，忍耐すべき問題として放置されてきたケースなどもよい例である。少額被害が多く，放置されがちな消費者被害について，法的手当てがなされ，消費者の権利を確立していった過程も，そうした基準の社会的変容の表現といえるかもしれない。

　このように個人内処理としての「放置」は，ある意味で，社会的にも個人的にも，放置されることによるメリットが大きい紛争処理の一つの方法であることに間違いはないが，不正義や被害についての社会的定義が変容することにより，その範囲が相対的に変動していることを忘れてはならない。不当な圧力や力の作動があるところでは，放置されるべきでない被害が，抑圧されているようなケースも存在する可能性があり，こうした問題についても注意を払っておく必要がある。

　個人の内部での個人的処理とは別に，問題を顕在化させたうえで，相手方と交渉することも，一つの紛争処理の仕組みと考えることができる。アメリカの紛争解決（Dispute Resolution）のテキストを見ても，多くの場合，交渉（Negotiation）が最初の項目として出てくることが多い。社会学的には，この交渉が，心理的処理と並んで，最も多く，最も基本な紛争解決の仕組みといえる。この交渉過程については，前章で詳細に検討したが，本章では，これに第三者が支援者として介入する例を考えてみたい。人類学のフィールドワークが示すよう

に，整備された裁判や紛争解決システムが存在しないところでは，争いが発生
すれば，一定の権威を有する第三者が間に入って解決を図る例が多く見られる。
わが国でも，ある時代まではよく見られたように，地域共同体の権威者や親族
の権威者が，解決のために介入することが行われていた。法人類学者のフィ
リップ・ガリバーによれば，タンザニアのンデンデュリ族では，固定した有力
者が介入するのでなく，親族関係の系譜をたどって，紛争当事者双方と最も距
離の離れた中間の位置にいるものを話し合いの仲介者とし，系譜上近しいもの
が，アクションセットと呼ばれる，いわば弁護団のようなものを構成し，解決
を図る仕組みが共同体関係の中に埋め込まれる形で整備されていたという
(Gulliver 1971)。

　このような仕組みは，**第3章**で見たように，地域共同体や親族共同体が脆弱
化した現代社会では明確なものとしては失われているといわざるを得ないが，
それでも，なお，小さな場面では，他者が，インフォーマルに話し合いの支援
をするような場合も存在するだろう。こうした周囲の人々による交渉支援も，
一つの紛争解決の仕組みである。ただし，ここでも，個人的処理の場合と同様，
かかわる第三者の立場や権威による抑圧が発生するリスクは避けられず，この
点も，やはり，注意する必要がある。

5.1.2　ADR の諸類型

　こうした社会内にビルトインされた紛争解決の仕組みとは別に，多くの社会
では裁判や裁判外紛争処理（以下 ADR＝Alternative Dispute Resolution）と呼ばれ
る様々な紛争処理の仕組みが整備されている。社会によって，訴訟が多すぎる
ことへの反応として ADR が整備される場合もあれば，訴訟が少ない，アクセ
スが難しいことの反映として ADR が整備されることもある。ここでは，これ
ら ADR の諸類型について簡単に見ておくことにしよう。

(1)　交渉促進型紛争処理：メディエーション

　さて，まずこうした紛争処理の仕組みの中で，最も交渉に近い位置にあるも
のとして，西洋諸国でメディエーション（Mediation）と呼ばれる手続を挙げる
ことができる。これはよく調停と混同されることが多いが，日本ではほとんど

見られない手続である。日本の調停は，広義のメディエーションの一類型とい
えるかもしれないが，メディエーションの基本的・標準的な形態は日本の調停
とは大きく異なるものである。

　まず，手続を利用するかどうかの入り口において，当事者双方の同意が必要
となる。一方当事者がメディエーションのような合意形成型紛争処理システム
に申立てを行ったとしても，機関に相手方に応答を強制する権能はなく，相手
が拒否すれば，そもそも手続が開始せず，問題を扱えないことになる。

　また，第三者の役割は，原則的には，両当事者が対面して行う対話の支援に
限定される。当事者が手続の主役であり，当事者自身の手で合意形成を行うこ
とが前提とされているのである。もちろん，感情的になる当事者もいるが，メ
ディエーターは，そうした当事者の怒りを受け止め鎮めていくための心理的ス
キルも習得しており，暴力に及ぶような場合を除いて問題とはならない。当事
者自身が合意を達成していくのが目的であり，メディエーターは，その対話促
進以外に意見や判断を示すことは，原則行わない。たとえば，アメリカのメ
ディエーター倫理では，弁護士が調停者であっても，勝手に法的助言・判断を
提供することは許されず，両当事者の同意があって初めて可能となる。また，
合意案も原則は当事者が構成するのであって，特別な同意のもとでなければ調
停者が合意案を提示することもできない。この背景には，あくまでも当事者の
問題である以上，自主的な解決がなされるべきだという理念が存在している。

　同意がない以上，法的助言もできないとなると，実体的に不公平な合意に至
る可能性もないとはいえないが，不公平にならないよう知識を整えておくのは
当事者自身の責任であり，自律的に合意した以上，内容についての実体的正義
は問題とされないということになる。実体的正義よりも手続的公正を重視し，
自己責任と自律を前提とする，西洋的で，ある意味合理的な考えに基づいてい
るといえる。もっとも，弁護士が関与する法的問題にかかわる手続の場合は，
利用する時点で，あらかじめ，法的助言の提供についての合意をしているとみ
なすことで，実質的に，次に述べる評価型紛争処理（調停）のような手続がと
られる場合も多いようである。

　また，このモデルは，紛争解決機関としてのADRで用いられるだけでなく，
そのスキルについては，小・中学校で子供たちに教育されたり，職場の管理職

のスキルとして教育されたりもしており，社会に広く浸透した紛争調整のモデルといえる。近年は，アメリカやわが国で，医療の現場で，事故発生後の患者家族との対話の場面に応用されたりもしている。この点からわかるように，当事者が主役の手続であり，最も交渉過程に近いものということができよう（和田・中西 2010）。

(2) 評価型紛争処理：調停

こちらはわが国で，裁判所の**調停**はじめ，多くの合意型紛争処理機関で行われている手続である。まず，手続利用にあたって，両当事者の合意が必要である点は，先の交渉促進型モデルであるメディエーションと同様である。ただし，メディエーションと違って，手続に入ると，当事者同士が対面する形は少なく，ほとんどの手続は調停委員と一方当事者が対面し，他方の当事者は控室で待機するという**別席調停**の形をとる。おおむね，交互に面接する方式であり，**コーカス**（caucus）とも呼ばれる。調停委員は，それぞれから情報を聞き取り，問題を把握したうえで合意案を形成し当事者に提示していく。

　この交互聞き取り方式は，相手方のいないところで当事者は自由に何でも話せる，感情的応酬を防ぐことができる，などの観点から，効率的な深い情報収集が可能であるとされるが，次のような問題もはらんでいる。第1に，相手のいないところで話される情報の精度が問題となる。嘘まではつかないにしても，紛争当事者は問題を一方的に誇張して解釈していることも多く，同席なら，相手方からの補正も入るが，別席では誇張や誤解が修正されないまま調停委員に伝えられることとなる。第2に，感情的応酬は防げるが，心理的次元，人間関係的次元での紛争の解決のためには感情的爆発にうまく対応しながら乗り越えさせるプロセスが必要ともいえる。たとえば養育費について合意ができても，不信感が残ったままでは，結局順守されないことも多い。関係再構築のためには，感情的応酬も言葉による応酬と同様，重要な意義を有しているからである。

　こうして当事者ではなく，調停員が作成した最終的な合意案について両当事者の同意が必要なのは当然である。すなわち，一方が納得せず拒絶している限り「調停不成立」ということで，当該機関限りでは紛争を「解決」できなかったということになるのである。また，調停案作成において用いられる基準も，

法に限らず様々な日常的社会規範でよいし，「合意」内容も具体的な事情や実情を反映させた柔軟なものでよい。手続進行もインフォーマルで弾力的なものとされている。

　このわが国で普及している調停のモデルの背景には，調停機関が紛争を解決するという紛争解決の主体についての考え方（表向きは合意による当事者の解決であるとしても），西洋とは対照的に，手続的正義より実体的正義の達成を後見的に重視するという，文化的相違も存在している。

(3)　仲裁型紛争処理：仲裁

　次に考えられるのは仲裁（Arbitration）型紛争処理機関である。これは，仲裁人が示す仲裁判断を拒否することなく受容するとの両当事者の「合意」に基づいてなされる紛争処理様式である。すなわち，入り口の段階での「合意」が必要とされるものの，そこに仲裁判断には従うという結果への合意も含まれているのである。いったん手続利用の「合意」が調達されたなら，あとは仲裁人の判断による「解決」が確保されることになる。この場合の仲裁人の役割は調停者のそれを超えて判断者としての意義が中心となろう。ただ，用いられる基準は必ずしも法に限らず，当事者やその特殊事情にかかわる規範命題が使用されるし，具体的実情を「解決」案の中に含め考慮することも可能である。そのため，裁判では難しい，国際取引に関する商慣行の知識や，知的財産に関する知識など，法の専門家である裁判官では専門性に欠け判断が困難な領域で多く用いられている。

　また，契約書の中に，仲裁を利用するとの紛争解決条項を書き込んでおくこともよく行われる。たとえば，当事者間に紛争が生じた場合には，○○仲裁所の仲裁にゆだねる，などである。この場合，契約締結の時点で，当該仲裁手続を利用することの合意がなされ，したがって，仲裁判断を受け入れるという合意もなされていることになる。当事者が対等な主体である場合には，それも自由な契約合意ではあるが，消費者契約や労働契約などの場合には，立場の弱い当事者は，契約を結ぶ必要性から，いやでも応じることになってしまい，その裁判を受ける権利が侵害されているのではないかとの問題が生じることも注意しておくべきである。

（4）　裁断型紛争処理：裁判

さて，いまひとつの紛争処理機関類型は，**裁断**（Adjudication）型紛争処理機関である。いうまでもなく，この典型として裁判を挙げることができる。ここでは，機関の使用開始にあたっても「解決」の提示にあたっても，両当事者間の「合意」は必要とされない。訴え提起が様式に即したものであれば，相手方はその意思にかかわりなく応訴を義務づけられ，その拒否は結果としての敗訴を導くことになる。また「判決」に「合意」が必要でないことは指摘するまでもない。もちろん「法的」裁判のみが右に述べた要素を満たすものというわけではない。たとえば，法によらない権力者による強制的裁判や人民裁判なども同類型に属する。しかしわが国のような社会においては，この類型に属する機関としてほぼ現在の法による裁判のみを考えておけば十分であろう。

　ここでの第三者たる裁判官の役割は，一般には事実を認定し法的判断を下す判断者の役割と考えられている。「訴訟上の和解」に見られるように，しばしば手続が「合意」型に変形し，裁判官の役割も和解交渉の促進や和解案提示に転じることもあるが，基本的には裁断型機関の特性に応じた判断者役割が中心とイメージされている。手続進行も法基準に即したフォーマルなものであり，「判決」形成も余分な事情は考慮に入れず法基準のみに沿ってなされるものとされている。

（5）　紛争処理制度の類型軸

さて，ここまで手続の特性に応じて紛争処理の諸方式および ADR の類型について概観してきた。これまでの記述からもわかるように，これら諸方式は，「当事者間の合意をどの程度重視するか」，ないしは「第三者の評価・判断の要素をどの程度取り込むか」という特性に応じて整理することができる。いわば「合意」-「判断」の軸上に位置づけうるということである。それは，当事者の自律的意思が持つ重要性と関与第三者が果たす役割の重要性の，反比例関係に即した位置づけということができるだろう。そのことはまた，手続の形式性と柔軟性および「解決」基準の柔軟性の程度，法外の様々な実情の反映度といった要素の差異とも連動している。そこで，法をはじめとする規範への準拠によって正当化を試みる場合から，規範より当事者の合意によって解決が正当化され

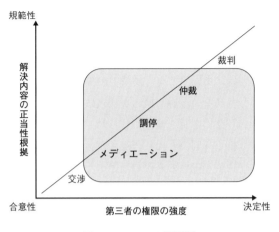

図 5-1 ADR の類型軸

る場合に至るという軸，すなわち，解決の正当性を担保する根拠次元の軸と，解決の達成が第三者の権力的判断による場合から，当事者の自主的解決が重視される場合に至る軸，いわば第三者の権力的関与の程度の軸を交差させ，そこに様々な紛争処理方式を位置づけたのが，図 5-1 である。

　このマトリックスによって，先に挙げた紛争処理の様々な方式をきれいに位置づけることができる。右上には，「権力性」が強く，法と規範根拠が正当性の担保となる方式として，いうまでもなく裁判が位置づけられる。他方，左下の極には，第三者の権力はほとんど関与せず，当事者の自律的合意によってのみ解決が担保される交渉が位置づけられることになる。もっとも，この交渉の場合でも，自主的な合意とはいっても，当事者の認知のフィルターを通してであるが，法をはじめとする規範の影響が一定程度見られることはいうまでもない。それでも，両極に裁判と交渉が位置づけられることに問題はないであろう。そして，その間に，交渉に近い側から，「交渉促進型紛争処理」「評価型紛争処理」「仲裁型紛争処理」と ADR の諸手続が位置づけられることになる。

　こうした，いわば「きれいな」形式に基づく類型化は，わかりやすく，受け入れられやすいが，法社会学としては，形式論的類型化に基づいて，紛争処理の全体システムを単純に理解することには問題がある。これらは，あくまでも手続の形式による分類であり，現実の過程は，より動態的で様々な変移を見せ

る可能性がある。法社会学的な紛争処理過程理解のためには，現場の視点から，現実に進行しているプロセスの微細な動態にまで切り込んでいくことが必要となってくる。こうした観点に起因する紛争処理過程理解の再検証に入る前に，まず，これら ADR についての社会的評価や性格の差異について，見ておくことにしよう。

5.2　ADR の社会的位置づけ

5.2.1　日本における ADR の位置

　ADR とは，Alternative Dispute Resolution（代替的な紛争の解決）の略称であり，わが国では裁判外紛争処理と呼ばれることが多い。この語からわかるように，ADR には，極めて広範な紛争解決方式が含まれることになる（早川・山田・濱野編　2004，日本弁護士連合会 ADR センター　2010，和田　2007）。こうした広範性のみならず，それが根づいている社会の制度的・文化的特質により，その意義やどのような手続としてイメージされるかも，実は，大きく異なってくる。こうした変移は，仲裁手続のように形式性の高い手続よりも，合意形成型の調停やメディエーションの位置づけにおいて強く表れてくる。そこで，ここでは合意形成型の ADR である調停（交渉促進型および評価型調停）に焦点を合わせ，まず，日本におけるこれら合意形成型 ADR の位置を検証してみることにしよう。

（1）　ADR の日本的特性
（a）　設置主体の特徴
　第 1 に，わが国で最も整備され，また利用頻度の高い ADR は，裁判所に設置された民事調停・家事調停などの裁判所調停制度である。裁判所の調停制度では，裁判官もしくは弁護士から選ばれた調停官の後見のもとに，市民から選ばれた調停委員が，合意形成にあたることになっている。調停委員は，どちらが正しいかを決めるのではなく，当事者の言い分を十分に聞いて，合意による解決を目指すものとされている。また，調停委員は，原則として，40 歳以上の社会生活上の豊富な知識経験を持つ，弁護士，医師，大学教授，公認会計士，

建築士などの専門職の中から選ばれるとしている。実質的には，それら団体からの推薦による人選が行われている。「当事者の言い分や気持ちを十分に聴く」とされているが，傾聴や質問などの対話スキルに関する研修などは，ほとんど行われていない。この点は，のちに見る英米の調停人が，1週間にも及ぶコミュニケーションとその促進に関するスキルの習得研修を受けているのとは対照的である。ここでは，そうしたコミュニケーション・スキルよりも，社会的経験や何らかの専門性を有していることが重視されているといえる。英米の調停人は，英語が話せれば年齢的制限もなく，学歴も専門性も不要であり，対話スキルこそが必須の能力であると理解されているのとは大きく異なっている。こうした調停委員の属性や，訓練の不在は，手続の進め方と大きくリンクしており，**日本的 ADR** 手続過程の特徴を生み出しているといえる。

　第2に，わが国で広く利用されている ADR の多くは，行政が設置した各種の ADR である。国土交通省の中央建設工事紛争審査会，厚生労働省の個別労働紛争解決制度，総務省の公害等調整委員会など，極めて多様な領域において設置されている。多くは，弁護士会の協力を得て，弁護士が調停委員としてかかわっていることが多い。たとえば，国土交通省の中央建設工事紛争審査会では，3名の調停委員が建築工事をめぐる紛争の調停にあたっているが，3名の内訳は，弁護士，建築士など建設工事の専門家および一般委員となっている。日本の特徴として，民間よりも行政が設置する機関，制度への信頼が厚く，それゆえ，重要な機能を果たしているといえる。

　第3に，民間型の ADR であるが，民間とはいえ，行政の指導によって設置されたものが多く，純粋な民間型は，1999 年（平成 11 年）以降の司法改革までは，あまり存在しなかった。たとえば，全国の弁護士会に設置されている住宅紛争審査会は，「住宅の品質確保の促進等に関する法律」に依拠し，国土交通大臣が指定することで設置されたものにほかならない。また，各種製品に関して業界が設置した業界型 ADR も，「製造物責任法」制定時に，行政の指導で業界団体が設置したものがほとんどである。また，各地域弁護士会が，設置する仲裁センターは，民間型ではあるが，弁護士会は民間とはいえ，国民から見ればかなり公的なイメージを伴って認知されているといってよいだろう。そもそも純粋な民間型 ADR は，国民の信頼を得られなかったということかもし

れない。一部例外を除き，2004年（平成16年）に制定された「裁判外紛争解決手続の利用の促進に関する法律」（ADR法）を契機として，100以上の民間型ADRが設置されることになったが，この点についてはADR法のところで説明することとし，上記日本の各種ADRにおける手続過程の実情について，先に見ておくことにしよう。

(b)　手続過程の特徴

　これら設置主体の特徴に加えて，手続過程の進め方の面でも，日本のADRは強い特徴を有している。先に述べたように，ほとんどの場合，一方の当事者からの聴取を交互に行う交互面接方式（コーカス）が主流であり，英米のように当事者同士が同席し，対話することは，まれである。このことが，英米のような対話促進スキルの習得を不要にしているともいえるが，他方，両当事者が自主的に自分たちで合意を模索するというより，常に調停委員の介在により合意の調整が行われていることになる。この形では，当事者は，相手に向けて自分の考えを述べたり，相手の言い分を第三者の前で，直接，聞くことで，認識を変容させたりというプロセスは生じにくい。逆に，第三者である調停委員の認識をいかに自分に有利に聴いてもらえるかという意識が働いてしまう。当事者間の対話，合意形成というより，第三者である調停委員の認識へ向けた対話になってしまう。

　当事者が直接向き合えば，感情的になり話し合いにならないともいわれるが，しかし，当事者二人だけの場合と，そこに第三者が存在している場合では，感情の表出も大きく変わるし，第三者に適切なスキルがあれば，それを鎮静化させ，認識の変容をもたらす方向に支援することもできる。しかし，交互面接方式ではそうした可能性は，ほとんどなく，いわば，調停委員の見解をいかに自己に有利な見解へと導くかに焦点が当たり，相手方との自主的対話は後景に退いてしまう。

　また，相手方がいないからこそ，何でも自由に話すことができるともいわれるが，先にも少し触れたように，相手方がいないがゆえに相手によるチェックや修正が入らず，誇張され間違った情報も修正されないまま表出されるおそれがある。紛争当事者は，相手方に関する十分な背景情報を持たないまま，ゆがんだり，誇張されたりした認識を有しているのが普通である。心理学的にも，

情報が不十分な場合に，個人は，問題の原因を状況的要因によるものととらえ
ず，相手の人格的要因に帰属させる傾向があることが明らかになっている。同
席であれば，隠れて見えていなかった背景の情報を相手方が持ち出せば誤解が
解け，認識が変わることもあるが，交互面接方式では，その可能性は失われ，
誇張された情報のみが，悪意はなくとも第三者に提示される可能性がある。

　もっとも，ドメスティック・バイオレンスなど，一定の場合には，同席対面
方式では対話が困難な場合もあるし，また，一つのケースの流れの中で，状況
に応じ，同席対面方式と交互面接方式を切り替えて適用することには大きなメ
リットがある。しかし，わが国では，ほとんどの場面で，交互面接方式がとら
れるため上記のような欠点を拭いされないのではないかと思われる。

　こうした手続進行のあり方は，解決の質そのものにも影響する。交互面接方
式のみで調停員の解決案を受諾する形で達成された合意は，問題点，たとえば
養育費の額や面接交渉の頻度についてはとりあえず合意できたとしても，相手
方との人間関係上の誤解や疑念，不信感が残存しがちで，その結果，問題につ
いての合意もすぐに順守されなくなるなどの危惧もある。他方，同席で対話し，
様々な誤解や相互に認識変容が生じた後では，一定の関係修復も期待できて，
問題点についての合意も守られやすくなろう。そのためには**第4章**の交渉論の
ところで述べたハーバード・モデル，すなわち直接の論点（ポジション）であ
る養育費や面接交渉だけでなく，深い関係性に内在する心理的・関係的ニーズ
（インタレスト）まで含めて考察する視点が必要であり，交互面接方式では，そ
の実現は難しいことが多いといわざるを得ない。実際，英米など海外のADR
では，同席を基本とし，ハーバード・モデルの考え方を援用したメディエー
ション・スキルが用いられるのが標準的方法となっている。同席交渉過程は，
解決を導くための手段というより，同席交渉の過程そのものが，解決過程その
ものなのである。

　わが国の交互面接方式中心のADR運用では，とりあえずの解決をつけると
いう点ではやりやすくても，それはADR機関側が考える問題点限りでの解決
にとどまり，当事者にとってのより深い心理的・関係的ニーズに対応した解決
にはなりがたい。

　さて，そうした日本的ADR制度や運用方式が盛んであったところに，司法

制度改革の中で「裁判外紛争解決手続の利用の促進に関する法律（以下，ADR
法）」が制定されることになった。以下，この法律について検討しておこう。

(2)　ADR 法の特性

1999 年（平成 11 年）に，司法制度改革審議会が設置され，2001 年（平成 13 年）
にはその意見書が公表された。司法制度改革自体については**第 7 章**で論じるこ
とにするが，法曹養成はじめ，日本における法制度による公正な社会の実現へ
向けた大規模な改革を目指したものである。そして，その一環として，民間の
合意型紛争処理の機能強化を目標に，2004 年（平成 16 年）に制定，2007 年（平
成 19 年）から施行されたのが，**裁判外紛争解決手続の利用の促進に関する法律**，
いわゆる **ADR 法**である（小島・伊藤　1998，山本・山田　2008）。わが国の ADR
法は，実は，海外の ADR をめぐる理念とは明らかに異なる，わが国固有の特
徴を示している。

　一般に英米を中心とする海外では，ADR（裁判外紛争処理）とは，文字通り
裁判外の多種多様な紛争解決方式を包摂する概念であり，法的解決を行う裁判
とは一線を画している。たとえば，英米では，家族間の父親と娘の間に生じた
心理的・人間関係的コンフリクトなども ADR で扱われており，法的紛争だけ
でなく，むしろカウンセリングに近いような機能を果たす ADR も多い。第三
者であるメディエーターになるには，法的素養は一切必要とされず，必要なの
は，感情を受け止め対話を促進するスキルであり，まさに心理的・人間関係的
コンフリクトに適したものとして ADR がとらえられている。弁護士による法
的紛争にかかわる ADR もあるが，それは多岐にわたる ADR の中のワンノブ
ゼムとしての一変種に過ぎない。ところが，わが国の ADR 法は，ADR につい
て，こうした世界の標準的定義とはまったく異なる特異な定義を行っている。

　第 1 に，ADR 法第 3 条において，明確に「法による紛争の解決のための手
続き」として ADR を定義づけている点である。もちろん，それが法条文であ
る以上，これを狭くも広くも解釈することは可能であるが，ともあれ，このよ
うに明確に法と結合した ADR 定義をしていることが，世界標準とは異質なわ
が国 ADR 法の特質であり，また ADR についてわが国固有の理念的方向を示
すものであるといってよいだろう。

　第2に，同条において「専門的な知見を反映して」とある点である。アメリカ等の英語が話せれば学歴も職業も関係なく，誰でもがメディエーターになれるという lay-mediator（素人調停人）を広く許容する方向とは異なる志向が，ここでも示されている。英米では，法であれ，何であれ，専門性は必須要件ではなく，逆に，コミュニケーション支援技法であるメディエーション・スキルをきちんと習得していることが重要な要件となっているのと異なる大きな差異がここでも存在している。わが国の ADR 法では，素直に読む限り，一定の既存の専門領域を持つ専門家を ADR 手続主宰者として念頭に置いていることは明らかであろう。

　第3に，民間 ADR 機関について，法務大臣による認証制度を設けたことである。反社会的勢力による不当な ADR 設置を防止するという意義がそこにはある。しかし，たとえば，アメリカでは，個々のメディエーターの独立性を背景に，いくつかの州を除き，一元的な機関認証という形でなく，必ずしも強制メカニズムを具備しないとしてもメディエーターの行為規律が存在するというのが，一般的である（スキャンロン　2005）。機関認証というわが国のアプローチは，結果的に，既存の信頼性を持った専門家団体による ADR 機関設置，それら専門職を手続主宰者として予定する ADR の制度化になじむ方策であり，英米のような幅広いメディエーターの参画を妨げる作用を持つことは否めない。

　第4に，認証の条件の中に「法令の解釈適用に関し専門的知識を必要とするときに，弁護士の助言を受けることができる」措置を整えることが含まれている点である。この点も，わが国 ADR 法の法志向的性格を示す点といえる。

　こうした ADR 法に見られるわが国固有の ADR の特性は，これまでの日本型 ADR の特徴を踏まえ，引き継ぐものということができる。しかし，その検討過程では，結果にはほとんど反映されなかったものの，これまでの日本的 ADR の特徴を克服しようとする立場から，従来の特徴を保持しようとする考えに対し，強い異議が提起されてきた。また在日米国商工会議所の意見書は，ADR を幅広い人材や機関に開放してきたアメリカの経験に基づき，日本の ADR 法案における法専門家志向に懸念を表明し，認証制度についても，それが日本における ADR の健全な発展を阻害するだろうと断じている。

　こうして ADR 法が制定されたのち，司法書士会，行政書士会，土地家屋調

査士会，社会保険労務士会はじめ 100 を超える ADR が設立されることとなった。ただし，多くの ADR は利用が少なく，盛んに利用されているものは一部に過ぎない状況が続いている。

　以上，ADR 法が，わが国において，諸外国と比べて，特異な構造を持っていることは明らかである。では，日本の ADR は，なぜそうした特徴を持つに至ったのか，2000 年代の改革においても，なおそうした傾向が保持されたのかについて，考えてみる必要がある。次にこの点を検討することにしよう。

(3)　日本的 ADR 観念の背景

　日本の ADR が現在のような特徴を有するに至ったのは，まず，法・裁判に関する社会的背景を考える必要がある。よく知られている通り，先進諸国の中で，日本は，極めて訴訟の少ない国である。裁判利用が進まない背景には，**第3章**で見たように，白黒つけるのを好まない文化的・心理的障害といった要因が指摘されることもあれば，時間がかかる，コストがかかるなどのコスト要因が指摘されることもある。また，法曹人口の少なさが，裁判以前に，弁護士へのアクセスを困難にしているといった見解もある。いずれにしろ，結果として，わが国では，歴史的に訴訟件数が限られてきたことは事実である。

　しかし，いうまでもなく紛争は社会の様々な場で生成しているはずである。裁判所の調停や行政の紛争処理機関，弁護士会の ADR などは，なかなか訴訟利用が増えない状況で，訴訟でなくとも，人々に法的に公正な解決を提供しようとする機能的目標を持つに至ったと考えられる。また，逆に，英米で普及しているような人間関係的コンフリクトについては，かつては地域共同体や親族共同体に組み込まれたインフォーマルな仕組みによる対処がなされていたと考えられる。こうして，わが国の ADR は，法的に適正で，かつ柔軟な解決を，裁判に代わって提供する機関としてのイメージを確立し，その結果，関与する第三者にも法的能力が必要とされたということができる。ADR は，まさに裁判に代わる紛争処理機関だったのである。

　こうした状況は世紀が変わった 2000 年代に至っても大きく変化していなかった。原因としては，法曹人口の少なさに起因するわが国のリーガル・サービス提供体制の貧弱さを挙げることができる。司法のインフラについては，わ

が国のそれが外国に比して例外的に貧弱であることは明らかである。司法制度改革の中で，法曹人口増員，法テラスの整備など，法情報やリーガル・サービスへのアクセス改善の動きが加速しているものの，いまだそれが十分であるかには疑問が残る。市民のリーガル・サービスへのアクセスは，改善へ向けた過渡的段階のようやく入り口に立ったばかりといってもいいだろう。

　そうした中で，ADR を利用しようとする利用者も，法的に適正な解決，必要な法的助言や支援を ADR 機関にも求めてくる。ADR 利用以前に，まず弁護士に相談してというケースもないではないが，一般的ではない。英米のコミュニケーション・スキルのみを持った調停人ではなく，日本の利用者は，法的知識を持った第三者に関与してもらいたいというニーズを有していることは否定できない。かつての時代には，調停委員は，情理や社会規範による当事者の説得などを試みる教導的な対応をしていたこともあったが，現在ではそうした対応は不信を招くだけだろう。それに代わって，柔軟な妥協的解決ではあっても，義理人情ではなく，法的基準を念頭に置いた柔軟な解決を求めているのである（和田　2020b）。

　確かに，日本の ADR 機関は，ほとんどがいきなりの申立てではなく，最初に相談手続を設け，相談の上，熟慮して利用を決めるといった方式が，公式であれ，非公式であれ，多くとられている。しかし，この日本では当たり前の手順は，海外の視点からは奇異に映る。まず相談とは，その当事者のためになされる当事者の利益を考えた党派的なサービスであり，ADR における調停とは，どちらにも偏らない中立的位置を前提としている。この党派的な活動と，中立的な活動を，一つの機関の中で合わせて対応することは，役割上の矛盾をきたすのではないかという危惧が示されたりするのである。ここに，実は日本と英米との法環境の差異が如実に反映している。

　英米では，弁護士や法律的助言の提供サービスが社会に浸透しており，ADRを利用しようとする人は，事前にそこで助言を得て，利用するのが普通である。そのため，相談と中立的調停サービスを，明確に区分することが理念的にも事実上も可能であり，それが当然のこととして認識されている。他方，日本では，ADR 利用に先立って，法的助言を調達するという環境も行動も一般的ではないため，結果として，ADR 機関において，両方を順次提供せざるを得ないの

である。こうした法環境の差異，行動パターンの差異が，日本においては
ADRの手続主宰者，調停員には，法的素養もしくは法的スーパーバイズが必
須という状況を生み出しているといえる。

　日本のADRが歴史的に裁判所や行政による公的で法志向的な性格を色濃く
有したのは，こうした事情による。またADR法が，世界標準とは異なる法志
向的なADRの定義を採用したのも，こうしたわが国のリーガル・サービス提
供体制の状況，法環境の特徴によるものということができる。

　他方で，先に触れたように，地域共同体や親族共同体がかつては手当てして
いた，インフォーマルな紛争処理メカニズムは，現在では衰退の一途をたどっ
ている。それによって，法的紛争解決ニーズとは異なる人間関係的・心理的コ
ンフリクトも手当てされないまま，時にはエスカレートし，大きな事件に至る
ことも少なくない。今後は，わが国でも，ADR法に体現された法志向的な
ADRとは別に，英米で普及しているようなカウンセリング的技法に支援され
た関係調整的なADRも必要になってくるだろう。実際，医療の領域では第三
者ADRではないが，有害事象が発生し，患者家族も医療者も混乱していると
ころで，心理的な混乱を吸収しつつ公正な説明過程を支援する医療メディエー
ターなど，英米のコミュニケーション・スキルを身に着けた人材による現場で
の対応が普及している（和田・中西　2010）。今後は，こうした新たなADRや
コンフリクト対応の仕組みが模索されていく必要がある。

5.2.2　英米におけるADRの位置

（1）　英米におけるADRの特性

　次に，世界標準といえる英米のADRについて検討しよう。英米では，合意
形成型の紛争処理モデルとしてメディエーションが一般的である。先に示した，
交渉促進支援型のプロセスである。そこでは，当事者は対面で同席し，時には
感情表出も含む対話を交わしていく。第三者の調停人であるメディエーターは，
感情の表出を受け止め鎮静化する傾聴の技法や，紛争にかかわる現実認識の調
整を促すような質問や対話支援の技法によって，当事者自身が合意を作り上げ
ていくのを支援する（レビン小林　1998，和田他　2020）。表層の対立的争点の
背後にあるより深い欲求に気づかせ，心理的・関係的なコンフリクトの低減へ

の支援を行うことのみが役割であり，評価や判断を下したり，助言を行ったりすることはほとんどない。こうしたプロセスの描写からもわかるように，英米のメディエーションは，日本の調停が主に法的論点を含む紛争のみを扱うのに対し，法的紛争に限らず，近隣や家族に中にさえ発生する関係的コンフリクトへの対応を射程に収めることになる（レビン小林　1999）。

　広範な人間関係上の葛藤が対象に含められ，法的紛争に関する ADR は，その一部に過ぎない。弁護士らがメディエーターとなる法的紛争を対象とする ADR では，日本に近い手続も存在するものの，それでも手続を主宰するメディエーターのスキルは法律家であっても変わることはない。アメリカのほとんどのロー・スクールには，メディエーションの実技的授業が設置されているが，そこでは，傾聴や対話促進の技法が教育の中心となっている。難易度の別はあれ，メディエーションは小中学校でも教育され，企業での管理職教育としても普及している。初等・中等教育のレベルでは，イギリスやドイツでも教育が行われたりしている。

　また，繰り返しになるがメディエーターの給源や人材についても，わが国とは大きな相違がある。ADR 法に示されるようにわが国では，専門性や社会的経験が調停委員に必要な素養とされ，かつ法的スーパーバイズが必須とされている。他方で，調停委員への紛争過程でのコミュニケーション・スキル研修などは，ほとんど顧みられていない。ところが英米では，逆に，メディエーション・スキルさえ，きちんと習得していれば，その他の要素はまったく必要とされていない。たとえば，アメリカの多くのロー・スクールでは，メディエーションの授業に出席し，単位を取得した学生なら，教授のスーパーバイズが必須ではあるが，裁判所に提起された少額紛争の実際のケースでメディエーターとしてかかわることも許されている。筆者も，ニューヨーク大学，バージニア大学で，そうした例を実際に見聞してきた。ニューヨークの少額裁判所では，適切なケースで当事者が承諾すれば（拒絶されたケースは見られなかった），20代のロー・スクール学生が，本物の事案のメディエーションを行っているのである。アメリカ文化のもとではあるが，スキルさえあれば，専門性や年齢など問われることはなく信頼を持たれうるということである。

　学生に限らず，たとえばニューヨーク州裁判所が提供するメディエーション

研修を受講し修了した者は誰であっても，裁判所の紛争解決センターで調停を
担当することができるし，また，民間の研修センターのメディエーション研修
でも，受講後，自宅で自由にメディエーション・センターを開設し，対価を得
て紛争解決サービスを提供することも可能である。日本であれば，非弁行為と
して訴えられる可能性が高いが，アメリカでは開業も自由であり，裁判所や地
域弁護士会がそうした研修を提供している例もある。

　こうしたことが可能なのは，ADR が対応する紛争のイメージが，先ほど指
摘したように人間関係的葛藤も含む広範なものであり，そもそも法的知識が不
要な事案が多いことが理由である。たとえ，法的紛争であっても，そこに内在
する心理的葛藤や関係的コンフリクトの低減をメディエーションの機能として
提供する限りにおいて，法は無関係である。もっとも，法的に知識のないメ
ディエーターが，法的助言などをそこで行うと，それはさすがに非弁行為とい
うことになるのは当然である。

　このほか，金融に関する知識，建築に関する知識などの専門知識，あるいは
法律家がかかわる法的知識を前提とする ADR も存在することは確かであるが，
その基盤をなす基本的な合意型 ADR のイメージは，英米を中心とする海外で
は，こうした交渉促進型のメディエーション・モデルなのである。

(2)　メディエーター規律の特性

　以上で説明した同席対話を基盤とする ADR のイメージは，わが国のそれと
は，まったく異質なものであるが，メディエーターの規律はどのようになされ
ているだろうか（スキャンロン　2005）。わが国が ADR 法を制定し，その中で
機関の認証制度という形で規律を及ぼしているのに対し，アメリカでは，ADR
に関して，The Administrative Dispute Resolution ACT が 1990 年に施行され，
1995 年 に は 改定もなされている（United States Congress Senate Committee
2010)。そこでは，中立第三者については次のような規定が見られる。

　　「中立第三者とは，両当事者によって紛争解決手続のために受容された，連
　　邦政府の常勤ないし非常勤の職員，被用者もしくは，その他の個人をいう」
　　「中立第三者は，当事者の意思によってのみ，和解仲介者，ファシリテー

ター，メディエーターとして貢献する」

　日本のように明確な認証制度のようなものは含まない包括的な規定となっており，後段の規定の多くはメディエーションでなく ADR の中でも仲裁手続に関するものである。合意型モデルであるメディエーションについては概括的な規定しかないが，これに代わって，メディエーターの行為については，紛争解決推進団体である Association for Conflict Resolution や全米弁護士会（American Bar Association），などが，共同で詳細な基準 Model Standards of Conduct for Mediators を定めている（ABA, AAA & ACR　2005）。そこでは，当事者の自己決定の尊重，公平性の義務，利益相反，実践能力，守秘義務，広告の規律，料金の規律などが規定されている。また，メディエーションを業務とする弁護士の組織である Association of Attorney-Mediators も倫理ガイドラインを定めており，下記のようなルールが含まれている。海外における合意型 ADR のイメージをよく示す記述といえる（Association of Attorney-Mediators　2001）。

〈メディエーションの定義〉

　メディエーションは，公平な調停者が紛争当事者間のコミュニケーションを奨励および促進し，和解，または理解を促進するよう努める私的なプロセスです。調停人は，係争中の問題について決定を下すべきではありません。紛争解決の主な責任は当事者にあります。

〈情報の開示と交換〉

　調停人は，情報の開示を奨励し，当事者が利用できる利益，リスク，および代替案を検討するのを支援する必要があります。

　これらの規定からは，ADR が，あくまでも当事者が主役であり，第三者関与者であるメディエーターの役割が，極めて謙抑的なものに抑えられていることがわかる。さらに，プロセス内での法的助言提供については，下記のように書かれている。

〈専門家のアドバイス〉

　調停人は，当事者に法的またはその他の専門的なアドバイスを与えるべきで

はありません。

　このガイドラインが一般のメディエーター向けのものでなく，メディエーションに従事する弁護士団体の弁護士へ向けてのガイドラインであることに注意してほしい。弁護士ですら，メディエーションにおいては，法的助言提供は，禁じられているのである。この点については，下記の補足が加えられている。

〈補足 (a)〉

　適切な状況では，調停人は，調停プロセスの前，最中，または後に，当事者に法的，財政的，税務またはその他の専門家の助言を求めるよう奨励する必要があります。

〈補足 (b)〉

　調停人は，一般的に，独立した弁護士または他の専門家の顧問なしで進めることにはリスクがあるかもしれないことを当事者に説明する必要があります。

　すなわち，メディエーションに携わる場合，調停人である弁護士が自分で助言することは禁じられているが，不適切な事態が生じそうな場合は，外部で助言を得るように勧めたり，そのままではリスクがあることを開示したりすることは許されているのである。この規定自体，実は，日本とは異なる英米におけるADR概念が成立する背景を如実に示唆している。

　さて，以上のように，日本がADRを機関認証という形で規律する一方，個々の調停委員の行動については，歴史的にも，現在も，ほとんど具体的な規律なしとなっているのに対し，アメリカなどでは，機関認証のような制度はないものの，メディエーターの行動に関する細かな規律が定められ，また教育されているという大きな差異があることが明らかである。日本の場合は，ADR法が定めるように，専門家を担い手と想定しているために，専門家団体への信頼が基盤となった規律方法であるのに対し，ADRの担い手が極めて広く許容されている英米の状況のもとでは，機関でなく，個々のメディエーターの行動規律がより有益なアプローチということであろう。

(3)　英米的 ADR 観念の背景

　では，英米における ADR 観念が成立する社会的背景はどのようなものだろ
うか。とりわけ，アメリカは日本とは異なり訴訟が多いことで知られる。実際
には，提起された民事訴訟の95％は，準備手続での和解で終了するが，それ
でも多いことに変わりはない。そのため，少ない訴訟への対策として，法に即
した解決を迅速・安価に提供しようとしてきた日本の法志向的 ADR とは異な
り，過剰な訴訟をいかに減らすか，そのため当事者間での解決をいかに促進す
るかが ADR 制度の背景関心であった。ADR は，裁判の代替というよりは，当
事者間の交渉をいかに整序して合意形成させるかという関心のもとで発展して
きたのである。そのため，仲裁とともに，交渉の整序モデルとしてのメディ
エーションによる合意型 ADR が，その中心となってきたわけである。それゆ
え，英米の合意型 ADR の理念・哲学と，日本のそれとがいかに異なっている
かは指摘するまでもない。

　また，川島が法意識論の中で引用した歌舞伎の一場面の例に見られるように，
権威ある第三者が間に入って解決するという日本的，ないしアジア的な文化の
影響と，英米のそうした権威に必ずしも従順でない文化の差異もそこには反映
している（川島　1967）。日本では，この権威ある第三者の仲介を歓迎する文化
的傾向が，裁判所の調停委員が40歳以上の社会経験豊富な専門家を念頭に置
くなど，いまだに残存しているに対し，そうした要素はほとんど考慮されず，
メディエーション・スキルの習得者というだけで20歳代のロー・スクール学
生でも，メディエーターとして紛争当事者に受け入れられるアメリカの状況と
好対照をなしている。英米では権威的評価や判断は退けられ，当事者自身が自
ら合意に到達していくという自律性重視の文化が色濃く反映しているといえよ
う。

　また，英米のメディエーションに見られる，法律家がメディエーターであっ
ても，法的助言は行わないという行動規律は，実は，それを可能にする社会的
法環境の存在を抜きには語れない。先のメディエーションに従事する弁護士団
体のガイドラインを思い出してほしい。メディエーター自身は法的助言を行わ
ないが，外部で助言を得てくることを勧めたり，それなしではリスクがあるこ
とを示したりすることは許されている。すなわち，外部でなら，比較的容易に，

法的助言を得られる環境が，そこにはあるということを，このガイドラインの
規定は意味している。アメリカには 100 万人を超える弁護士がおり，田舎の小
さな駅舎のわきにでも，ショッピングセンターの片隅にでも，法律事務所が存
在している。自宅を所有するなど少しでも財産のある人は，みな，弁護士と日
常的に関係を有しているし，貧困層には無料のサービス提供も行われている。
弁護士側も競争が激しい中で，法律相談は無料で提供するなどして顧客を誘引
しているところが多い。それゆえ，多くの紛争当事者は，ADR に法的問題を
含む事案を持ち込む際には，あらかじめ，弁護士によるアドバイスを受けてか
ら申立てを行っていくのが，むしろ普通といってよい。

　すなわち，日本ではこうした弁護士へのアクセスが，様々な理由で一般化し
ておらず，ADR 利用者の多くが，法的助言なしで申立て，その結果，調停委
員も法的助言などの後見的行動をとらざるを得ないのに対し，アメリカでは，
申立ての時点で，あるいは調停セッションの中途でも，外部の法的助言サービ
スを容易に得ることができる。そのため，アメリカでは，メディエーターは弁
護士であっても，「法的助言の提供」という，当事者の少なくとも一方から中
立性を疑われかねない行動からは，自由でいることができるのである。

　また，日本の ADR では，ADR 法の規定にあるように，法的解決が目指され，
実体的な正義に即した解決の提供が当然のように思われているが，英米では，
上記のような法環境のもと，一方当事者の側に法的知識が十分でなく，不利な
合意をすることになっても，それは，自身が外部で法的助言を得てこなかった
ことによる自己責任だということになる。日本のように，助言をして，実体的
に正しい解決を提供することよりも，法的助言提供のような一方当事者の側に
有利になりかねない行動を手続的にアンフェアだと考える，英米の手続的正義
を重視する文化も，その背景にはある。

＊

　さて，以上で ADR に関する日本と外国との概念や背景の差異について検討
した。弁護士の数が増加し，法環境も改善しつつある中で，わが国における
ADR のイメージも，いま少し複合的なものに変容していく必要があるかもし
れない。

5.2.3　ADR の評価軸 ────────────

　ADR については，その導入を好意的に評価する見解もあれば，懐疑的な見解もある。ADR についての多様な評価的視点を理解するために，ここでは一つの見取り図を提供する。まず，裁判との関係を保持する志向を持つか，裁判との関係を希薄化し，むしろ，独自の機能を志向するかの「親司法・裁判」および「脱司法・裁判」の軸と，いまひとつは，ADR について好意的に評価するか否定的に評価するかに関する，「反 ADR」と「親 ADR」の極で構成される軸である。この交差により，マトリックスを構成したのが，**図 5-2** である。

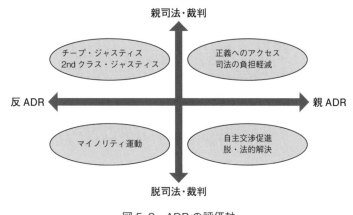

図 5-2　ADR の評価軸

（1）　チープ・ジャスティス論：親裁判＋反 ADR

　まず，左上の象限に位置するのが，「**チープ・ジャスティス論**」ないし「**2nd クラス・ジャスティス論**」と呼べる評価で，伝統的な実定法学者や，また実務家の中にも明確に表明することはなくとも，よく見られる見解である。すなわち，真の正義に基づく解決を提供できるのは，手続的にも実体規範の点でも緻密に整備された裁判のみであり，ADR は，手続も柔軟といえば聞こえはいいが，あいまいであり，また実体的な解決規範も明確ではない。その結果，たかだか二流の解決ないし安物の解決しかもたらさないというものである。時には，ADR が普及することで，裁判を受ける権利が阻害されるのではないかとの危惧が示されることもある。この親裁判＋反 ADR の見解は，極めて保守的なも

のであるが，案外，わが国の実務家の中にも，ADRに否定的な視点を持つ人も，多く見られるかもしれない。

(2) 正義へのアクセス論：親裁判＋親ADR

次に右上の親裁判＋親ADRの志向を持つ象限であるが，「**正義へのアクセス論**」「**司法の負担軽減**」などの見解と結びついている。民事訴訟法学者の**小島武司**は，**正義のプラネタリー・モデル**を提唱したが，そこでは，裁判が中央の太陽の位置を占め，その周囲に，裁判所の調停，さらには各種ADR，そして交渉が順次，位置づけられる（小島 1985）。太陽の熱・光線に当たるのが判例で示された規範であり，そこで確立した規範が次第に周囲のシステムに到達し影響を及ぼしていく。外部になるほど影響力の程度は弱くなる。また，逆に，外部のシステムで生じた変化や新しい動きは，逆の流れで裁判に到達し，そこで新たな規範を生み出していくというのである。裁判がすべての紛争を解決することができない以上，こうした惑星系のモデルをイメージし，ADRも，その中間で機能することで，結果として社会全体の正義へのアクセスを保障し，正義の総量を増大させるという考え方である。すなわち，ADRは，裁判が生み出す規範を取り込みつつ，正義の産出の一翼を担うのであり，わが国の法志向的なADRの観念と適合的であるばかりか，司法制度改革の方向性とも合致しているといえる。そのため，わが国では，おそらく最も受け入れられる見解かもしれない。また，判例などの規範を参照することで，比較的簡単に解決する事案をADRが担当することで，裁判は，本当に難しい吟味が必要な事案に専念することができ，その量的負担の軽減にもつながるとされることもある。もちろん，日本に限らず海外でもこうした視点は有力な見解といえよう。

(3) 自主的解決促進論：脱裁判＋親ADR

右下の脱裁判＋親ADRの象限は，筆者を含め日本でも見られるが，主に英米のADRに根強い見解といえる。ここに見られるのは，実は，裁判が提供する解決は，法的要件にかかわる点のみについて裁断的に示されたものにほかならず，当事者間のより深い関係的コンフリクトや心理的葛藤は扱われず，社会的次元では，実は紛争の解決になっていない，という裁判への批判的見解でも

ある。端的にいえば，裁判は，法的解決は提供するが，紛争解決は提供できていないということである。そこで，裁判では扱えない，様々な紛争の諸要素をも取り込み，当事者間の対話・交渉を促進することで，より深い関係的・心理的解決をもたらすのが ADR の役割ということになる。この脱司法，脱裁判的な解決こそ，ADR が持つ固有のメリットということになる。チープ・ジャスティス論が，ADR を手続も実体規範も整備されていない安物の正義に過ぎないと断罪したことに対しては，裁判こそ硬直した手続や規範によって，紛争の本質に到達せず，表層的な法的争点の解決しか与えていないではないかというのが，この見解からする反論ということになろう。英米の交渉促進支援型のメディエーションのモデルは，まさにこうした見解と結びついている。もっとも，法が不要だというわけではなく，あくまでも，その範囲内で，反裁判ではなく，脱裁判を志向しているという点には注意しておく必要がある。

(4)　政治的・批判的否定論：反裁判＋反 ADR

　左下の反裁判＋反 ADR の見解は，日本では現状ほとんど見られない。マイノリティの研究者が多いアメリカでの批判的議論の中で示されることのある見解である。そこでは，法はマイノリティを抑圧する作用をしばしば及ぼしていると否定的に見る点で反裁判であり，ADR もマイノリティ・コミュニティをいかに手なずけ白人支配層にとって有利な秩序を維持するかに関心のある試みであると断罪される。実際，実験的な ADR の試みは，アメリカではマイノリティの多い，スラムのようなコミュニティに当初設置された経緯がある。犯罪の多い地域で，法的制裁によるコントロールを試みてもうまく機能せず，それに代わる統制の方策として，コミュニティに ADR を置くことが模索されたのである。人種コミュニティ内の紛争は，法による解決は難しい場合が多く，コミュニティの文化や規範を熟知したコミュニティ内のメディエーターが対応することで，調整的な解決を目指そうとしたのである。刑事の修復的司法にもつながるこの試みは，しかし，一部のマイノリティの目から見れば，結局は，コミュニティの安定によって自分たちの利益を守ろうとする白人層の試みに過ぎないと見える。必ずしも多いとはいえないが，一部には ADR に対するこうした視点があることも念頭に置いておく必要がある。

これらのそれぞれの立場は，いずれが正しいかと単純に評価するのでなく，どの立場から見れば，どういう点が問題として浮かび上がってくるかを検証していくために，複眼的に視野に入れておくことが有益といえよう。

5.2.4　ADRへの社会的ニーズ

ここまで包括的にADRの類型，社会・文化的差異，評価軸について見てきたが，もちろん，ADRと一口にいっても，それがどのようなニーズに対応しているかについては多様性が存在する。次に，このADRへのニーズの多様性について検討しておこう。

まず第1は，**効率性ニーズ**というべきものである。裁判は，時間的にも経済的にも高コストであり，当然ながら気軽に利用できるようなシステムではない。そこで，「正義」を効率よく社会の各層に提供していくために，経済的コスト・時間的コストを，利用者にとっても，社会にとっても，低減化していくことが，ADRの重要な意義となってくる。手続保障の代償として，経済・時間両面での過大な負担を当事者に負わせざるを得ない訴訟に代わって，安価，迅速，簡便に，適切な解決を提供しようとするADRへのニーズは，少額事件や簡易事件にとどまらず，広く紛争一般の効率的処理を求める社会的ニーズにアピールするものといえる。この観点からするADRへのニーズは，比較的簡易な事件の処理をADRが負担することで，裁判自体の効率的運用にもつながる側面を有している。前項で見た「正義へのアクセス」論は，司法・裁判制度との協働を念頭に置いた，効率性ニーズへの応答の動きでもあり，ADRを推進してきた一つの重要な動因であったといえる。

第2は，紛争処理にあたって専門的な判断能力を要請する，いわば**専門性ニーズ**とでも呼ぶべきものである。とりわけADRの中でも，仲裁制度はこうしたニーズへの応答を念頭に置くものが多い。科学・工学技術が発展し，また国家の枠を超えた複雑な取引が出現する中で，従来の一般的な裁判制度や，国家単位の司法機構では対処するのが，不適切であったり，不可能であったりする紛争が生じてきたことがその背景にある。法の専門家ではあっても，テクノロジーや国際的な商取引慣行の精密な知識を有しない，裁判官による処理よりも，当該領域に関する専門知識に明るい第三者の関与の方が，より適切な解決

提供に貢献すると考えられるようなケースが増大しており，それに応じて，固有領域ごとの紛争処理機関が必要とされる傾向である。このニーズも，先の理念との関係でいえば，やはり，伝統的司法を補完するという機能的要請に応える動きと意味づけることが可能であろう。

　第3に，これらとは逆に，法・裁判制度への補完的意義というより，裁判が提供する解決では応答しきれない**関係的ニーズ**と呼ぶことのできるニーズが存在する。具体的には，法・裁判制度が，多くの紛争当事者が抱えている，心理的葛藤や人間関係的コンフリクトにかかわる日常的な紛争処理ニーズに柔軟に対応することができないことに起因するニーズである。裁判では，法的観点を優越させて個々の紛争事案に対処せざるを得ない。そこで満たされないニーズへの応答を求める利用者側の反応も存在するし，それ以前に，多くの心理的・関係的コンフリクトは，法的紛争解決そのものにそぐわない性質を有していることが多い。司法・裁判が提供する機能とは適合しない，独自の紛争処理ニーズとしての，関係的ニーズが広く存在しているのである。紛争当事者が紛争状況の中で求めるニーズは多様であり，複雑である。そのすべてを満たすのは本来的に困難であるとしても，一定の柔軟な手当てをそこで考えていくことは可能であり，こうしたニーズに，ADRはまさに適合的な応答性を有しているということができる。この観点は，裁判の補完を超えて，むしろそれを時に批判的に位置づけ，そこから一定の距離を置いた独自の紛争処理機能を追及する動きとも結びつく可能性が高い。先の類型軸では，英米で有力な脱司法・裁判的ADRの見解と合致するニーズであるといえる。

　いうまでもなく，これら3つのADRニーズは，その基本的志向性は異質であるものの，互いに重なる面も含んでいる。効率的で専門性の高いADRが求められることもあれば，効率的で関係調整的なADRが求められることもある。また，効率性が専門性ニーズや日常性ニーズへの応答性を侵食するような場面では，これらのニーズの間に緊張が生じることもある。現実の具体的なADRへのニーズは，これら諸ニーズのバランシングを必要とする複合的なものであることが多いと思われる。

5.3　過程としてのADR

5.3.1　紛争交渉過程の中でのADR

　ADRについて考えるとき，多くの場合はADR機関の手続や仕組みに関心が払われる。法社会学においても，たとえば，裁判所の民事調停やその他のADR機関の手続や実績，社会的機能など，機関を対象として，作動状態が検証され，評価されることが多い。もちろん，個々の紛争処理機関のみに限定されるわけではなく，たとえば弁護士制度の研究や諸機関が連関して構成するシステム全体の分析もこれに含まれる。こうしたアプローチを，「**機関志向アプローチ**」と呼ぶことができるだろう。「機関が扱う紛争類型・価額」「処理に要する期間」「処理結果の類型（合意成立，不成立，非応諾など）」「当該機関の予算等経済的リソースの態様」「第三者関与者のリクルートや属性」「人的リソースの配分・コントロール」等々，客観的・定量的に変数化できる要素の分析などが中心となることが多い。機関への評価や満足度など利用者の主観的要因が分析対象とされる場合にも，多くは機関のパフォーマンスとの関連で定量的に処理されることが多い。

　機関の作動に焦点を合わせ，批判的に評価検証していくことも，もちろん，法社会学の重要な課題ではあるが，他方で，ADRに持ち込まれるまでの紛争の社会過程や，機関での処理を終結した後の社会過程は，機関志向アプローチだけでは視野に入ってこない場合が多い。本書では，秩序と紛争について考察した際にも，解釈主義的な視点から，当事者の視点からする紛争状況の認識や理解を基盤において考えてきた。同様に，ADRについても，それを利用する当事者の視点をもとに，ADRの意義を相対化して考えることも可能になってくる。

　すなわち，ADR機関にとっては，申立てから合意の成立・不成立という結果産出で事案の過程は終了するが，当事者にとっては，ADR機関でのセッションも，実は，その利用前から利用後も継続する相手方との一連の紛争交渉過程の一コマに過ぎないのである。これは，社会的には当然のことであるが，しばしば実定法学を中心とする法律学の領域では，見逃されてしまう傾向があると

いわざるを得ない。ADR（および裁判）は，社会的紛争交渉過程の，重要だが，一つの通過点に過ぎない。こうした視点は「**過程志向アプローチ**」と呼ぶことができる。当事者は，まず紛争状況を認識し，それに対処するために，法を含む様々な情報や支援メカニズムについての探索行動を起こす。規範情報を援用したり，身近な第三者を動員したりしながら，相手方との敵対行動も含めた交渉を進め，また，その過程で自身の認識も変容を遂げていく。紛争状況や相手方をめぐる物語（ナラティブ）の不断の再生産が行われていくのである。

　その過程で，時に問題はADR機関に持ち込まれる。この時点で，ADRないし第三者は，紛争を解決するための支援を得られると認識されていることもあれば，相手方にサンクションの一撃を与えることにつながると，一つの戦略的武器として認識されていることもある。しかし，そこで，実際に出会う手続や第三者の対応，新たな情報は，時には失望をもたらしたり，時には相手方や問題への認識を大きく変容させたりしながら，終結へと結びついていく。ADRの1回1回のセッションで，当事者は，それを持ち帰り，自分の紛争状況の解釈の中に反映させ，さらに次のセッションに向かっていくのである。当事者の生活する世界の中で，ADRのセッションは，周囲の意見や，多様な状況変化と並ぶ，重要だが，一つの認識構築の手がかりに過ぎないのである。こうして過程志向アプローチにおいては，①当事者の視点を基盤とすること，②認知・解釈の変容の問題として紛争をとらえること，③紛争を心理的・関係的実践の動態的過程として見ること，が重視されることになる。その意味で，ADRとは，当事者間の交渉過程への支援システムというべき位置を占めているのである（和田　2020b）。

　こうした当事者の認識変容そのものに焦点を合わせることは，実は，ADRの機関としての機能を考えるうえで，別様の評価へと導く手がかりを与えてくれる。次にこれを見ていこう。

5.3.2　ADRにおける「解決」とプロセスの価値 ─────

（1）　結果志向の問題と過程の意義

　過程志向アプローチを前提とすることで，まず，第1に，結果志向からプロセス志向へという視点の転換が生じる。ADR機関の評価に関しては，合意の

成立率や，産出する解決の性質について注目が払われてきた。先に見たチープ・ジャスティス論は，ADR が産出する解決を質が劣るものとして批判しているし，正義へのアクセス論では，裁判に準じた正義を実現するものと評価している。また，脱司法・裁判論の ADR も，裁判より，むしろ，質の高い解決を提供するものとして ADR をとらえている。批判する立場も，肯定する立場も，ADR を評価する際には，やはり，産出される解決という結果に注意を払っている。もちろん，手続の柔軟性や簡便性も重要な要素として強調されてはいるが，それも結果の産出と結びつけられる限りにおいて意味を持つものととらえられる傾向がある。

　しかし，当事者の視点を前提とする過程志向アプローチの視点に立てば，ADR 利用による結果のみならず，1 回 1 回のセッションでのやり取り自体で認識の変容が生じることもあり，結果の重要性は相対化してとらえられる必要が出てくる。すなわち，たとえ ADR 機関で最終的に合意が成立しなかったとしても，個々のセッションでのやり取りを通じて，紛争状況や相手方についての認識が変容すれば，相互関係に有益な影響がもたらされるかもしれない。また，合意が成立した場合でも，当該合意それ自体のみならず，それまでのセッションでの交渉過程が双方によりよい認識変容をもたらすものであったか，あるいは認識改善にほとんど貢献しなかったかで，実際に継続的に履行されるかどうかが違ってくる。アメリカの同席調停の手続は，そうした認識変容の機会を多く提供するが，日本の当事者の対面機会がほとんどない別席調停の形では，そうした認識変容の機会に乏しいかもしれない。

　さらに，アメリカの少額裁判の法社会学的研究でも，敗訴しても，法廷での対話のあり方によって満足する当事者もいれば，勝訴しても，やり取りに不満があれば，強い不満を抱くなどの結果が明らかになっている（Conley & O'Barr 1990）。過程は，結果と並んで，時にはそれ以上に，当事者にとっては重要な意味を持っているのである。こうした過程の質と機能についても十分な注意を払う必要がある。

　また，結果に注目し，ADR の機能を合意成立率等で測ることは，過程の重要性を考えれば，少なくとも，偏りを持った評価にしかならないことに留意すべきである。合意をより多く成立させる ADR が好ましい，うまく機能してい

る ADR だと評価するような傾向が，実際に存在するが，こうした評価基準の
もとでは，調停委員にできるだけ合意を成立させようという圧力が働き，合意
への強引な誘導や，抑圧的影響が及ぼされないとも限らない。当事者の視点に
立つ限り，合意が成立すれば，それは望ましい場合が多いであろうが，過程が
持つ機能で，利用したこと自体に大きなプラスの意味があったといえるような
セッションが提供されることが望ましいといえる。

(2)　ADR における解決とは何か

　さて，こうした結果志向の視点の問題のほかに，過程志向アプローチは，解
決とは何かという，より根源的な問題にも光を投げかける。紛争解決の意義に
ついては，**第3章**で検討したが，ここでは ADR に即して，簡単に見ておこう。
　まず，第1に，紛争解決の主体は誰かという問いである。過程志向アプロー
チの視点に立てば，解決を達成するのは，いうまでもなく，当事者自身であり，
それ以外にはありえない。しかし，結果志向アプローチの視点では，しばしば，
無意識的に，ADR 機関ないし調停委員こそが，紛争を解決する主体であると
とらえられている節がある。しばしば，言及されることに「自分たちで解決で
きないのだから第三者機関に来ているのだ」という見解があるが，それ自体は
間違いではないとしても，そのあとに，もし，「だからわれわれ機関が解決し
てあげるのだ」という暗黙の認識があるとすれば，それは善意であれ，権威的
な要素を含んでおり，問題である。ADR 機関は，合意を成立させれば，一件
落着で，そのあとは関知しないが，当事者は，その後を引き受け，社会生活の
場で，自身でそれに対処していかなければならない。最終的に，当事者が引き
受け，自力で実現していくのが，真の意味での解決だとすれば，ADR がもた
らす機関の産出結果としての「解決」は，当事者が生活世界で活用するための，
重要だが一つのリソースとしての意味しかない。当事者の視点に立つ限り，解
決を達成できるのは当事者のみであり，ADR 機関の「解決」は，そのための
手がかりの提供にとどまるのである。「自分たちで解決できないのだから第三
者機関に来ているのだ」というのは間違いではないとしても，「自分たちで解
決できない」ものを第三者が解決できるはずもない，というのも事実なのであ
る。日本の ADR モデルは，前者の「だから第三者が解決していく」という方

向性が，どちらかといえば強く，英米の ADR モデルは，「だから第三者の支援提供によって当事者自身が解決していく」という方向性がより強いといっていいだろう。

　このように紛争解決の主体は，当事者以外にありえないのだとしても，しかし，さらに，そこでの紛争の解決とは何だろうか。正義へのアクセス論の ADR モデルの法志向的な ADR では，争われる問題点についての法に適合的で実情に即した合意が解決達成ということになろう。脱司法・裁判論的な ADR モデルの関係志向的な ADR では，心理的葛藤や人間関係的なコンフリクトに終息をもたらすことが解決ということになる。当事者にとっての紛争は，しばしば，争点にかかわる問題を超えて，それにかかわる心理的・関係的緊張への対処も含む複合的なものとして構築されている。

　そうした広範な問題に対し，解決はありうるのだろうか。答えは否である。合意が成立したことを解決と，一応は呼べるとしても，ADR で，法的問題から，心理的・関係的問題まで，一字一句すべてを合意に書き込むことなど不可能である。また，前章で一般的に検討したように，秩序と紛争が相対的であったのと同様，紛争状況と解決実現も，社会学的には相対的で，客観的な区切りはない。それを決めるのは，あくまでも当事者の状況についての解釈でしかありえず，また，解釈である以上，常に揺れ動くこともある。端的には，紛争の全面的解決というのはありえず，当事者の生きる社会生活の場での対処が，当事者にとって，より好ましいものと認識されるかどうかしかない。

　たとえば，事故で子供を失った親のことを想像してみよう。相手方の過失を問い，訴訟や ADR の場で賠償額について合意することはできる。しかし，それは当事者にとって解決だろうか。加害者も同様である。保険から賠償金が支払われたことで，一件落着となるであろうか。被害者も加害者も，消えることのない苦悩を抱えて，その後の生活に向き合わざるを得ない。実際，事故被害者の遺族は，訴訟で得られた賠償金に，一切手をつけず，通帳を仏壇に供えたままにしている人も多い。彼らにとっては，加害者の真摯な謝罪の言葉の方が重要な意味を持っていることもある。しかし，それも含めて，子供を亡くした悲嘆は，時間が経てば薄れるようなものではない。絶えることなく，その事実と向き合っていく必要を被害者も加害者も抱え込むのである。これはわかりや

すい例であるが，住宅をめぐる紛争であれ，契約紛争であれ，その体験は，当事者の社会生活の中に，決して消えない影響を残していくのである。

　そうだとすれば，ADR は，紛争の全面的解決というのはありえないことを前提に，結果の内容よりも，その利用によって，当事者の社会生活に可能な限り好ましい影響を及ぼすようなセッション，そこでの対話支援やかかわりを模索していくことを重要な課題であると考えるべきであろう。

5.3.3　ADR 手続および結果をめぐる諸特質 ────────

（1）　手続過程の特質

　次に，ADR の手続過程に関する諸特性を，整理して見ておくことにしよう。

（a）　安 価 性

　まず，第 1 に，裁判と比しての安価性を挙げることができる。当事者から見た場合，金銭コストの点では，訴訟を提起するには，訴額に応じて裁判所に納付する訴訟手数料が必要となる。訴額が 100 万円であれば 1 万円，5,000 万円であれば，17 万円，1 億円であれば 32 万円など，段階に応じて定められている。この額は過剰に大きいとはいえないが，損害賠償請求額が何千万円にもなれば，一定の負担になってくる。また，この裁判所に納める訴訟手数料に加えて，いうまでもなく弁護士費用が必要になってくる。弁護士費用も，訴額に応じて決められることが多いが，最初に支払う着手金，終了時に得られた額に対する報酬，宿泊・交通費や日当などが必要となる。事案によって異なるが，相場としては，離婚事件で着手金が 20〜50 万円，報酬は 30 万円程度，交通事故や医療事故の損害賠償額が大きい場合には，着手金だけでも数百万円，報酬額もそれを超える額に及ぶこともある。着手金は，訴訟の勝敗に限らず戻らない。事件によって，着手金をゼロで受けつける弁護士も，近年は存在するようである。また，勝訴したとしても，一部の損害賠償事件以外は，弁護士費用は自己負担である。こうしたことから，訴訟を利用する場合の当事者にとっての金銭コストは決して低いとはいえない。

　これに対し，ADR では，申立て費用も数万円以内であり，無料の ADR も存在する。いずれにせよ，当事者が支払う金銭的費用は，訴訟と比べれば，比較にならないほど安価である。しかし，ADR においても，その手続を主宰する

調停人の人件費，施設費用，事務費用などは必要であり，これは ADR 機関設営者が，負担することになる。実際のところ，当事者が負担する利用料は低廉あり，ほとんどすべての ADR が，一種の公益的な活動といっても過言ではない。裁判所や行政の ADR は，そこで運営費が賄われているし，民間でも，弁護士会や士業団体など財政的基盤が堅固な組織が運営していることが多いのは，こうしたコスト面での理由も背景に存在している。いずれにせよ，ADR が機能するための費用負担は，当事者には安価に維持しつつ，制度設営者が負担するという形となっている。

　コスト面については，その費用対効果を評価するうえで，もうひとつ重要な点がある。紛争処理システム全体として見ても，ADR 利用によって，当事者が満足し，社会内のコンフリクトが十分に低減していくことが，その機能評価の重要な基準となる。この点で，先に述べたように，ADR 機関が結果を産出した時点で，機能的成功と短絡的に考え，合意成立率が高ければ社会的機能が果たされていると評価してしまうことには注意が必要である。たとえば，ADR 利用によって，養育費の継続的支払いや，損害賠償の定期的継続負担が合意されたとしよう。この時点で，解決したと単純に考えれば，その事案で ADR は機能したと評価される。しかし，その後，日を置かずして，支払いが滞り，合意が守られず，泣き寝入りや新たな紛争，訴訟提起などが続いたとすれば，その合意産出には何らかの問題があったと考えられ，必ずしも成功とはいえないだろう。それゆえ，ADR 機関のコスト・パフォーマンスを評価する際には，単純な解決数・合意成立数ではなく，その後の過程展開も含めた拡張的効果評価が本来は必要といえる。そこまで見ないと，ADR など紛争処理システムの費用対効果のレベルを確定することはできないのである。

(b) 迅速性

　次に，コストの安価性と並んで，時間的迅速性が ADR の重要なメリットとして指摘されることが多い。民事訴訟は，多くの手続改善，努力の結果，以前よりかなり早くなってきてはいるが，それでも難しいケースでは，解決までに何年もの時間を要することは，決して珍しくない。これに対して，ADR では，セッションの頻度も，その開催間隔も，訴訟と比べれば格段に優越しており，期間面でも数か月で解決する場合が多い。英米では，セッションの回数を，た

とえば3回までと限るADRさえ存在する。回数を限られることで，当事者は
その回数内に合意形成しなければ，訴訟に訴えるなどの方策に頼らねばならな
くなるので，回数内に合意しようというインセンティブが与えられるわけであ
る。このように明示的に期限を限らなくとも，一定のセッション回数でおおよ
その事案終了へのめどをつけることも，実務的には行われている。

　こうした迅速さは，おおむね，紛争当事者のニーズにも合致していると思わ
れるが，ここでも一つの注意が必要である。筆者が行った紛争当事者へのイン
タビュー調査でも，かなりの当事者は，必ずしも，迅速性に大きな価値を置い
ていない場合があった。たとえば，質問紙調査で「迅速な解決を望むか」と聞
かれれば，ほぼすべての被験者は，「望む」と回答するだろう。しかし，同時
に多くの当事者は，調停員に，「きちんと問題を受け止めてほしい」，「十分に
言い分を主張したい」というニーズも有しており，この点では，時間が十分で
はないとの印象も強いのである。当事者にとっては，「ていねいできめ細かな
対応」，「充実したセッションの確保」がなされたうえでの迅速性要求であり，
それが満たされない場合は，迅速な処理は，不適切な処理との評価に結びつき，
「あっけなく終わった」「十分言い分を聞いてくれなかった」「簡単で早すぎる」
といった不満を引き起こしてしまうのである。セッションの充実への要求が満
たされてこそ，迅速性に意義がある場合があることを見逃してはならないだろ
う。単純に，処理期間が短ければ，ADRがうまくパフォーマンスできている
ということにはならないのである（和田　1994）。

（c）　簡　便　性

　最後に，手続の簡便性も，ADR手続の重要な特徴である。訴訟を提起しよ
うと思えば，様式に合致した訴状を作成しなければならないが，素人の紛争当
事者が，専門家の支援なしで作成するには，困難が伴う。また，手続の様々な
段階で書面の提出なども必要となってくる。これに対し，ADRでは，簡単な
申立書に記入するだけで足りるし，場合によっては口頭での申立てが可能な場
合もある。訴訟のように，訴訟物は何かなど，厳密に法的要件に合致した主張
でなくとも，自分の言葉で表現された紛争の申立てで十分なことが多い。また，
セッション内でも，主張や証拠となる書面などの提出など，話し合いの方式も
柔軟である。これらの点では，法志向的なADRと，脱司法的なADRで程度

の違いはあるが，それでも簡便性が担保されている点は共通といっていいだろう。当事者からしてみれば，緊張することなく，いわば，普段着の態度，言葉で交渉を進めることが可能なのである。自分の問題について，自分の言葉で話すことができることは，実は訴訟にはない要素であり，当事者の満足度に大きな影響を持っていると考えられる。

(2) 「解決」結果に関する特質

(a) 解決の終局性

次に ADR で産出される「解決」結果の特質について考えてみよう。第 1 に**解決の終局性**に関する点である。よく指摘されるのは，裁判が提供する判決は，既判力があり，強制執行も可能であるがゆえに，解決の終局性が高いのに対し，ADR の合意には，法的執行力がなく，「解決」の終局性の面で脆弱であるという指摘である。これは，極めて形式的な側面しか見ていない表層的見解といわざるを得ない。

確かに形式上は，判決には執行力があり，ADR の合意にはない。しかし，判決は，当事者が納得し合意して得られたものではなく，裁判所の一方的な裁断によるものである。実際に，判決が出たといっても，そのまま履行されないままのことも多い。執行力があるといっても，実際に強制執行を行うためには，執行手続を発動させ，執行官に報酬を支払うなど，時間的にも，コスト的にも，かなりの負担となる。それゆえ，執行力があるとしても，履行されないまま放置されたり，再度実現可能な合意を取りつけるために交渉を行ったりということが，決して少なくはない。「判決イコール解決」では決してないのである。

これに対し，ADR の場合には，曲がりなりにも，両当事者が合意することによって終結している。押しつけられた「解決」でなく，自ら同意したことによる行為規範的・事実的な順守意識はより高く，実は，事実上の終局性は裁判以上に高いといえる。すなわち，形式的規範の観点からは脆弱でも，実質的規範の観点からは終局性はより高いことが多いのである。法社会学的観点からは，形式的規範にとらわれるのでなく，この実際上の解決結果の終局性に着目する必要がある。

しかし，ここまで，一部，「解決」とカッコつきで記してきたように，ADR

で産出された合意であっても，完全な意味での紛争解決とはいえない。この点は先に，解決の意義について検討した通りである。あくまでも，合意は，多くの場合，紛争の中で焦点化された問題についてのみ文言化され，心理次元の葛藤や，関係次元の問題は，ほとんどの場合，焦点化された問題への合意の背後で，暗黙裡に一定の了解が形成されているに過ぎない。紛争という状況が，当事者の認識の中で複合的な重層構造をもって変容し続けている限り，その後の当事者間の関係の変動に即して，合意の意味についても，微妙に解釈が変容していくことにもなる（棚瀬編　1996，和田　2020b）。その意味で，先に見たように，ADR セッションとは，当事者の継続的な関係変動の一コマに過ぎず，そこでの「解決」も，常にカッコつきの「解決」でしかありえないのである。終局性という概念にまつわるこうした複雑な問題に，注意を払っておくこととも法社会学的視点にとっては重要な課題ということになろう。

(b)　解決の適正性

　第 2 に，「解決」結果の適正性が問題となる。この点でも，手続法や実体法によって構成された裁判とは異なり，ADR における**解決の適正性**については，そうした正しさを担保する規範的システムが欠如しており，柔軟であっても，その代わりに適正さの点で劣らざるを得ないのだ，という点が指摘される。これは，先のチープ・ジャスティス論の根拠の一つでもある。しかし，正しさの観念は，必ずしも万人が一致して共有しているものではない。裁判においても，両当事者は，それぞれが正しいと考える主張を戦わせているのであって，そこで裁判所から下される法的正義が，必ずしも正しいと受け入れられるわけではない。敗訴した側は，不当な判決と否定するし，場合によれば，勝訴した側も含め，双方が判決の正しさを否定するような場合さえある。適正性，正しさといった観念は，当事者ごとに，異なったイメージで解釈されているのである。**第 2 章**で検討したように，法の正しさは，どこまで行っても根拠づけることができない。ある結果を，法に基づいていると根拠づけたとしても，その法の解釈は正しいのか，さらには，その法自体が正しいのかと，根拠は無限に後退していく。その意味で，「裁判による解決が適正性を有している」という見解も，実は，法・裁判というシステムの中だけで通用する議論かもしれないのである。

　その点，ADR には，そうした規範的根拠は希薄である。もちろん，法志向

的 ADR でなくとも，当事者は法を参照し，自身の主張の正しさを根拠づけよ
うとすることは多く見られるが，それでもそれのみが決定的な基準となるわけ
ではない。当事者はそれぞれの正しさをぶつけあう中で，互いの正しさの主張
の背景にある深い利害や理念，感情をも交錯させ，多くの場合，紛争認識を構
成している多元的な諸要素（感情，関係性，利害など）を交換的に取引しつつ，
最終的に合意に至っていく。それは，この ADR の場で，両当事者間に妥当す
る「小さな正義」を自分たちでともに構築していく過程にほかならない。裁判
が，法的正義を，一般的な基準に即して，上から裁断的に提示するのと異なり，
ADR では，両当事者の交渉の中で，両当事者にとってのその場面でのミクロ
な「個別的適正性」が作り上げられているということができよう。それゆえ，
一般的には適正性に欠けると評価されようと，当事者間の交渉的文脈の中で，
本人が納得できる正義がそこでは実現されるのである。ただし，それが一定の
閾値を越えて不当なものにならないためには，第三者である調停人の適切な過
程制御が必要なことはいうまでもない。

(c)　解決の柔軟性

最後に，柔軟性も ADR における「解決」の重要な特徴である。裁判が，訴
訟物に対して法規範に即した範囲での「法的解決」しか提供できないのに対し，
ADR では，比較的自由に，紛争の複合的構造に応じて，多様な解決内容を盛
り込むことができる。たとえば，医療事故損害賠償が問題になる事案で，裁判
は，基本的に賠償額の支払いを命じるのみであるが（実は，この限定にも法の機
能に関する意義が潜んでいるのだが），ADR では，それを超えて，たとえば，医
療者から被害者への謝罪提供や，被害者の命日に病院で医療安全のための講演
会を毎年開くこと，など，多様な内容を合意に含めることができる。この点で
も，当事者にとっては，柔軟であるがゆえに，自身が抱えた紛争状況の様々な
次元，要素に応答的な解決を実現していくことが可能になるのである。こうし
た観点は，脱司法・脱裁判的 ADR モデルの理念において，より純粋な形で保
有されている ADR の特性ということができよう。

＊

このように，裁判との比較で批判される ADR の諸要素は，別の側面から見

れば，裁判以上に機能的な特性としてみなすことも可能である。とりわけ，当事者の視点に立った場合には，むしろ裁判と比較したADRの優位性を示していると見ることが可能である。「裁判は法的解決機関であって，紛争解決機関ではない」という言明に，それは端的に象徴されているということができよう。

(3)　調停者の動態的中立性

　次に手続過程における調停者の中立性について考えてみよう。中立性という概念は，極めて多義的で，その意味するところは，対象とされる問題領域によって異なってくる。ここでは，もっぱら，紛争処理の過程での第三者の関与に関する中立性の次元にのみ焦点を絞っていくことにする。

　まず，紛争当事者から距離を置いた，いずれにも面識のない第三者こそが中立的第三者になじむととらえる見方もあれば，逆に紛争当事者の個別具体的な事情に精通したなじみ深い第三者こそが中立的紛争処理の促進に有効だと見る見解も存在する。前者は，構造的な中立性の観念であり，後者は，法人類学の研究や歴史的伝統が示す効果的第三者のイメージということができる。また，わが国の裁判官のようにポーカーフェイスで表情を変えないタイプの第三者が有する中立性イメージもあれば，英米のメディエーターのように，より当事者に近い位置で，両当事者の主張や感情を共感的に受容するような形での中立性の発揮形態もありうる。

　こうした錯綜した関係を解きほぐすために，ここでは2つの理念軸を設定してみることにしよう。「規範（法）志向性」対「関係志向性」の軸と，「静態構造的」対「過程動態的」という要素の軸がそれである。

(a)　「規範（法）志向性」対「関係志向性」

　ひとつは，「規範（法）志向性」対「関係志向性」の軸である。これは中立性の根拠にかかわる。すなわち，中立であるとされるための根拠が，たとえば法のような規範や何らかの普遍的ルールに基づくものであるのか，あるいは個別具体的な状況とそこで取り結ばれ構築される関係性の中で事実上生成され，承認されてくるものなのかという点である。訴訟における裁判官の中立性や法志向的ADRで調停人を務める弁護士，不動産登記における司法書士の中立性などは，いうまでもなく前者の要素を反映した例である。

　われわれが裁判官や弁護士，司法書士への信頼を有するのは，彼らが法についての専門的知識を有しているということだけではなく，その法的知識や技術を援用する仕方自体，単なる恣意ではなく，法専門家として法規範を志向し尊重するという法専門家としての姿勢や倫理がそこにあると信じているからである。この場合，個々の法律家の中立性は，その背後にあって彼らを導いている法規範，法秩序に根拠づけられていることになる。もっとも，実際には，個別具体的な対応の如何が，その中立性認識に大きく影響するのではあるが，少なくとも理念的には，「規範（法）志向性」を法律家の中立性の根拠として挙げておくことは許されよう。

　逆に，友人間の争いに別の友人がかかわり話を聞いて取りなしてくれるような場合は，後者の「関係志向性」の要素が反映しているといえる。そこでは個別具体的な状況の中で，柔軟な問題処理が創造的に模索され，第三者の中立性はその過程で，その都度，不断に過程の中で，その行動によって再構築され続けていくことになる。規範的な根拠を欠くため，その中立性は危うく，常に壊れてしまうリスクを帯びているといわざるを得ないが，同時にそうした中で構築される中立性はひとたび信頼が確立されれば，強固で効果的なものとなる。この場合，中立性の根拠は，どこか外部に存在するのでなく関与の過程そのものの中で生成するのである。

（b）「静態構造的」対「過程動態的」

　さて，いまひとつの理念軸は，「静態構造的」対「過程動態的」という要素の軸である。前者は，構造的な位置関係に関し中立性が認められる場合で，裁判における裁判官のみならず，ADRにおける調停委員の中立性も，理念的にはこの典型であるといえる。しかし，とりわけ英米のような同席対話を中心とする手続の場合には，調停者は，その関与の過程で，一時的に静態的な構造的中立の位置を破られざるを得ない場合が出てくる。常に安全な等距離にいるのではなく，コミュニケーションの促進のために，積極的なリスニングや助言が必要とされるからである。

　これに対し，過程的中立性は，構造的にはともかくその行動の過程で動態的に示される中立性である。たとえば，弁護士はクライアントの利益のために党派的活動に携わりながらも，同時に法的・倫理的視点を失わず，場合によって

は，当事者本人を対話によって説得する場面も出てくる。そもそも法律家に
とって依頼者のための党派的な活動を行いつつ，なお，常に法的・社会的な中
立性や倫理性，第三者的視点を失わずに保持していくことは必要であり，また
それゆえにその党派的援助は社会的有効性も持ちうるのである。このいわば
「中立的党派性」ないし，「党派的援助の中に実は密かに組み込まれている社会
的中立性」こそが，法律家と示談屋などを分かつ指標でもある。これは形式
的・静態構造的には党派的であるが，当事者への関与の過程動態において示さ
れる中立性にほかならない。

＊

　さて，この 2 つの軸を交差させてみると次のようなマトリックスを描ける
（図 5-3）。
　訴訟における裁判官や不動産登記業務における司法書士の中立性は，この
「静態構造的＋規範（法）志向性」（左下の象限）に位置づけられる。すなわち，
両当事者から等距離で，かつそれが法的に期待され要請されている形での中立
性である。
　しかし，「規範（法）志向性」に強くドライブされた法律家の中立性は，一
方で彼らへの信頼の根拠であるとともに，同時にまた不満の源泉でもある。な
ぜなら，法的解決では汲み尽くせない日常性ニーズを抱えた紛争当事者にとっ

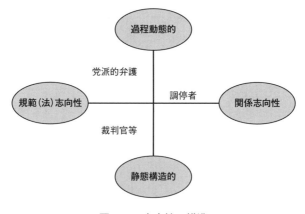

図 5-3　中立性の構造

て，その提供する法的解決は硬直的かつ部分的と感じられる場合が多く，ときには第二の受傷体験にすらなりかねない限界を有しているからである。そこで保持される中立性も，当事者にとっては，せいぜい自己の問題解決に貢献しない外在的な中立性として認識されるか，場合によっては，中立性とその根拠それ自体への批判的不満の源泉にさえなりうる。たとえば，医療事故で大切な家族を失った遺族の苦痛やニーズに対し，法的損害賠償という金銭的解決しか提供しえない法システムの限界は，その一例である。漠然と裁判や法制度に高い信頼を置いている一般の人々が，現実に紛争に直面し法システムの利用者となったときに感じるギャップや失望と不満は，まさにこうした事態の反映であろう。それゆえ，ADRの第三者調停者には，より応答的な関与へのニーズと期待が生成してくるのである。

ADRへの期待とニーズが，法的解決への批判的意義や，「規範（法）志向性」への不満を内在させたものであるとするなら，調停者にとって必要とされる中立性も，異なる要素を持ったものとして定位されなくてはならない。この問題は，とりわけ，英米モデルの同席対話促進型の調停過程で先鋭化して問題となってくる。法志向型の調停と異なり，日常的・関係的ニーズにより応答的であろうとする同席交渉支援型のADRにおいては，調停者の役割は，法や規範を援用することではなく，柔軟で創造的な当事者による合意創出を支援するものとして構築されねばならない。そこでは，単純に両当事者から等距離を保持する構造的中立性も，法やルールに基づく中立的な評価・判断も，必ずしも適合的とはならないからである。もちろん，違法な合意が許されるはずはなく，大枠としての規範的考慮を留保しておくことは必要である。しかし，そうした特殊な状況を除けば，個別具体的な事情の中での当事者による対話と創造的紛争管理を促進し，かつそこで最低限の信頼関係を構築していけるようなフォーラムとしてADRを位置づけることができ，その中で，調停者の中立性を改めてとらえなおしてみる必要がある。

そうした中で調停者に求められる中立性とは，法律家の「規範（法）志向性」にドライブされた中立性とは異なる，新しいタイプの中立性ということになる。これは極めて困難な課題である。調停者は，法律家のように「法規範」による正当化という準拠枠ないし根拠を欠いており，そこに逃避することがで

きないからである。また，もちろん，自分自身の固有の価値観や規範意識に基
づいて介入するような関与形態は許されないし，当事者に受容されえないこと
も改めて指摘するまでもない。

　先のマトリックスによれば，とりあえずは，静態構造的な中立らしさからス
タートすることになる。その後，実際の調停過程が動き始めれば，各当事者の
主張や感情の声を聴くという作業を通じて，さらには，様々な対話促進スキル
を用いて当事者の気づきを促すという作業を通じて，過程動態的な関与作業に
取り組んでいくことになる。裁判官のような無色の受動的なポーカーフェイス
は許されない。すなわち，調停者は，「規範（法）志向性」という護符も持た
ずに，「静態構造的な中立性」という安全地帯を離れ，当事者たちの中に分け
入っていかねばならないのである。

　この当事者それぞれの感情や主張を聴き，受け止め，気づきを促進しながら，
同時に当事者双方から中立性への信頼を調達していくという困難な作業はいか
にして可能となるだろうか。おそらくは，「規範（法）志向性」という根拠な
しに当事者に分け入っていくというリスクを内包した行為自体が，実はそうし
た中立性と信頼を生み出していく源泉にもなっているといえる。両当事者が，
調停者とのかかわりの中で，新たな視点を獲得し自ら紛争を管理し合意形成し
ていけるような能力を獲得していくこと，問題処理の実体的内容以上に，問題
処理の主体性を尊重されエンパワーされていくこと，それを促進する調停者の
態度と技法の中にそのカギがある。調停者には「規範（法）志向性」という護
符もなく，丸腰である。中立的であるためには，調停者は，「聴き」あるいは
「語る」ことをせざるを得ない。そうした中で，信頼関係を構築していかざる
を得ないのである。

　先のマトリックスで示した「関係志向性」は，問題処理の「結果としての実
体的内容」が関係志向的に成形されるという以上に，当事者間で，そして調停
者と当事者の間で取り結ばれる関係そのもののあり方の中に中立性の源泉があ
ることを含意するものである。

（4）　介入と自律の複合的関係

　また，このことと関連して，調停者が介入することと，自律的な対話支援と

の複雑な関係について触れておこう。先に見たように，英米の同席対話促進モデルでは，調停者が介入すること，具体的には法的助言をしたり情報提供したりすることは，倫理ガイドラインでも否定されていた。しかし，日本的環境では，当事者は助言へのニーズを有しているし，必要な場合もある。助言提供などで介入すれば自律を損なう可能性が高いがゆえに，自律を保障するためには介入してはならない，というこのジレンマ問題はどう考えるべきだろうか。

　たとえば，相続において，実子でない場合には親と養子縁組をしていない限り法的相続権はない。もし，相続をめぐって当事者が争っているとき，一方当事者は養子縁組しておらず，そもそも相続権がないとしよう。両当事者とも，この法の規定について知らず，相続権があるとして争っているときに，英米のように，調停者は，まったく介入せずに，当事者の自律的処理にゆだねていいだろうか。ADR 利用にあたって，当然，事前に法的助言をどこかで得てくることが容易なアメリカの状況では，それを怠って知識のないまま合意形成したとしても，それは当事者の自己責任として済ませることもできる（＝したがって，調停者は介入する必要はない）。しかし，日本の法環境や当事者のニーズを考えると，調停人が法専門家であった場合，もし，アメリカのように介入せず，そのまま合意させてしまったら，後日，法の規定を知って不利な解決となった当事者から，調停者の責任懈怠として訴えられることさえ考えられる。こうした場合には，早期に法の規定を提示したうえで，それも一つの要素として，合意へ向けた対話を促進すべきであろう。この場合，非介入は，自律を支援するというより，当事者にとって受容できない合意をもたらしてしまうからである。むしろ，一定の介入を行うことが，**当事者の真に自律的な交渉と合意形成を促進する**ことにつながる場合も多い。

　介入と自律を，対立するものとしてとらえ，英米モデルを環境の異なる日本にそのまま適用することは適切ではない。第三者の関与・介入をよりきめ細かく整理し，それが当事者の自律にどのような効果を及ぼすかによって，具体的に評定していく必要がある。**自律を促進し，対話と交渉を促進する介入とはど**のようなものか，いかなるスキルによって担保されるものか，逆に自律を阻害し，当事者の主体的ニーズを無視する作用を持つ「不介入」はどのようなものか，などを個々に検討していく必要がある。たとえば，法情報や助言の獲得が

必ずしも容易でないわが国の法環境のもとで,「法情報を持たない当事者に一切,法情報を提供しない」という実践はいかなる効果を持つか。「法情報を提供すること」と,「法情報を提供しないこと」は,実は,介入として,等価であるのかもしれない。「不介入」というのは,そこに第三者が存在している以上,「不介入」という「介入」をしているとさえ,いえなくもない (和田他 2020)。

　自律を支えるために,手続過程のより細かな動態に関して,一つひとつの介入や技法,分析のあり方をめぐって検証していくことは,法社会学固有の重要な課題である。それは,とりもなおさず,わが国の法環境のもとで,わが国固有の ADR がいかなる手続過程を要請し,そこで調停者がいかなる介入をなすべきかという実践的課題に応答していくことでもある。

6

裁判とその過程

6.1 　裁判の理念と現実

　民事訴訟をめぐる利用者の意識や実情については，法社会学的研究が重ねられてきている（菅原・山本・佐藤編　2010，民事訴訟制度研究会　2018，菅原・山本・垣内・石田編　2021）。ここではまず，裁判の一般的イメージや理念と現実とのギャップを，出発点として整理しておこう。

　　社会における法的な紛争について，法に定められた手続に従って，当事者が法廷で主張・立証を尽くしたうえで，裁判官が証拠に基づいて事実を明らかにし，これに法律を解釈・適用して判定を下すことで，当該紛争に解決をもたらす。

　この裁判イメージは，あるべき裁判の理念として，また，しばしば裁判の現実の構造や機能を簡潔に示すものとして受け入れられてきている。それは，裁判官の恣意的判断を排除し，裁判の中立性，公平性を担保する機能を示している。裁判官の判断の根拠となる基準が実体法としてあらかじめ存在していること，訴訟進行の仕方についてのルールもあらかじめ手続法として定められていることが，その言葉に含意されている。これが裁判についての規範的言明として社会に浸透したイメージであり，具体的に現実の裁判が批判される際には，批判を根拠づける準拠点として動員されることにもなる。以下では，まず，こ

の言明に含まれる諸要素を整理し，それが現実には，いかなる状況にあるかについて検証していこう。

6.1.1 　裁判理念の要素分析 ─────────────

まず，この言明に含まれる裁判の諸要素を抽出してみよう。

第1に，まず，最初に裁判が扱う対象については，「法的な紛争」という限定が加えられている。たとえば，ある宗教の対立する2つの宗派の掲げる教義のいずれが正しいかについて，訴えが起こされたとしても，裁判ではこれを扱うことはない。これは，いうまでもないことだろう。

第2に，「当事者が法廷で主張・立証を尽くす」という部分である。一般の裁判のイメージは，法廷で，当事者が，まさに口頭で丁々発止と，証拠を示し，弁論を交わしつつ，進行するというイメージであろう。事実，民事訴訟法は，**口頭主義**，**当事者主義**を前提としている。こうした法廷のイメージは，TVドラマなどで戯画的に描写されたりもしているが，法の規定そのものに，ある意味，忠実なイメージといえるかもしれない。

第3に，証拠に基づく事実認定という部分である。この言明に表れているのは，第一に「客観的な事実」というものが一義的に存在しているということ，第二にそれが証拠によって発見・確定が可能であるということ，第三にそうした認定は法廷に提出された主張および証拠によってのみなされるべきだということである。裁判官は，恣意的に，またあいまいに，事実を認定してはならず，法廷に提出された主張と証拠のみに基づいて，「真実」の発見がなされなければならない，というイメージである。裁判が公正であるために，否定できない要素というべきである。

第4に，「法律を解釈・適用して判定を下す」という部分である。発見され，確定された事実に対して，条文や判例を参照し，適用することで，おのずから，適正な判断が裁判官によってなされるというイメージである。もちろん，単純な機械的過程ではなく，経験と法的推論技能に優れた裁判官による論理的な法的推論により，それは可能となる。あらかじめ規定された法律条文のシステムが存在し，かつ裁判官の法的推論ないし論理的思考過程がコントロールされている以上，訴訟における法的判断は法的に公正かつ適正なものとなり，まさに

「法による裁判」が現実化することになる。正義の女神テミスは，公正な判断を導く，法と法的推論という秤を手に携えているのである。

第5に，「当該紛争に解決をもたらす」という部分である。事実が発見され，裁判官が法を適用することで，判決が産出される。そして，この判決によって，紛争は解決される，というイメージである。ここでは裁判はまさに紛争解決の「最後の手段」として，「法と権利」が持つ公的権威を背景に，紛争を最終的に終息させることが可能になるというイメージが内包されている。しかも，この裁判官の判断は，当事者や社会のいかなる判断にも優越し，万一，自発的に履行されない場合には，強制執行さえ可能である。いかなる法的紛争も，裁判所の公正な法的判断と公的権力の保障によって，終局的に解決されることになるというイメージがここには含まれている。正義の女神テミスは，まさに片手に剣を携えているのである。

さて，以上が一般の裁判理念を構成している諸要素である。しかし，それは現実なのだろうか。法社会学は，まさに裁判の現実の姿を見極めていかねばならない。

6.1.2 裁判の現実と問題

以下では，裁判理念の構成要素を順次，批判的に検証していくことにしよう。

(1) 「法的紛争」概念の現実的意義

第1に，裁判の対象としての「法的紛争」についてである。この「法的紛争」という概念を，もう少し詳しく，「既存の法体系によってあらかじめ保護されるべき利益として規定されている権利の侵害によって生じた紛争」と定義してみよう。もしこの権利侵害の事実が，誰が見ても明白であるならば，相手方にはそもそも訴訟で争うだけの論拠が存在しない。争いは訴訟に至るまでもなく自律的に処理されてしまうか，訴訟に至っても争うまでもなく決着がつく（相手が出てこず判決に至るなど）だろう。時には，そもそも，侵害された権利（たとえば貸金を返済してくれない）を回復しようにも，相手にその資力がなければ，どうにもならないこともあるだろう。しかし，ほとんどの訴訟事案では，相手方も証拠を提出して争い，原告とは異なる主張が戦わされる。

　このことは，実際に，「権利の侵害」が存在したかどうか自体は，裁判が提起された時点では必ずしも明確ではなく，判決に至って，ようやく事後的に判明するのだ，ということを意味しており，当初は，「権利の侵害」の有無は不分明なのである。この場合でも，権利の所在や法的論点ないしそれにかかわる事実的論点が争われている以上，それは紛れもなく「法的紛争」であり，何ら「裁判は法的紛争を対象とする」という命題と矛盾していない，ということはできよう。しかし，この場合の「法的紛争」概念は当初のそれとはニュアンスが異なっている。すなわち，「法的権利の侵害があった場合」に「法的紛争」が生じるのではなく，「法的権利の侵害があったという可能性がある場合」ないしは「法的権利の侵害があったといえるかどうか不確定な場合」に「法的紛争」が生じるということである。

　この相違は，実は，法的紛争の手段的利用という問題ともかかわってくる。「法的権利の侵害」という事実は，ものさしで何かを計測するように，機械的に既存の法規範を参照して判断できるような性質のものではないということである。この点は第2章でも，法の不確定性として検討してきた。法の規定や判例は，利害や価値の衝突が生じた場合に，一義的に明確な判断の指針を与えうるようなクリアな基準ではなく，実は，一定の伸縮可能な解釈の幅，あそびの幅を持ったものにほかならない。それゆえ，生の紛争について，法的基準を伸縮させ，あるいは事実の物語を基準に適合するように伸縮させて構成することで，訴訟に持ち込むことも可能なのである。

　たとえば，隣人の態度が気に食わないという関係的コンフリクトが存在する場合に，隣家との土地の境界をめぐる訴訟が争いの手段として提起されるといった場合である。境界紛争は，その多くが，人間関係のコンフリクトによるものともいわれるが，本来法的紛争とはいえない事案でも，ある問題を手がかりに法的構成を施せば訴訟に訴えることもできなくはない。このような場合，「法的紛争」とは社会的紛争に法的言語による解釈を加え，「法的な衣」をまとわせたことを意味するに過ぎなくなる。実際，社会内で生起する紛争の極めて多くの部分は何らかの形で「法的な衣」をまとわせることが可能である。かくして「法的紛争」と「非法的紛争」を明確に区別することは実際上不可能といわざるを得ないのである。

　実際に，紛争が生成する過程をつぶさに見れば，社会的紛争が法的紛争に転化する，ないし，法的コンフリクトの要素が付加されていくのが，むしろ，一般的ともいえる。個人が紛争に直面するとき，多くは社会的・経済的・情緒的観点からの衝突が先行する。それらをめぐる争いの過程で，法情報が，二次的に探索され，それが自己に有利な場合には，主張の正当化の道具として戦略的に援用されていく。当事者が，訴訟提起を通じて求めるものも，単純に法的視点から見た判断ではなく，多様な側面を持つ紛争のトータルな処理の促進にほかならない場合が多い。法的処理はそのための手段ではあっても，決して目的ではないのである。

　法廷に持ち込まれた紛争は，いかに法的言説で飾られているとしても，その背後に，生に社会的紛争として，関係的コンフリクトや心理的葛藤を秘めている。法的紛争の外見を示しながらも，実は人間関係の問題である訴訟について，**人格訴訟**という呼び方がされることもあるが，実は，一部の合理的事案を除けばほとんどの訴訟事案は，人格紛争としての要素をはらんでいる。紛争はまさに生身の紛争当事者の生きた関係の中に存在しているのである。にもかかわらず，裁判では，これらの非法的な側面は，「法的紛争」の余剰部分として，等閑視されてしまう。「法的紛争」解決が自己目的化してしまうのである。

　言い換えれば，裁判が扱うのは，当事者にとっての「生の紛争」ではなく，そこに含まれた法的な側面という上澄み部分に限られるということである。このことは，論理的には，裁判官が法に定めのない領域（非法的な関係的コンフリクト等）にまで判断を及ぼすことは，法による判断を逸脱することになるからといえる。裁判官は権力的判断を示す立場にあるからこそ，法に定められた側面のみに限定して判断を下すという限定が必須であり，それは恣意的な権力行使から当事者を守ることでもあり，また，裁判官にとっても，法の枠内にとどまることで非難から守られることにもつながっている。**法の女神テミスが目隠しをしているのは，法のみに限定し他にはかかわらないことの正当な意義を象徴的に示しているのである**。しかし，それが当事者にとっては，裁判の部分性，限界と認識されることは，避けえない問題ともいえよう。

　当初の「裁判は法的権利が侵害された場合の法的紛争を扱う」という命題は，間違ってはいないが，実際には，法的紛争という概念一つの中に，様々な法社

会学的問題が潜んでいることを，ここで確認しておこう。

(2)　主張・立証活動の現実

　理念的には，法廷で活発な主張・立証がなされるというのが裁判のイメージである。しかし，いくぶん，改善されたとはいえ，実際の民事裁判では，証人尋問や本人尋問ないし弁論準備手続の期日を除けば，静かな書面交換で終わることが多い。あらかじめ裁判所に主張内容を書面（準備書面）で提出しておき，通常の口頭弁論期日では，代理人が「提出済みの書面通り陳述します」と述べるだけで，ほんの数分で終了してしまう。これは，まず第1に，口頭での主張の全容を聞きながら即座に把握するのは難しいことから，あらかじめ主張内容を記した準備書面の提出が必要であること，第2に，その準備内容を口頭弁論期日に，ただ朗読するのも時間の無駄なので，上記のひと言で，口頭主義に反しないよう，準備書面を陳述したことにするという擬制がとられていること，が理由である。裁判手続に慣れ親しんだ法専門家の視点からは，合理的で効率的な方法にほかならない。

　しかし，弁護士や裁判官にとって効率的でも，代理人を依頼した当事者からすれば，法廷は何をやっているところなのか，と不満を感じることが多いだろう。当事者が，この点だけは裁判官に聴いてもらいたい，と考える様々な紛争の論点も，ほとんど発言の機会はないままに過ぎていくことになる。一般の人々の裁判イメージは，理念的言明にあるような，自らでなくとも弁護士同士が，活発な主張立証を交わす生き生きとした法廷のイメージである。しかし，そうしたプロセスは，TVドラマ以外に，現実の法廷では，ほとんど見ることができないのである。

　ただ，証拠の一方法として定義づけられる**本人尋問**の場は，紛争当事者にとって重要な自己表出の機会となる。しかしここでも，紛争当事者は弁護士の質問に一問一答形式で聞かれたことのみを答えるよう教示され，少しでもはみ出せば即座に裁判官や弁護士によってさえぎられる。また質問をする弁護士の方にではなく，「裁判所（裁判官のことをこう呼ぶ）」の方を向いて答えるという不自然な姿勢を強制されたりもする。結局多くの場合，ここでも紛争当事者は十分な意見表出の機会を与えられず，フラストレーションを高めていくこと

になる。残念ながら，当事者が，当初，思い浮かべた，法廷の生き生きとした
イメージは，崩れ去ってしまう結果となる。

(3)　事実認定をめぐる現実

　これも一般の裁判イメージでは，様々な証拠が提出される中で，事実が次第
に明らかとなり，真実が発見されるといった形で理解されている。しかし，実
際には，証拠によって明確な事実が明らかになるといったことはあまりない。
双方の言い分が食い違ったまま，決め手となる証拠もないようなケースは，実
はかなり多い。何十年も前の契約書など，重要な証拠が欠如して証明できない
という場合だけでなく，そもそも，証明がほとんど困難ともいえる事案も存在
する。医療事故訴訟などでは，過失の有無についても，因果関係の存在につい
ても，綿密な医学的検証を経ても，なお，明確に一義的な確定が難しい事例が
多い。手術中の手技により生じた有害事象の場合も，医師の過失といえるのか，
いかなる医師でも避けがたい合併症なのか，明確な線は引けない。投薬と，有
害事象の発生の因果関係を明らかにするといっても，被害者の身体的特徴や
様々な要因が絡み合う中，因果関係の有無を判断すること自体が難しいことも
多い。専門家に鑑定を依頼しても，原告側が依頼した鑑定，被告側の依頼した
鑑定，裁判所が依頼した鑑定が，それぞれ異なった所見を示すこともまれでは
ない。医療事故に限らず，専門的知識がかかわる事案では，事実認定が困難で
ある例は枚挙にいとまがない。こうして医療事故について，医師の過失を認め
るか否か，因果関係を認めるか否かの判断は，事実認定といいながら，実際に
は評価的要素を含んでしまわざるを得ない。こうした事情は，過失や正当事由
など，**一般概念**にかかわる事実認定が求められる場合には，避けえない問題と
なる。

　そもそも「事実」というもの自体，究極的には個人の主観的解釈に基づく要
素を抜きには認識しえないともいえる。しかも，そうした事実認識の相違が，
紛争の要因ともなっているのである。裁判官の「事実認定」も，「**客観的な真
実の発見**」というよりは，双方から提出された資料を素材とする総合的評価に
支えられた「**事実の再現的創造**」ともいうべき複雑で困難な作業にほかならな
い。どのような事件でも，判決ではなく，一件記録を通して読んでみると，裁

判官のそうした苦闘を跡づけ，理解することができる。

　このように，事実認定は，法廷で証拠が提出され，明白な真実が発見されるというようなものではなく，不確定性の中での事実像の構築という，極めて複雑な作業を裁判官に要請することになる。その結果，生成されるのは，証拠に拠りつつも，そこで構成される「より説得性の高い事実像」にとどまらざるを得ない。「客観的真実」に基づく裁判という要素は，理念としては否定すべくもないが，とりわけ価値・利害の衝突する民事訴訟の現実においては，時にマイナスの効果さえ持ちかねない。すなわち，「客観的真実発見」の要請を絶対視するあまり，不明部分の多いケースでも，裁判官は，事実は確認されたとの外観のもとに，判断をせざるを得ず，その結果紛争当事者から強い反発を受けるようなことになりかねないのである。ちなみに，事実認定をめぐる困難な事案が多い医療事故の領域では，そのおよそ半数が，判決によらず，したがって，過失や因果関係の認定は回避して，和解で解決されている。

(4)　法的推論と法の適用

　裁判官が法的三段論法に基づいて自動機械のように判決を下すというイメージが虚像であることは，リアリズム法学によって徹底して否定されてきた。しかし，一般には，先端的事案や，社会変容に伴う新しい現象への対応などの領域では，リアリズム法学の見解が支持されるものの，通常の事案では，機械的ではないにせよ，法条文を認定事実に適用することによる判断形成というイメージは，なお維持されているように思われる。

　しかし，現実の訴訟過程を観察したり一件記録を通して検討してみたりすると，実は多くのケースで法的推論と法適用というよりも，具体的状況の中で，事案のスジや勝敗の可能性が，総合判断的に見極められ，結果が妥当となるように法適用が手段的に操作されていると思われることが多い。裁判官の心理過程であるがゆえにそれを明らかにすることは難しいが，推論することは許されるだろう。

　まず，第1に，「事実」というものが簡単に確定できるものではなく，また通例的と呼ばれうるようなケースにも実は極めて多様な個性的状況・条件が存在していることを踏まえる必要がある。第2に，法条文自体が明確でクリアに

一義的意味を示しているのでなく，弾力的解釈を可能とする許容範囲，いわば「あそび」の部分を有していることも認めなければならない。こうした条件の中で妥当な判断を形成していくためには，当事者の弁論に立ち現れる，必ずしも，法的観点に関係があると思われないような具体的事情まで含めて，実情に即した妥当な処理案を構成し，次いで法基準とのすり合わせを行うといった作業を反復的ないし往復的に繰り返していくことが必要だと思われる。そこでは判断はまず「総合判断的」に形成され，法の解釈・適用は当該判断を正当化するために，どちらかといえば事後的に構成されるというモデルの方が現実的ではないだろうか。これを**法適用モデル**に代わる**法援用モデル**と呼んでおこう。これは，まさに，リアリズム法学が主張したことと，軌を一にする考え方である。

（5） 紛争解決は可能か？

理念的裁判イメージでは，判決は公的強制力に担保されつつ最終的に紛争を終息させる（解決する）ものととらえられていた。われわれの常識も，裁判所の判決こそ，最終的にわれわれの紛争を「解決」してくれるものであると認識しているように思われる。

しかしながら，現実に紛争状況に直面し，訴訟を利用した当事者にとっては，事情は異なる。実際には，訴訟当事者の中には，判決を実情にそぐわないもの，実効性のないもの，あるいは少なくとも，部分的な問題「解決」しか果たしえないものとして評価している者が多い。具体的な個人にとって，紛争というものが，決して法的権利の所在や財物の帰属に還元しえない，社会関係的・情緒的側面をも含む複雑で多焦点的なものであることは，すでに検討してきた。そうした紛争理解に立ってみれば，法的側面に局限された判断である判決が部分的なものでしかないことは，むしろ当然というべきである。むろん，判決が紛争の「解決」にとってまったく意味がないというわけではない。しかしその意義は，当事者が関係的・情緒的側面も含めた複雑な紛争交渉を相手方と詰めていくうえでの，重要だが一つの契機に過ぎないのである。実際には財物の帰属といったレベルでの判断さえ，そのまま実行されずに再交渉が行われることも多いし，特に継続的社会関係にある当事者の場合など，判決後，さらに紛争が

エスカレートすることもよく見られる現象である。

　もちろん，裁判所も，そうした側面をまったく無視しているわけではなく，可能な配慮をしていることは想像に難くない。しかし，「法的解決」が中心課題として設定されているためにそこには限界が生じて来ざるを得ない。たとえば相手方の支払能力を勘案して分割払いでの返済をさせる判決を書くことは，裁判においては難しいし，履行確保の可能性がほとんどないような場合でも，法的次元で妥当であれば判決を下していくことになる。

　裁判による「解決」が，部分的処理にとどまらざるを得ないことは，判決が出た後の当該紛争の帰趨，当事者の行動を検証してみればはっきりとわかる。実はかなりのケースで，判決はそのまま履行されずに，当事者による新たな調整が行われている。判決が最終的解決として貫徹する（すべき）という根拠はどこにもない。強制執行したとしても，判決が示す利益を回収できるとは限らず，執行に至らないことも多い。紛争の非法的な多様な諸側面の実情にそぐわないなら，さらに社会において再調整されざるを得ないのである。

　むろんこのことは，「法的解決」が無意味であるなどと主張するものではない。それどころか，それによって当事者の力関係に起因する不当な圧力や交渉無視の可能性が局限されるなど，極めて重要な機能が果たされている。ただ，問題は，判決によって紛争は最終的に解決されるという理念的イメージが，非現実的であること，そうしたイメージの存在によって，「法的解決」を提供すればそれで「解決」が達成されるという安易な法的解決至上主義を帰結しているのではないかという点である。実態を見る限り，裁判は最後の手段などでは決してない。その点を理解したうえで，裁判の機能や意義を考察していくことが重要であり，法社会学こそ，そうした課題に散り組むことのできる領域なのである。

6.2　裁判の構造と過程

　ここからは現実の裁判に潜む問題点を，より詳細に検討していくが，その前提として，日本の裁判の現況を見ておくことにしよう。

6.2.1 民事訴訟と弁護士利用の実態 ─────────────

（1） 民事訴訟件数の年次推移

　まず，民事訴訟件数の推移から見ていくことにしよう。地方裁判所，簡易裁判所のデータを順次見ていく。事物管轄についていえば簡易裁判所は，訴額140万円までの事件を第一審裁判所として受け入れ，地方裁判所は，訴額140万円以上の事件について第一審裁判所として受けるという相違がある。2004年（平成16年）に，簡易裁判所の事物管轄がそれまでの90万円までから，140万円までに変更されている。また，訴額60万円までの事案については，1回の期日で判決を出す，さらに迅速・簡易な少額訴訟手続も，簡易裁判所内に設置されている。

　さて，法務省がまとめた裁判事件数調査関係資料に示された，1989年（平成元年）から2017年（平成29年）までの20年間の民事第一審通常訴訟新受件数の推移のグラフが図6-1である。

　このデータを見ると2007年（平成19年）あたりから，地裁でも簡裁でも件数が増加し，2009～2010年ごろにピークを迎えていることがわかる。これは2006年（平成18年）の最高裁の判例（最判平成18年1月13日）ならびに2010年（平成22年）の法改正によって生じた現象である。それまでは，出資法が上

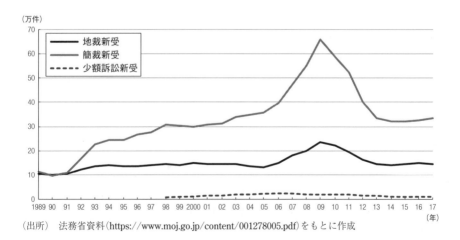

（出所）　法務省資料（https://www.moj.go.jp/content/001278005.pdf）をもとに作成

図 6-1　民事訴訟件数の推移

限金利を 29.20 ％と定め，同時に，他方で，利息制限法が貸付額によって
15％〜20％の上限金利を定めるという，矛盾した規定により，いわゆるグレー
ゾーン金利という状態が存在していた。しかし，最高裁が，グレーゾーン金利
を無効と判断し，29.20％の高額利息との差額の返還義務を認めたことにより，
この差額の返還を求める訴訟が急増したのである。なお，2010 年の法改正以
降は，グレーゾーン金利自体が撤廃されているため，この訴訟急増の動きは一
時的なものにとどまることになった。

　この特殊な要因による一時期の動きを除けば，民事訴訟件数は，さほど大き
な変動を示していないことがわかる。なお，ロー・スクール制度が設置された
のが 2004 年（平成 16 年）で，その後，弁護士数は急激に増加しているが，それ
でも訴訟件数には大きな増加傾向が見られない。アメリカやヨーロッパでは，
被害者側に過失立証の必要がない**製造物責任法**が施行されたのちに訴訟件数が
急増するという現象が見られるが，わが国では，1995 年（平成 7 年）に，製造
物責任法が施行されたのちも，訴訟の増加は起こらなかった。訴訟利用の低調
さについては，これまでも見てきたように，文化的法意識から，コスト論，弁
護士の少なさなど，様々な要因で語られてきたが，日本の法社会学にとっては，
今もこの現象をどう説明するかは大きな課題となっている。

　第 3 章でも指摘したように，わが国で人々が自身の利害や価値を追求する生
活上の行為において，長い間，有効だったのは，行政主導で編み上げられ統制
された社会の秩序維持メカニズムであった。法システムは，コストを考えても
使い勝手が悪く，また個別には不満があろうと一般化された行政など公的セク
ターへの国民の信頼が存在するところで，一部の問題領域を除いては，ほとん
ど選択肢として考慮されなかったといえる。こうした心的傾向は，いかに弁護
士が増加しようとも，一朝一夕には変わらないと思われる。この点については
第 3 章で詳述しているので参照してほしい。

　また，このほか，アメリカの少額訴訟手続を念頭に，60 万円以下の少額事
件について，1 期日で判決を下す少額訴訟制度も設置されているが，必ずしも
旺盛に利用されているとはいえず，2019 年（令和元年）の新受件数は，8,542 件
と 1 万件を割っている状況である。

(2) 民事訴訟における弁護士選任率

次に，弁護士選任率についても見てみよう。**図6-2**は，地方裁判所民事訴訟における弁護士選任率の推移のグラフである。

事件総数のグラフが少し山になっているところは，先ほどの**過払金訴訟**の影響である。それを除けば，訴訟件数は，ほぼ横ばいであり，弁護士選任率も大きな変化はない。しかし，この選任率データは，実は，少しミスリーディングでもある。このデータだけ見ると，たとえば2020年（令和2年）には，地方裁判所事件での弁護士選任率は91.5％に達しており，ほとんどの訴訟は弁護士が代理人となって行われているような印象を与えてしまう。しかし，**図6-3**を見てほしい。

こちらは，一時的な現象である過払金訴訟を除いて弁護士選任率を検証したものである。こちらでは，**図6-2**で示されていた弁護士選任率のより詳しい内訳が示されている。縦棒は事件数であるが，横に並んだ線は，上から，「双方に弁護士がついた事件」「原告のみに弁護士がついた事件」「いずれにも弁護士がついていなかった事件」「被告のみに弁護士がついた事件」を，順にそれぞれ示している。すなわち，2020年（令和2年）で見ると，全体での弁護士選

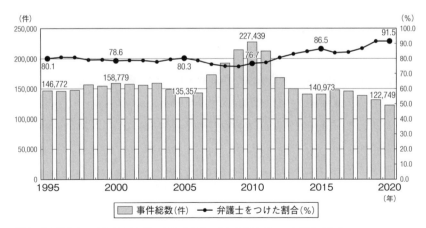

（注）「弁護士をつけた割合」とは，双方または一方に弁護士がついた割合である。
（出所）「弁護士白書　2021年版」

図6-2　民事第一審通常訴訟事件の弁護士選任率推移（地方裁判所）

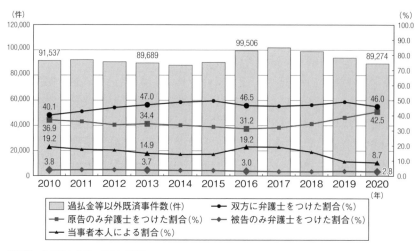

（出所）「弁護士白書　2021 年版」

図 6-3　民事第一審通常訴訟事件のうち過払金以外の事件における
　　　　弁護士選任状況（地方裁判所）

任率 91.6％は間違いではないとしても，双方についていたのは全体の 46.0％と
半分以下なのである。原告のみについていたのが 42.5％，被告のみについてい
たのが 2.8％と合わせての 91.6％なのである。弁護士がつかない双方とも本人
のみで遂行される本人訴訟と呼ばれる訴訟が，地方裁判所でも，8.7％に上っ
ている。訴額が 140 万円を超える地方裁判所レベルであっても，双方に弁護士
がつく事件が半分のケースにも満たない状況は，ずっと継続しており，弁護士
数がかなり増えた現在でも，大きな変化はない。
　この傾向は，訴額が 140 万円までの簡易裁判所に目を移すとさらに顕著であ
る。図 6-4 を見てほしい。
　ここでも縦棒は事件総数で，過払金に関する山を除けば，漸増程度の状況で
ある。横に伸びたデータは，上から，「本人のみ（つまり弁護士がつかない）事
件」「弁護士をつけた事件（片方にのみついているもの，双方についたものの合
算）」「司法書士をつけた事件（同前）」となっている。なお，司法制度改革に
より 2003 年（平成 15 年）に改正司法書士法が施行され，司法書士にも簡裁にお
ける代理権が与えられた。そのため簡裁事件では弁護士だけでなく，司法書士

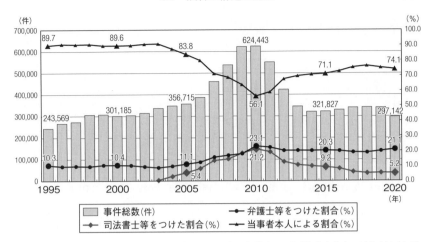

（注）「弁護士等をつけた割合」とは，双方または一方に弁護士が，「司法書士等をつけた割合」とは，
　　双方または一方に司法書士がついた割合である。
（出所）「弁護士白書 2021年版」

図6-4 民事第一審通常訴訟事件の弁護士選任率推移（簡易裁判所）

も代理人として訴訟追行できるようになっている。データが示すように，2020
年（令和2年）の簡裁事件では，74.1％と8割近いケースが，弁護士も司法書
士もなしに，本人同士で争われているのである。「弁護士をつけた事件」は，
21.1％であるが，双方についた件数はわずか6.2％である。このように簡易裁
判所の事件は，そのほとんどが本人訴訟であり，この傾向もずっと変わってい
ない。また，簡易裁判所では，事件のほとんどが金銭にかかわる貸金返還請求
であり，貸金業者が原告となって，多くの事件を訴えるなどの状況が見られる
とされる。

　簡易裁判所事件についても，一時的な過払請求事件を除いてまとめたものが，
図6-5である。上から，「双方に弁護士がついた事件の割合」「原告側に弁護
士がついた事件の割合」「原告側に司法書士がついた割合」である。過払金事
件を除くと，双方に弁護士がついた割合は，8.9％と若干だが上がっているが，
それでも10％にすら達していない。このグラフも，見る際に注意が必要で，
グラフ上の割合の上限は「20.0％」である。もし，地方裁判所と同様に，
100％を上限としてグラフを作れば，グラフの縦幅がこの5倍の高さとなり，

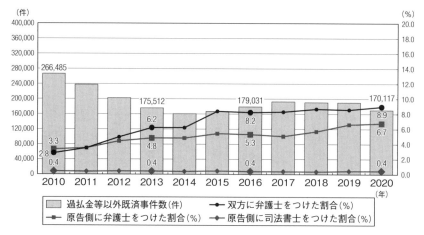

（注）1.「原告側に弁護士をつけた割合」とは，原告側弁護士（被告側司法書士）と原告側のみ
　　　　弁護士をつけたものを足して算出した割合である。
　　　2.「原告側に司法書士をつけた割合」とは，原告側司法書士（被告側弁護士）と原告側のみ
　　　　司法書士をつけたものを足して算出した割合である。
（出所）「弁護士白書　2021 年版」

図 6-5　民事第一審通常訴訟事件のうち過払金以外の事件における
　　　　　弁護士選任状況（簡易裁判所）

弁護士選任率は，極めて低いところで推移していることが，より強く印象づけ
られるだろう。

＊

　以上のように，わが国の訴訟事件における弁護士選任率は，双方に弁護士が
ついた事案を念頭に置けば，地方裁判所でも 50％に満たず，簡易裁判所では
10％にも満たないのである。わが国では訴訟利用自体が低調に推移しているほ
か，弁護士利用についても活性化しているとはいいがたい状況にある。しかも，
この点は，2004 年（平成 16 年）に**ロー・スクール制度**が設置され，弁護士人口
が大幅に増員した現在も，ほとんど変わっていないのである。
　この点についての仮説的見解は，法意識を扱った**第 3 章**でも触れたので，こ
こでは繰り返さないが，法制度，法曹制度などにかかわる問題点，人々の意識
構造の固定化などが要因であるといえよう。法曹，とりわけ弁護士の課題につ
いては次章で詳述することにする。

6.2.2　訴訟過程と執行手続

（1）　訴訟期間と審理の充実

さて，訴訟はしばしば時間がかかることが難点として指摘される。金銭貸借等をめぐって迅速な解決を求めても，時間がかかり，解決を得られても遅すぎて意味がないといった苦情も聞かれる。この訴訟と時間をめぐる問題についてもデータを見てみよう。図6-6は，地方裁判所第一審通常訴訟の審理期間のグラフである。下が全数についてのデータであるが，相手方が出てこず，すぐに結審に至ったケースも含まれている。それらを除き，法廷での対席事案（争いのある本来的な訴訟）に絞った場合のデータが上部である。

このグラフの谷がある部分は，例の過払金訴訟が一時的に急増したことの反映である。過払金請求事件については，本格的な争いにはならず，比較的すぐに終結することから，これが多発した時期には，平均の審理時間が小さくなるという結果が生まれる。グラフの谷はその反映である。この谷の部分を排除して見てみると，1989年（平成元年）からかなりの迅速化が図られていること（近年，それでもやや時間を要する傾向に動きつつあること）がわかる。この迅速化は，民事訴訟法の改正により，それまで相手方の様子を見ながら，証拠をいつでも提出できるような形から，準備手続の導入により引き延ばしを避けて，効率的

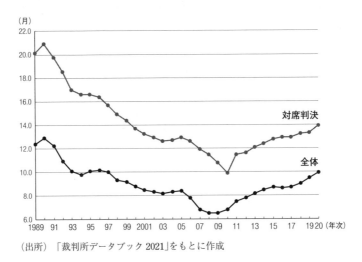

（出所）　「裁判所データブック2021」をもとに作成

図6-6　地方裁判所第一審通常訴訟の審理期間

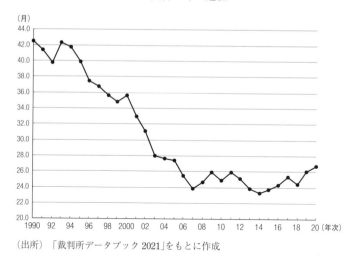

(出所) 「裁判所データブック 2021」をもとに作成

図6-7 医療関係民事第一審通常訴訟の審理期間

な訴訟遂行を計画する形への転換が図られたこと，さらには司法制度改革の動きもあって，審理の充実と迅速化を目標に掲げて，裁判所が重ねてきた様々な努力によるところが大きい。

また，時間のかかりがちな医療や知的財産など専門知識を要する事件でも，様々な迅速化が図られている。**図6-7** は，医療過誤訴訟事件の審理期間の変化を示している。**図6-8** は，知財事件の審理期間の変化を示している。

医療，知財，建築など裁判官では把握が難しい専門知識に関して，裁判官を補助する専門委員をつける**専門委員制度**が専門的訴訟の領域で 2004 年（平成 16 年）に導入されたことや，医療過誤訴訟では，鑑定人の確保が困難だった状況を踏まえ，医療界との交流により，これを迅速化するシステムを構築したこと，さらには医療関係者に評判の悪かった鑑定の方式を，従来の尋問型から**カンファレンス鑑定**に改革したことなども大きい。

また，簡易裁判所の事件では，地裁とは異なり，もともと比較的小さな事件に対し迅速に解決する傾向を有していることから，平均審理期間は，3 か月を切る状況にある。

このように，審理期間については，様々な改革や努力により大幅な改善が見られ，一応は，迅速な解決を訴訟に求める人々のニーズに応答的な対応がとら

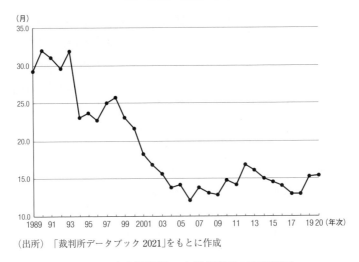

（出所）「裁判所データブック 2021」をもとに作成

図 6-8　知財関係第一審通常訴訟の審理期間

れてきているといえよう。

　しかし，当事者の視点から見るとき，これが全面的にプラスの意義を有しているかというと，そうでない側面も見えてくる。当事者は，平均審理期間が 2 年から 1 年に迅速化されたら，「訴訟手続はとても迅速である」と認識するだろうか。多くの人にとって，訴訟は，一生のうちで，そう何度も経験することではない。もし，毎年，訴訟をしているリピーターがいたとすれば，「審理期間も早くなったなぁ」と感じてくれるかもしれない。時間の評価は絶対的なものではなく，相対的である。たとえば，交通事故紛争を扱う ADR に交通事故紛争処理センターがある。保険会社も出資する財団法人であるが，損保会社は当事者として応諾しなければならないことになっており，かつ実際の処理は弁護士にゆだねられている。その調査によれば，多くの利用者は，「迅速に解決してくれた」と好意的な評価を示しながら，同時に，改善すべき点として，「処理に時間がかかりすぎる」との回答をしているのである。これはどういうことか。実は，申立てをしてから実際に処理がなされるまでに数か月の待ち時間があり，この点の不満が関係している。すなわち，当事者は，「全体の処理期間」という純粋な時間要素と，「空疎な待ち時間」，「自身で主張した充実した時間」など，自身にとっての有効性の観点から見た時間の評価とを混在させ

た複雑な時間・機関についての評価を構成しているのである。

　また，医療事故などの死亡事例にかかわる損賠賠償請求訴訟では，当事者は，必ずしも，迅速な解決を求めていないことが多い。通常の事件なら，早く解決してしまいたい，といった要求が強いかもしれないが，死亡事件では，当事者にとって早く解決することに，大きな意味はない。むしろ，じっくり時間をかけて争う過程それ自体がなくなった肉親への思いを大切にする重要な時間にほかならない。死亡事件では，遺族にとっては，いつまでも事件は終わっていないからである。こうした場合は，単純な処理期間・時間は問題とならず，それより法廷での時間の充実が第一義的に重要な意味を持つのである。

　以上より，当事者の迅速性評価を考えるにあたっては，当事者が訴訟に主体的にかかわっていく**実質参与時間**と単純な**処理期間**を区別して考える必要がある。交通事故紛争処理センターの場合には，「実質参与時間」は比較的十分に用意され，かつ「処理期間」もかなり短い。しかし，訴訟では，「実質参与時間」は極めて乏しく「処理期間」は逆に長いということになる。弁護士が代理としてついた訴訟では，当事者自身が法廷に出ることはほとんどないが，この場合は，「実質参与時間」はさらに貧困となる。かくして，訴訟は「遅すぎる（処理期間）」と同時に「速すぎる・あっけない（実質時間）」のである。

　このように迅速化は，裁判所ではなく当事者の目から見た「審理の充実」を伴っていないと，真の意味で当事者のニーズには合致しないといえる。

（2）　勝訴率が示唆すること

　裁判の終結の形は判決だけではない。手続の過程で和解期日が設定され，そこで合意が成立することにより**訴訟上の和解**で終了する場合もあるし，原告が訴えそのものを取り下げることもある。次に，この裁判の終局区分と判決における勝訴率のデータを見てみよう。

　まず，終局区分についてのデータである（表6-1）。このデータを見ると判決が和解よりは多いものの，その差が大きいわけではなく，また徐々に増加してきていることがわかる。2020年（令和2年）のデータでは，判決が53,084件であるのに対し，和解が43,364件と，その差は小さい。また，判決のうちの「対席」と「欠席」についても，「対席」がいくぶん「欠席」を上回っているに過

表 6-1　民事第一審通常訴訟終局区分（地方裁判所）

年　次	判　決			和　解	その他
	全　体	（内対席）	（内欠席）		
1989	51,667	29,429	22,007	39,358	24,470
1990	48,909	28,513	20,172	39,297	23,810
1991	50,857	29,351	21,284	38,941	22,159
1992	57,454	32,599	24,578	40,582	24,739
1993	64,220	36,932	27,067	44,046	29,655
1994	67,848	38,602	29,041	46,900	29,943
1995	69,867	40,567	29,092	48,140	28,637
1996	71,630	41,982	29,405	47,473	26,751
1997	73,122	42,953	29,904	47,671	26,577
1998	79,631	46,912	32,691	50,102	26,948
1999	78,583	47,270	31,270	49,435	26,371
2000	80,542	49,204	31,298	50,779	27,458
2001	79,414	48,923	30,454	51,205	26,832
2002	77,831	48,308	29,467	51,464	26,459
2003	77,669	47,294	30,311	53,131	28,232
2004	68,879	42,601	26,215	49,044	25,371
2005	61,994	39,094	22,853	45,313	25,699
2006	60,543	37,742	22,691	46,426	36,007
2007	61,310	38,707	22,505	49,783	61,792
2008	62,064	40,410	21,578	55,057	75,112
2009	68,510	46,476	21,962	59,203	86,799
2010	83,789	60,569	23,134	72,683	70,963
2011	70685	48,200	22,418	68,860	72,947
2012	69,742	47,308	22,377	57,373	41,114
2013	64,744	42,747	21,912	51,057	34,129
2014	61,455	40,198	21,196	48,693	30,860
2015	59,866	38,373	21,456	50,694	30,414
2016	61,323	36,803	24,463	52,960	33,740
2017	58,642	35,502	23,106	53,037	34,305
2018	57,370	33,487	23,839	51,448	29,864
2019	57,549	32,730	24,779	50,623	23,385
2020	53,084	28,747	24,306	43,364	26,301

（注）1. 2004 年 4 月に人事訴訟事件を家庭裁判所に移管するまでの数値については，民事通常訴訟
　　　事件に人事訴訟事件を含んだ数値である。
　　2.「判決」欄の「全体」の中には，対席又は欠席のいずれにも分類されないものを含む。
（出所）「裁判所データブック 2021」をもとに作成

ぎない。「欠席」事案は，相手方が法廷に出てこずに，いわば自動的に勝訴と
なったものである。すなわち，われわれが裁判と聞いてイメージする当事者双
方が主張や立証を通じて争い，その結果判決で終結するというケースは，実は
裁判になった事件の中の半分に満たない一定割合にとどまっているのである。
2020 年でいえば，全既済件数が，122,749 件なので，「対席」で争って判決に

表6-2　民事第一審通常訴訟終局区分（簡易裁判所）

年次	判決			和解	その他
	全体	（内対席）	（内欠席）		
1989	57,686	11,231	46,372	25,661	34,672
1991	48,440	8,942	39,300	21,993	29,112
1991	51,042	9,875	41,004	26,096	29,964
1992	69,234	15,057	54,091	41,489	42,843
1993	97,736	22,538	75,109	62,585	58,706
1994	109,014	24,803	84,142	67,697	68,917
1995	112,432	26,006	86,316	68,253	62,849
1996	128,062	29,516	98,441	69,858	68,725
1997	132,351	30,435	101,843	70,431	70,305
1998	152,371	36,598	115,771	80,190	73,240
1999	151,289	39,940	111,335	80,554	74,506
2000	142,739	39,322	103,396	84,676	72,164
2001	142,959	40,920	102,020	85,429	73,609
2002	148,599	42,080	106,502	85,287	78,377
2003	156,993	42,635	114,344	85,684	91,511
2004	156,515	39,958	116,523	84,883	103,182
2005	148,932	37,382	111,495	83,177	120,340
2006	153,118	35,163	117,886	80,093	149,542
2007	157,516	41,127	116,323	77,950	221,502
2008	177,441	49,188	128,205	75,089	281,212
2009	212,001	81,745	130,206	85,409	321,022
2010	225,004	109,761	115,177	77,183	318,400
2011	192,699	80,626	112,033	59,641	294,800
2012	167,128	65,858	101,245	49,610	203,990
2013	138,957	52,818	86,120	41,439	161,920
2014	124,980	45,217	79,751	40,261	152,478
2015	127,930	44,291	83,619	39,711	151,449
2016	131,705	43,469	88,204	39,370	155,546
2017	136,217	42,744	93,451	37,672	163,253
2018	137,704	42,615	95,074	35,283	166,115
2019	139,843	42,996	96,831	34,353	163,601
2020	120,358	36,269	84,063	27,161	147,846

（注）1．少額訴訟から通常移行したものは含まない。
　　　2．「判決」欄の「全体」の中には，対席又は欠席のいずれにも分類されないものを含む。
（出所）「裁判所データブック2021」をもとに作成

　なった割合は，全既済事件の23.4％である。「欠席」事件の判決の割合は，19.8％，和解で終結した事件は，35.3％となる。

　簡裁ではどうだろうか。**表6-2**が簡裁既済事件の終局区分データである。地裁ケースとの大きな違いは，「欠席」判決事案が極めて多いことである。これは，比較的少額の消費者ローンや借入金について，被告側に争う余地すらなく，自動的に判決が量産されていることを反映している。2020年（令和2年）

のデータで見てみよう。判決のうち，欠席判決が，69.8％を占めている。和解
は，両当事者が対席することから始まっているケースであるが，これと対席で
争った判決数を足しても，欠席判決事案の数に及ばないのである。また，「そ
の他」に包含される事案の件数が極めて多いのも特徴的である。裁判というと
通常イメージされる，争った末に判決が下されるケースは，簡裁ではとりわけ
少数派ということになるのである。

　この傾向は，地裁でも簡裁でも，多少の変動はあるものの，おおむね一貫し
た日本の裁判所の処理の傾向といってもよいだろう。特殊な事案の傾向が表れ
ている簡裁事件は別として，地裁事案については，①争いのある事件では，**和
解で終わる事案が最も多い**こと，②欠席判決を加えて，ようやく判決が和解を
上回ること，③判決の中でも欠席判決が相当数に上ること，などを指摘するこ
とができる。

　では，その判決の勝訴率はどうだろうか。2019 年（令和元年）の既済事件に
ついて，裁判所の司法統計情報を調べてみると，欠席判決における**原告勝訴率**
が圧倒的に高いのは当然として，実際に争った対席事案では，認容（勝訴）
24,896 件，棄却 7,652 件，却下 174 件であった。争った対席事案での原告勝訴
率は 76.1％となる。欠席判決のデータも加えると，原告勝訴率は 85.9％となる。
実はこの数値も，一貫してほぼ同様の傾向を示しており，わが国の裁判所にお
ける原告勝訴率は，おおむね 85％あたりで安定している。考えてみれば，
様々なコストを負担して訴えを提起する側には，それなりの根拠や証拠がある
ことも多く，この数字は驚くにはあたらないといえるかもしれない。

　ただし，これらの傾向は，事件類型によっても大きく異なってくる。たとえ
ば，**医療事故訴訟**では，当然ながら対席事案がほとんどを占め，半数超が和解
で終結している。そして，判決に至った場合の原告勝訴率は，現在，20％台に
とどまっており，一般民事の全体傾向とは異なった様相を示している。これに
は医療事故事件特有の問題が背景にあるが，この点は，本章の最後の項で検証
することにしよう。

（3）　執 行 手 続

　さて，判決が出て，訴訟は終結するとはいえ，事件そのものが判決通りに解

決するとは限らない。判決が自発的に履行されない場合には，**執行手続**が必要
となってくる。実は，ここに，裁判制度にかかわる大きな問題が横たわってい
る。裁判は，当事者の主張と証拠を踏まえ法に従って公正な判決を下すのが役
割である。しかし，適正で公正な判決であることと，それが当事者にとって現
実的に履行可能であることとは，まったく別問題である。1,000 万円支払えと
の判決が出て，法的にも適正であったとしても，被告に資力がない場合には履
行したくてもできない。訴訟になるような事案では，当事者の支払能力が脆弱
で不払いに陥ったことで，そもそも紛争が発生している場合も多い。そのよう
な当事者に，いかに法的に適正であれ，それを順守せよといっても困難である
ことが多い。このような場合に備えて，一応，執行手続が整備されている。正
義の女神テミスは，片手に剣を携えているのである。

　しかし，この執行手続も無料ではない，**執行官**に報酬を支払う必要があるし，
時間もかかることになる。しかも，執行したからといって，判決で得た債務名
義の金額のすべてを回収できるとは限らない。とりわけ，動産執行などは，家
財道具一式でもわずかな額にしかならず，執行手続に必要な負担を考えれば費
用倒れになることが多い。その過程の詳細は，のちに見るが，ここではデータ
を見ておこう。

　図 6-9 から**図 6-11** は，それぞれ不動産執行，動産執行，債権執行の件数
の推移である。債権執行とは，たとえば被告となった企業が訴外 A 社に対し
て持つ債権を差押えするような形である。これを見れば**不動産執行，動産執行
の件数が激減**していることがわかる。執行手続の現実については，次節の裁判
過程の分析の**第 6.3.3 項**で詳しく検討することとし，ここでは，執行件数が激
減しているという事実を確認しておこう。

　また，裁判所の終局区分で，和解がかなり多いことを先に見てきたが，その
理由の一つがここにもある。すなわち，いかに判決が法的に適正でも実情に合
わない「絵に描いた餅」であるなら無意味であり，執行手続利用の負担も生じ
る。それなら，むしろ相手方の支払能力も考慮して，金額調整したうえで和解
した方が，結局は，現実的で，自発的履行率も高くなるという事情がそこには
ある。この執行手続まで含めて裁判の過程を検証し，評価していく必要がある。

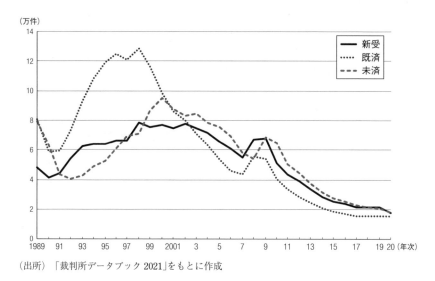

(出所) 「裁判所データブック 2021」をもとに作成

図 6-9 不動産執行件数の年次推移

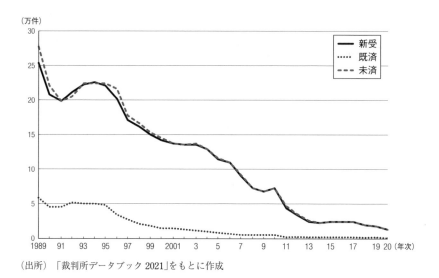

(出所) 「裁判所データブック 2021」をもとに作成

図 6-10 動産執行件数の年次推移

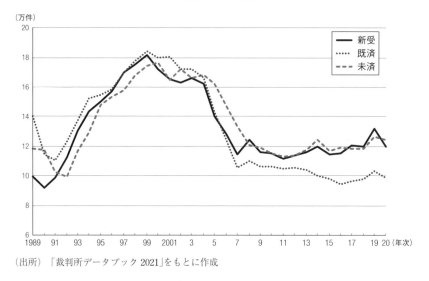

（出所）　「裁判所データブック 2021」をもとに作成

図 6-11　債権執行件数の年次推移

6.3　訴訟は誰のものか──裁判過程の分析

6.3.1　本人訴訟をどう考えるか

（1）　本人訴訟否定論

　前節で見たように，若干の増加は見られるものの，わが国の裁判において弁護士選任率は必ずしも高くはない状況が続いている。当事者なしで行われる訴訟は，**本人訴訟**と呼ばれるが，この呼び方には，暗黙に，訴訟とは弁護士が代理する形で遂行されるものだという認識が包摂されているように思われる。裁判所から見ても，本人訴訟は，どちらかといえばやっかいな訴訟となる。なぜなら，本人訴訟は，手続も法律も知らない素人が，詳細がわからないまま訴訟にかかわるため，進行もスムーズにいかず，いろいろと教示する手間ひまもかかる。中には「弁護士より詳しい」と豪語するような訴訟マニア的な当事者もいるが，その理解は偏っており，いっそう手間もかかる。弁護士がついた訴訟をここでは便宜的に**弁護士訴訟**と呼んでおくが，裁判所からしても，弁護士がついている方が，何かとスムーズに訴訟遂行ができる。

　こうした観点から，本人訴訟は否定的な評価を与えられることが多いが，しかし，当事者の視点から見れば，逆に，弁護士訴訟の問題も見えてくる。すなわち，弁護士訴訟が，裁判所にとっても弁護士にとってもスムーズなのは，当事者には見えていない，法的な認識枠組が法専門家には共有されていることを，暗に意味しているからである。**本人訴訟否定論**の背後に潜んでいるのは，法専門家的認識枠組と，素人の素朴な紛争認識や主張との対立について，前者の専門的枠組に基づく処理が望ましいとする評価にほかならない。この見解は，下手をすると，「素人は手続を攪乱するので口を出すべきでない」「弁護士と裁判官に任せておいてくれる方が楽」といった認識とつながってくる。実際，専門家に任せてくれる方が楽，というのは，ほぼすべての法専門家に共通する思いであろう。裁判手続が法システムという専門性の高い枠組に沿って進行する以上，そこにはやむを得ない面もある。ただ，「それでも当事者の認識を受け止めていく対応を可能な限り追及する」のか，「当事者の視点を攪乱要素として抑え込むような対応をする」のかは，個々の専門家によって違っているのはいうまでもない。

　当事者からしてみれば，「自分の紛争」であり，「自分でも言いたいことがある」のが普通であり，それを，ただ，「法廷ではそうした主張は通用しない」「法的にはこう主張した方が有利だ」と押さえつけられることがあれば，それが弁護士に善意によるものであっても，法や弁護士への信頼喪失につながってくる。法専門家の側からすれば，効率的に訴訟を進行したいというニーズと，同時にクライアントのために法的に有利な主張構成をして利益を擁護しようという「善意」とが相まって，裁判所の心証を悪くするような無理な主張や行動はしてほしくないと考えるのは当然である。

(2)　本人訴訟原型論

　確かに裁判は，法的紛争すなわち，紛争の法的側面について主張し，決着をつける場である。それゆえ，法専門家の関与が必要になることが多い。他方で生の社会的紛争は当事者のものであり，訴訟提起の根っこにあるのは，当事者の生活世界で求めるニーズである。そして，ここに，法専門家的認識枠組と，素人の素朴な紛争認識という異質な認識の調整が必要となってくるのである。

このように考えれば，この2つの論理の衝突が，本人訴訟では法廷で直接生じるのに対し，弁護士訴訟では，訴訟以前の法律事務所での折衝の中で生じているということができる。しかし，いずれの場合でも，本人の紛争をめぐる認識・ニーズが出発点であり，弁護士の支援を求める基盤的ニーズがそこにあることでは，同じである。その意味では，弁護士訴訟も，実は，そもそもは本人の紛争であり，それゆえ本人の訴訟でなければならない。訴訟の当事者は，いうまでもなく紛争当事者本人だからである。これが**本人訴訟原型論**の考え方である。

多くの紛争当事者は，裁判に対し，素朴な信頼とイメージを持っている。日本人にとって身近ではないがゆえに，裁判は公正な裁きの場としてイメージされ，受け入れられている。アメリカでは，人々は，弁護士や裁判が身近であるがゆえに，現実に近い形でそのイメージを構成でき，それゆえ，弁護士や裁判が一般的にも，ややダーティなイメージとも結びつき批判の対象となることが多い。これに対し，わが国の裁判所は，格段に信頼度が高いといえる。裁判を，距離を置いた視点から，深い知識なく素朴にイメージすることで，当事者は，自分が正しいと思っている正義を当然に承認してくれるものとして，いわば自分勝手に「正義の砦」としての裁判所をイメージしてしまうことになる。まるで魔法のシステムのように，自分の紛争について有利な判断をしてくれるだろう，しかも，抱える問題のあらゆる側面を考慮して判断してくれるだろうと期待してしまう。いわば，**裁判への過剰期待**である。

しかし，弁護士と接することで，①法的枠組に基づく紛争の加工が必要なこと，②自分の正義は法的正義とはずれがある，③裁判では関係的な感情の次元は受容されないこと，などを初めて認識することになる。正義の女神テミスが，目隠しをして見てくれない要素があること，自分のものとは異なるテミスの秤でのみ評価されることを知るに至るのである。この時点で，裁判の現実，法的枠組の意味を知ることで，当初の過剰期待は縮減され，裁判には大きな期待を持たないシニカルな**裁判への過少期待**へと期待が変容することになりかねない。

この過程で，弁護士をはじめ法専門家が，本人訴訟否定論に立って，当事者の素朴な認識は邪魔なものと考え切断し，効率性を重視していくか，本人訴訟原型論に立って，当事者の素朴なニーズを尊重しながら，しかし法的枠組の制

限を理解してもらい，調整的にそれらが融合したものとの認識を構築してもらえるかによって，当事者にとっての裁判の意味は大きく変わってくる。すべての弁護士訴訟は，本人訴訟と区別されたものでなく，その基盤に本人訴訟を内包したものだという意識づけこそ，当事者にとって可視的で，受容可能な裁判過程を実現していくために必要な視点ではないだろうか。すべての訴訟は，本人（の）訴訟であるという認識である。

6.3.2　訴訟過程における当事者の尊重

　ADRと同様，裁判も当事者から見れば，生活世界における紛争の持続的な流れの中で，部分的に紛争が係属する手続にほかならない。ADRの場合には，おおむね当事者本人が参加し，機関内のセッションと機関外の生活世界での状況には連続性が比較的あった。しかし，訴訟の場合には，場合によっては，当事者の世界とは切断されたシステマティックな法的問題解決が，いわば上から降ってくるような形で提供される場合もある。

　自分の紛争が法廷で扱われているのに，口頭弁論期日に出廷しようとしても，弁護士に「何にもないから出なくてよい」と制止される。実際，法廷に出ても，書面の交換であっという間に閉廷する。そして，長く待たされたのち，判決が出るが，それも出廷の必要はない。当事者にとっては，本人尋問が行われるような場合を除いて，何が行われているかも，よくわからないまま，判決だけが届けられる。手がかりとなるのは弁護士からの説明や弁護士が聞いてくれることであるが，それも，必ずしも，十分ではない。訴訟に慣れた当事者であれば，むしろ，弁護士に全面的にゆだねた方が楽でいいという場合もあるだろうが，通常の当事者にとっては，それでは裁判過程の可視性は，非常に低くなってしまう。

　裁判過程を当事者にとって理解可能なものにし，生活世界での処理に生きた形で生かしていくためには，次のような点が重要となる。

　第1に，弁護士が，当事者にとっての紛争のイメージを共感的に共有し，そのことを通して信頼を構築したうえで，法的認識枠組の制限について説明し，一緒に，法廷での問題処理の進行を共有していくことである。裁判の進行状況を常に弁護士と共有し，協働して訴訟を進めていく感覚を失わないことが重要

である。

　第2に，本人尋問などの数少ない機会になるかもしれないが，可能な限り当事者の認識を法廷で話せるような場を弁護士も裁判所も受け入れていくことである。現在の一問一答形式で限られた語りをさせるのでなく，ストーリー型の主張も許すことで，当事者が，まさに自分の紛争について法廷で語れたという認識を持てるようにすることである。書面についても，陳述書などに当事者の言いたいこと，裁判官に聴いてもらいたいことなど，可能な限り包摂して書いていくことも有益であろう。

　紛争の，そして裁判の当事者は，裁判官でも弁護士でもなく，紛争当事者自身である。法専門家による支配的で効率的な処理以上に，時間や複雑さが若干増したとしても，少しでも，当事者にとっての法廷という時間を設けていくことが重要であろう。そうした過程は，当事者から見た審理の充実であり，満足にもつながっていく（棚瀬　1988）。

　訴訟に対する満足度については，結果への満足度とは独立に手続過程への満足という次元が存在することが明らかになっている。法社会学の領域で，心理学的な研究の成果もあるし，エスノグラフィックな観察による研究もある（Conley & O'Barr　1990，リンド & タイラー　1995）。いずれも，手続過程で，自身の言い分を主張できたこと，裁判官が親身に話を聴いてくれたことなどの手続的要素が，たとえ，判決結果で負けることになったとしても，満足度の向上をもたらすことを明らかにしている。こうした手続過程上の尊重は，理念的な意味でも，事実上の効果の意味でも，重要な要素ということがいえる。

6.3.3　交渉としての執行手続

　判決であれ，和解であれ，裁判が終結してすべてが終わりではない。裁判は，そもそも紛争を丸ごと解決するシステムではない。あくまでも法的側面について，法的解決を提供するのみである。**法的解決イコール紛争解決**ではない。むしろ，場合によっては，判決は出ても，両当事者間の社会生活上の対立は余計に深くなることもまれではない。

　紛争当事者は，様々な状況を抱えながら，判決等を受けて，自身の生活世界のただなかで，それを消化していかねばならない。裁判が，法的に適正な判断

として 1,000 万円の支払いを命じたとしても，相手方に支払能力があるか否か，あったとしても履行する気があるかどうかは，別の話である。筆者が行った簡易裁判所の判決履行調査では，半分近いケースで履行が，そのままはなされていなかった（和田　2021）。簡裁事案では，原告も，相手方に支払能力がないことを見越しながら，訴訟を提起し，相手が出てこないまま勝訴判決を得るような場合もある。これは，判決で得た債務名義の回収が目的ではなく，税務上の損金処理の必要性からである。判決の社会的作用は，このように多様なものといわざるを得ない。

　さて，履行がなされない場合，執行手続という手段が残されている。しかし，先に見たように，現在は不動産執行も，動産執行も，激減するに至っている。以下，筆者が参与観察を行った動産執行手続の流れに即して，その意義を考えてみよう。

執行手続過程の例

　判決という債務名義を得ても，相手が履行に応じない場合，執行官に依頼して執行手続を開始することができる。執行官は，まず，執行手続が開始したことを債務者に通知し，差押え手続に入る。この時点で，債務者が債権者側に申し出て話し合いがもたれることもある。これを期待して，予告したのち，開始までには，通常，一定期間をあけている。反応がなければ，差押えに至る。差押えには立会人が必要だが，多くの執行官は，特定の鍵業者と同行することが多い。債務者が留守の場合に，開錠して差押えを実行する必要があり，その作業と立会人を効率的に兼ねているわけである。なお，筆者が観察したケースでは，筆者自身が立会人として参加した。

　債務者宅に到着して，在宅であれば，その旨を告げて差押えに入るが，不在の場合には，鍵業者が開錠する。それに先だち，電気メーターが動いているかなども確認し，本当に不在かどうかも確認する。中に入ったら，迅速に，家財それぞれに評価額を記した差押え状を貼付し，終わり次第退去する。この間，10 分程度である。たとえば，一人暮らしの部屋で，冷蔵庫，テレビ，パソコンなどがあるとして，すべての評価額を合算しても 10 万円にもならないことが多い。

　次に，債務者からの申し出が債権者側にないか，ここでも少し時間的猶予を置いてから，反応がなければ，いよいよ競売手続に入る。大きな不動産や商業施設の競売であれば，買い取り希望者が多数になることもあるが，個人の小規模な動産競売では，ほぼ誰も来ないことが多い。そこで，執行官は，これもなじみの古物商に連絡して来てもらう。そして，差押えの評価額が10万円だとすると，古物商との交渉で，たとえば8万円でまとめて売却する。獲得した8万円は，判決で勝訴した債権者にわたる。この時点で，正式な法的手続としての執行手続は，すべて完了である。

　実際には，この後，古物商は，買い取ったものを，そのまま持ち帰るのでなく，場合によっては，差し押さえられた債務者に，再度，売り渡すこともある。たとえば，すべてを10万円の分割払いで買い戻すということになれば，古物商自身は，2万円の利益が出て，倉庫を使うこともなくて済む。債務者は，300万円の債務があったとしても，法的な執行手続は終了しており，自身のものであった家財を10万円分割払いで買い戻すのも自由である。買い戻しに応じれば，10万円の負担で，今までと変わらない生活ができることになる。他方，勝訴した債権者は，300万円の判決で，執行手続までしても，手に入るのは8万円で，しかも，執行官への報酬も必要となる。

　以上が，権利の実現過程であり，法的には可能な適正な手続がすべて完了したことになる。こうした事情から，動産執行手続は，激減していると考えられる。よほどの，専門設備などの動産がなければ，動産執行はほとんど費用倒れになるだけである。判決は，こうした場合，まさに「絵に描いた餅」に過ぎない。アメリカの法社会学研究でも，判決の時点では，経済的強者が勝訴することが圧倒的に多い反面，判決履行まで視野に入れると，結局は，履行を得られず，経済的弱者の「ない袖は振れない」という要因が，最も強力に紛争解決を支配しているという報告がある。

　さて，執行官も，こうした事情を知ったうえで，手続を進行している。執行官は手続を進めるにあたって，しばしば，時間的に猶予を持たせることがあるが，それは，債務者から債権者に申し出があり，「判決の300万は払えないが，100万なら」「お金はないがトラクターなら提供する」といった，判決を梃子

にした再交渉が進む可能性が，わずかでもあるからである。いわば，執行手続
による再交渉促進の機能といってもよい。その方が，実質的にあまり意味のな
い執行手続を完了するより，いささかでも合理的な解決になることが多いから
である。

　さらには，裁判において，和解で終結する事案が多いのも，こうしたことを
見越して，原告側が大幅に妥協し，法的に適正な額でなくとも，支払能力を考
慮し，現実的な額で合意する方が，結局は手間とコストがかからないという事
情が，背景にあるといえる。

　この意味で，判決は，そのまま履行されることもあるが，その後の現実的交
渉促進の手がかりを提供するという機能を果たしているということもできよう。
そして，当事者は，社会生活における現実的考慮から，裁判手続も執行手続も，
その本来の理念的枠組とは異なる作用を念頭に，したたかに利用しているとい
うこともできるのである。

6.4　裁判の社会的機能

6.4.1　伝統的裁判機能論の限界

　さて，では裁判が果たしている社会的機能については，どのように考えられ
るだろうか。一般のイメージでは，裁判は社会に生成する紛争を解決し，秩序
を回復する，といった機能が挙げられることが多い。また，法学教育でも，主
要なテーマは，判決をいかに適正に下すかを目的とし，そのための基準として
の実体法，手続法の構造が教えられている。判決後の手続などは，民事訴訟法
の一部で教えられているに過ぎない。

　現実は，これまで見てきたように，判決は決してゴールではなく，その後に
当事者間の再交渉が行われることもあるし，そうでなくとも，当事者は判決を
受けて，自身を取り巻く社会生活の世界に，それを適応化していかなければな
らない。当事者にとって，そこには継続する秩序と葛藤が融合した時間がある
だけで，ゴールはどこにもない。少なくとも，判決がゴールでないことは確か
である。

　この意味で，裁判の社会的機能は，紛争解決というよりも，判決という名の

「法的解決」を提供することにより，その後の当事者間の関係整序の過程を制御する機能であるという方が，社会学的には適切である。**第3章**で，社会構造と裁判について検討した。そこでは，近代法・裁判理念と対立関係にあった「権威従属的心理傾向」と「共同的社会関係」が，実は近代的裁判の機能を補完し，互いに相補関係にあったこと，共同的社会構造が脆弱化し，権威従属的心理傾向も弱まるにつれて，このバランスが失われ，近代的裁判の機能の部分性・偏頗性が露呈してくることを確認した。現代社会は，まさにこうした社会関係的環境の中にあり，近代的裁判理念が空想した「判決が紛争を解決する」という予定調和の理念は，あまり当てはまらなくなっている。判決という「紛争の法的要素についての法的解決」は提供しても，それが社会で生起する紛争そのものの解決には到達しえないのが常態ともいえる状況なのである。

6.4.2 現代型訴訟のチャレンジ

　この裁判の機能の限定性を前提にして，訴え提起されるようになったのが，**現代型訴訟**と呼ばれる訴訟群である。公共訴訟，政策形成訴訟と呼ばれるものと，ほぼ一致する。現代型訴訟は，社会の変化によって，それまで予定していなかった社会問題について，提起された訴訟である。例を挙げると，航空機の夜間飛行差止めと損害賠償を求めた各地の空港騒音訴訟，原子力発電所や産業廃棄物処理施設をめぐる差止請求訴訟などである。これらの現代型訴訟には，個人の権利侵害状態の回復を念頭に置いた従来の訴訟イメージが適合しないいくつかの共通する要素がある。

　第1に，**差止請求**という請求自体，新たな性格を有している。民事裁判は，そもそも，すでに権利侵害が発生している場合に，これを評価し判断する制度であり，将来に向けて行為を規制することは，裁判制度の守備範囲を超えた請求ともいえる。航空機の飛行時間の制御や，原発建設の統制など，将来へ向けた行為の規制は，立法・行政の守備範囲であり，裁判本来の役割ではない。もちろん，法理の検討は行われており，人格権に基づき認めるべきとする見解，不法行為の概念を拡張することで可能とする説，環境権に基づき認めうるとする説などが提起されている。しかし，しばしば門前払いに至ることさえあるため，実際には，多くの訴訟で，すでに発生した損害の賠償請求と合わせる形で

請求が構成される場合が多い。ただし, 産業廃棄物処理施設の建設差止めを認容した判決も出てきている (水戸地裁平成17年7月19日)。

第2に, 新たな権利概念を根拠として構成することが行われている。差止請求自体は, 環境・公害問題に関する現代型訴訟のほかにも, 商法, 知的財産法, 独占禁止法, 消費者契約法など, 個別法領域では, 実体法上, 認められている場合もある。しかし, 現代型訴訟の場合には, そうした条文はないため, 憲法上の権利に基づく**環境権**といった新たな権利概念が構築され, 主張されている。しかし, これを正面から認めることには裁判所も慎重であり, 1993年 (平成5年) に施行された環境基本法でも, 環境権概念は, 収載されていない状態である。しかし, 既存の権利概念の枠に縛られることなく, 新たな権利概念を創発的に構成し提起していくことに, 大きな意義があったといえる。

第3に, 現代型訴訟は, 公共訴訟とも呼ばれるように, 対立する利害が, 近代法が想定した個々の権利主体である個人ではなく, 地域住民など明確には特定が困難な広範囲の人々と, 相手方も航空機の利用者の利便性, 産業廃棄物処理場の機能の背後にある多様な人々など, 争いの主体が集合的で, 公共的な意義を有していることである。このように権利主体の次元でも, 現代型訴訟は, 個人の権利侵害への救済を主に想定してきた伝統的訴訟機能理念の枠には収まりきらない要素を含んでいるのである。

6.4.3　裁判の社会的機能の再構成

(1)　新たな権利概念と訴訟の社会的機能

さて, 以上のように, 現代型訴訟において, 差止請求が認容されることはまれである。にもかかわらず, 原告の人々は, なぜ訴訟を提起するのだろうか。それは, 裁判の社会的機能を新たに切り拓くチャレンジでもあった。

第1に, 環境権, 嫌煙権などの新たな権利概念は, 権利というものが創出されうるものであること, さらにはそれが多義的であることとも相まって, 多様な利害を正当化すべく伸縮的に解釈できることを鮮明にした点で極めて重要である。新たな権利概念の特性は, 訴訟において追求しうる利害の幅を拡大し, また利害の実現形態をも多様化する一方, 訴訟過程での議論の幅を広げ豊富化する機能をも有したといえる。

　第2に，敗訴の可能性を前提としても訴えることに社会機能的な意味があったからである。環境権，嫌煙権といった新たな権利概念の主張は，人々の関心を引くのに有益であり，また，環境問題そのものも，多くの国民にとっても身近でも起こりうることとして関心の共有がなされた。利益や主体が集合的・公共的であったことも，問題の大きさを示唆し，マスコミの注目も得られた。これら訴訟外の社会的圧力のもとで，それまでは話し合いにも応じなかった相手方が，訴訟外でも交渉のテーブルにつくようになる。訴訟手続内部でも，初めて実質的な対論が交わされることで，従来不明確であった相手方の見解が明らかになったり，新たな資料の顕在化によって認識に変化が生じたり，さらには社会の側の意識が変容したりと，手続過程それ自体の様々な効果が見られるようになる。たとえ「勝訴」の見込みがなかったとしても，訴訟をまさに手続過程そのものとして有効に活用することで問題処理への手がかりを獲得することができることをこれらのケースは示している。たとえば，全車両の半分を禁煙車にすることを求めた**嫌煙権訴訟**（東京地判昭和62年3月27日）では，判決としては，敗訴に等しかったが，現実には，訴訟が続く間に，国鉄（現JR）は，徐々に禁煙車を増やしており，社会的次元では勝利といえるものであった。こうした訴訟利用の形は，近代的裁判理念が基盤とした判決を最終決着とする訴訟の構造とイメージを根本から覆すものといえよう。

(2)　訴訟の交渉整序・促進機能

　このように，現代型訴訟は，伝統的訴訟イメージの権利侵害を事後的・回顧的に処理する制度の枠組を大きく超えて，訴訟提起により，裁判外および裁判後の将来志向的かつ拡散的影響の行使を目的とする訴訟利用の形といえる。勝訴であれ，敗訴であれ，さらには門前払いさえ含めて，裁判所の判断を梃子として，当該問題の存在を社会全体にアピールし，同様の問題を抱える社会内の様々な場で交渉の場が設定されていくという効果を狙ったのである。社会に向けて問題を提起し，空間的・時間的に交渉の場を拡大・設定していく機能，いわば訴訟の**交渉整序・促進機能**は，現代型訴訟が，意図的であれ，非意図的であれ，生み出した機能であり，裁判の社会的機能理解に大きな転換をもたらすきっかけになったといえよう。

　しかし，考えてみれば，通常の訴訟類型においても，同様の機能は，多かれ少なかれ，見ることができる。先に見たように，個人の権利侵害のケースでも，判決は最終解決でなく，それを梃子に訴訟後の交渉が係属することも多い。訴訟を提起したことで，訴訟外での交渉が影響を受けることもある。この意味では，交渉整序・促進機能は，現代社会にあっては，むしろ，紛争解決機能以上に裁判の現実的機能の表現としては適合的であるといってもよい。裁判の狭義の機能は，「紛争解決」でなく「法的解決」にとどまり，法社会学的視点により明らかとなる広義の社会的機能は，交渉整序・促進機能というべきなのである。

6.5　裁判の代替的システム──過失責任主義の修正

　さて，司法制度の作動状況は，他の様々な代替的手段によって変容する。すでに前章で検討した。裁判外紛争処理システムの整備もその一つであるが，実定法の変容が大きな変化をもたらすこともある。また，現行の法の枠組が必ずしも適合的でない場合には，様々な異なる理念に基づく，別の制度設計も可能である。以下では，**交通事故**，**製造物責任**，**医療事故**の領域を取り上げ，ADR以外の代替的システムについて検討してみることにしよう。

6.5.1　交通事故紛争：過失責任主義の実体的修正 ─────────

　わが国では，高度成長期に自動車が一気に一般にも普及し，急速に拡大した。いうまでもなく，その結果，交通事故が多発することとなった。当時は，現在のように交通制御の仕組みも整っておらず，事故を効果的に防止する手段を欠いていた。裁判所にとっても，急速に増加した交通事故の損害賠償訴訟は，まったく新たな訴訟類型であり，十分な法的処理の枠組は存在していなかった。不法行為法は，過失と損害の間に因果関係があれば，損害賠償請求権が生じることは規定していても，過失も，損害も，具体的にどう判断すべきかは，当初，個々の裁判官にゆだねられたのである。その結果，初期には，裁判所によって，判決内容に大きなブレが生じることもあった。また，増加する交通事故訴訟は，裁判所の処理能力の点でも問題を生じるようになる。

　社会的にも，様々な問題が発生した。判決で賠償を命じられても，加害者側に負担能力がなく，収入の半分を毎月分割して被害者家族に支払い，その結果，被害者家族も加害者家族も，ともに生計が破綻するという例が生じた。

　こうした状況に対処するため，いくつかの対策がとられるようになる。

（1）　交通事故紛争への3つの対策

　第1に，交通事故損害賠償の基準化・定型化と呼ばれる動きである。裁判所による判決の差異を防ぐため，損害賠償額について，賠償でカバーする費目ごとの金額基準の策定，逸失利益の計算方法，精神損害慰謝料の後遺症等級や死亡という段階に応じた定型化などが裁判例をもとに標準化され，基準化されていった。当初は，裁判所が，これに取り組んだが，生じた事件の処理に携わる司法が，基準定立にかかわるべきでないとの批判もあり，その後，弁護士会がこれを引き継いで，現在に至るまで，毎年，改訂し発行している。また，過失割合の認定についても，詳細な要素を考慮しての標準的な割合認定基準が定立されている。損害賠償算定基準については，保険会社も保険料率に応じて策定しており，現在は，保険会社基準と，弁護士会の判例を基盤とした基準が併存する状況である。弁護士会基準は，保険会社基準と比べ，多くの点で被害者に有利な基準となっているが，この差異の存在は，現在も残る一つの課題と考えられている。ともあれ，こうした基準化・定型化によって，裁判所での事案処理能力が高まるとともに，ブレのない公平な判決が確保されることになっていった。

　第2に，損害賠償保険の充実である。社会問題となった交通遺児問題は，先に見たように，被害者・加害者双方の家計が崩壊することで生じており，賠償負担をいかに解決するかが問題であった。その回答が保険制度である。まず，**自動車賠償責任法**（自賠責法）が制定される。この法律は，社会立法であり，目的は被害者の救済とされている。この法律のもと，自動車の所有者は，すべて自賠責保険に加入することが義務づけられている。その運用にあたっては，救済が目的であるため，被害者については，無過失補償的な扱いがなされてきた。たとえば，交通量の多い道路で，歩行者が赤信号を無視して横断し，はねられてしまった事案など，歩行者側に圧倒的な過失があったとしても，それについ

ては問わず，フルに補償がなされるような運用である。現在では，運用が，少し厳しくなっているといわれるが，この立法の精神としては，狭義の**過失責任主義**を超えて，救済を実現することが目的であり，無保険車の事故の場合には，国がいったん肩代わりして補償するなどの対応もとられる。

　また，自賠責保険の加入者は，自動車の所有者であるが，この法は，**運行供用者**という概念を導入し，自賠責保険の給付の前提となる運転者の範囲を格段に拡張している。自賠責法3条は，「自己のために自動車を運行の用に供するものは，その運行によって他人の生命または身体を害したときは，これによって生じた損害を賠償する責に任ずる」と規定しており，自動車の所有者自身でなくとも，家族や友人に運転させた場合など，幅広く所有者の責任が認められ，保険が給付されることになる。極端な場合，駐車中に車を奪われ，それが事故につながったような場合でも，所有者の自賠責保険による救済がなされるケースさえある。ただし，上限は，3,000万円程度であるため，実際には賠償額に届かず，それゆえ，多くの所有者は，これに加えて保険会社の任意保険にも加入している。

　第3に，各種のADRが整備されたことである。人身被害ケースを扱う**財団法人交通事故紛争処理センター**は，保険会社団体が資金提供する組織であるが，実際の処理は弁護士に任され，処理に用いられる基準も被害者に有利な弁護士会基準とされている。また，相手方は加害者の保険会社であり，申立てがあれば拒否することは許されない。また，合意が成立せず，仲裁型審査手続で判断が示されたとき，被害者は拒否することができるが，保険会社側は拒否できないなど，被害者に有利に手続が定められている。この仕組みは，**片面的仲裁**と呼ばれるものである。このほかにも交通事故紛争の領域では，ADRが設置されており，裁判に代わる解決のルートも多様に準備されている。

　いずれにせよ，自賠責法の施行，任意保険の普及，基準化・定型化の定着によって，交通事故損害賠償事件のほとんどは，訴訟に至るまでもなくなった。現在では，人身被害の90％超が保険会社との示談で解決している。基準化によって，裁判の結果（損害賠償額）を比較的容易に予測することが可能になり，提訴するまでもなく，迅速に解決しているといえる。訴訟に至るのは，任意保険に加入しておらず賠償額が不足するような場合や，定型化しているとはいえ

過失の割合をめぐる言い分の違いなどの事案，自賠責法がカバーしない物損事案など，例外的な事件である。また，近年，任意保険に弁護士費用が付帯されたことから，若干訴訟が増加に転じたが，これは逆に問題視され，保険会社が弁護士費用給付の適合性についてあらかじめチェックする体制を組み込む動きもある。

(2)　過失責任主義の限界と保険制度

さて，以上の交通事故訴訟の推移は，法の整備が訴訟事件の動向に大きく影響することを示しているが，それ以上に，過失責任主義の実質的限界を克服する方策の整備として読み解くこともできる。過失責任主義は，過失行為を行った個人が，損害を被った個人に賠償するという，ある意味で常識的な法論理に基づいている。近代法が成立した時代には，それが適合的であったかもしれないが，現在のテクノロジーが発達した社会では，加害者の，誰でも犯すかもしれない小さな過失行為が，人の死のような大きな結果を生み出すようになっている。自動車のような発明は，ちょっと隣に座る子供を見る，ちょっと座席に置いた何かに手を伸ばす，といった小さな行為が大きな被害を生み出してしまうのである。いわば，過失と損害のアンバランスであり，また，近代法が予想しなかった加害者個人への莫大な賠償責任負担の発生現象でもある。

こうした**過失責任主義**の現代社会での限界を克服するための手段が保険制度である。保険制度の存在によって，加害者個人にかぶさった賠償責任を，保険に加入する**潜在的加害者**全員で分担することが可能になる。これは，実質的に，加害者が被害者の損害の賠償責任を負う，とする過失責任主義を，大きく機能的に組み替えたシステムということができる。交通事故訴訟の展開は，この方向への転換を自賠責法という法の定立によって実現する過程を示しているということができよう。

6.5.2　製造物責任法：過失責任主義の手続的修正

次に，過失責任主義の手続面での修正といえる動きを見てみよう。過失責任主義のもとでは，①過失の証明，②因果関係の証明，③損害の証明のすべてについて，原告すなわち被害者側に証明責任がある。しかし，製造された製品，

　自動車，電化製品，暖房器具，薬品，化粧品などについて，人身被害が発生した場合，被害者がこれらを立証することは，極めて難しい。とりわけ，過失については，相手方企業の製品開発の過程をつぶさに検証していく必要があるが，事実上不可能に近い。すべての証拠は相手の内にあり，かつ入手したとしても専門的な内容は理解不可能である。こうした問題では，被害者は，過失の立証など，ほぼ不可能だったのである。

　そこで，製造物責任法は，これら製造物による事故については，過失の立証を必要としないこと，代わって，①欠陥の存在，②因果関係，③損害，を証明すればよいことを定めている。過失の探求・証明は困難であるが，問題となった製品は被害者の手元にも，社会内にも流通しており，入手は容易である。この製品それ自体に欠陥が存在することを証明できれば，証明責任を果たしたことになるという論理である。欠陥には，**①設計上の欠陥**，すなわち製品の設計された構造そのものに欠陥がある場合，**②製造上の欠陥**，すなわち設計に問題はないが，製造過程で何らかの不備により欠陥が生じた場合，**③警告・表示の欠陥**，すなわち，製品の使用法や注意点についての事故防止の観点からの警告が十分でないという欠陥の場合，などがある。とりわけ，最後の警告・表示の欠陥は，主張の根拠として動員することが容易であり，海外で訴訟を誘発する要因となった。

　アメリカやヨーロッパでは，日本より数十年前に，この法律を導入しているが，その結果，訴訟が頻発することとなった。とりわけアメリカで訴訟爆発と呼ばれたような現象に，この製造物責任法は大きく寄与しており，行きすぎた訴訟誘発の結果，企業が新規開発を取りやめるなどのマイナス効果が生まれたとされている。日本では，製造物責任法導入時には，同様の現象が起こると予想され，製品の取扱説明書には，まず，警告表示が大きく取り上げられるなどの予防措置が講じられた。ところが，わが国固有の訴訟回避傾向のためか，わが国で，製造物責任法に基づく訴訟は，現在もあまり活発ではない。

　このように，大きな変化は生じなかったが，過失に代えて欠陥の証明で足りるという法の構成は，過失責任主義の伝統的法理に対する手続次元での大きな修正であったといえるだろう。

6.5.3　医療事故紛争：過失責任主義の不適合と代替システム ─────
（1）　医療事故における過失・因果関係の判断

　最後に医療事故紛争の領域を見ておこう。医療事故も，交通事故と同様，わが国を含め多くの国で，過失責任主義に基づいて処理されている。しかし，交通事故は比較的，過失が明確（よそ見，スピード違反，飲酒，信号無視など）なのに対し，医療事故での過失の認定は極めて難しい。機械と異なり，人体は個人ごとにかなりの差が存在する。たとえば，手術しなければ死ぬ可能性の強い患者に対し，原因となる首の腫瘍を除去する手術を行ったとしよう。腫瘍の部位からは，神経まではよく見えないうえに，出血もあって，除去の際に周囲にある微細な神経を切断するリスクがある。個人によって，神経の位置や走行は千差万別であり，事実上，一定の予測に基づいて手術を行わざるを得ない。経験ある医師が，的確な予測に基づいて対処した場合，もし，その患者の神経の走行が，平均的な人のそれとは大きく異なり，除去すべき腫瘍のそばの予測しえない位置にあったとする。その結果，神経を切断してしまい，患者にまひが残ってしまった場合，この医師の過失を問えるだろうか。あるいは，医療という不確定性に満ちた処置である以上，不可避の合併症と評価すべきだろうか。これが過失とされるなら，多くの医師はこうした場合，手術という選択肢を選ばずにあきらめてしまうかもしれない。

　これは，まだ単純な事例であり，実際には，医療現場の様々な状況や，医療水準，患者の状況など，多数の要素を含めて，最終的には総合的に判断せざるを得ない。交通事故の，比較的シンプルな過失とは，大きく様相が異なっている。

　過失だけではない。因果関係も非常に難しい判断が必要になる。ある術式や投薬が，その後の患者の死亡と因果関係があるかないかについては，明確で一義的な判断が医学的にもできない場合が多い。裁判となり鑑定を求めても，原告側鑑定，被告側鑑定，裁判所の鑑定のそれぞれで鑑定医の評価が，まったく異なっていることは，珍しくない。

　このように，過失も因果関係も，交通事故ようにクリアな領域と比べ，医療事故は判断が微妙にならざるを得ない。過失，因果関係，損害の証明が必要な過失責任主義の法理では，必ずしも，うまく評価できない領域なのである。

(2)　医療事故紛争処理の実際

　このことは，裁判の動向を見てもよく理解できる。**表6-3**は，医療関係訴訟の終局区分のデータである。これを見ると和解が，ほぼ半数を占めているのがわかる。また，**表6-4**は，医療関係訴訟の認容率を一般民事事件のそれと合わせて示したものである。これを見ると，一般民事事件での原告勝訴率が85％前後であるのに対し，医療関係訴訟では，現在，20％程度（敗訴率が80％程度）であることがわかる。医療関係事件の裁判所既済事件の約半分は和解で終結しており，残りの半分のうち，原告が勝訴したものは，20％程度にとどまっている。

　和解が多いのは，裁判官にも，弁護士にも，和解へのインセンティブがあるからと思われる。先に見たように，医療事故事件については，過失や因果関係の判断は非常に困難であり，かつ，医学の専門家でない裁判官が努力して事案の解明にあたっても，最終的に判断をつけがたい状況に陥ることが多いのは，容易に想像がつく。裁判官にしてみれば，不確定な心証で過失や因果関係を認定し，白黒つけるよりも，和解で双方が歩み寄って解決してくれることが望ましいという判断になるのは自然である。弁護士にとっても，勝敗の予測も難しい中，依頼人に納得してもらうためにも，和解を勧めるのが，望ましい選択肢となる。いわば，過失・因果関係の判断を回避する形だが，医療事件の特殊な性格を考えれば合理的かもしれない。

　原告勝訴率が低いのも，同様の理由からであろう。原告，すなわち，医療事故の被害者のニーズは金銭賠償を得ることよりも，はっきり白黒をつけ，責任を明確にしたいという要求も強い。それゆえ，裁判所や弁護士による和解の勧めも拒否し，判決に至ることもありえよう。そうした場合には，やはり，医療事件特有の過失・因果関係の認定の困難を背景に，どうしても敗訴が多くなってしまうということである。

　こうした事情は，裁判所の外での医療事故紛争処理にも影を落としている。医療事故が疑われるとき，各地の医師会が設置する医事紛争処理委員会に事案が持ち込まれることがある。弁護士がかかわっていることも多い。医事紛争処理委員会は，第三者の医師や弁護士から成る委員が，事案を審査し，過失や因果関係の有無を判定する。過失責任主義のもとで，過失がありとなれば，医師

表 6-3　医療関係訴訟事件の終局区分別既済件数

年	区分	判　決	和　解	請求の放　棄	請求の認　諾	取　下	その他	計
1999	件数	230	267	4	0	37	31	569
	割合	40.4%	46.9%	0.7%	0.0%	6.5%	5.4%	100.0%
2000	件数	305	317	0	0	40	29	691
	割合	44.1%	45.9%	0.0%	0.0%	5.8%	4.2%	100.0%
2001	件数	334	318	1	0	31	38	722
	割合	46.3%	44.0%	0.1%	0.0%	4.3%	5.3%	100.0%
2002	件数	386	381	1	0	63	38	869
	割合	44.4%	43.8%	0.1%	0.0%	7.2%	4.4%	100.0%
2003	件数	406	508	4	3	47	67	1,035
	割合	39.2%	49.1%	0.4%	0.3%	4.5%	6.5%	100.0%
2004	件数	405	463	2	0	49	85	1,004
	割合	40.3%	46.1%	0.2%	0.0%	4.9%	8.5%	100.0%
2005	件数	400	529	0	0	46	87	1,062
	割合	37.7%	49.8%	0.0%	0.0%	4.3%	8.2%	100.0%
2006	件数	402	607	1	1	50	78	1,139
	割合	35.3%	53.3%	0.1%	0.1%	4.4%	6.8%	100.0%
2007	件数	365	536	1	1	47	77	1,027
	割合	35.5%	52.2%	0.1%	0.1%	4.6%	7.5%	100.0%
2008	件数	371	493	3	0	40	79	986
	割合	37.6%	50.0%	0.3%	0.0%	4.1%	8.0%	100.0%
2009	件数	366	473	2	0	38	73	952
	割合	38.4%	49.7%	0.2%	0.0%	4.0%	7.7%	100.0%
2010	件数	324	488	3	1	51	54	921
	割合	35.2%	53.0%	0.3%	0.1%	5.5%	5.9%	100.0%
2011	件数	294	406	5	0	31	65	801
	割合	36.7%	50.7%	0.6%	0.0%	3.9%	8.1%	100.0%
2012	件数	319	433	3	0	34	55	844
	割合	37.8%	51.3%	0.4%	0.0%	4.0%	6.5%	100.0%
2013	件数	305	399	2	0	30	68	804
	割合	38.0%	49.6%	0.2%	0.0%	3.7%	8.5%	100.0%
2014	件数	280	373	2	0	58	81	793
	割合	35.3%	46.9%	0.3%	0.0%	7.3%	10.2%	100.0%
2015	件数	282	387	2	3	32	81	787
	割合	35.8%	49.2%	0.3%	0.4%	4.1%	10.3%	100.0%
2016	件数	269	404	4	1	44	68	790
	割合	34.1%	51.1%	0.5%	0.1%	5.6%	8.6%	100.0%
2017	件数	254	425	4	0	27	70	782
	割合	32.9%	54.6%	0.5%	0.0%	3.5%	9.0%	100.0%
2018	件数	253	422	2	1	37	91	806
	割合	31.4%	52.4%	0.2%	0.1%	4.6%	11.3%	100.0%
2019	件数	253	475	4	0	47	74	853
	割合	29.7%	55.7%	0.5%	0.0%	5.5%	8.7%	100.0%
2020	件数	203	355	7	1	42	58	666
	割合	30.5%	53.3%	1.1%	0.2%	6.3%	8.7%	100.0%

（注）1. 医事関係訴訟事件には, 地方裁判所および簡易裁判所の事件が含まれる。
　　2. 本表の数値のうち, 2004 年までの数値は, 各庁からの報告に基づくものであり, 概数である。
　　3. 2020 年の数値は, 速報値である。
（出所）裁判所ウェブサイト「医事関係訴訟に関する統計」資料 2 をもとに作成

表6-4　地裁民事第一審通常訴訟および医療関係訴訟認容率

区分 年	通常訴訟	(うち人証調べ実施)	医事関係訴訟
1999	86.1%	69.9%	30.4%
2000	85.2%	68.7%	46.9%
2001	85.3%	68.7%	38.3%
2002	84.9%	68.2%	38.6%
2003	85.2%	68.7%	44.3%
2004	84.1%	67.4%	39.5%
2005	83.4%	65.4%	37.6%
2006	82.4%	63.5%	35.1%
2007	83.5%	63.8%	37.8%
2008	84.2%	62.4%	26.7%
2009	85.3%	62.5%	25.3%
2010	87.6%	62.3%	20.2%
2011	84.8%	62.5%	25.4%
2012	84.4%	62.5%	22.6%
2013	83.6%	62.2%	24.7%
2014	83.7%	62.2%	20.4%
2015	83.3%	60.6%	20.6%
2016	80.0%	61.5%	17.6%
2017	84.9%	61.4%	20.5%
2018	85.5%	61.4%	18.5%
2019	85.9%	61.9%	17.0%
2020	86.7%	61.0%	22.2%

(注) 1. 認容率とは，判決総数に対して認容（一部認容を含む。）件数の占める割合である。
　　 2. 地裁民事第一審通常訴訟事件は，地方裁判所の医事関係訴訟事件も含む。
　　 3. 医事関係訴訟事件の認容率は，2004年までは地方裁判所および簡易裁判所の事件，2005年
　　　 以降は地方裁判所の事件をそれぞれ基礎としている。
　　 4. 本表の基礎となる事件数のうち，2004年までの医事関係訴訟の事件数は，各庁からの報告
　　　 に基づくものであり，概数である。
　　 5. 2020年の数値は，速報値である。
(出所)　裁判所ウェブサイト「医事関係訴訟に関する統計」資料3をもとに作成

賠償保険から被害者に給付がなされるが，過失なしの場合には，当然ながら賠償責任はなく，保険からの給付もなされない。

しかし，しばしば，インタビューの中で語られるのは，過失なしと判断された場合でも，当事者の医師が，「過失があったことにして，被害者に，少しでも賠償がわたるようにしてほしい」という要望が出され，また，そうした調整的な処理を行うこともあるということである。これは，過失はなく不可避な合併症であっても「気の毒な事案が発生しているのだから何とかしてあげたい」という医師の善意ともとれるが，逆に，「若干でも賠償がなされることで患者家族が納得し訴訟提起はしないのではないか」という，防衛的期待の表れであるかもしれない。いずれにせよ，過失責任主義のもとで，**過失の有無と賠償の有無が直線的に直結している**ことからくる窮屈さが，救済のあり方をめぐって，いびつな処理を生み出しているということができるだろう。

(3) 補償制度の比較検証

しかし，ここで根本的な疑問がわく。過失責任主義の法理が，医療事故の領域において不適合であるなら，まったく別の法理により対応する可能性はないだろうか，と。実は，世界には，過失責任主義を放棄し，まったく別の論理でこの問題に対処している国がある。ニュージーランドである（甲斐 2008，佐野 2012）。ニュージーランドは，無過失補償の理念に基づき，1972年に，すべての人身事故の救済に対応する**事故補償制度**を確立した。この時点で，ニュージーランドには，人身被害に関する不法行為による損害賠償請求訴訟は，制度として廃止されたのである。

交通事故でも，医療事故でも，人身被害が生じた場合は，被害者は加害者に民事責任を問うことはできない，むしろ，加害者の協力を得て，ACC（Accident Compensation Corporation：事故補償機関）に補償の申立てを行う。ACCでは，請求を審査して，評価し，補償を給付する。原資は，就労者が支払う保険料，自動車の所有者が支払う登録料，政府拠出金などで賄われている。

こうしてニュージーランドは，「加害者が被害者に賠償する」という過失責任主義の法理を放棄し，代わって，「被害者に対し，社会全体で救済する」という法理を採用したのである。この無過失救済の考え方が，医療事故のように，

過失や因果関係の認定が困難な領域に，適合的であることはいうまでもない。

　もちろん，ニュージーランドでも，補償額が訴訟より低額になりがちであることのほか，やはり加害者も何らかの責任を負うべきだといった批判も聞かれ，選挙のたびに廃止か存続かが争点となっている。また，補償内容に，精神損害慰謝料が含まれないことから，一部の弁護士が，精神損害については無過失補償制度の範囲外として，加害者に対し，テスト訴訟を起こしたりしているが，いまだ認められたことはない。

　このニュージーランドほど，徹底した転換を行った国はほかにないが，医療事故の領域では，スウェーデンなど北欧諸国なども，過失責任主義に代わる別の制度を導入しているほか，フランスも，医療事故で重篤な後遺症が残存したケースに限って，部分的無過失補償制度を導入している。実は，わが国も，とりわけ，過失・因果関係の認定が困難とされる新生児脳性麻痺の症例について，2009 年（平成 21 年）より，**産科医療補償制度**による無過失補償制度が導入されている。

　このように法理の転換によって，裁判が果たすべき機能や対応範囲も，社会状況や時代によって変遷していく。こうした問題の発見，新たな制度の比較検証も法社会学の大きな課題というべきだろう。

7

リーガル・プロフェッション

7.1　法曹・弁護士モデルの変容

　さて，弁護士という職業は，法的正義の実現にかかわる職業として，他の通常の職業とは異なる性格を有していることはいうまでもない。しかしまた，法的サービスの提供の対価として，クライアントから報酬を受け取る点で，通常の職業と共通する点もある。こうした特性の中，弁護士は，どのような自己イメージを構成してきているだろうか。以下では，弁護士像ないし，弁護士のアイデンティティを構成する理念的なモデルについて考えてみよう。その前提として，まずは，法曹という職業が，どのようなものとして成立してきたかを考えてみよう。

7.1.1　リーガル・プロフェッションの生成 ────────

（1）　日本におけるリーガル・プロフェッションの生成

（a）　弁護士の生成

　法曹制度の生成も国ごとに多様である。まず，わが国について見てみよう。

　わが国でも，機能面から見れば，すでに江戸時代に弁護士の萌芽ともいうべき役割を果たす人々が存在した。江戸時代には，裁判を起こすためには奉行所のある城下町まで出向く必要があった。しかも，当時から裁判は長期化し，数年かかることもあった。それゆえ，奉行所の周辺などに，そうした人々が逗留

し宿泊する**公事宿**と呼ばれる宿泊施設が存在していた。これらの宿は，単に宿泊設備を提供するだけでなく，訴訟の手続について宿の客に教示し，裁判に提出する訴状や証文などの文書の代書から手続に関しての代行なども行った。同時に，奉行所公認で訴訟当事者たちの監視の役目を負っていたとされる。これらの役割・機能は，一部，現在の弁護士や司法書士の役割に相当することから，その源流とみなされることもある。もっとも，偽の文書の作成や訴訟を遅延させるなど，悪徳な行為も，しばしば見られたようである。このほか，公事宿とは別に，**公事師**と呼ばれる，同様の役割を果たした者もいたが，悪徳な行為が目立ったため，禁止令が出されたりもしている。機能的には，相似する部分はあったが，弁護士の直接的な源流とみなすには，やや無理があるように思われる。

　明治時代に入ると，主にフランスの制度に倣った司法制度が導入され，弁護士にあたる職業も移植された。これは**代言人**と呼ばれ，1876年（明治9年）には代言人規則も制定され，免許制度もできている。ただ，この免許を持たないまま公事師同様の悪徳行為を行う者もあり，これらは**三百代言**と揶揄するような呼称で呼ばれた。しかし，1893年（明治26年）に**弁護士法**が制定され，名称も弁護士に変わり，試験制度が導入されるなど資格としても整備されていった。

（b）　裁判官・検察官の生成

　これに対し，裁判官や検察官は，西欧諸国に倣って導入された官僚養成制度の中に位置づけられ，高等文官試験を通過することで，裁判官，検察官に登用される道が開けた。高等文官試験を通過すれば，司法職以外にも，行政官，外交官などにも任用されえたことから，今でいえば，国家公務員試験の中に司法試験も外交官試験も含まれていたような形である。ただ，1922年（大正11年）には，高等文官試験から司法職の試験は分離された（高等文官試験司法科）。重要なのは，裁判官も検察官も，国家の高級官僚として位置づけられ，国からの独立性という点では，やや問題があったといえることである。同時に，高等文官試験を経ない弁護士は，明らかに，地位的に裁判官や検察官に劣るものとして認識されていた。

　こうした弁護士と，裁判官・検察官を区分して育成する制度は大陸法系の国で採用されており，これらの国の制度を導入したことに，直接にはよるものと

いえる。この制度のもとでは，当然ながら，裁判官・検察官は，キャリアとして独自に養成され，弁護士との交流は限定される。これに対して，英米法系の国では，いわゆる**法曹一元**制度が採用されており，法曹は一つの融合したプールであり，弁護士の中から，裁判官や検察官が採用され，また，しばらくして弁護士に戻る場合もある。法曹は，全体として区別のない職能であり，その中の役割が分化するに過ぎないと考える制度である。純粋培養されるのでなく，こうした交流があることで，裁判官・検察官も，社会的感覚を共有できるメリットがあるとされる。

(c)　司法試験法

戦後になると，少し変化が生じる。1949 年（昭和 24 年）に司法試験法が施行され，裁判官，検察官，弁護士の法曹三者のすべてが，この同一の試験に合格することで資格への道を開かれることになった。将来，法曹三者のいずれに着任する場合でも，一緒に司法研修所での研修を受けることとなり，最高裁がこれを管轄する形となった。法曹一元には，ほど遠いものの，資格試験と修習は一元化され，多いとはいえないものの裁判官，検察官，弁護士の交流も見られるようになった。しかし，なお，修習後は，裁判官，検察官，弁護士はそれぞれの道に分かれ，キャリアを積み上げていくのが通常であり，その意味では，明治以来の枠組が基本的には，維持されているということもできる。また，戦後，弁護士法の改正により，弁護士自治が認められ，弁護士の懲戒をはじめ，その自律が実現したことは，その地位向上に大きな意味があった。その後，司法制度改革に伴って，大きな変容が生じるが，これはのちに検討することとする。

(2)　西洋諸国におけるリーガル・プロフェッションの生成

西洋では，ローマ法以来の伝統を踏まえて，中世に設立された大学では，法学部が主要な学科の一つとなっていた。日本が範とした大陸法系の国では，社会を統制していくための官僚として，法学的知識を持つ人材を必要としたが，これが，裁判官・検察官も官僚の一種として位置づけることにつながっている。また，貴族階級にとっては，キリスト教に由来する「持てる者は社会に奉仕する義務を負う」という概念，**ノブレス・オブリージュ**（nobless oblige；高貴なる

義務）が存在したことから，そうした意味でも，法廷での職務に携わる**アドヴォカ**（フランス）などが生成してきた。

　これに対し，イギリスでは，**コモン・ロー**に基づく裁判が行われたが，**バリスター**（**法廷弁護士**），**ソリシター**（**事務弁護士**）という二種の異なる法律職が生成した。ソリシターは，法廷外で，まず，当事者と面談し，契約書を作成したり，訴訟の書面作成をしたりするなど，法廷での弁論以外の業務を担当する。バリスターは，ソリシターの委任を受けて，法廷での弁論を主に担当する。こうした分業制は，イギリスやアイルランドでは残存するが，アメリカをはじめ多くの英米法系諸国では，ほとんど消滅している。また，法曹一元制も，イギリスでは，すでに 14 世紀には定着した。15 世紀には，法曹養成機関としての Inns of Court（法曹院）が成立し，バリスターの育成・資格認定を行うほか，学生とバリスターを含めた会員組織としての意義も有し，イギリスでは，裁判官や検察官も，その出身者から任用された。このように，イギリスは大陸法系諸国とは異なった法曹制度を生み出しており，法曹一元など独自の特性を持つに至っている。

　第 1 章で紹介した**マックス・ウェーバー**は，近代資本主義の重要な基盤を構成した形式合理的な近代法の成立に伴い，法専門家が生成してくるとしている。上記のような歴史的経緯の中で生まれた各国の法曹も，近代に至り，形式合理的近代法が成立する中で，その要請に応答的な性格への変容を経てきていると考えてよい。貴族のノブレス・オブリージュも，官僚的支配に貢献した役割も，それら一定の性格を引き継ぎながらも，しかし，近代的な法曹の役割へと変化してきている。次第に，独立した職能集団としての位置を確立し，自律的組織の中で，政治的権力や，市場的権力の影響を排し，自律的に自らの役割を果たしていくことになる。

　これら歴史的な経緯を持つ法曹の，現代における職業的イメージ，アイデンティティは，どのような理念に彩られているだろうか。次にこの点を見てみよう。

7.1.2 プロフェッションとしての弁護士 ─────────────

(1) プロフェッションの理念

　法曹像の有力な理念は，**プロフェッション・モデル**と称すべきモデルである。プロフェッションとは，通常の職業とは異なり，専門的な知識に基づいて公益的な使命を果たす職業を指す。通常，典型的なプロフェッションと考えられているのは，聖職者，医師，法律家である。プロフェッションであるためには，以下のような特性を満たすことが必要と考えられている。

　第1に，**専門性**である。一般の職業と比べ，その知識や技能の習得には長期の訓練が必要とされ，誰もが簡単に，対応できるものではない。医師も法律家も，長期にわたる教育と技能訓練を経て，一人前になるほか，試験制度によって，その知識・能力の担保が図られている。資格の付与は，個々の人材の能力への承認であるとともに，他の能力を有しない者の職務領域への参入を防止し，職能としての質を維持するという機能も果たしている。

　第2に，その職務の**公益性**である。弁護士は，社会正義の実現へ向けて，人々の法的権利を擁護し，もって公正な社会の実現へ向けて奉仕する存在である。自身の利益や利潤を上げるための職務でなく，まさに公的な性格を持った職業にほかならない。この点に，かつてのノブレス・オブリージュとのつながりを見ることもできよう。

　第3に，**自律性**である。社会正義を実現していく以上，その活動は，しばしば政治的権力とも対立する可能性がある。弁護士の活動が政治的権力によって影響され，左右されてしまうようでは，公益的な目的への奉仕は難しくなる。その意味で，政治的権力からの自律は不可欠の要件となる。他方で，市場の論理からの自律も必要である。弁護士の職務が，市場によって左右されることになれば，資力のある者に奉仕し，弱者のニーズには非応答的になる。それでは，やはり，社会正義の実現という職務の公益的な目的を果たせない。弁護士のプロフェッションとの自律性とは，この政治権力からの自律，市場論理からの自律の二重の意味での自律性ということになる。

　このプロフェッションの理念は，弁護士のアイデンティティを構成する重要な要件ではあるが，理念だけでは，それを実現することはできない。この理念を現実化するためには，制度的な仕組みが必要になってくる。

(2) プロフェッション理念の制度的反映

(a) 養成制度と業務独占

　まず，専門性に関しては，そのプロフェッションとしての質の保証が必要になる。そのための仕組みは，まず，教育と資格制度の形で組み立てられる。弁護士になろうとするものは，専門的な法学教育を受けるとともに，司法試験に合格することが必須とされる。かつては合格率が2％前後の極めて困難な試験制度であったが，現在では，司法制度改革を経て，かなり緩和されている。とはいえ，なお，試験に通過することは容易ではなく，長期間の法学教育を受け，かつ試験合格後も，司法修習を受けることが義務づけられている。これら，法曹養成制度そのものが，プロフェッションとしての専門性の質の保証のための制度ということができる。

　また，**弁護士法72条**は，弁護士以外の者の法律業務を禁じている（法により定められた例を除く）が，これも，難しい知識・技能を要する法律業務について，教育と試験により質が保証された弁護士のみが独占し，能力が伴わない者による不十分な，時には，不当な法律業務を駆逐し，社会正義の実現を真正なものにしていくという目的がある。

(b) 登録制度とプロボノ活動

　司法試験に合格し，司法修習を終了したのちに，合格者は，裁判官，検察官，弁護士と3つの道に分岐する。わが国の場合，裁判官や検察官は，自律的組織でなく，最高裁判所や法務省の統制に属しており，その点ではプロフェッションとしての要件を欠いているといえなくもない。弁護士についても，そのまま自由に弁護士業務に携わることはできない。弁護士業務に従事するものは，すべて，職能集団である弁護士会に登録し，所属しなければならない。登録により，能力への明示的保証が付与される（番号付きの弁護士バッジが支給される）ことになるのである。個々の弁護士の業務自体は，自由と自律が保障されているが，他方で，弁護士として登録している以上，弁護士会による一定の統制に服することになる。

　弁護士会への登録制度は，プロフェッションの要件にかかわる様々な役割を，個々の弁護士に課すことになる。第1に，会費の徴収である。現在，弁護士会の会費は，おおよそ月に5万円前後とされる。各地弁護士会の会費，日本弁護

士会連合会の会費，その他もろもろの表を含め，年間50万円から100万円の会への納付が必要とされる。これほど高額な会費が必要な職業は，ほかにはほとんどないと思われる。しかし，この高額な会費にも，プロフェッションとしての意味が込められている。たとえば，弁護士会が設置するADRである仲裁センターの運用，へき地での法律相談への派遣，様々なテーマに関する研究活動など，会費を原資として，弁護士会は多様な公益的プロボノ活動を実践している。個々の弁護士自身が，それらにかかわり，若干の報酬を弁護士会が提供する形で，こうした活動は支えられている。会費の納付義務は，公益的目的に奉仕するプロフェッションとしての弁護士活動の基盤を形成しているといえるだろう。

　さらに，上記のようなプロボノ活動や，資力のない被疑者に対応する**当番弁護士制度**など，弁護士会は会員にその負担を割り振っている。これによって，会費のみならず，実際の業務においても，個々の弁護士は，弁護士会の規律により，公益的活動に従事しなければならないのである。これらの制度は，まさに公益的職業としてのプロフェッション理念に根差すものといえよう。

(c)　弁護士懲戒制度：自己統制システム

　さらに，自律的統制の中でもとりわけ重要なのが，個々の弁護士の逸脱行為への**懲戒権**を，職能の仲間集団である弁護士会が有していることである。わが国の弁護士会には，**綱紀委員会**，**懲戒委員会**という二段構えの自律的資格統制制度が存在する。弁護士の不当な行為については，誰であっても弁護士会に懲戒請求を起こすことができる。そのため，政治的問題をめぐって，ブログの呼びかけに応じ，800もの懲戒請求が起こされるなどの不適切な請求の問題も起こっている。それでも，広く懲戒請求を認めていることは，国や政治権力ではなく，弁護士会のみが懲戒権を持つことに伴う，プロフェッションとしての責任感の表れということもできるだろう。

　懲戒請求が起こされれば，弁護士会は，まず，綱紀委員会で事案を検討し，懲戒委員会での審査が必要（懲戒相当）と判断したときには，懲戒委員会で検討されることになる。もちろん，懲戒委員会は，学識経験者など外部委員も含めて構成されており，審査の結果，事案に応じて懲戒処分が下される。懲戒には，戒告や業務停止，除名などがある。弁護士の資格について，法務省でも裁

判所でもなく，弁護士会自身がこれを独占していることで，政権から見て不都合な弁護士を政治的に排除するような権力の介入を防ぎ，プロフェッションとしての自律を支えているのである。

　なお長期の業務停止などの処分を受けた弁護士は，経済的にも難しい状態に置かれ，そこにつけこんだ反社会的勢力の接近を許してしまうといった悪循環に陥るなどの問題も生じている。

(d)　弁護士報酬と広告の規制

　のちに改革されることになるが，ながらく弁護士会は，弁護士報酬規程を定め，いずれの弁護士に依頼しても，同一の報酬規程によって，報酬を算出する制度を維持していた。高度な教育と試験，登録制度により統制されている以上，その専門性・公益性という資質においては，すべての弁護士は一様であり，同一の質の高いサービスを提供できるというのが，その論理であった。これによって，弁護士が市場の論理に従って，その職務について価格競争を行い，その結果，一部の依頼人に質の低いサービスを提供してしまうといった事態を回避しようとしたのである。いわば，市場の論理から自律することで，プロフェッションとしての弁護士の業務の質を維持しようということである。また，弁護士の広告も，長い間，原則として禁じられてきた。これも市場の論理の侵入を招き，誤導的な情報があふれたり，品位に欠け弁護士への信頼を失わせたりする，というのがその論理であった。確かに，市場の論理の侵犯は防げるかもしれないが，しかし，それを排除したことで別の問題が生じ，これらの規制は，その後，撤廃されることになる。この点はのちに説明する。

(e)　公益性と私益擁護のジレンマ

　弁護士は当然その職務遂行の中で，依頼人の利益擁護を目的に職務を行うこととなる。このことは，社会正義の実現を目指す公益への奉仕者としての役割と矛盾しないのだろうか。このジレンマは，単純には，「依頼人の権利擁護イコール公益擁護」でもあるという論理で正当化されるが，実は，弁護士の業務そのものの本質的性格とも深くかかわっている。すでに見てきたように，正義の女神テミスは目隠しをしており，近代法は，個人の私的利益や紛争を丸ごと見て解決するのでなく，あくまでもそこに含まれる法的側面のみを抽出し，判断していくシステムである。弁護士の業務も，法に忠実に，その観点からのみ

依頼人の利益を擁護するのであり，その私的利益を丸ごと擁護するわけではない。この論理が妥当する限りにおいて，依頼人擁護と法的正義への忠誠は矛盾せず，「依頼人の権利擁護イコール公益擁護」という図式が成立するということになる。しかし，それは，本当だろうか。

(3) プロフェッション理念がもたらす問題

　こうしたプロフェッション・モデルは，日本でも弁護士活動の基盤となる自己アイデンティティであったといえる。しかし，その理念が示すような理想的な現実を生み出していただろうか。少なくとも，国民・利用者の視点から見れば，プロフェッション理念を体現した弁護士制度は，別の様相を呈してくる。

　ひと言でいえば，プロフェッション・モデルの制度的表現は，自律的といいつつ，裏側から見れば，実際には，閉鎖的な独善的システムになってしまっているのではないか，という疑問である。

　第1に，専門性の高さが強調されることに関して，それは望ましい要件であるとしても，弁護士の業務の質とはそれだけでは測れないのではないかという疑問である。これは医師に移し替えて考えればよくわかる。確かに，知識と技能に優れた医師は，患者にとって望ましい存在ではある。しかし，それだけではなく，患者の話をよく聴き，そのつらさに耳を貸してくれるような要素も，あるべき医師の望ましさの要件の一つである。長期間，法学教育にいそしみ，試験勉強に没頭してきたことで高度な法的能力を身に着けたとしても，依頼人への共感性が，それで育まれるわけではない。依頼人への共感性や応答性のような要素も，法的知識・能力と合わせて，法律家に必要な要素ではないかとの見解ももっともな要請である。実際，弁護士の非応答性や支配的言動などはまれだとしても，「賢いが冷徹なエリート」という印象は，多くの国民に抱かれてきた弁護士イメージでもあった。

　第2に，業務独占は，確かに，反社会的勢力の紛争過程への介入（示談屋，総会屋）など，かつて多く見られた不適切な業務侵犯については当てはまる理念である。しかし，それだけでなく，司法書士など隣接職能にそれが向かうとき，国民を質の低い不当な業務から守るといった正当化論理だけで信頼を得られるだろうか。国民の利益でなく，単に，弁護士の職域を守るという業界利益

のためではないのかとの疑念を招くことにつながる。かつて，地方では，全体で2〜30名の弁護士しかいない県もあった。しかも，そのほとんどが，県庁所在地に集中していて，それ以外には存在しないような状況である。これに対し，司法書士は，土地の登記を扱うことから，広く全国に散在していた，こうした過疎地域で訴訟提起など法的サービスが必要になった場合，県庁所在地にまで出かけ，弁護士の日当・交通費を負担するよりも，身近な司法書士に書面を作成してもらい，法廷に自ら出る本人訴訟を選択することも，一つの合理的な選択であった。確かに，司法書士試験は，訴訟法などは含まれず，その能力は弁護士と比べ，見劣りしたのは確かだろう。しかし，弁護士が不在に近い状況での業務独占は，逆に国民に不便と不利益を強いることになってしまっていたといえる。ここでは，プロフェッション理念に基づく弁護士会の論理が，利用者の目には，利用者のニーズより，業界利益を優先していると認識されるおそれがあったことを確認しておこう。

　第3に，弁護士懲戒システムについても，政治的権力からの自律の上に弁護士会が勝ち取ったものではあるが，国民から見れば，外部委員がいるとはいえ，内輪で問題を処理しているだけにしか見えないかもしれない。その処理は，企業などの内部での自律処理などと比べれば，格段に，公正に行われているといえるが，何か弁護士に対する否定的なイメージが構成された際に，疑念を生じる可能性がなくはない点に留意するべきであろう。実は，弁護士が綱紀委員会に懲戒請求されることは，決して珍しいことではない。懲戒請求は年に200件程度，うち綱紀委員会で懲戒相当として懲戒委員会に上げられるのは10％程度である。多くの請求は，依頼人が，自らの弁護士の業務に不満を持ったことでなされる場合が多い。これは，懲戒すべき事案ではないとしても，そこには弁護士と依頼人の間の信頼関係をめぐる葛藤が存在することが垣間見える。懲戒相当でないからといって一件落着とするのではなく，弁護士会全体として依頼人との信頼構築のあり方などについての教育・研修などに取り組む必要があるかもしれない。

　第4に，プロフェッション理念と関連してかつて存在した報酬規程，広告規制の問題である。報酬の統制はプロフェッション理念に基づく上質で均質な職務の提供という観念の表現であり，市場の論理の侵犯を防ぐ意義があるが，そ

の価格が安価であればともかく，当事者から見れば，よくわからないサービスに高額の料金を維持する，一種の価格カルテルに見えてしまう。競争原理が導入されるまで，高額にとどまってきた航空運賃などと同じで，結果的に，国民の不利益につながる可能性があったことは否定できない。広告規制も，広告はサービス選択のための手がかりとなる情報であるにもかかわらず，これを開示させないことは，やはり国民の利益に沿わない方針でもあった。誤導的であるかどうか，品位があるかないかは，選択する側にゆだねることも必要であろう。弁護士が行う広告が，すべて誤導的とは思えないし，もし，過度な誤導などがあれば，それについては弁護士会として懲戒の対象にすれば済む話である。こうした議論の結果，報酬規程も広告規制も，その後，いずれも撤廃されることになった。

　以上のように，プロフェッション理念は，一方で弁護士の高邁な社会的使命実現のための有益な公益活動を促進しつつ，他方で，一般の人々や依頼人の利益と衝突してしまう側面をも必然的に内包してしまうのである。

7.1.3　ビジネスとしての弁護士 ─────────────

（1）　アメリカにおけるビジネス・モデルの生成

　高邁だが閉鎖的に見える一面を持つプロフェッション・モデルに代わって，アメリカでは，**ビジネス・モデル**と呼ぶべきモデルが現れ，わが国にも波及することとなった。アメリカは，現在，100万人を超える弁護士がいる弁護士大国であるが，当初からそうだったわけではない。しかし，1970年代の消費者運動の高まりの中で，弁護士会が市場論理の侵犯から依頼人の利益を守るというたてまえで維持していた弁護士報酬規制，広告制限が，問題視され，訴えが提起される。**ゴールドファーブ事件**（1975年）では，不動産購入をめぐる権限調査の費用等を定めたバージニア州弁護士会の報酬規程が，反トラスト法（独禁法に相当）に違反しているとの訴えが提起され，最終的に連邦最高裁はこれを認めるに至った。また，広告制限についても，表現の自由を根拠とした訴訟が起こされ，弁護士会が敗訴している。消費者保護運動の高揚の中で，プロフェッション理念による報酬の規制や広告制限が，消費者としての依頼人の利益を損なっているとして否定されたのである。

　この後，アメリカでは広告制限も報酬規程も撤廃され，また，参入規制の撤
廃という理念に基づき，弁護士数も急増していったのである。インターネット
が普及しない時代から，電話帳やテレビ CM には法律事務所の広告があふれ，
激しい競争の中で，事前の法律相談は無料にしたり，着手金は一切取らず勝訴
した場合のみ成功報酬を 30％得ると取り決めたりする報酬契約（完全成功報酬
制）も一般的となった。他方，ハーバードやスタンフォードなど，有名ロー・
スクール出身の優秀な弁護士は，巨大ロー・ファームに就職し，タイム・
チャージで高額な報酬を得ることができる一方で，地域の小さな事件や保釈事
件を専門に扱う弁護士が生まれるなど，弁護士の階層分化が進み，まさに，法
的サービスをめぐる市場が形成されていったのである。これによって，格差は
生成したとはいえ，それまで弁護士サービスに手が届かなかった層の人々にも，
幅広く弁護士利用が可能になるなどの利点も生まれたといえる。市場論理の影
響は，弁護士に格差を生むと同時に，市場としての弁護士サービスのすそ野を
大きく広げたのである。

　この市場論理のもとでは，弁護士業務の公益性と報酬を得て私的な権利の擁
護を行うというジレンマのうち，依頼人から報酬を得て活動するビジネス的側
面が強調されてくる。消費者の利益の保護が，その正当化の根拠ともなってい
る。確かに，プロフェッションの理念でいかに正当化しようとも，報酬規程に
よって安価とはいえないレベルで弁護士費用が固定化されている状況では，依
頼する側の観点からは，価格カルテルにほかならないと受け止められてもやむ
を得ない側面があったことは否めない。市場論理の侵入は，そうしたうわべの
理念への批判としての意義を有していたのである。こうして，弁護士と依頼人
の関係は，サービスを供給する事業者とその消費者との関係として再定義され
ることになった。

　しかし，そもそも，法的サービスは，他の消費されるサービスと同等に評価
してよいのか，権利の保護や実現を目的とするサービスが，市場の論理で左右
されていいのだろうかという批判も生じてくる。

　そもそも，多くの弁護士にとって，プロフェッション・モデルからビジネ
ス・モデルへの 180 度の転換が起こっているかというと，そうではないだろう。
現実には，プロフェッション理念を基盤としつつも，消費者としての依頼人の

利益も勘案する姿勢を付加するということに，現実には，落ち着いていると思われる。すなわち，プロフェッション・モデルからビジネス・モデルへの180度の転換ではなく，修正的な負荷が生じているというべきかと思われる。

(2)　日本におけるビジネス・モデル

　では，日本ではどうだろうか。弁護士の世界では，よく耳にする人権派と呼ばれる弁護士と，他方で，業務派と呼ばれる弁護士がいる。業務派も，人権やプロフェッション理念を軽んじているわけでなく，弁護士業務の開拓・推進へ向けたテーマに関心を持つ弁護士ということができる。ビジネス・モデルは，これらの弁護士の提供するモデルとして受容されていると思われる。理念的モデルの次元だけでなく，議論の末，2004年（平成16年）には，日本でもついに弁護士会報酬規程は撤廃されるに至った。広告についても，ながらく全面的に禁止されてきたが，2000年（平成12年）に至って，解禁されることとなった。もちろん，解禁といっても「弁護士の業務広告に関する規程」によって，統制されており，たとえば「勝訴率」の表示などは禁止されているし，現状では，アメリカのように弁護士の専門分化が存在しない状況で「○○専門」といった表示も控えるべきものとされている。

　では，こうした動きは，わが国ではどのような変化をもたらしただろうか。確かにテレビ CM やインターネットなど，弁護士の広告はよく目にするようになった。報酬についても，アメリカのように，着手金はとらず事後の獲得額に応じた報酬のみを決める完全成功報酬制で契約する弁護士も，事件類型によって，現れるようになった。しかし，ほとんどの弁護士は，規程による拘束はないものの，ほぼそれに準じた報酬による契約を，今も維持している。アメリカのような弁護士業界の大きな動きは生まれていない。

　いうまでもなく，これは，弁護士人口というファクターの差異によるものと思われる。アメリカでは，報酬・広告のみならず，弁護士資格の取得すなわち業界への参入についても広く門戸を開き，競争によって，質を維持し，淘汰するという方向での変化が生じた。しかし，わが国では，そこに大きな歯止めがかかっている。司法制度改革により，法曹人口の増員は目指されてはいるが，それは自由化というよりは，統制された増加にほかならない。アメリカのよう

な弁護士の専門分化，階層分化が生じることは，あったとしてもはるかな将来になることであろう。

(3)　ビジネス・モデルに対する評価

　さて，このビジネス・モデルは，どう評価されるべきだろうか。プロフェッション・モデルが，高邁な理念にもかかわらず，結果として閉鎖的な法専門家システムを帰結したことに対し，一石を投じ，依頼人や国民に開かれたサービスとして，法的サービスの開放を試みたことは，行きすぎないような規律が保たれている限り，一般的には，評価されるべきかもしれない。しかし，問題は，ビジネス・モデルが，想定するような法的サービスをめぐる開放的な市場が，そもそも成立するのかという点にある。

　確かに，広告は解禁され，弁護士報酬もある程度明確にはなっている。しかし，紛争状況に陥った一般の人々が，弁護士を選択するとき，通常の消費財やサービスを選択するときほどの透明で明確な情報が提供されているといえるだろうか。おそらく，弁護士業務の性質上，明確で透明な情報の完全提供は，そもそも不可能だし，かつ，相当の情報を提供したとしても一般の人々には，それを評価し，選択することが困難ではないだろうか。

　報酬について，一般の人々の間では，弁護士サービスは高額であるとのイメージが広く共有されているように思われる。問題は，実際に高額かどうかということもあるが，それ以上に，イメージが先行していることを考えるべきである。弁護士業務は，個別性が強く，事件ごとに価格も千差万別とならざるを得ない。そのため，明示的に価格を示すことも難しい。いわば，値札が明示されず，「時価」とのみ記載されている寿司屋のようなものである。消費者にとっては，価格の不透明性ほど，アクセスを妨げ，敬遠されるものはない。価格が明示されていれば，それを基準に判断することもできるが，それがない以上，二の足を踏む可能性が高くなる。価格の不確定性は，ほとんどの弁護士業務において，回避できない問題ではあるが，そうである以上，依頼人には，見通しや価格についての，より丁寧な説明が必要になってくるし，広報などの取り組みも，必要であろう。しかし，そこにも限界がある。

　報酬に関してだけでなく，弁護士業務の多くは，そもそも，依頼人が抱える

問題の複雑さに伴って，極めて個別的な評価が必須となる。情報の提供といっても，専門的な法的知識や判断について，明快に伝達し理解してもらうことは難しい。テレビやパソコンの機能を説明するのとは異なり，説明には，一般の人には理解が難しい極めて法専門的な情報が含まれる。わかりやすい説明といっても限界もあるし，わかりやすくすることで逆に誤解も生じてしまう。しかも，その業務の見通しは，相手方や裁判所の動きとも相関しており，不確定性に満ちている。多くの依頼人は，もちろん，基本的な情報や説明は別として，弁護士の頭の中にある法専門的な評価の内容を詳細に説明されたとしても，理解不能だろう。理解するためには，法科大学院にでも通う必要がある。この点は，他のプロフェッションである医師の説明とも共通する。それゆえ，弁護士も，医師がインフォームド・コンセントで要請される次元の説明を提供すればおそらく十分で，それより深い専門的内容までは説明しても効果が見込めないと思われる。

　すなわち，弁護士業務の中核をなす専門的評価については，一般の消費サービスとは異なり，消費者としての自律的選択が働きにくいのである。とすれば，依頼人を消費者と位置づけ，その情報へのアクセスと選択を保障しようとするビジネス・モデルの市場論理も画餅に帰すことになる。これに対し，近年，アメリカでもわが国でも生成している新しいモデルは，リーガル・カウンセリング・モデルというべきものである。

7.1.4　関係志向的弁護士モデル：リーガル・カウンセリング ――――

　1990年代に入ると，アメリカでも日本でも，リーガル・カウンセリングという言葉が聞かれるようになった。もちろん，カウンセリングといっても，心理臨床を行うわけではなく，比喩的な名称ではあるが，そこにカウンセリング理論の影響が見られることは確かである。

　その背景にあるのは，社会関係構造の変容と見ることができる。これまで，裁判による法的解決の部分性，裁判が紛争を丸ごと対象とするわけではない点について検討してきたが，同様の要因が弁護士業務のあり方にも，影響しているのである。かつて，弁護士が生成した時代には，共同的社会関係が存在し，紛争の心理的側面や人間関係的側面については，地域共同体，親族共同体など，

その関係性にビルトインされた紛争状況への支援メカニズムが機能していた。そういう環境では，裁判や弁護士には，紛争の法的側面に焦点化し解決をもたらすことが求められていたのであり，むしろそれ以外の次元への介入は歓迎されなかったと思われる。

　しかし，そうした共同的関係性が，現代に至って，ほとんど解体されている環境では，人々は，その紛争への手当てを丸ごと裁判や弁護士に求めてくる。もちろん，裁判や弁護士が，法的解決を提供するシステムであることは理解していても，とりわけ，弁護士の場合，実際に話を聴いて理解してもらうべき存在であるため，非法的な様々な次元の認識もそこに提示されてくることになる。われわれが，医師に，ただ冷徹に治療してくれるだけでなく，痛みを理解し共感してくれるような対応を求めるのと，それは同じである。

　法的システムが応答できることは限られており，弁護士はその処理のための専門性を備えた職業である。しかし，当事者は，そのことは理解しつつも，それを超えたニーズを弁護士に投げかけてくる。ここで，弁護士が，「いや，弁護士は法の専門家ですから」として，それらニーズへの対処を断ることも可能であろう。逆に，そうしたニーズを共感的に受け止めながら，裁判でできることについて丁寧に説明し，協働的な関係を創るべく努力することも可能である。いずれが，依頼人にとって望ましいかは，いうまでもないだろう。

　現実には，多くの弁護士が実務的には，依頼人の話を聴き対応しているものと思われるが，それをモデル化して考えるとすれば，**リーガル・カウンセリング・モデル**もしくは紛争解決支援モデルということになろう。法専門家としての作業は今までと変わらないが，それに加えてコミュニケーションを豊かにし，依頼人が，生活世界に戻ったときにも，判決だけでなく，弁護士の言葉や対応をも，糧として状況に向き合っていけるような側面を持つことも，一つの課題として組み入れていくことが重要である（中村・和田　2006）。

　そして，ビジネス・モデルが措定したように，法専門性にかかわるサービスについては，市場の競争原理が働くことはないにしても，このような依頼人対応や共感性といった要素は，容易に選択の根拠として機能することである。すなわち，プロフェッション理念を基盤としつつ，市場に開放するのは，法専門サービスではなく，付随的な関係的コミュニケーションの側面とすれば，プロ

フェッション理念を侵害することなく，開かれた弁護士業務を実現することも可能なのである。

　こうしたモデル理念を体現したものが，リーガル・カウンセリングの考え方なのである。これについては，**第7.3節**で詳細に再論することにして，次に，法曹人口と弁護士業務の関係について見ておこう。

7.2　法曹人口と司法制度改革

　わが国は法曹人口が極めて少ないことで知られている。近年の司法制度改革で増員が図られているが，ここでは，まず，法曹人口の少なさが，わが国の弁護士業務の構成にどのようにかかわってきたのかの検証から，考えてみよう。

7.2.1　わが国の法曹人口の推移

　まず，わが国の法曹人口の推移をデータで確認しておこう。

　表7-1は，1950年（昭和25年）から2021年（令和3年）までの弁護士人口の表である。**図7-1**は，それをグラフ化したもので，いずれも男女別人数も反映されている。2004年（平成16年）に司法制度改革の一環として法科大学院（ロー・スクール）制度が開始し，数年後に最初の卒業生が出だしてから弁護士数が急増しているのがわかる。人口は累積されるため，それまでも漸増はしていたが，10,000人を初めて超えたのが1975年（昭和50年）である。このことは，司法試験の合格者数のデータとも，当然ながら連動している。

　図7-2は，司法試験合格者数の推移であるが，1990年（平成2年）までは，合格者数は，500名以下であり，ほぼ一定であった。合格率も2.0％前後であったと思われる。司法試験が最も難しい試験といわれたこともうなずける数値である。弁護士増員へのニーズが高まり，それ以降，少しずつ増加し2004年（平成16年）には，司法制度改革の方針もあり合格者数は1,483名に到達している。法科大学院の発足後は，2,000名を超える合格者を出した年もあったが，現在は減少している。近年の増加は，のちに司法制度改革の項で検討することとし，ここでは，何十年にもわたって，司法試験合格者数も，弁護士数も，非常に厳しく制限されていたことを確認しておこう。

表 7-1 弁護士人口の推移（1950-2021 年）

年	正会員総数（内女性数）	女性割合	年	正会員総数（内女性数）	女性割合	年	正会員総数内（女性数）	女性割合
1950	5,827（6）人	0.1%	1974	9,830（279）人	2.8%	1998	16,305（1,295）人	7.9%
1951	5,804（6）人	0.1%	1975	10,115（303）人	3.0%	1999	16,731（1,398）人	8.4%
1952	5,822（9）人	0.2%	1976	10,421（330）人	3.2%	2000	17,126（1,530）人	8.9%
1953	5,836（9）人	0.2%	1977	10,689（344）人	3.2%	2001	18,243（1,849）人	10.1%
1954	5,837（10）人	0.2%	1978	10,977（362）人	3.3%	2002	18,838（2,063）人	11.0%
1955	5,899（11）人	0.2%	1979	11,206（384）人	3.4%	2003	19,508（2,273）人	11.7%
1956	5,967（14）人	0.2%	1980	11,441（420）人	3.7%	2004	20,224（2,448）人	12.1%
1957	6,009（17）人	0.3%	1981	11,624（446）人	3.8%	2005	21,185（2,648）人	12.5%
1958	6,100（24）人	0.4%	1982	11,888（477）人	4.0%	2006	22,021（2,859）人	13.0%
1959	6,217（31）人	0.5%	1983	12,132（514）人	4.2%	2007	23,119（3,152）人	13.6%
1960	6,321（42）人	0.7%	1984	12,377（554）人	4.5%	2008	25,041（3,599）人	14.4%
1961	6,439（46）人	0.7%	1985	12,604（590）人	4.7%	2009	26,930（4,127）人	15.3%
1962	6,604（54）人	0.8%	1986	12,830（620）人	4.8%	2010	28,789（4,660）人	16.2%
1963	6,732（60）人	0.9%	1987	13,074（654）人	5.0%	2011	30,485（5,115）人	16.8%
1964	6,849（69）人	1.0%	1988	13,288（694）人	5.2%	2012	32,088（5,595）人	17.4%
1965	7,082（86）人	1.2%	1989	13,541（721）人	5.3%	2013	33,624（5,936）人	17.7%
1966	7,343（105）人	1.4%	1990	13,800（766）人	5.6%	2014	35,045（6,336）人	18.1%
1967	7,645（128）人	1.7%	1991	14,080（811）人	5.8%	2015	36,415（6,618）人	18.2%
1968	7,918（149）人	1.9%	1992	14,329（846）人	5.9%	2016	37,680（6,896）人	18.3%
1969	8,198（166）人	2.0%	1993	14,596（894）人	6.1%	2017	38,980（7,179）人	18.4%
1970	8,478（180）人	2.1%	1994	14,809（938）人	6.3%	2018	40,066（7,462）人	18.6%
1971	8,797（197）人	2.2%	1995	15,108（996）人	6.6%	2019	41,118（7,717）人	18.8%
1972	9,106（224）人	2.5%	1996	15,456（1,070）人	6.9%	2020	42,164（8,017）人	19.0%
1973	9,541（254）人	2.7%	1997	15,866（1,176）人	7.4%	2021	43,206（8,335）人	19.3%

（注）　数値は，各年 3 月 31 日現在。
（出所）「弁護士白書　2021 年版」

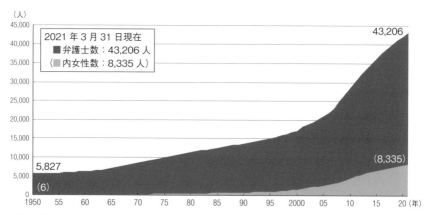

（注）　各年 3 月 31 日現在。（　）内は内女性数である。
（出所）「弁護士白書　2021 年版」

図 7-1 弁護士人口の推移（1950-2021 年）グラフ

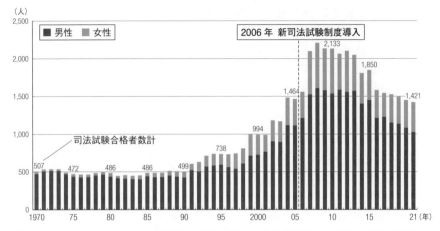

（注）1. 2006年から2011年の合格者数は，新司法試験および旧司法試験の合計数，2012年以降は，新司法試験による合格者数（法務省公表資料による）である。
2. 2006年から開始された新司法試験と並行して実施されてきた旧司法試験は，2011年の試験を最後に新司法試験に一体化された。2011年の旧司法試験は，2010年の第二次試験筆記試験に合格した者に対する口述試験に限り実施され（2011年4月），合格者は6人であった。なお，旧司法試験の終了に伴い，2012年から「新司法試験」は，「司法試験」となっている。
3. 2021年の合格者1,421人のうち，374人は予備試験を経た合格者である。
（出所）「弁護士白書　2021年版」と法務省資料をもとに作成

図7-2　司法試験合格者数の推移（1970-2021年）

　また，弁護士だけでなく，裁判官も，検察官も同様である。**表7-2** は，1991年（平成3年）以降の裁判官と検察官の数の推移を示しているが，30年間で裁判官数はわずかに700人程度増えただけであり，検察官も，30年間で，800人ほど増えただけであることがわかる。法科大学院制度導入後も，弁護士数と比べると増加は鈍く，いずれも2～300名ほど増加したのみである。弁護士のみならず，裁判官も検察官も，かつては非常に少ない数のまま，推移していたことがわかる。

　また，**表7-3** は，2004年（平成16年）と2014年（平成26年）の弁護士会別弁護士数の比較であるが，2004年で見てみると，東京の3つの弁護士会の合計は9,765人で，全弁護士数の，およそ半分が東京に集中していることがわかる。残る10,000人強の弁護士の，約3割が，大阪に存在する。北海道は分割されているので，最も弁護士人口が少ないのは，鳥取と島根で，わずか26人であ

表7-2　裁判官・検察官人口の推移（1991-2021年）

年	裁判官数（簡裁判事を除く）			検察官数（副検事を除く）		
	総数（人）	男性の割合	女性の割合	総数（人）	男性の割合	女性の割合
1991	2,022	—	—	1,172	96.2%	3.8%
1992	2,029	—	—	1,174	95.9%	4.1%
1993	2,036	—	—	1,184	95.4%	4.6%
1994	2,046	—	—	1,190	95.0%	5.0%
1995	2,058	—	—	1,229	94.3%	5.7%
1996	2,073	—	—	1,270	93.6%	6.4%
1997	2,093	—	—	1,301	92.9%	7.1%
1998	2,113	—	—	1,325	92.0%	8.0%
1999	2,143	—	—	1,363	91.6%	8.4%
2000	2,213	—	—	1,375	90.8%	9.2%
2001	2,243	—	—	1,443	89.4%	10.6%
2002	2,288	—	—	1,484	88.4%	11.6%
2003	2,333	—	—	1,521	87.4%	12.6%
2004	2,385	—	—	1,563	87.2%	12.8%
2005	2,460	83.5%	16.5%	1,627	86.2%	13.8%
2006	2,535	83.1%	16.9%	1,648	85.2%	14.8%
2007	2,610	82.6%	17.4%	1,667	84.4%	15.6%
2008	2,685	81.4%	18.6%	1,739	82.8%	17.2%
2009	2,760	80.4%	19.6%	1,779	81.8%	18.2%
2010	2,805	79.7%	20.3%	1,806	81.0%	19.0%
2011	2,850	79.1%	20.9%	1,816	80.3%	19.7%
2012	2,850	78.1%	21.9%	1,839	80.2%	19.8%
2013	2,880	77.5%	22.5%	1,847	79.6%	20.4%
2014	2,944	76.9%	23.1%	1,877	78.6%	21.4%
2015	2,944	76.0%	24.0%	1,896	77.6%	22.4%
2016	2,755	74.4%	25.6%	1,930	77.1%	22.9%
2017	2,775	73.8%	26.2%	1,964	76.5%	23.5%
2018	2,782	73.5%	26.5%	1,957	75.4%	24.6%
2019	2,774	73.3%	26.7%	1,976	75.0%	25.0%
2020	2,798	73.0%	27.0%	1,977	74.6%	25.4%
2021	2,797	72.8%	27.2%	1,967	74.0%	26.0%

（注）1. 裁判官数は最高裁判所調べによるもので，簡裁判事を除く各年の4月現在（ただし，2016年以降は前年12月現在であり，計上方法を変更した）。なお，2004年までの簡裁判事を除いた男女の内訳については，不明である。
　　　2. 検察官数は法務省調べによるもので，副検事を除く各年の3月31日現在。
（出所）「弁護士白書　2021年版」をもとに作成

る。2014年，司法試験合格者数が2,000名を超えた年でも，この傾向は変わらず，半数近くの弁護士が東京に偏在している。鳥取，島根の両県は，若干回復しているものの70前後にとどまっている。増加した弁護士も，首都圏，関西圏，愛知，福岡から，次には新幹線沿線の都市の順に吸収されていくともいわれている。

　すなわち，日本の弁護士は，かつて，その数が極端に制限されていたのに加え，大都市集中で，地方には，必ずしも十分な弁護士がいないという状況は，

表 7-3　2004 年と 2014 年弁護士会別弁護士数

	2004 年						2014 年				
1	東京	4,540 人	27	福島県	87 人	1	東京	7,215 人	27	三重	171 人
2	大阪	2,792 人	28	金沢	86 人	2	第二東京	4,646 人	28	金沢	166 人
3	第二東京	2,664 人	29	香川県	85 人	3	第一東京	4,365 人	29	香川県	162 人
4	第一東京	2,561 人	30	鹿児島県	85 人	4	大阪	4,133 人	30	長崎県	161 人
5	愛知県	935 人	31	三重	79 人	5	愛知県	1,698 人	31	愛媛	159 人
6	横浜	762 人	32	長崎県	76 人	6	横浜	1,428 人	32	奈良	157 人
7	福岡県	637 人	33	長崎県	75 人	7	福岡県	1,090 人	33	山口県	149 人
8	兵庫県	456 人	34	和歌山	72 人	8	兵庫県	811 人	34	和歌山	140 人
9	京都	367 人	35	大分県	70 人	9	埼玉	725 人	35	大分県	140 人
10	埼玉	336 人	36	山梨県	60 人	10	札幌	700 人	36	滋賀	139 人
11	札幌	333 人	37	宮崎県	59 人	11	千葉県	671 人	37	宮崎県	123 人
12	千葉県	307 人	38	高知	56 人	12	京都	664 人	38	山梨県	117 人
13	広島	281 人	39	富山県	54 人	13	広島	526 人	39	青森県	116 人
14	仙台	229 人	40	山形県	52 人	14	静岡県	420 人	40	富山県	106 人
15	静岡県	229 人	41	秋田	52 人	15	仙台	409 人	41	岩手	99 人
16	岡山	180 人	42	岩手	50 人	16	岡山	355 人	42	福井	98 人
17	沖縄	179 人	43	徳島	49 人	17	群馬	264 人	43	佐賀県	97 人
18	群馬	133 人	44	滋賀	48 人	18	新潟県	251 人	44	山形県	92 人
19	新潟県	133 人	45	青森県	44 人	19	沖縄	249 人	45	徳島	91 人
20	長野県	117 人	46	福井	43 人	20	茨城県	245 人	46	高知	86 人
21	熊本県	115 人	47	佐賀県	40 人	21	熊本県	244 人	47	秋田	78 人
22	栃木県	103 人	48	旭川	31 人	22	長野県	228 人	48	島根県	71 人
23	茨城県	99 人	49	釧路	30 人	23	栃木県	197 人	49	釧路	70 人
24	愛媛	93 人	50	鳥取県	26 人	24	鹿児島県	184 人	50	旭川	68 人
25	岐阜県	92 人	51	島根県	26 人	25	岐阜県	178 人	51	鳥取県	68 人
26	奈良	91 人	52	函館	25 人	26	福島県	177 人	52	函館	48 人
				計	18,764 人					計	32,073 人

（注）　各年 3 月 31 日現在。
（出所）　「弁護士白書　2014 年版」をもとに作成

現在も続いているというべきである。こうした弁護士数の少なさは，弁護士業務のあり方にどのような影響を与えただろうか。次に考えてみよう。

7.2.2　縮小均衡論

　まず，第 1 に，こうした弁護士数，裁判官・検察官も含めた法曹数の少なさは，わが国において，それまで法システムが果たす役割が社会的に小さかったことを意味する。社会統制の機能は，司法によってではなく，行政のインフォーマルな指導を通じた秩序化原理に依存してきた。行政や業界の必ずしも透明とはいえない秩序形成は，しばしば不当で不適切な処理，たとえば談合などを許容してきたが，時折，政治的に問題化するだけで，ほとんど，そのまま維持されてきた。国民は，そのために不利益を被ってはいたが，それでも，不

透明であれ，こうした仕組みの中，日本企業は成長し，個々の国民の生活も次第に豊かになっていたことで，大きな不満となりにくかったし，不満があっても，政治・行政にそれが向けられるだけだった。その際に，司法が頼りにされることはあまりなく，日本の国民にとって，裁判や弁護士を利用するという方策は，ほとんど頭にも浮かばない状況だったと思われる。

　もちろん，その中でも，法システムが動員されるような問題は発生した。公害や薬禍をめぐる問題，社会保障にかかわる問題など，公益的意義を持つ社会問題では，弁護士は，それこそ手弁当で対応し，その活躍は，まさにプロフェッションとしての使命を果たすものとして信頼されるべき存在に映ったはずである。しかし，この社会正義のための弁護士の活動は，高潔で正義を追求する職業としての弁護士への一般的信頼を醸成したが，しかし，それは人々の身近な問題について，弁護士を利用しようとする意識にはつながらなかった。むしろ，自分の身近な問題など，弁護士が扱ってくれるような問題ではないと，距離感を高めることさえあったかもしれない。

　この人々の感覚は，あながち間違っていなかったと思われる。弁護士は，もちろん，事務所を運営していくためにも，収入を得なければならない。一般の人々にとっては，弁護士利用は身近な選択肢ではなかったとしても，それでも問題になる額が大きい場合や，企業などの場合は，弁護士利用も，もちろん，一つの選択肢となる。こうして，弁護士の側から見れば，比較的高額の収入につながる事件が集まってくる傾向が存在していたのである。弁護士人口が限られていたことから，過度な競争もなく，個々の弁護士は，安定して，いわばお金になる事件を担当することで多忙でもあった。100万円にも満たない庶民の法的ニーズは，意を決して弁護士事務所を訪れても，「司法書士に相談しなさい」と，取り合ってもらえなかったのが普通であろう。

　しかし，弁護士にとって，高額な事件のみ対処しているというのでは，プロフェッションとしての理念が満たされない。多くの弁護士は，社会正義の実現のために，弱者の権利を守るために，弁護士になった者が多く，その意識を満足させるような活動も必要となる。そこで弁護士は，手弁当で社会的・政治的意義のある訴訟や，弱者救済のためのプロボノ活動にも積極的に従事することになる。**棚瀬孝雄**が指摘したように，一方で社会正義の実現と，他方で事務所

の運営・収入確保という弁護士に内在する2つの側面が, その業務の内容にも反映していたわけである（棚瀬 1987）。

そしてそれを可能にしたのが, 少数の弁護士人口で, 過当な競争をすることなく, 双方のニーズを満たすことができるという環境だったといってよい。小さな司法および少数の弁護士は, その小さな機能の中で, 経済的にも, やりがいの面でも, 満たされていたともいえる。そのため, 当の弁護士自身が, 弁護士の増員や司法の機能拡大には消極的であった。こうした環境での均衡が保たれる中で, それを破壊しかねない極端な弁護士増員論には警戒的で, 法曹内部から弁護士増員を主テーマとするような司法制度改革論は出現することはなかったのである。

その結果, わが国の弁護士業務は, 例外的な政治的意義の高い問題か, それなりの額をめぐる事件でなければ, 手の届かないものになっていたといえる。弁護士は, 人々にとって, 社会正義を追求する信頼できる存在ではあったが, 自分の問題にはかかわってくれそうもない縁遠い存在と認識されていたのである。

7.2.3 職域をめぐる問題

弁護士数の少なさがもたらしたもうひとつの問題が, 職域の喪失である。いくつか例を挙げていこう。

（1） 交通事故示談代行制度

まず, 交通事故損害賠償にかかわる交渉である。これは, まさに, 法律業務であり, 弁護士が対応して当然の業務である。わが国では, 弁護士といえば, 訴訟代理人としての法廷業務を行う職業という狭い弁護士イメージが, 一般のみならず弁護士自身も含め定着しているが, 弁護士の業務には法廷外の様々な法的ニーズへの対応がある。先に見たように, 交通事故が急増する中で, 被害者, 加害者とも, 損害賠償をめぐる法的サービスの支援が必要な状況となっていった。しかし, 保険制度が整備される中で, 任意保険に示談交渉サービスが付帯されるのが一般的となっている。示談交渉は, 本来なら弁護士が扱う法律業務であるはずだが, それが保険に付帯され, 弁護士ではない保険会社社員が

これを業務として行うことになった。

　この制度の創設時に，日弁連から損害保険業界に対し，これは弁護士法 72 条が禁じる非弁行為にあたるのではないかとの申し入れがなされている。**弁護士法 72 条**は，次のように規定している。

　　　「弁護士又は弁護士法人でない者は，報酬を得る目的で訴訟事件，非訟事件及び審査請求，再調査の請求，再審査請求等行政庁に対する不服申立事件その他一般の法律事件に関して鑑定，代理，仲裁若しくは和解その他の法律事務を取り扱い，又はこれらの周旋をすることを業とすることができない」

　そこで，協議の末，示談代行は社員によって行われること，直接請求権を認めること（被害者が加害者でなく保険会社に直接請求できること。これにより保険会社は第三者でなく紛争の当事者としての性格が強くなる），統一支払い基準の作成，交通事故裁定委員会（のちの交通事故紛争処理センター）の設立などを条件に，**保険示談代行制度**が承認されることとなった。

　しかし，もし，弁護士数がアメリカのように多ければどうだっただろうか。もう少し積極的に弁護士がかかわる領域が，ここで確保できたのではないだろうか。しかし，現実には少数の弁護士人口では，急増する交通事故処理に関与する人材は準備できなかったことが，こうした協定がなされる背景にあったとも考えられる。

(2)　弁護士過疎と隣接専門職

　また，現在も続く，弁護士の大都市集中傾向は，かつては，より深刻な問題を招いていた。先にも触れたが，地方の県の弁護士数は限られており，それも県庁所在地に集中していた。地方にはほとんど弁護士は存在せず，いわゆる**司法過疎**，**弁護士過疎**の問題が深刻であった。

　ある地域に弁護士が一人いたとしても，紛争当事者の一方がその弁護士に相談・依頼すれば，相手方は必然的に，コストを負担して遠方の弁護士に相談・依頼するか，弁護士利用をあきらめるかしかなかった。弁護士倫理の規律から，一方の当事者の相談を受けた弁護士は，利益相反となるため，相手方からの相談を受けるわけにはいかない。それを見越して，まず，とりあえず弁護士に相

談して，相手方の弁護士利用の道を封じるといった戦略さえ，行われることがあった。このように，弁護士がそもそもゼロである地域と，1名しかいない地域を合わせて，ゼロワン地域と呼び，その解消が弁護士会にとっても急務であった。

そこで，日弁連は，1999年（平成11年）に「日弁連ひまわり基金」を設立し，過疎地に法律相談センターや，ひまわり基金法律事務所を開設するなどの対策を講じている。また，法テラスも，司法過疎地域に事務所を開設している。しかし，依然，問題は完全に解消されたわけではないし，それ以前には，多くの，弁護士サービスの空白地帯が存在していた。

そうした法的サービスの空白地域でニーズを埋めていたのが，先にも触れたように，**司法書士**である。司法書士は登記業務との関連で，弁護士と比較すれば，地域に散在しており，また，その名称通り，訴状の作成など本人訴訟の支援業務も，業務範囲に含まれている。ただし，かつて司法書士に許された業務は，訴状や準備書面の作成であり，訴訟遂行を包括的に受任し法廷で代理人として行動することや，法律相談に応じることは許されていなかった。書面の作成についても，いかなる内容の書面とするかを判断したり，法律知識に基づいて判断し書面作成したりすることは許されない。あくまでも，当事者の意向に即して，形式的適合した書面を作成することに，業務が限定されていたのである。

しかし，訴状を作成する過程で，当事者の話を聴き，応答することは，当然に必要であり，その過程と法律相談や書面作成における判断行使との境界はあいまいである。また，本人が，法廷に立って主張したり，裁判官の釈明に答えたりしなければならないため，訴訟手続や主張の内容について，丁寧に説明して理解してもらうことも，事実上，必要であった。なかには，親切な司法書士が，法廷に付き添って，傍聴席から見守り，そこから助言をしたりするケースも見られた。

もし，それが発覚すれば，弁護士法72条違反で逮捕されるといった事件も，実際にいくつか起こっている。すなわち，弁護士しか行えない業務を，許された業務範囲を超えて行ったことが，問題とされるのである。

しかし，それが，弁護士過疎地域での出来事だったらどうだろうか。相手方

は，先に近隣の弁護士に相談したため，この当事者は弁護士に相談することも
できない。しようとすれば，ほかに弁護士がいる県庁所在地まで，わざわざ時
間と労力をかけて出向かなければならない。他方，近隣に司法書士ならいる。
そこで，司法書士に依頼し，書面作成してもらうが，法律のことは何もわから
ない。そこで司法書士に法的助言も求め，当日もお願いして法廷まで来ても
らった。裁判官の質問の意味がわからず，傍聴席の司法書士に声をかけた。こ
ういった例である。

　もちろん，司法書士に弁護士と同様の法的知識や能力があるとはいえないが，
しかし，一定の事件であれば，対応は可能と思われる。司法書士には裁判官の
質問の意味はわかっており，裁判官も書面を司法書士が作成したことはわかっ
ている。わかっていないのは当事者のみである。このとき，それでも，当事者
への支援は許されないのだろうか。当事者は，県庁所在地の弁護士に依頼し，
弁護士に期日ごとに交通費と日当を支払うという負担をしなければならないの
だろうか。

　確かに，法的には，それは72条違反となる。しかし，それを根拠に，司法
書士を縛ることは，国民を粗悪なサービスから守り，良質のサービスを弁護士
が保障するという72条の趣旨とは異なり，結果的に，当事者の法的ニーズを
放置することになりかねない。弁護士偏在の状況で，こうしたケースでも**非弁
行為**として排除するためには，偏在状況の手当てを弁護士会として行うことが
条件であるが，それは十分だっただろうか。

　先に見たように，弁護士会もこの問題を重視して，様々な取り組みを行って
きているが，いまだ問題は解消したとはいえないだろう。そして，司法制度改
革により，結局，司法書士に簡裁事件については，代理権（**簡裁代理権**）を認
める方向の改革がなされるに至った。簡裁では，司法書士は，弁護士と同様，
自由に訴訟代理人としてふるまうことが可能になったのである。この点も，も
し，弁護士人口が十分で，全国に存在している状況であれば，結果は異なって
いたのではないだろうか。結局，弁護士人口の少なさは，様々な領域で，弁護
士の職域が，他の領域から侵食される結果を生み出してしまったといえよう。

7.2.4　司法制度改革と法曹人口 ─────────────

(1)　司法制度改革の背景

　こうした状況の中で1990年代末期から，司法制度改革の動きが出てくる。
口火を切ったのは，経済同友会である。それまで，何次にもわたって，司法改
革は行われてきたが，先に見たように司法の機能が小さなわが国においては，
社会的関心を引くこともなく，司法界の小さなコップの中での改革にとどまっ
ていた。しかし，経済のグローバル化の中で，アメリカはじめ，世界各地に進
出した企業は，多くの訴訟にもさらされ，それに対応できるような弁護士を必
要としていた。しかし，わが国の法曹は数も少なく，法学部卒業後も司法試験
受験準備に専念し，29歳前後が合格者の平均年齢という状況で，たとえば，
英語を自在に操ったり，経済や科学技術など他分野の知識にも精通したりする
人材は皆無に近かった。経済界は，そのニーズから，法曹人口の増加とその質
の転換を求めたのである。

　これがきっかけとなって，にわかに司法制度改革の機運が高まり，日本社会
においても司法の社会的役割を増大させようという方向への動きが加速して
いった。なかでも，法曹人口の増員は，火急の課題とされ，法曹養成教育の改
革が議論さることとなった。

(2)　アメリカ型ロー・スクール導入論

　もちろん，その導入をめぐっては，様々な立場からの意見が交錯することと
なる。アメリカで教育を受けた法社会学者も含め，アメリカのロー・スクール
制度を導入すべきとの意見も主張された。アメリカのロー・スクールは大学院
レベルの教育機関であり，アメリカには学部段階での法学部は存在しない。
ロー・スクールが大学院レベルに設置されていることは，学部段階で，たとえ
ば，会計学，経営学，物理学など他領域の知識を学んできていることから，ア
メリカの弁護士が，多様な知的バックグラウンドを生かした能力を獲得するこ
とを可能にしている。

　この点は，わが国の法科大学院が，大学院レベルに位置づけられたこと，当
初，法学部以外の出身者を一定割合入学させることを原則とするという方針が
とられたことに，つながっている。また，長期にわたる単一の受験勉強三昧の

生活への反省から，社会人経験者の入学も推奨された。そして，法科大学院自体は，充実した法曹養成教育を行うため，3年を原則とするという方針が標準とされたのである。

　教育内容についても，**ソクラテック・メソッド**による教育が重視されたこと，一部の法科大学院に限定されるが，**交渉論**や**紛争解決技法**など，アメリカのロー・スクールなら，必ず設置されているような実技型のシミュレーション授業も開設された。筆者自身も，こうした実技型の交渉や紛争解決技法科目を担当している。こうした授業は，実定法学者ではなく，法社会学者によって担われていることが多い。

　さらに重要なのは，法科大学院教育と関連づけて，司法試験のあり方・合格率も検討対象となったことである。かつて一部に見られたような，授業が司法試験受験準備講座のようなものに陥ったり，あるいは司法試験予備校に学生が没頭し，大学での講義が空疎なものになったりすることを避け，法科大学院での充実した教育に専念してもらうために，司法試験は，その合格率を高め，7〜8割の受験生が合格する日本の医師国家試験や，アメリカの司法試験のような性格のものにすべきとの見解が示された。いわば，一定次元の能力試験をクリアすれば，人数に限定なく，全員合格させるといった案である。

　こうしたアメリカ型ロー・スクール導入論は，ある意味，理想論に過ぎたかもしれないが，不可能とはいえなかった。決定的なポイントは，7〜8割の合格者数を確保するためには，法科大学院の総定員を，ある程度に絞り込む必要があったという点である。そのため，法科大学院を設置する大学は，法学部を廃止し，大学院レベルの法科大学院教育に特化するという考え方もあった。当初は，公立・私立合わせて11大学とか13大学に認可するなどの憶測が乱れ飛んだが，いずれにせよ，法科大学院の成否は，合格率という出口での緩和を実現するための条件として，総定員という入り口での絞り込みを実現できるかどうかにかかっていたといえる。

(3)　法科大学院制度の妥協的成立

　他方で，これとは異なる保守的な見解も存在した。ひとつは，法学教育に携わってきた教員層からのアメリカ型法科大学院教育への懐疑論ないしはとまど

いである。従来の教育のあり方を抜本的に変化させることが要求されることになるが，大陸法系の法典を中心とするわが国の法学教育には，アメリカ型の教育は，そもそもそぐわないといった考え方である。また，一部には，法学部が廃止されることへの恐れや，法科大学院設置大学とそうでない大学との格差問題も一つの関心事であったと思われる。

　また，充実した法科大学院教育のために，3 年制を原則とする法科大学院もあったが，他方で，法学部出身者については，既修者として，2 年で修了できる体制を整える法科大学院も多かった。学生の視点から見れば，安くはない学費のことを考えれば，1 年短く終了できることは魅力であり，結局，3 年制原則で充実した教育を保障するという理想的法科大学院を維持しようとした法科大学院には，不利な状況が生じることとなった。

　弁護士の間でも見解は分かれた。積極的に推進しようとする弁護士や弁護士会もあったが，弁護士が増加することへの懸念は当初より強く示されていた。先に見てきたように，縮小均衡の中で，既存の弁護士は，自身にとって増員しなければならない切実なニーズがあったわけでなく，賛成論者は理念的根拠から，反対論者は現実的懸念からの対立が生じていたということができる。大幅な弁護士の増員は，弁護士間の過当競争を生む，弁護士の質が低下するといった見解が多く聞かれたし，地方の弁護士人口の少ない県の弁護士会が，すでに弁護士数は飽和状態であるといった主張をすることもあった。いずれにせよ，多くの弁護士にとって，過度な増加は，好ましくなく，抑制された増員が望ましいというのが平均的な見解であったと思われる。そして，2002 年（平成 14 年）に閣議決定がなされ，2010 年（平成 22 年）には 3,000 人の合格者数の実現を目指すとされた。

　また，政治的な動きもあった。背景は様々にささやかれているが，自民党関連の組織から，法科大学院設置を一部の大学に限るのは，不公平である。設置を希望するすべての大学が，基準を満たしていれば設置を許可すべきであるとの見解を示し，結果的に，これが受け入れられることとなった。その結果，予想をはるかに超えて，74 大学が法科大学院を設置することとなり，入学定員は大きな数に膨れ上がることになった。

　こうして，①希望する大学はどこでも基準を満たせば設置ができること，②

法学部は温存してもよいこと，③入学者選抜にあたっては，社会人・他学部出身者を3割程度入学させること，④教育内容はソクラテック・メソッドなどを取り入れ改変すること，などを基本として，わが国の法科大学院制度は，2004年（平成16年）に発足することとなった。しかし，この時点で，総定員は，膨大に膨らむことは予測でき，7〜8割合格などありえないとの予想は誰にでもできたと思われる。すなわち，その発足時において，法科大学院制度の失速は予定されていたというべきであろう。

(4)　法科大学院制度の成果と落日

　こうした経緯の中で法科大学院制度は発足したが，弁護士増員という面では，一定の成果を見せたといえる。先に掲げた図7-2で明らかなように，法科大学院設立後，司法試験合格者数は増加し，一時は2,000名を超えるに至った。2002年（平成14年）の閣議決定では，2010年（平成22年）には3,000人の合格者数を目指すとしていたが，現実は，ほど遠く，発足数年後の2008年をピークとし，10年後の2014年（平成26年）あたりからはかなり減少している。現在の合格者数は1,400人程度である。毎年500名しか合格しなかった時代と比べれば，その増加スピードは，それでも，大きく，弁護士人口は急速に膨れていくことになった。図7-3は，2020年（令和2年）の年齢層別の弁護士数分布のグラフである。一見してわかるように，30代，40代の弁護士人口が圧倒的に多く，30代，40代の弁護士は，弁護士全体の57.6%を占めるに至っている。司法制度改革が目指した，法曹人口の量的増員については，ある程度成果があったといえるだろう。

　しかし，2010年（平成22年）を超えたあたりから，合格者数は減少しているし，それ以上に，入学者数も徐々に減少していった。また，当初，原則とされていた他学部出身者・社会人経験者の3割入学は，確保できず，なし崩し的に減少していった。法科大学院3年制の理想を重視していた法科大学院も，司法試験合格率をめぐる考慮もあり，2年制を中心とする形に，実質的に変化していった。さらには，司法試験科目の教育が重要とされ，アメリカ型ロー・スクールに準じて設置された科目は，次第に背景に押しやられていくことになった。いわば，法科大学院における理念の崩壊である。

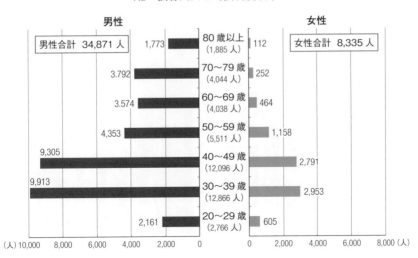

図7-3 年齢層別弁護士人口（2021年）

（注）（ ）内の数値は，各年代の弁護士数である。
（出所）「弁護士白書 2021年版」

背景にあったのは，司法試験の動向である。結局，合格者数は法科大学院制度導入より少し前にも実現していた水準にとどまり，結果的に合格率も3割程度にとどまっている。これでは，他学部出身者やとりわけ社会人が，意を決して法科大学院に入学し弁護士を目指すには，リスクが大きすぎる。また，一般の学生においても，合格率が一定にとどまることは，進学への意欲をそぐ結果となる。

図7-4は，法科大学院の入学定員および入学者数の推移であるが，発足直後の2006年（平成18年）には，5,825名あった総定員が，2018年（平成30年）には，2,330名とちょうど40％にまで減少している。また，入学定員と入学者数の差を見れば，2005年（平成17年）以降，定員が埋まっていない状況がわかる。

こうした結果，淘汰され廃止される法科大学院も続出し，当初の74大学から，2021年（令和3年）現在，35大学と，半数以下に激減している。法科大学院制度は当初の理想や熱気も失われ，徐々に，従来の教育と試験制度へと，揺り戻しが起こっているといえよう。

さらに，法科大学院を経ずに，司法試験受験が可能な道が残され，拡充され

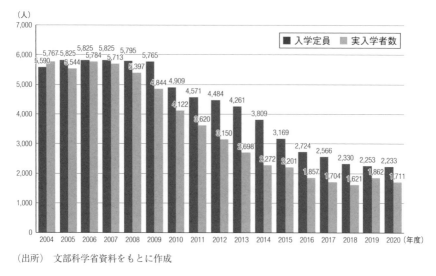

（出所）　文部科学省資料をもとに作成

図7-4　法科大学院の入学定員および入学者数の推移

る方向にあること，かつては法科大学院修了後に受験が許されていたのが，最近，在学中受験が許されることに決まるなど，試験を目標にせず充実した教育の過程を提供するはずの法科大学院は，次第に司法試験受験を目的とした受験準備のための場に性格を変えつつあるとさえいえる。これらはすべて，当初，法科大学院を乱立させ，総定員を増大させたうえで，合格者数を絞る方策を採用した時点で，合理的に予測された事態であったといえよう。そして，そうした動きの背景にあったのは，おそらく，わが国の法曹界のサイレント・マジョリティが抱いていた，弁護士人口増員へのアレルギーと，伝統的な司法試験制度を基盤とする弁護士像への信頼であったといえよう。

7.2.5　適正人口論と弁護士の質

（1）　弁護士数は飽和状態か

　法科大学院導入の議論が盛んに行われたころから，見え隠れしていたのが，弁護士人口の飽和論である。法的サービスへのニーズとの関係でいえば，すでに弁護士数は飽和状態であり，これ以上，増加しても，収入を得られない弁護士が続出する，もう増員は必要でないとする議論である。司法試験合格者数が

1,500名前後に抑制されてきたのも，こうした見解が背景で，強く共有されていることによると思われる。

　確かに，わが国のこれまでの弁護士業務を前提とする限り，飽和論は当たっているだろう。しかし，この見解が前提としている法的ニーズとは，従来の少数の弁護士が対応してきたニーズ以外の何ものでもない。先に縮小均衡論の項で検討したが，わが国の弁護士は，一方で，それなりの収入につながる事件を受任して経営を安定させ，他方で，社会正義の擁護者としての弁護士アイデンティティを満たすような政治的問題やプロボノ活動に従事してきていた。これらのニーズを前提とする限り，飽和状態であるのは，当然である。なぜなら，それら限定的なニーズを，少ない弁護士数で安定的に分担することで，わが国の弁護士業務は成り立ってきたからである。

　しかし，国民，当事者の目から見れば，そうではないだろう。法的ニーズを抱えながら，相談したくても近くに弁護士がいない当事者，弁護士の報酬規程に準じた価格ではニーズがあっても利用できない当事者，さらには，法的ニーズはあっても弁護士を利用することが頭にさえ浮かばない（それほど弁護士を遠い存在とイメージしている）当事者，こうした当事者のどちらかといえば規模の小さい法的ニーズは，実は，そこかしこに遍在しているはずである。

　こうした法的ニーズは，黙っていても弁護士のところへアクセスしてきてくれるわけではない。弁護士側の様々な努力によって開拓していくことが必要であろう。身近な存在として認識されるようになれば状況も変わってくる。そのためには，多くの弁護士が存在すること，地域に遍在しアクセスできることが前提条件である。その場合には，弁護士間に競争原理が働くことになるし，従来のような金額的にも，十分，利益が得られるような事案ばかりではなくなるだろう。弁護士の平均収入は減少するだろうが，それでも，そこに弁護士を必要とするニーズは，今もどこにでも潜在しているのではないだろうか。法的ニーズが飽和状態かどうかは，法的ニーズの意味をどう定義し評価するかで変わってくるのである。この点は，弁護士の質をめぐる議論ともつながってくる。

(2)　弁護士の質とは何か

　法科大学院制度の導入により司法試験合格者数，ひいては弁護士数の増加を

目指す中で，**弁護士の質**の低下を危惧する声は，いたるところで聞かれた。年間500名程度の合格者が，その多くは長年の受験勉強を経て生まれる状況から，年間1,500名，一時目標とされた数でいえば3,000名の合格者が出ることで，弁護士の質は落ちるのだろうか。司法試験の成績という基準で考えれば，確かに，その点数獲得能力は，程度はともかく低下することは論理的に事実である。他方で，長い年月を受験勉強に専念する生活を経て合格に至るより，比較的若い年齢で，また社会人経験などを経て合格に至る方が，むしろ質は向上するとの見方もできるかもしれない。

　ここで，問題になるのは，弁護士の質を測る基準とは何か，ということである。司法試験の成績，ないしそれが表象する法専門家としての専門的な知識や推論能力が，質の基準なのだろうか。司法試験上位の成績で合格した弁護士は，極めて優秀で，下位で合格した者は，弁護士としての能力が上位者より劣るといえるだろうか。こうした試験成績を能力の基準と考えるのは，わが国の大学入試も含め，悪しき教育評価の伝統に影響されたものにほかならない。法的専門能力という点だけから見ても，おそらくは弁護士となって以降の経験や研鑽が，その能力を向上させる可能性は高く，司法試験合格成績がそのまま以後も能力差に反映するわけではないのは当然である。

　そうだとしても，500名の枠で合格した者は，そうした経験的成長等を勘案しても，基礎的な能力基準を満たしていることが保証されているという反論もあるだろう。では，何名までなら，その能力が保証されるのかという問いには，回答はない。ただ，130万人の弁護士が存在し，人口の250人に一人が弁護士というアメリカでは，2016年のデータで，年間42,641名のBar Examination合格者が誕生し，合格率はおよそ60％である。こうした環境のため，アメリカでは弁護士間の競争も激しく，実際に，質の差異や階層分化が顕著に見られる。確かに年間40,000名程度が司法試験に合格するとすれば，質に高低が生じる蓋然性は非常に高いだろう。しかし，わが国の現状1,500名程度の合格者で，さほどの質の低下は生じるだろうか？　人口比を勘案しても，アメリカでいえば3,000名程度，Bar Examination合格者全体のトップ10％に入るレベルである。こうした点を考えれば，司法試験で計測されるような法的専門能力の基準においても，質の低下が見られる可能性は低い。

　また，質を考えるとき，司法試験で計測される法的専門能力を超えて，それに磨きをかけていく経験や研鑽によって育成される能力まで考慮に入れると，そもそも純粋な法的専門能力を超えた，複合的な次元の基準が必要であることは，すでに示唆されている。弁護士の能力は単純な法的専門能力ではない。対象となる問題領域についての幅広い知識や経験の中で，応用的にそれを使いこなしていく能力が，弁護士にとっては必要である。それは，医療の領域で，医師が教科書的な医学知識を適用するだけでなく，患者の状態，生活環境，病院の人的・物理的環境その他の諸要因を考慮に入れて，瞬時に，もっとも適切な対応を創案し，対応していくのと似ている。現場の弁護士も，依頼人の生活状況，これまでの経緯，採りうる選択肢などを総合的に勘案し，もっとも適切な方策を模索していくであろう。法的には最も正しい選択肢が，現実にはとりえない選択肢である場合も多い。

　たとえば，訴訟の選択は，法的には正しい解決かもしれないが，そこに要するコストや，依頼人と相手方との関係性などを勘案すれば，決して最善の選択肢ではない場合が多い。現場では，司法試験で計測される法的専門能力は，基礎的な能力ではあるものの，弁護士に要求される様々な知的能力・判断能力のワンノブゼムに過ぎない。司法試験の上位合格者でも，そうしたセンスに乏しい弁護士もいるかもしれないし，1,500 名の下位合格者でも，非常に優れた能力を発揮する弁護士もいるだろう。

　これら能力には，依頼人から適切に情報を聴き取り，共感的に話を聴くことで信頼を構築していくようなセンスも含まれる。医学部教育では，この点を重視し，かなり以前より，患者と対話するための実技授業を採用し，これに合格しないと実習に出ることができないような体制がとられている。法科大学院導入時の議論で，問題発見能力の涵養が重要な教育目標に挙げられたのも，こうしたことを意識してのことである。もっとも，司法試験合格率が必ずしも大きく緩和されない中で，法科大学院教育でも，これら臨床的科目は軽視され，司法試験科目をもっぱら重視する方向に退化してしまっていることは否めない。医学部のように，あるいはアメリカのように，合格率が7〜80％になっている環境でこそ，教育課程で，法的専門能力以外の複合的能力の涵養につながる教育も可能になるのである。

　これまでは，こうした法科大学院専門能力を超えた，経験の中で習得される能力は，OJT（on the job training）により担われるものとされてきた。古くは「先輩の技を盗め」といわれてきたような，業務を通じての教育である。これは確かに，業務の中でしか学べない要素もあり，それゆえ，Education（教育）でなく，Training（訓練）と称されてきたのであるが，司法試験合格者数，したがって新人弁護士数の増加は，この面でこそ，問題を引き起こしているといえる。

　先に掲げた図7-3を見ると，弁護士の年齢層別分布が大きく偏っていた3〜40代の弁護士，したがって法科大学院導入以降の弁護士が多数を占める形になっている。かつては，既存の安定した数の法律事務所が，500名程度の新人弁護士を吸収し，その中でOJTも無理なく行われていたと思われる。しかし，法科大学院導入以降，新人弁護士は毎年毎年多数生み出され，既存の法律事務所は多くの若手弁護士を抱えて，しばしば採用を停止するなどの問題も生じてきた。かつてと比べれば，先輩弁護士が新人弁護士をきめ細かく指導しながら，複合的で現実的な弁護士の能力育成に従事できるという恵まれた環境では，すでになくなってきている。この点で，弁護士の質の低下が起こる可能性は否定できない。

　すなわち，質の低下としてよく想定される法的専門能力に関してではなく，OJTで涵養されるような弁護士の，まさに現実的・複合的能力の面で，低下が生じる可能性があるということである。弁護士の質の低下とは，こうした意味でとらえられねばならない。法科大学院教育は，当初は，このことを意識し，いささかでも大学院在学中に実践的実務能力涵養に貢献する教育を行うという課題に取り組もうとしてきたが，先にも述べたように，結局，司法試験の動向に左右されて，その意義を見失いつつあるように思われる。こうした観点から，法曹養成教育のあり方を考えるのも，もともと複合的視点を有する法社会学の重要な課題である。

7.3 弁護士＝クライアント関係の再構築
──リーガル・カウンセリング・モデル

7.3.1 弁護士役割の二重性とジレンマ

(1) インターフェイスとしての弁護士

前章で，紛争の法的側面に焦点を合わせた裁判というシステムが，当事者の心理的・関係的側面をも含んだ丸ごとの紛争解決へのニーズから見れば，部分的で偏った解決になりかねない点を検証してきた。多くの当事者にとって，弁護士との接触は，この法・裁判システムとの最初の出会いの機会となる。当事者は複合的な紛争イメージを抱えたまま，それを丸ごと弁護士にぶつけてくる。単に，心理的不安や関係的苦悩を訴えるだけではなく，自身が正しいと考える個人的な正義観念をも，合わせて主張してくることも多い。弁護士は，その話を聴きながら，一方で，そこから法的要素を抽出し，裁判での主張の可能性を模索しながら，他方で，法・裁判システムで何ができるのか，何ができないのかを当事者に説明し，理解してもらう必要もある。

すなわち，弁護士業務は，単純に，当事者の混乱した認識や主張を整理し，当事者に有利な法的主張に加工し構成していくという作業だけに終始するわけではない。同時に，弁護士は法・裁判システムの担い手の一人として，法・裁判システムの論理を，当事者に理解させる，いわば法システムの代理人としての役割も担っているのである。当事者の利益擁護と，法システムの論理の守護という，時にアンビバレントな2つの異なった役割がそこでは果たされていくことになる。弁護士とは，この意味で，まさに法・裁判システムと，一般の人々とのインターフェイスの位置を占める職業ということができる。

このアンビバレントな弁護士役割の二重性は，しばしばジレンマを引き起こし，そこに目に見えない権力性が生まれることになる。**第1章**で検討したミシェル・フーコーの知/権力という観念は，この点にもかかわっている。専門性に内在する知は，しばしば，それを持たない者と専門家の間に支配/服従関係を生み出す。これは，何も，専門家が人々を意図的・明示的に抑圧するというような形を意味しない。そうした目に見える権力行使が専門家によってなされる場合もなくはないが，それ以上に，専門家による善意の行動が，目に見え

ない形で抑圧性を発揮しているような現象の方が一般的である。依頼人の利益ために善意で行われた行為や語りが，クライアント側から見れば，押しつけや抑圧に感じられているような例はまれではないだろう。クライアント側は，不満を感じながらもそれに従うこともあれば，明示的に抵抗を示す場合もあろう（Sarat & Felstiner　1998）。

　弁護士にしてみれば，依頼人の要望が過剰な形で示されたとき，裁判で有利に運ぶために，それを整理していく作業は必須であり，それこそが依頼人の利益のための行動である。抵抗があったとしても，そこを譲ることは，専門家としての役割の放棄になってしまうこともある。こうした緊張関係の中で行われる弁護士＝クライアント関係の構築は，それ自体が，常に，コンフリクトの可能性を秘めているのである。

（2）　医療事故事件の事例から

　一つの事例を挙げよう。筆者自身がインタビューし，かかわった医療事故事件である。高校生の息子を医療事故で亡くした両親が，病院と医師を相手取って，訴訟を起こした事案である。医療事故訴訟は，前章で見たように，過失や因果関係の判断が極めて難しく，原告勝訴率が非常に低い訴訟類型である。現在，原告勝訴率は20％台にとどまっており，逆に，過失・因果関係の認定の困難さを反映して和解率は50％を超えている。一方で，こうした人身被害の事件では，被害者家族は極度の悲嘆にとらわれ，それが訴え提起の動機づけになっていることが多い。いうまでもなく，裁判は，そうした心理的悲嘆感情の処理を目的とした制度ではなく，損害賠償を実現する制度であって，過失・因果関係の認定に基づき賠償の支払いを命じる形で処理することしかできない。被害者の死は，金銭に換算され賠償されることになる。

　事故被害者の家族にとっては，この肉親の死を金銭に換算されること自体が，傷つく経験であり，法システムの前提に即して，そうした主張を構成せざるを得ない弁護士に対しても，それを命じる裁判所に対しても，不満を持つことになる。訴えたのは，お金のためではなく，亡くなった肉親の死をめぐる真実を明らかにし，責任を明確にすること，それ自体だからである。これは，ほぼすべての人身被害事件の当事者に共通する思いといってよい。

この事案でも，それは同様であった。裁判が進行し，裁判所から和解が提案されたとき，弁護士は，両親に和解を強く勧める。医療事故事件は，過失・因果関係の認定が難しく，原告勝訴率が低いことから，この弁護士の行動は，決して間違った行動ではなかったかもしれない。弁護士は，後日，「迅速に確実に一定の賠償を得られることが依頼人の利益である」との趣旨の発言をしている。法・裁判システムの視点，ないし法専門家としての視点に立って，現実とリスクを勘案したとき，この弁護士の考えは，弁護士として当然の評価であろう。

しかし，この評価は，当事者である両親の求めるニーズとは，まったく合致していない。両親にとって，金銭の獲得は目的でなく，ほとんど「どうでもいいこと」に近い。また，両親は「迅速な解決」を求めているわけでもない。訴訟にかかわっている時間は，「亡くなった息子とともに過ごせた時間にほかならない」，とのちに両親は語っている。こうして当事者である両親と弁護士の認識は乖離をきたし，両親は弁護士を解任してしまう。裁判は，その後，本人訴訟として遂行されるが，最終的に，過失・因果関係が認められ，両親の勝訴となった。

さて，弁護士の和解の勧めは，善意であり，また法専門家の視点から見れば合理的とさえいえる。この事案は，実は，勝訴できる可能性もかなりあった事案であるが（実際に勝訴している），医療事故事件では，勝訴の可能性は必ずしも高くない。もし，弁護士が，勝訴の可能性があまりないにもかかわらず，当事者の言いなりになり，和解の可能性を考慮しなかったとしたら，それこそ不誠実な対応といえるかもしれない。他方で，当事者が訴訟に求めた思いも，一般的には理解できるところでもある。

問題は，おそらく，弁護士と当事者とのコミュニケーション過程にある。当事者のニーズは理解できるところであり，弁護士による評価，和解の提案も善意であって，かつ問題があったとはいえない。問題があったとすれば，この異なる2つの立場，すなわち，人々の法・裁判に求めるニーズと，法・裁判システムが提供できる役割とのコンフリクト状況における対話過程にあったというべきだろう。このケースは，こうしたコンフリクトが極度に目立つ形で表れた事案であるが，どのような事件でも，多かれ少なかれ，このジレンマ状況は存

在すると考えられる。

　かつてと異なり，弁護士に対しても，法専門的助言やサービスだけでなく，これらの複合的ニーズが丸ごとぶつけられてくるような状況で，こうした対立は頻繁に生じていると思われる。そうした状況に際して，弁護士には，どのような対応が必要だろうか。プロフェッションの論理だけでは当事者は納得せず，ビジネスの論理も非現実な状況で，新たなモデルは，どのように構築されるべきだろうか。

7.3.2　リーガル・カウンセリング・モデル

　クライアントとの対話過程とそれによる協働作業を前提に，法的問題処理を通じて，当事者の支援を実現していくような弁護士関与のモデルを，ここでは**リーガル・カウンセリング・モデル**と呼んでおこう（Binder, Bergman & Price 1991, 中村・和田 2006）。もちろん，カウンセリングといっても，心理臨床のようなカウンセリングそのものを行うわけではない。しかし，そこでの関与のあり方については，臨床心理学ないしカウンセリング理論から大きな示唆を受けているのは事実である。以下では，まず，弁護士関与の過程において参考になるカウンセリングの考え方について，確認していくことにしよう。

（1）　カウンセリング理論からの示唆

　クライアントの心理的な不安や混乱を受け止め，対等な人間としての関係を尊重することで，同時に，専門家として「専門的判断を提供するための素地となる情報の収集」や，「問題構成，助言・指示のクライアントによる受容」が，適切に進むのだとすれば，そのための対処の方法をカウンセリングの領域から学ぶことは有意義である。法的解析能力や，実務的ノウハウのような知識を，まさに現場で生かしていくために，弁護士面談過程におけるカウンセリング的側面の理解，習得は大きな助けとなるはずである。カウンセリングの領域では，法律家以上にクライアントの内面や精神の深みにまで踏み込むため，その理論は，専門家であるカウンセラーとクライアントの関係に含まれる緊張関係に，より鋭敏に考察をめぐらせていている。この点でも，そもそも専門家が一般の素人と向き合うときのあるべき姿勢や，そこに潜むリスクを示唆してくれるの

である。

　第1章で，紹介したように，**カール・ロジャーズ**は，目標設定や経過評価について，カウンセラーがその解釈を押しつけたり，指導したりするのではなく，クライアント自身が，それを行い，自由な自己表現を通して，自己の成長を実現していくことが重要であると考えた（ロジャーズ　2005）。このカウンセリングにおける「指導者から支援者へ」という専門家の役割の意義転換は，臨床心理の専門家に限らず，弁護士を含む対人援助職にかかわる者すべてにとっても重要な示唆を含んでいる。たとえば，弁護士は，法専門的な視点から，当事者の問題を診断し，助言し，指導的に解決を提供することが，その役割として当然のように考えられてきた。しかし，これまで見てきたように，インターフェイスの位置にある弁護士にとっては，法専門家からクライアントへの一方的な助言・指導でなく，クライアントから弁護士に向けられるニーズや不安を受け止め，共感し，そのことを通じて信頼関係を築き，弁護士の助言や法的解決がクライアントの社会生活上の問題解決にも貢献するような複眼的関係性の視点が必要になってきているからである。そこには，クライアントの社会生活における**自己実現への援助**という，ロジャーズ的な視点が含まれているといえる。

　さらに，**ナラティブ・セラピー**のように対話を重視するセラピー理論も，まさに，対話で構成されるリーガル・カウンセリングの指導理念として有意義であろう（マクナミー & ガーゲン　1997）。クライアントは，社会一般に存在する一定の枠組（物語＝ナラティブ）で「問題」や「法」を解釈していることが多いが，弁護士は対話過程を通じて，クライアントの「物語」を，解決へ向けうる妥当な別様の「物語」へと書き換えていく過程を支援する作業に従事しているともいえるからである。たとえば，事故被害者の，「過失を犯した運転手や医師を死刑にしてほしい」という「語り」は，弁護士の関与によって，法的に可能な解決とそれを受容しうるような「物語」へと書き換えられていくことになる。

　また，医学部の医師の面談技法教育のテキストにも用いられている**マイクロ・カウンセリング**は，そのまま，弁護士とクライアントとの対話過程，リーガル・カウンセリングの過程にも有益であることはいうまでもない（アイヴイ 1985）。

　もちろん，リーガル・カウンセリングは，クライアントの心理に深く介入するようなカウンセリングではないし，すべきでもない。そうではなく，クライアントが自ら紛争当事者として，自らの問題を克服する力を回復していく過程を支援する役割として，これらカウンセリング理論の理念や技法を参照していくことは有益である。

(2)　リーガル・カウンセリングの多元的目標
(a)　面談の目標

　紛争の複合的構造を前提とすれば，当然ながら，リーガル・カウンセリング・モデルによる弁護士関与の目的も単純に確定することはできない。当事者の話の中から要件事実にかかわる情報を抽出し，法的構成を考えて，助言を行うという，単純なイメージだけでは，現場での弁護士の複雑な職務のあり方を見落としてしまうことになる。ここでも，面談の目標は多元的であると考えられる。順次，見ていこう。

　①　**信頼関係の構築**　　第1に，「最低限」の信頼関係（ラポール）の構築が，すべての前提となる目標である。クライアントが弁護士を信頼することができなければ，必要な情報も得られず，またたとえ的確な助言をしたとしても，うまく受容されないかもしれない。その意味で，この信頼関係の構築は，弁護士＝クライアント関係の基盤をなすものといってよい。

　もちろん，信頼関係といっても，いくつかのレベルを考えることができる。深いレベルでの人間的信頼関係は，事案の処理が進行する中で，継続的に構築されていくものである。しかし，とりわけ初期面談場面では，そうした深いレベルの信頼関係とは違って，いわば「最低限の信頼関係」の構築が重要である。すなわち，初期の面談を通して「この弁護士は，話を聞いてくれる」「この弁護士は適切に問題を処理してくれそうだ」といった弁護士へのイメージが構成され，その結果，「この弁護士になら，すべてを話してしまおう」「この弁護士の言うことに素直に耳を傾けよう」といった受容的態度が構築されるのである。

　弁護士面談は，初めて接することが多いクライアントと弁護士との出会いの場で，「最低限の信頼」を調達する機会となるのである。弁護士側も，クライアント側も，面談に際して，前提的目的として，この「最低限の信頼」形成を

求めている。それが，より深い信頼関係への入り口となり，また，情報収集は
じめ，その他の目的の実現を容易にしてくれる土台となるのである。

② **情報の収集**　　第2に，情報の収集も重要な目標である。ただ，この情
報収集は，単純に法的問題解析のための情報収集と考えてはならない。クライ
アントの置かれた具体的な状況，たとえば経済状況や人間関係，心理状態まで，
多様な情報を収集して初めて，法的問題解析をしたうえで，さらにそれを，個
別の当事者，個別の紛争状況を取り巻く厚みのある情報の中に位置づけ，総合
的に判断し，より的確な助言や解決方法を模索していくことが可能になるから
である。またこうした「厚みのある情報収集」を行うことで，さらにどのよう
な情報を求めればいいかの見通しが立てられることにもなる。

　情報収集の過程は，同時にクライアントとの対話の過程でもある。また弁護
士がクライアントから情報を得る過程は，同時にクライアントが弁護士につい
ての情報を集める過程でもある。それゆえ，そこに信頼関係があれば，情報収
集が容易になり，資料準備への指示も素直に受け入れられるが，うまく信頼関
係が構成できていないと，都合の悪い情報が出てこなかったり，指示を守って
くれなかったりということにもなりかねない。情報収集は効率的でなければな
らないが，真の意味で効率的であるためには，土台としての信頼関係の構築が
重要であることを忘れてはならない。

③ **問 題 構 成**　　第3に，問題構成である。これは情報収集に連続するも
ので，一つの継続した目的と考えてもよい。弁護士は集めた情報をもとに，そ
の問題に関する見取り図を構成し，それによってクライアントに助言したり指
示したりしていくことになる。ここでも，法的問題構成は法専門家として極め
て重要であるが，それを超えた多層的な問題把握と問題構成を実践の場ではし
ていかねばならない。法的問題，要求の実現方策，ニーズの充足，心理的な納
得など，様々な次元で，クライアントとその紛争を取り巻く状況を把握し，そ
れに有効な問題構成をしていかねばならない。いわば，「厚みのある問題構成」
こそ，よい面談の目標なのである。

　そして重要なのは，この問題構成は，弁護士が集めた情報に基づいて一方的
に行うものではないという点である。もちろん，弁護士が是と考える問題構成
を，クライアントの考えや認識にかかわらず，専門的判断として優先させるこ

とも不可能ではない。しかし，それではクライアントに信頼感を喪失させ，結局，納得してもらえないことになろう。それゆえ，この問題構成は，クライアントがクライアントの知る個別具体的情報を提供し，弁護士は専門家として知る情報や視点を提供し，そのうえで，協働して新たな問題構成を創り上げていく協働的問題構築過程としてとらえられるべきだと思われる。

④　**解決方策の創出と助言**　　第4に，解決方策の協働的創出と助言提供という目標である。1回で終わる法律相談のようなケースでは，一定の助言，継続ケースでは，その時点での助言と指示を行うことが期待され，その意味で，これは面談の最終的結果としての目的ともいえる。

面談における問題構成が，協働的過程だとしても，なお，弁護士はその専門的視点から構成された助言や指示を，クライアントの意図に合致しなくても，提供し同意を求める必要がある場合がある。いわば，クライアントと対決し，そのものの見方や考え方の変容を起こさせる場面である。実際，多くのクライアントは，法的知識がなく，また自分流の正義感，法律観を有していることが多く，多かれ少なかれ，対決の場面が必要となる。もっとも，対決とはいっても，クライアント側も，そうした指示や助言を得ようと専門家である弁護士のところに来ているのであり，信頼関係が形成され，指示・助言の方法が不適切でなければ，ポジティブに受容されると考えられる。

⑤　**心理的援助の提供**　　最後に，クライアントへの心理的援助の提供である。多くのクライアントは，不安や感情的混乱にさいなまれ，法律家である弁護士にも，受容や共感などの心理的側面での援助，サポートを求めている。紛争当事者の悩みや苦悩を，できる限り共感的に受容していく姿勢は，好むと好まざるとを問わず，そうした受け皿がなくなった現代社会では，弁護士にも求められているといえる。弁護士の職務も，法的専門性を手段として，紛争当事者が，再度，エンパワーされ，自身の世界でよりよい生活を送ることを援助することにほかならないのかもしれない。

ただ，これは何も弁護士がカウンセラー的役割を果たすということではない。そうではなく，法的問題解析，情報収集，問題構成，助言・指示といったクライアントとのコミュニケーション過程で，そうした要素に配慮した応答をすべきことを意味しているに過ぎない。また，そうであれば，弁護士の本来的職務

そのものが，実は同時に，心理的援助の過程にもなっていくのである。これこそが，リーガル・カウンセリングの意味であり，意義である。

(b) 現代的な弁護士関与の実現に向けて

これらの目的は決して相互に排他的ではなく，むしろ有機的に連関している。信頼関係は，情報収集を豊かにし，問題構成，助言・指示の受容を促進する。また，情報収集，問題構成などにおける適切な対話と応答は，さらに信頼関係を深め，心理的援助としても機能する。

その際に重要なのは，弁護士がクライアントとのコミュニケーションにおいて，二重の関係的応答で臨むことである。ひとつは，専門家としてクライアントに向き合う関係，いまひとつは，対等な人間として同じ目線で，相手を人格的に尊重しつつ向き合う関係である。前者は説明するまでもないが，後者は「クライアントはクライアント自身の問題の専門家である」という視点に立って，面談過程を，共同的問題解決過程としてとらえなおすことを要請する。そしてそれは，前者の専門家としての弁護士の役割と決して矛盾するものではなく，相互に補強しあう関係に立っていることを忘れてはならない。こうした視点に立つことによって，法専門家が持つ無意識で善意の支配的作用を払しょくし，真に現代的な弁護士の役割を実現していくことにつながるだろう。

このリーガル・カウンセリング・モデルは，プロフェッション・モデルやビジネス・モデルと矛盾するものではない。むしろ相互に補強することで，現代的な弁護士への，ひいては，法・裁判システムへの複合的ニーズに応答的な弁護士関与を現実化していくことになるだろう。社会関係や構造が変容する中で，弁護士関与のあり方も，それに即した形で変化していかなければならない。弁護士の役割について，社会変容と結びつけながら考察していくことも，法社会学の重要な課題にほかならない。すでに，リーガル・カウンセリングが弁護士実務においてどのように解釈されているかについての研究なども行われている。実際のコミュニケーション場面を観察することは難しいにしても，今後，弁護士実務の実践の分析がなされていくことに期待したい。

7.4 ま と め ――弁護士論の課題

　弁護士の一つの職能集団としての規律や構成のあり方を社会学的に分析していく研究は，アメリカでも日本でも重要な研究領域として法社会学が取り組んできたテーマであり，司法制度改革後の弁護士増員という大きな潮流変化の中で，まさに格好の研究課題となっている。実際，多くの法社会学者が，現在こうした課題にチャレンジしている。

　また，様々な法領域での弁護士の活動と，その社会的機能の分析や，それに基づく提言も法社会学が向き合ってきている課題である。さらには，法が作用する末端の場の一つともいえる弁護士＝クライアント関係におけるミクロなコミュニケーション過程やそこでの微細な権力，あるいは支援のあり方も，法社会学の重要な研究課題である。

　本章でもその一端を紹介してきたように，弁護士論は，こうした多様な側面で，法社会学の分析的であると同時に臨床的な研究テーマを構成しているのである。

あとがき

　体系書であれ，入門書であれ，『法社会学』と題された書物を単独で著すことは，困難な作業である。法社会学の理論・方法論も対象も，極めて広範にわたるため，一人の法社会学者がそのすべてを網羅することは，ほとんど不可能だからである。実際，法社会学の論集や教科書も，ほとんどが複数の著者による共著の形をとっている。単著の『法社会学』と題した書物は，むしろ稀有な存在といってもよい。本書も，そうした法社会学という分野の特質に由来する「桎梏」の中で書かれたことはいうまでもない。

　本書では，私自身の法社会学的立場にたって，論述を進めていくのではなく，できる限り幅広いアプローチを紹介していこうと務めたつもりである。しかし，それでも，私自身の立場や視点の影響がそこかしこに表れてしまっているのは，否定すべくもない。また，その扱う対象も，私自身の研究領域が中心となり，たとえば，刑事司法領域や，行政過程はじめ，多くの領域は扱うことができなかった。もちろん，本書で扱ったテーマに関するアプローチや問題意識は，他領域について考える際にも通底するものであり，応用可能なものであると考えているが，それでも直接に検討することができなかったのは残念である。これは，私自身の能力の限界によるものであるとともに，法社会学という分野の広範さの帰結でもある。ご海容いただければ幸いである。

　新世社より，本書執筆のお話をいただいたのは，実は，30年も前になる。まだ若い駆け出しの研究者であった私は，それがかなり無謀な挑戦であることも顧みず，ありがたいオファーであると考え，即座にお引き受けした記憶がある。だが，法社会学者として研究を進めるほどに，若い研究者が『法社会学』と題された書物を執筆することなど夢のまた夢であることを痛感し，出版社にご迷惑をかけつつ，あきらめかけた時期もあった。しかし，還暦も過ぎ，自身の法社会学的仕事を総括する3巻からなる著作集を発刊したことも契機となっ

て，あらためて，完全ではないまでも，何か書けるのではないかと思い執筆させていただいた次第である。脱稿までに 30 年を要することになったが，辛抱強くお待ちいただいた新世社，および編集者の御園生晴彦氏に，感謝の意を表させていただきたい。

　本書を手に取った読者が，いささかでも法社会学という学問に興味を持ち，研鑽を深めていくことに貢献できたとしたら，幸せである。

　2022 年 2 月 8 日

和田　仁孝

参 考 文 献

Adams, Stacy J. (1963) "Toward an Understanding of Inequity", *Journal of Abnormal and Social Psychology*, 67(5), 422-436.

Aubert, Vilhelm (1963) "Competition and Dissensus: Two Types of Conflict and of Conflict Resolution", *Journal of Conflict Resolution*, 7(1), 26-42.

Association of Attorney-Mediators (2001) "*Ethical Guidelines for Mediators*", https://www.attorney-mediators.org/ethicalguidelines

American Bar Association, American Arbitration Association & Association for Conflict Resolution (2005) "*Model Standards of Conduct for Mediators*", https://www.mediate.com/pdf/ModelStandardsofConductforMediatorsfinal05.pdf

Binder, David A., Bergman, Paul B. & Price, Susan C. (1991) *Lawyers As Counselors: A Client-Centered Approach*, West Group

Conley, John M. M. & O'Barr, William M. (1990) *Rules versus Relationships: The Ethnography of Legal Discourse*, University of Chicago Press

Engel, David M. (1984) "The Oven Bird's Song: Insiders, Outsiders, and Personal Injuries in an American Community", *Law & Society Review*, 18(4), 551-582.

Engel, David M. (2001) *Injury and Identity: The Damaged Self in Three Cultures*, University of Minnesota Press

Engel, David M. (2010) "Lumping as Default in Tort Cases: The Cultural Interpretation of Injury and Causation", *Loyola of L.A. Law Review*, 44, 33-68.

Engel, David M. (2016) *The Myth of the Litigious Society: Why We Don't Sue*, University of Chicago Press

Gluckman, Max (1955) *Judicial Process Among the Barotse*, Manchester University Press

Gluckman, Max (1972) *Ideas in Barotse Jurisprudence*, Manchester University Press

Greenhouse, Carol J., Yngvesson, Barbara & Engel, David M. (1994) *Law and Community: In Three American Towns*, Cornell University Press

Gulliver, Philip H. (1963) *Social Control in an African Society*, Boston University Press

Gulliver, Philip H. (1971) *Neighbours And Networks: The Idiom of Kinship Among the Ndendeuli of Tanzania*, University of California Press

Llewellyn, Karl N. (2017 [1962]) *Jurisprudence: Realism in Theory and Practice*, Routledge

Llewellyn, Karl N. & Hoebel, Adamson E. (1941) *The Cheyenne Way: Conflict and Case Law in*

Primitive Jurisprudence, University of Oklahoma Press

Merry, Sally E.（1990）*Getting Justice and Getting Even : Legal Consciousness Among Working-Class Americans*, University of Chicago Press

Moore, Sally F.（1978）*Law As Process: An Anthropological Approach*, Routledge & Kegan Paul Books

Macaulay, Stewart（1963）"Non-Contractual Relations in Business: A Preliminary Study", *American Sociological Review*, 28(1), 55-67.

Nader, Laura & Metzger, Duane（1963）"Conflict Resolution in Two Mexican Communities", *American Anthropologist*, 65(3), Part 1, 584-592.

Nader, Laura & Todd Jr., Harry F.（eds.）（1978）*The Disputing process: law in ten societies*, Columbia University Press

Pospisil, Leopold J.（1964）*The Kapauku Papuans and Their Law*, Human Relations Area Files Press

Runciman, Walter G.（1966）*Relative Deprivation and Social Justice: A Study of Attitudes to Social Inequality in Twentieth-Century England*, University of California Press

Stouffer, Samuel A., Suchman, Edward A., Devinney, Leland C., Star, Shirley A. & Williams Jr., Robin M.（1949）*The American soldier: Adjustment during army life*, Princeton University Press

Sarat, Austin & Felstiner, William L.F.（1998）*Divorce Lawyers and Their Clients:Power and Meaning in the Legal Process*, Oxford University Press

Sarat, Austin & Grossman, Joel B.（1975）"Courts and Conflict Resolution: Problems in the Mobilization of Adjudication", *American Political Science Review*, 69(4), 1200-1217.

Schwartz, Richard D. & Miller, James C.（1964）"Legal Evolution and Societal Complexity", *American Journal of Sociology*, 70(2), 159-169.

Thibaut, John W. & Walker, Laurens（1975）*Procedural Justice: A Psychological Analysis*, Lawrence Erlbaum Associates

Thomas, Kennetyh W.（2002）*Thomas-Kilmann Conflict Mode Instrument*, CPP, Inc.

United States Congress Senate Committee（2010）*Administrative Dispute Resolution Act of 1995*, Bibliogov

アイビイ, アレン（1985）『マイクロカウンセリング："学ぶ―使う―教える" 技法の統合：その理論と実際』福原真知子訳, 川島書店

アリストテレス（1971,1973）『ニコマコス倫理学 上・下』高田三郎訳, 岩波書店

アンダーソン, ハーレーン & グーリシャン, ハロルド（1997）「クライエントこそ専門家である：セラピーにおける無知のアプローチ」（マクナミー, シーラ & ガーゲン, ケネス・J. 編（1997）『ナラティヴ・セラピー：社会構成主義の実践』所収）野口裕二・野村直樹訳, 金剛出版

アンダーソン, ハーレーン & グーリシャン, ハロルド（2013）『協働するナラティヴ：グーリシャンとアンダーソンによる論文「言語システムとしてのヒューマンシステム」』野

村直樹訳, 遠見書房

アンダーソン, ベネディクト (1987)『想像の共同体：ナショナリズムの起源と流行』白石隆・白石さや訳, リブロポート

石田慎一郎 (2019)『人を知る法, 待つことを知る正義：東アフリカ農村からの法人類学』勁草書房

ウィンズレイド, ジョン & モンク, ジェラルド (2010)『ナラティヴ・メディエーション：調停・仲裁・対立解決への新しいアプローチ』国重浩一・バーナード紫訳, 北大路書房

ウェーバー, マックス (1970)『支配の諸類型』世良晃志郎訳, 創文社

ウェーバー, マックス (1974)『法社会学』世良晃志郎訳, 創文社

ウェーバー, マックス (1989)『プロテスタンティズムの倫理と資本主義の精神』大塚久雄訳, 岩波書店

ウェーバー, マックス (1998)『社会科学と社会政策にかかわる認識の「客観性」』富永祐治・立野保男訳 折原浩補訳, 岩波書店

エールリヒ, オイゲン (1984)『法社会学の基礎理論』河上倫逸・M. フーブリヒト訳, みすず書房

大木雅夫 (1983)『日本人の法観念：西洋的法観念との比較』東京大学出版会

ガーゲン, ケネス・J. (2004a)『社会構成主義の理論と実践：関係性が現実をつくる』永田素彦・深尾誠訳, ナカニシヤ出版

ガーゲン, ケネス・J. (2004b)『あなたへの社会構成主義』東村和子訳, ナカニシヤ出版

ガーゲン, ケネス・J. (2020)『関係からはじまる：社会構成主義がひらく人間観』鮫島輝美・東村和子訳, ナカニシヤ出版

ガーフィンケル, ハロルド (1987)『エスノメソドロジー：社会学的思考の解体』山田富秋訳, せりか書房

甲斐克則 (2008)「ニュージーランドにおける医療事故と被害者の救済」『比較法学』42(1), 79-96.

角田猛之・石田慎一郎 (2009)『グローバル世界の法文化：法学・人類学からのアプローチ』福村出版

川島武宜 (1967)『日本人の法意識』岩波書店

キツセ, ジョン・I. & スペクター, マルコム・B. (1990)『社会問題の構築：ラベリング理論をこえて』村上直之・中河伸俊・鮎川潤・森俊太訳, マルジュ社

久保秀雄 (2016)「行為の理論の収斂：解釈法社会学とタルコット・パーソンズ」(西田英一・山本顯治編 (2016)『振舞いとしての法：知と臨床の法社会学』26-42 頁所収) 法律文化社

クリフォード, ジェームズ & マーカス, ジョージ・E. 編 (1996)『文化を書く』春日直樹・足羽與志子・橋本和也・多和田裕司・西川麦子・和迩悦子訳, 紀伊國屋書店

コーザー, ルイス・A. (1978)『社会闘争の機能』新睦人訳, 新曜社

小佐井亮太 (2021)「法の現場とフィールドワーク／エスノグラフィー：人々とかかわる魅力的な法社会学研究の実践に向けて」(林田幸広・土屋明広・小佐井良太・宇都義和編

（2021）『作動する法／社会：パラドクスからの展開』所収）ナカニシヤ出版

小島武司（1985）『仲裁・苦情処理の比較法的研究：正義の総合システムを目ざして』日本比較法研究所

小島武司・伊藤眞（1998）『裁判外紛争処理法』有斐閣

コノリー，ウィリアム・E.（1998）『アイデンティティ＼差異：他者性の政治』杉田敦・齋藤純一・権左武志訳，岩波書店

佐々木吉男（1967）『民事調停の研究』法律文化社

サドナウ，デヴィッド（1993）『鍵盤を駆ける手：社会学者による現象学的ジャズ・ピアノ入門』徳丸吉彦・卜田隆嗣・村田公一訳，新曜社

佐野誠（2012）「ニュージーランド事故補償制度の現状と課題：立法40周年を迎えて」『損害保険研究』74(4)，1-57.

末広嚴太郎（1988）『嘘の効用　上・下』冨山房

菅原郁夫・山本和彦・垣内秀介・石田京子編（2021）『民事訴訟の実像と課題：利用者調査の積み重ねが示すもの』有斐閣

菅原郁夫・山本和彦・佐藤岩夫編（2010）『利用者が求める民事訴訟の実践：民事訴訟はどのように評価されているか』日本評論社

スキャンロン，キャサリーン・M.（2005）『メディエイターズ・デスクブック：調停者への道』東京地方裁判所ADR実務研究会訳，三協法規出版

ソシュール，フェルディナン・ド（1972）『一般言語学講義』小林英夫訳，岩波書店

ダーレンドルフ，ラルフ（1964）『産業社会における階級および階級闘争』富永健一訳，ダイヤモンド社

タイラー，エドワード・B.（1962）『原始文化：神話・哲学・宗教・言語・芸能・風習に関する研究』比屋根安定訳，誠信書房

棚瀬孝雄（1987）『現代社会と弁護士』日本評論社

棚瀬孝雄（1988）『本人訴訟の審理構造：私的自治の裁判モデル』弘文堂

棚瀬孝雄編著（1996）『紛争処理と合意：法と正義の新たなパラダイムを求めて』ミネルヴァ書房

棚瀬孝雄（2002）『権利の言説：共同体に生きる自由の法』勁草書房

千葉正士（1991）『法文化のフロンティア』成文堂

千葉正士（1998）『アジア法の多元的構造』成文堂

ドイッチ，モートン（1995）『紛争解決の心理学』杉田千鶴子訳，ミネルヴァ書房

ドイッチ，モートン & コールマン，ピーター・T. 編（2003）『紛争管理論：新たな視点と方向性』レビン小林久子訳編，日本加除出版

中村芳彦・和田仁孝（2006）『リーガル・カウンセリングの技法』法律文化社

西田英一（2019）『声の法社会学』北大路書房

西田英一（2021）『語りから学ぶ法社会学：声の現場に立ち会う』北大路書房

西田英一・山本顯治編（2016）『振舞いとしての法：知と臨床の法社会学』法律文化社

日本文化会議編（1982）『現代日本人の法意識』第一法規出版

日本弁護士連合会 ADR センター編（2010）『紛争解決手段としての ADR』弘文堂

ノージック，ロバート（1985,1989）『アナーキー・国家・ユートピア：国家の正当性とその限界　上・下』嶋津格訳，木鐸社

ノネ，フィリップ & セルズニック，フィリップ（1981）『法と社会の変動理論』六本佳平訳，岩波書店

バーガー，ピーター・L. & ルックマン，トーマス（2003）『現実の社会的構成：知識社会学論考』山口節郎訳，新曜社

パーソンズ，タルコット（1976）『社会的行為の構造：1　総論』稲上毅・厚東洋輔訳，木鐸社

早川吉尚・山田文・浜野亮編著（2004）『ADR の基本的視座』不磨書房

林田幸広・土屋明広・小佐井良太・宇都義和編（2021）『作動する法／社会：パラドクスからの展開』ナカニシヤ出版

フーコー，ミシェル（1975）『狂気の歴史：古典主義時代における』田村俶訳，新潮社

フーコー，ミシェル（1977）『監獄の誕生：監視と処罰』田村俶訳，新潮社

フィッシャー，ロジャー & ユーリー，ウィリアム（1982）『ハーバード流交渉術』金山宣夫・浅井和子訳，TBS ブリタニカ

フォレット，メアリー・P.（2017）『創造的経験』三戸公監訳 齋藤貞之・西村香織・山下剛訳，文眞堂

プラトン（1979）『国家　上・下』藤沢令夫訳，岩波書店

フランク，ジェローム・N.（1983）『法と現代精神』棚瀬孝雄・棚瀬一代訳，弘文堂

ブルーマー，ハーバート（1991）『シンボリック相互作用論：パースペクティヴと方法』後藤将之訳，勁草書房

ブルデュ，ピエール（1988, 1990a）『実践感覚1・2』今村仁司・港道隆訳，みすず書房

ブルデュー，ピエール（1990b）『ディスタンクシオンⅠ・Ⅱ：社会的判断力批判』石井洋二郎訳，藤原書店

フレーザー，ジェイムズ・G.（2003）『初版　金枝篇　上・下』吉川信訳，筑摩書房

ヘイリー，ジョン・O.（1978, 1979）「裁判嫌いの神話　上・下」加藤新太郎訳，『判例時報』902・907，14-22・13-20.

ベネディクト，ルース（2005）『菊と刀：日本文化の型』長谷川松治訳，講談社

ホーベル，アダムソン・E.（1984）『法人類学の基礎理論：未開人の法』千葉正士・中村孚美訳，成文堂

ボールディング，ケネス・E.（1971）『紛争の一般理論』内田忠夫・衛藤瀋吉訳，ダイヤモンド社

ホーマンズ，ジョージ・C.（1978）『社会行動：その基本形態』橋本茂訳，誠信書房

ホッブズ，トマス（1954-1985）『リヴァイアサン　1～4』水田洋訳，岩波書店

ホワイト，ウィリアム・F.（1974）『ストリート・コーナー・ソサイエティ：アメリカ社会の小集団研究』寺谷弘壬訳，垣内出版

ホワイト，マイケル（2018）『ナラティヴ・セラピー・クラシックス：脱構築とセラピー』小森康永訳，金剛出版

ホワイト，マイケル & エプストン，デイヴィッド（2017）『物語としての家族［新訳版］』小森康永訳，金剛出版

マートン，ロバート・K.（1961）『社会理論と社会構造』森東吾・森好夫・金沢実・中島竜太郎訳，みすず書房

マクナミー，シーラ & ガーゲン，ケネス・J. 編（1997）『ナラティヴ・セラピー：社会構成主義の実践』野口裕二・野村直樹訳，金剛出版

マリノウスキー，ブラニスロウ（1984）『未開社会における犯罪と慣習』青山道夫訳，新泉社

マリノフスキ，ブラニスロウ（2010）『西太平洋の遠洋航海者：メラネシアのニュー・ギニア諸島における住民たちの事業と冒険の報告』増田義郎訳，講談社

マルクス，カール（1969-1970）『資本論　1〜9』向坂逸郎訳，岩波書店

ミルズ，ライト・C.（1985）『社会学的想像力』鈴木広訳，紀伊國屋書店

民事訴訟制度研究会編（2018）『2016 年　民事訴訟利用者調査』商事法務

メイン，ヘンリー・J. S.（1990）『古代法』安西文夫訳，信山社

モーガン，ルイス・H.（1958,1961）『古代社会　上・下』青山道夫訳，岩波書店

山本和彦・山田文（2008）『ADR 仲裁法』日本評論社

ラドクリフ=ブラウン，アルフレッド・R.（1975）『未開社会における構造と機能』青柳まちこ訳，新泉社

ラムザイヤー，マーク・J.（1990）『法と経済学：日本法の経済分析』弘文堂

リンド，アラン・E. & タイラー，トム・R.（1995）『フェアネスと手続きの社会心理学：裁判，政治，組織への応用』菅原郁夫・大渕憲一訳，ブレーン出版

ルーマン，ニクラス（1977）『法社会学』村上淳一・六本佳平訳，岩波書店

ルーマン，ニクラス（1993，1995）『社会システム理論　上・下』佐藤勉監訳，恒星社厚生閣

レヴィ=ストロース，クロード（1976）『野生の思考』大橋保夫訳，みすず書房

レヴィン，クルト（1956）『社会科学における場の理論』猪股佐登留訳，誠信書房

レヴィン，クルト（1966）『社会的葛藤の解決：グループ・ダイナミックス論文集』末永俊郎訳，創元新社

レビン小林久子（1998）『調停者ハンドブック：調停の理念と技法』信山社

レビン小林久子（1999）『調停ガイドブック：アメリカの ADR 事情』信山社

ロールズ，ジョン（2010）『正義論［改訂版］』川本隆史・福間聡・神島裕子訳，紀伊國屋書店

ロジャーズ，カール・R.（2005）『クライアント中心療法』保坂亨・末武康弘・諸富祥彦訳，岩崎学術出版社

ロック，ジョン（2010）『完訳　統治二論』加藤節訳，岩波書店

六本佳平（1986）『法社会学』有斐閣

六本佳平・吉田勇編（2007）『末弘厳太郎と日本の法社会学』東京大学出版会

和田仁孝（1994）『民事紛争処理理論』信山社

和田仁孝（1996）『法社会学の解体と再生：ポストモダンを超えて』弘文堂

和田仁孝（2007）『ADR：理論と実践』有斐閣

和田仁孝（2020a）『法の権力とナラティヴ』北大路書房

和田仁孝（2020b）『紛争過程と ADR』北大路書房

和田仁孝（2021）『過程としての裁判と法専門家』北大路書房

和田仁孝・太田勝造・阿部雅樹編（2002）『交渉と紛争処理』日本評論社

和田仁孝・中西淑美（2010）『医療メディエーション：コンフリクト・マネジメントへのナ
　　ラティヴ・アプローチ』シーニュ

和田仁孝・中村芳彦・山田恵子・久保秀雄（2020）『ADR/メディエーションの理論と臨床技
　　法』北大路書房

索 引

事 項 索 引

人 名 索 引

著者紹介

和田　仁孝 （わだ　よしたか）

1955 年　大阪府生まれ
1979 年　京都大学法学部卒業　博士（法学）
現　在　早稲田大学法学学術院教授

主要著書

『民事紛争交渉過程論』（信山社，1991 年）

『民事紛争処理論』（信山社，1994 年）

『法社会学との解体と再生：ポストモダンを超えて』（弘文堂，1996 年）

『ADR：理論と実践』（有斐閣，2007 年）

『医療メディエーション：コンフリクト・マネジメントへのナラティヴ・アプローチ』（共著，シーニュ，2010 年）

『ADR/メディエーションの理論と臨床技法』（共著，北大路書房，2020 年）

『法の権力とナラティヴ』（北大路書房，2020 年）

『紛争過程と ADR』（北大路書房，2020 年）

『過程としての裁判と法専門家』（北大路書房，2021 年）

新法学ライブラリ＝27

法社会学

2022 年 7 月 10 日 ⓒ　　　　　　　初　版　発　行

著　者　和田仁孝　　　　発行者　森平敏孝
　　　　　　　　　　　　印刷者　山岡影光
　　　　　　　　　　　　製本者　小西惠介

【発行】　　　　株式会社　新世社
〒151-0051　東京都渋谷区千駄ヶ谷 1 丁目 3 番 25 号
編集☎(03)5474-8818(代)　　　サイエンスビル

【発売】　　　　株式会社　サイエンス社
〒151-0051　東京都渋谷区千駄ヶ谷 1 丁目 3 番 25 号
営業☎(03)5474-8500(代)　　　振替 00170-7-2387
FAX☎(03)5474-8900

印刷　三美印刷　　　　　　製本　ブックアート
《検印省略》

ISBN 978-4-88384-351-0

PRINTED IN JAPAN

サイエンス社・新世社のホームページのご案内
https://www.saiensu.co.jp
ご意見・ご要望は
shin@saiensu.co.jp まで.